《洛阳伽蓝记》美学研究

席格 著

中原出版传媒集团
中原传媒股份公司
大象出版社
·郑州·

图书在版编目(CIP)数据

《洛阳伽蓝记》美学研究 / 席格著. — 郑州 : 大象出版社, 2022. 11
ISBN 978-7-5711-1639-2

Ⅰ. ①洛… Ⅱ. ①席… Ⅲ. ①《洛阳伽蓝记》-美学-研究 Ⅳ. ①K928. 75②K296. 13

中国版本图书馆 CIP 数据核字(2022)第 174171 号

《洛阳伽蓝记》美学研究

《LUOYANG QIELANJI》MEIXUE YANJIU

席 格 著

出版人 汪林中
策划编辑 熊 至
责任编辑 郭雨寒 李 昌
责任校对 张英方 陶媛媛 乔 瑞 马 宁
装帧设计 王莉娟
责任印制 郭 锋

出版发行 大象出版社(郑州市郑东新区祥盛街 27 号 邮政编码 450016)
发行科 0371-63863551 总编室 0371-65597936
网 址 www.daxiang.cn
印 刷 河南瑞之光印刷股份有限公司
经 销 各地新华书店经销
开 本 720 mm×1020 mm 1/16
印 张 27
字 数 406 千字
版 次 2022 年 11 月第 1 版 2022 年 11 月第 1 次印刷
定 价 52.00 元

印厂地址 武陟县产业集聚区东区(詹店镇)泰安路与昌平路交叉口
邮政编码 454950 电话 0371-63956290

目 录

导 论

《洛阳伽蓝记》，是北朝美学研究的核心文献之一。宗白华先生在《论〈世说新语〉和晋人的美》中曾言："汉末魏晋六朝是中国政治上最混乱、社会上最苦痛的时代，然而却是精神史上极自由、极解放，最富于智慧、最浓于热情的一个时代。因此也就是最富有艺术精神的一个时代。王羲之父子的字，顾恺之和陆探微的画，戴逵和戴颙的雕塑，嵇康的广陵散（琴曲），曹植、阮籍、陶潜、谢灵运、鲍照、谢朓的诗，郦道元、杨衒之的写景文，云冈、龙门壮伟的造像，洛阳和南朝的闳丽的寺院，无不是光芒万丈，前无古人，奠定了后代文学艺术的根基与趋向。"[①] 其中，"杨衒之的写景文"便是指《洛阳伽蓝记》；洛阳"闳丽的寺院"则主要源于《洛阳伽蓝记》的记述和描写。进而言之，宗白华先生实际上是从两个维度肯定了《洛阳伽蓝记》的美学价值：一是文学审美维度，将它视为"写景文"的代表；二是美学史史料维度，载录了北魏洛阳寺院的建筑审美内容。令人遗憾的是，这段话虽广被征引，但《洛阳伽蓝记》的文学审美价值与美学史料价值均没有得到有效的"接着讲"。甚至于说，《洛阳伽蓝记》研究的美学视角，长期以来鲜有关注。

究其原因，在于历史经典文本的阐释，一方面受限于文本自身的特征，另一方面则受限于阐释的理论基础与历史观念。阐释维度能否契合文本特征，直接影响阐释所达到的高度、深度与广度。而阐释依托什么样的理论基础、秉持何种历史观念，则会影响发掘文本的维度和评价文本的基点。综合言之，也即阐释提问的方式，决定了文本内容呈现的向度与价值开启

---

① 宗白华：《美学散步》，上海人民出版社，1981 年，第 208 页。

的维度。那么，当历史经典文本的内容与价值在某种维度得以彰显时，自然就意味着其他维度可能会被遮蔽。具体到《洛阳伽蓝记》内容与价值发掘美学维度的阙如，显然是与美学基本理论和美学史观的束缚有关。但美学理论史研究范式难以切入并照亮《洛阳伽蓝记》所具有的文学审美价值和美学史史料价值，并不意味着对它美学价值的彻底否定。就美学基本理论方面来看，美学作为艺术哲学的学科定位，对研究对象理论品格的要求，注定难以将《洛阳伽蓝记》纳入研究视域；同时，以“美的艺术”为研究对象，虽然在向中国历史延伸时作出了一定调整，以较为宽泛的“文学”概念审视中国历史，但《洛阳伽蓝记》仍在长时期内被视为史地类、释家类作品。而随着美学学科定位从艺术哲学转向文化哲学，研究领域从“美的艺术”向文化、生活领域的有效拓展，《洛阳伽蓝记》获得了进入美学史史料范围的可能。就美学史观方面来看，中国美学史书写受“汉民族正统史观”影响，而形成了“重南朝轻北朝”的观念，导致北朝美学长期处于研究边缘状态，进而影响到了对《洛阳伽蓝记》的美学关注。

一、《洛阳伽蓝记》的类属含混与价值认知

文本著录，貌似寻常的文献整理分类，实质上内在隐含着对文本内容和价值的判断。文本一旦被著录归入某类作品，便意味着对所归入类别维度内容和价值的凸显。相应地，该文本所蕴藏的其他维度的内容和价值便受到不同程度的遮蔽，尤其是对那些叙述方式独特和涵盖内容广博的经典文献而言，古代经、史、子、集的著录分类方式，难以对它们进行准确的类属划分。《洛阳伽蓝记》便是一部典型的文体类属含混的历史文献。类属的含混，意味着将它归入释家类，会在一定程度上遮蔽它在历史、地理、文学等维度的价值；将它归入历史类，则会在一定程度上遮蔽它在地理、文学、宗教等维度的价值。依此类推可知任何单一的文体归属划分都不足

以充分彰显《洛阳伽蓝记》的内容与价值。而《洛阳伽蓝记》之所以呈现出文体含混的特质，根本在于杨衒之所采取的开放的人文地理性书写方式，赋予了它地理、历史、宗教、文化和文学艺术等多维度的价值。这使得《洛阳伽蓝记》并没有局限于对北魏洛阳佛寺的记述，而是多元敞开，形成了对洛阳全景式、立体式的书写。据此，发掘《洛阳伽蓝记》的多元价值，首先必须厘清它的文体与内容。

（一）传统著录中的文体归属与价值认知

自隋至民国，有四十多部目录文献采用集录书目、选录部分内容、著录加提要和著录加跋语等方式，对《洛阳伽蓝记》进行著录分类。著录者对《洛阳伽蓝记》内容主旨判断不同，加之著录时代差异和体例限制等原因，导致其著录类别较为复杂。据不完全统计，《洛阳伽蓝记》的著录类别主要有四：释家类（8 部），地理类（25 部），历史类（5 部），小说类（6 部）（请参见下文表 1 《洛阳伽蓝记》著录情况简表）。其中，占据主导地位的地理类，在具体著录过程中又可进一步区分为地理类、史部地理类、史部地理古迹类、舆地类和图志类等。显然，历史类与地理类之间存在明显交叉。事实上，《洛阳伽蓝记》类属含混的特征在古代已经受到关注，最为直接的表现便是著录过程中存在的“互著”现象。如陶宗仪的《说郛》，在明刻一百二十弓本“弓六十七”中，将其列入了古迹类。在现今流行的涵芬楼百卷本中，则将其列入了笔记小说类。晁瑮在《晁氏宝文堂书目》中，将其既归入图志类，又归入佛藏类。钱曾在《读书敏求记》中将其列入地理舆图类；在《也是园藏书目》中，则将其归入史部都城宫苑类。可以说，“互著”充分体现了《洛阳伽蓝记》内容和价值的多维性，同时又展现了分类标准和价值认知的差异性。

无论将《洛阳伽蓝记》归入哪一类，都是分类者从文本中所见内容、价值及其所持分类标准的直接体现。需要加以说明的是，在四类著录类别中，释家类、地理类与历史类，是基于对《洛阳伽蓝记》内容与价值的整体性把握，而小说类乃是基于对其部分内容与价值的判断。那么，《洛阳伽蓝记》究竟囊括了多少领域的内容呢？中华书局编辑部在《洛阳伽蓝记校笺·出版说明》中曾有十分简洁扼要的概述："《洛阳伽蓝记》是北魏时期流传至今的一部重要典籍。它以洛阳大小佛寺的兴废为经，串联起当时许多政治、人物、风俗、地理以及传闻故事，编织出一幅北魏时期洛阳城绚丽多姿的历史图卷，对后世理解北魏时期洛阳都城的建制、佛寺的建筑和历史古迹等都具有十分重要的价值。兼之作者叙事简括，文笔优美，亦使其成为一部优秀的文学著作。"[①]

正是基于《洛阳伽蓝记》是以北魏都城洛阳之寺院为叙述主线，故可将其纳入释家类甚至具体到塔寺类、寺观类。但在叙述过程中，杨衒之穿插了很多政治事件、历史人物、生活习俗等，以至可补魏收《魏书》之不足，甚至被吴若準称为"拓跋之别史"："杨衒之慨念故都，伤心禾黍，假佛寺之名，志帝京之事。凡夫朝家变乱之端，宗藩废立之由，艺文古迹之所关，苑囿桥梁之所在，以及民间怪异，外夷风土，莫不巨细毕陈，本末可观，足以补魏收所未备，为拓跋之别史，不特遗闻逸事可资学士文人之考核已也。"[②]所以，《洛阳伽蓝记》被归入历史类，可谓是对它保存北魏洛阳时期相关史料历史价值的充分肯定。而地理类之所以成为主要分类标准，是因为杨衒之准确且详细地记述了北魏洛阳的宏观空间规划布局和微观建筑分布等地理内容。通览《洛阳伽蓝记》可清晰见出，杨衒之按照城内、城东、城南、城西与城北的空间叙述顺序，记述了洛阳的城门、寺院、宫殿、园囿、衙署、里坊、府邸、道路与河渠等，勾勒描绘出了一幅立体的北魏洛阳空间地图。

至于从小说维度判断《洛阳伽蓝记》的文学内容与价值，主要是因为它

---

① 中华书局编辑部：《出版说明》，载〔北魏〕杨衒之著，杨勇校笺：《洛阳伽蓝记校笺》，中华书局，2018 年。

② 吴若準：《洛阳伽蓝记集证序》，转引自〔北魏〕杨衒之著，范祥雍校注：《洛阳伽蓝记校注》，上海古籍出版社，2009 年，第 15—16 页。

的部分内容展现出了鲜明的志人志怪特征。自宋代《太平广记》关注到《洛阳伽蓝记》的小说价值开始，小说便成为发掘其文学价值的重要维度。如在传为宋朱胜非所著的《绀珠集》中，选录并命名的有“三三横两两纵”“怀砖之俗”“酪奴”“水厄”和“老妪吹篪”。在宋曾慥编选的《类说》中，除以上五则外，又增加了“画卵雕薪”“雁臣”“玉凤金龙”“苗茨之碑”“史书非实录”“高阳一饭敌我千日”和“白堕春醪”等。到明代的《五朝小说》，选录方式则从摘录并重新命名，演变为遵循《洛阳伽蓝记》的寺院记述顺序，直接以寺名为题进行选录，如城内的永宁寺、城东的平等寺、城南的景明寺、城西的白马寺和城北的禅虚寺等。民国吴曾祺的《旧小说》，在所选取的十二则故事中，六则以永宁寺、瑶光寺等寺名命名，另六则是以释宝志、洛子渊等人名命名。可见，由于选录者对小说的理解和对《洛阳伽蓝记》具体内容判断的差异，不同选本所选录的内容也并不尽同。

尽管小说维度并不能等同于文学维度，但它确证了《洛阳伽蓝记》的文学价值，同时也表明了《洛阳伽蓝记》的确具有小说性内容。对此，范祥雍认为甚至可以将整部《洛阳伽蓝记》视为小说，并高度肯定它在中国小说史上的价值与地位：“我们读这部书好像读小说；比读魏晋以来《搜神》《志怪》一类杂事短书、粗陈梗概的小说，比读《世说新语》一类辑录历史人物轶事的小说，都觉更加快意。我想这是由于书有体系，有史有文；不仅谈神说怪，猎奇拾遗，而且叙述宛转有致，文辞秾丽秀逸，富于小说趣味的缘故。到了唐人传奇，大都自觉地创作小说，‘作意好奇’，‘尽幻设语’，叙述就更加曲折，文辞就更加恣肆了。我们从这里可以看出中国小说从魏晋，经过南北朝，直到唐宋，它的历史演变过程。最后，我们以为必须指出《洛阳伽蓝记》一书单在中国小说史上就应该有它的一个重要的地位。”[①] 当然，

① 范祥雍：《〈洛阳伽蓝记校注〉序》，载〔北魏〕杨衒之著，范祥雍校注：《洛阳伽蓝记校注》，上海古籍出版社，2009 年，第 26—27 页。

必须看到仅限于小说维度，或者说仅是选取一些神奇、怪诞、富有趣味的内容来评价《洛阳伽蓝记》的文学价值，实际上难以达成对《洛阳伽蓝记》文学审美价值的整体性判断和深度把握。

无论是将《洛阳伽蓝记》著录入哪一类，可以肯定的只是著录者更为强调某个维度的价值，而不一定意味着对其他维度内容与价值的否定。这在单一的书目著录中难以见出，而在著录加跋语、著录加提要和著录加解题等方式中却可能见出。如晁公武在《郡斋读书志》中虽将《洛阳伽蓝记》纳入地理类，却又同时在“解题”中强调了它的宗教价值、历史价值：“右元魏杨衒之撰。后魏迁都洛阳，一时王公大夫多造佛寺，或舍其私第为之，故僧舍之多，为天下最。衒之载其本末及事迹甚备。”[①] 当然，从多个维度关注《洛阳伽蓝记》内容与价值的典型，非《四库全书》莫属。《四库全书》一方面明确将它归入“史部地理类古迹之属”，同时又在《四库全书总目提要》中强调了它的多元价值。兹将其全录于下：

> 《洛阳伽蓝记》五卷，后魏杨衒之撰。别本杨或作羊，《魏书》无传，莫之详也。衒之仕魏官抚军司马。太和十七年（493），魏作都洛阳，一时崇信佛法，刹庙甲于天下。及永熙之乱，城郭丘墟。武定五年，衒之行役洛阳，感念废兴，因捃拾旧闻，追叙故迹。其书以城内及四门之外分叙五篇。叙文之后，先以东面三门、南面三门、北面二门各署其新旧之名，以提纲领。体例绝为明晰，其文秾丽秀逸，烦而不厌，可与郦道元《水经注》肩随。其兼叙尔朱荣变乱之事，委曲详尽，与史传相发明。其他古迹艺文，及外国土风道里，采摭繁富，皆广异闻。赵逸论苻生一条，刘知几《史通》云：“秦人不死，知苻生之厚诬；蜀老犹存，知葛亮之多枉。”蜀老事

① （宋）晁公武撰，孙猛校证：《郡斋读书志校证》，上海古籍出版社，2011 年，第 349 页。

> 见《魏书》。毛修之传秦人事，即用此书赵逸一条也。他如考解魏文之“苗茨碑”，纠戴延之《西征记》，考据亦皆精审。惟以高阳王雍之楼为即古诗，所谓“西北有高楼，上与浮云齐”者，则未免固于说诗，为是书之瑕类矣。又《史通·补注篇》称是书有衒之自注，今本无之，又不知何时所佚也。[①]

这篇《提要》内容十分丰富，涵盖了《洛阳伽蓝记》研究的多个问题：第一，作者姓氏与生平问题；第二，写作的佛教背景与动机问题；第三，叙述空间顺序及城门问题；第四，叙述体例、文学风格与评价问题；第五，历史记述及资料价值问题；第六，考据精审程度及瑕疵问题；第七，正文与子注问题。显而易见，《四库全书》重点强调《洛阳伽蓝记》在历史地理古迹方面价值的同时，也关注到了它在宗教、历史与文学等方面的内容与价值。

《四库全书总目提要》关于《洛阳伽蓝记》内容与价值的概述，可谓展现了对它类属含混特征的充分认知和多元价值的深度把握。因此，它在文体类属划分、内容把握、价值认知和审美风格等多个方面对后世研究《洛阳伽蓝记》产生了深刻影响。如李慈铭在《越缦堂读书记》中所撰写的跋语：“阅《洛阳伽蓝记》讫，为作跋。此书为东魏司马杨（或作羊）衒之撰，述魏太和以来洛都佛寺之盛，分五卷，虽名专梵刹，而意主国是。故一寺之下，系以道里形胜建置制度，旁及人物艺文、遗闻佚事，往往足以补正史传。间杂谈谐神怪，亦可资采摭，而于变乱事故，尤言之详尽。四库书入之史部地理类古迹门。其文章秀雅，叙次简古，足与郦道元《水经注》相颉颃。”[②]可见，尽管李慈铭将《洛阳伽蓝记》归入地理类，但“虽名专梵刹，而意

---

① 〔北魏〕杨衒之撰：《洛阳伽蓝记》，中国书店，2018年，第1—3页。

② 〔清〕李慈铭：《越缦堂读书记》，中华书局，2006年，第471页。

主国是”的判断，表明他看到了《洛阳伽蓝记》地理价值与历史价值的交织，“足以补正史传”更是肯定了它所记述内容的丰富史料价值；“文章秀雅，叙次简古，足与郦道元《水经注》相颉颃”，则是上承《四库全书总目提要》，从整体上肯定《洛阳伽蓝记》的文学价值。质言之，清代关于《洛阳伽蓝记》内容丰富与价值多元的认知，进一步打破了文体类属划分的局限。

需要强调的是，在《洛阳伽蓝记》流传使用过程中，它的价值认知并没有被类属划分的困境束缚。就同一时代类属划分来看，不同分类并存的情况，直接表明同一时代对《洛阳伽蓝记》内容和价值认知的分歧，更说明同一时代对其内容和价值认知的多元化。以明代为例，《国史经籍志》将其列入释家寺观类，《晁氏宝文堂书目》将其列入佛藏类和图志类，《百川书志》将其列入史部地理类，《文渊阁书目》将其列入古今志类，《菉竹堂书目》将其列入古今通志类，《世善堂书目》将其列入史部方州各志类，《徐氏红雨楼书目》将其列入史部分省类，《说郛》和《五朝小说》则都将其列入小说类。就实际使用状况来看，呈现出以历史地理史料为主、多领域敞开的特征。如《隶辨》《经义考》《万氏石经考》《石经考异》《六艺之一录》等，对国子堂前存有汉刻经石碑记述的引证；《山西通志》关于永宁寺、石窟寺的引用；《历代帝王宅京记》对《洛阳伽蓝记·序》的采用；《乐书》《苑洛志乐》《文献通考》《渔隐丛话》等关于“朝云吹篪”的引用；《诗话总龟》《韵语阳秋》《五代诗话》等对“白堕”出处的考证。至于《钦定历代职官表》《御定佩文斋广群芳谱》《说郛》《太平御览》《山堂肆考》《御定渊鉴类函》《格致镜原》等，更是大量引用《洛阳伽蓝记》中关于职官名称、植物、饮食、习俗等的记述。由此可见，《洛阳伽蓝记》作为文本在流传使用中所彰显的价值，并没有受到文体著录的局限，不仅涵盖历史、地理，而且囊括了音乐、诗文、习俗等多个维度。

表 1　《洛阳伽蓝记》著录情况简表①

分类		著录书目
释家类		（隋）费长房《历代三宝记》卷九
		（唐）释道宣《大唐内典录》卷四、卷十
		（唐）释道世《法苑珠林》卷一〇〇，杂集部
		（宋）欧阳修等《新唐书》卷五十九，艺文志三道家类释氏部分
		（宋）郑樵《通志》，艺文略五释家塔寺类
		（明）焦竑《国史经籍志》卷四，释家寺观类
		（明）晁瑮《晁氏宝文堂书目》卷下，佛藏类
		（清）张海鹏《学津讨原》第五册，宗教寺观类
地理类	史部地理类	（唐）魏徵等《隋书》卷三十三，经籍志史部地理类
		（后晋）刘昫《旧唐书》卷四十六，经籍志乙部史录地理类
		（元）脱脱等《宋史》卷二百四，艺文志三史类地理类
		（元）马端临《文献通考》，经籍史部地理类
		（明）高儒《百川书志》卷五，史部地理类
		（清）陆心源《皕宋楼藏书志》卷三三，史部地理类
		（清）丁日昌《持静斋书目》卷二，史部地理类
		（清）钱曾《也是园藏书目》，史部都城宫院类

① 本表是在袁洪流《〈洛阳伽蓝记〉的历代著录情况》（袁洪流：《〈洛阳伽蓝记〉研究》，华中师范大学博士学位论文，2015 年，第 205—206 页）和张利满《从历代目录看〈洛阳伽蓝记〉的文体归属》（张利满：《从历代目录看〈洛阳伽蓝记〉的文体归属》，《吉林省教育学院学报》2006 年第 8 期）的基础之上，进一步梳理而成。该表主要选取自隋至民国期间部分著录《洛阳伽蓝记》的文献，依据具体著录方式进行分类梳理。其中，明代陈尚谟的《骈志》和彭大翼的《山堂肆考》两部类书，由于没有采取传统的分类方式，且只是选录《洛阳伽蓝记》的部分内容，故没有列入；明代陶宗仪的《说郛》仅列入通行的涵芬楼百卷本；明代毛晋的《津逮秘书》和清代王谟的《增订汉魏丛书》虽收录了《洛阳伽蓝记》，但作为丛书没有进行分类，故没有列入；明代杨士奇的《文渊阁书目》和叶盛的《菉竹堂书目》虽分别以“古今志”和“古今通志”命名所列类别，但这两个条目下所具体列出的书目多数为地理类，故仍归入地理大类之中。

续表

分类		著录书目
地理类	地理类	（宋）尤袤《遂初堂书目》，地理类
		（宋）晁公武《郡斋读书志》卷二下，地理类
		（宋）陈振孙《直斋书录解题》卷八，地理类
		（清）张金吾《爱日精庐藏书续志》卷二，地理类
		（清）李慈铭《越缦堂读书记》，地理类
	史部地理古迹类	（清）《四库全书总目》卷七十，史部地理类古迹之属
		（清）沈德寿《抱经楼藏书志》卷二七，史部地理类古迹
		（清）周中孚《郑堂读书记补逸》卷十七，史部地理类古迹
		（民国）傅增湘《藏园群书经眼录》卷五，史部地理类古迹
		（民国）孙殿起《贩书偶记》，史部地理类古迹之属
		（民国）王重民《中国善本书提要》，史部地理类专志（名胜古迹）
	图志类	（明）晁瑮《晁氏宝文堂书目》卷下，图志类
	舆地类	（清）钱曾《读书敏求记》卷二，地理舆图
		（清）黄丕烈《荛圃藏书题识》卷三，舆地
		（清）缪荃孙《艺风堂藏书续记》卷三，舆地
	地理与其他混杂类	（明）杨士奇《文渊阁书目》卷十八，古今志
		（明）叶盛《菉竹堂书目》卷六，古今通志
历史类		（明）陈第《世善堂书目》卷上，史部方州各志类
		（明）徐𤊹《徐氏红雨楼书目》卷二，史部分省
		（清）顾广圻《思适斋书跋》卷二，史部
		（清）瞿镛《铁琴铜剑楼藏书目录》卷十一，史部古籍类
		（民国）张元济《涵芬楼烬余书录》，史部

续表

分类	著录书目
小说类	（宋）《太平广记》，小说类
	（宋）（作者一说为朱胜非）《绀珠集》卷四，笔记小说
	（宋）曾慥《类说》卷六，笔记小说
	（明）陶宗仪《说郛》（涵芬楼百卷本）卷四，笔记小说
	（明）若上野客《五朝小说》，魏晋小说外乘家
	（民国）吴曾祺《旧小说》，甲集汉魏六朝

（二）现代文体观念下的类别归属与价值认知

清末民初，随着西方现代学科体系的传入，关于《洛阳伽蓝记》的文体类属认知也逐步从以经史子集为标准转变为以现代学科分类为依据，主要分类也由释家类、地理类、历史类和小说类转变为地理、历史与文学的综合性认知。也即《洛阳伽蓝记》受自身丰富内容的影响，在现代文体观念下依然呈现出鲜明的类属含混特性。但整体上仍然是注重其历史与地理价值，将《洛阳伽蓝记》主要作为一部研究北魏洛阳历史与地理的史料文献，同时又强调它具有较高的文学价值。如徐高阮在《重刊〈洛阳伽蓝记〉付印前记》中指出："《洛阳伽蓝记》，志兴废哀时难之书也。"[①] 这是强调它的史学价值。范祥雍在《〈洛阳伽蓝记校注〉序》中谈到如何评价这部作品时，则是着重论述了它的历史价值与文学价值，并主张从多个角度来阐发《洛阳伽蓝记》的文学价值："单就这部书的文学价值来说，我们已说过这部书的本身就是一种历史文学，可算第一流的文学作品，现在不妨把它作为

① 徐高阮：《重刊〈洛阳伽蓝记〉付印前记》，载（北魏）杨衒之撰，徐高阮重别文注并校勘：《重刊洛阳伽蓝记》，中华书局，2013 年，第 17 页。

游记小说来读，作为特写或报告文学来读。”[①] 而周祖谟和杨勇则是将历史、地理与文学三个维度综合起来定位《洛阳伽蓝记》。周祖谟明确认为，它“既是地理书，又是一部史书，并且是一部极好的文学著作”[②]。杨勇则是撰写专文《〈洛阳伽蓝记〉之旨趣与体例》进行论述，指出：“《洛阳伽蓝记》既为地理之书，亦一历史之书，其于文学，更有深远之影响力。”[③] 曹虹释译的《洛阳伽蓝记》，在《中国佛学经典宝藏》系列丛书中被列为“仪志类”。她认为：“在中国佛教文史类典籍中，《洛阳伽蓝记》是享誉甚高的一部名作。它既有一般地理志的特质，又有佛教的内涵。”[④] 而一旦涉及类属具体划分，在图书分类信息中则仍明确将其纳入寺院和洛阳地方史的史料类别。在丛书收录方面，《洛阳伽蓝记》则被明确纳入“中国史学基本典籍”“中国古代都城资料”和“中华国学文库”等之中。

可见，关于《洛阳伽蓝记》的内容与价值认知，并没有受限于现代文体的划分。这在《洛阳伽蓝记》的研究与使用中得到了充分体现。先看论著方面。王文进在《净土上的烽烟——洛阳伽蓝记》的“简介”中，认为《洛阳伽蓝记》“既为地理之书，亦为历史之书，再加上杨衒之秀逸优美的文笔，使得此书和郦道元《水经注》相互辉映，成为北朝文献中极珍贵的精品”[⑤]，因此重点阐释了它的地理、历史与文学价值。王美秀的《历史·空间·身分：洛阳伽蓝记的文化论述》，先是论述《洛阳伽蓝记》因受传统文学史观束缚，文学价值没有得到有效阐发，而后将

---

① 范祥雍：《〈洛阳伽蓝记校注〉序》，载〔北魏〕杨衒之著，范祥雍校注：《洛阳伽蓝记校注》，上海古籍出版社，2009年，第18页。

② 周祖谟：《〈洛阳伽蓝记校释〉序》，载〔北魏〕杨衒之著，周祖谟校释：《洛阳伽蓝记校释》，中华书局，2013年，第7页。

③ 杨勇：《〈洛阳伽蓝记〉之旨趣与体例》，载〔北魏〕杨衒之著，杨勇校笺：《洛阳伽蓝记校笺》，中华书局，2018年，第265页。

④ 曹虹释译：《洛阳伽蓝记》，东方出版社，2020年，第303页。

⑤ 王文进编撰：《净土上的烽烟——洛阳伽蓝记》，海南出版社，1998年，第11页。

它作为史料从历史、空间与宗教三个方面加以梳理，凸显了它的文化价值。金大珍的《北魏洛阳城市风貌研究：以〈洛阳伽蓝记〉为中心》，是将《洛阳伽蓝记》视为保存北魏洛阳地理、佛教、社会、文化、城市建筑等的资料加以使用。孟光全的《〈洛阳伽蓝记〉研究》，重在从文学维度切入，分析《洛阳伽蓝记》的主题、人物、叙事和文体等，并将其作为文学史料梳理北魏文学的内容。萧红的《〈洛阳伽蓝记〉句法研究》和牛太清的《〈洛阳伽蓝记〉词汇历时层次研究》，则是将《洛阳伽蓝记》作为中古时期的语言史料加以研究。

再看论文方面。单篇论文的研究维度，在佛教、历史、地理与文学等的基础上进一步拓宽：园林艺术方面，如薛瑞泽的《读〈洛阳伽蓝记〉论北魏洛阳的寺院园林》，张鹤泉、赵延旭的《北魏洛阳寺院园林营建考——以〈洛阳伽蓝记〉为中心的考察》；社会文化方面，如常新的《〈洛阳伽蓝记〉的社会文化史意义》，蒋将、彭必成的《从〈洛阳伽蓝记〉看北魏都城中外文化交流》；城市艺术与规划方面，如张国斌的硕士论文《〈洛阳伽蓝记〉中的城市设计文化研究》，贾文慧的《从〈洛阳伽蓝记〉看北魏洛阳城里坊布局特征》，王柳芳的《论〈洛阳伽蓝记〉中的洛阳形象》，岳彦如的《〈洛阳伽蓝记〉所见北魏洛阳城的动植物与城市环境》，以及辛浩、王玲娟的《〈洛阳伽蓝记〉中的佛教建筑金属装饰艺术——以永宁寺塔为例》；语言学研究方面，在关涉《洛阳伽蓝记》的硕博学位论文和期刊文章中占比均为最高，如化振红的博士论文《〈洛阳伽蓝记〉的词汇研究》，王丽的硕士论文《〈洛阳伽蓝记〉词汇研究——〈洛阳伽蓝记〉双音节词、口语词考察》等。

概言之，《洛阳伽蓝记》的类属含混特性，是在它流传使用过程中逐步得到认识并呈现出来的。它的文体归属划分，可以凸显某个方面的价值，却也或多或少地遮蔽了其他维度的价值。进而言之，文体归属划分的维度，也是《洛阳伽蓝记》价值开启与凸显的维度。同时，《洛阳伽蓝记》作为历史文献，在实际使用过程中会因新视角、新理论而展现出新的价值维度，这显然是没有受到文体归属划分的严格限定。换句话说，《洛阳伽蓝记》关于北魏都城洛阳这一特定时空的书写内容并没有变化，变化的是认识、阐发它的切入视角、理论基础。而这均得益于《洛阳伽蓝记》文本自身内容的广度与深度。那么，可以继续追问的是，《洛阳伽蓝记》的书写，何以具有如此丰富的内容和多元的价值？这种书写中还有哪些内容，在什么样的新视角下才能够实现去蔽？杨衒之书写北魏洛阳的目的究竟何在？其潜藏着什么样的生存观念、历史观念与价值观念？……

二、《洛阳伽蓝记》的“恋地书写”与价值重估

如果考察《洛阳伽蓝记》文体类属四个维度之间的关系，可以见出释家类、历史类与文学类所依据的内容，都是基于地理书写之上的。归入佛教类，在于其内容是以记述“伽蓝”为主线，书名“洛阳伽蓝记”已经直截了当地标明了它记述北魏洛阳寺院的主旨；归入历史类，在于杨衒之假借记“伽蓝”记述了很多与重要佛寺相关联的重大历史事件；归入文学类，在于杨衒之的叙述手法和书写内容具有鲜明的文学性。而这三类内容都是在地理空间叙述展开过程中达成的。简言之，《洛阳伽蓝记》是在绘制北魏洛阳生存空间地图的过程中，展现了佛教、历史与文学艺术等诸多方面的内容。正是基于此，可以认为《洛阳伽蓝记》是一种地理书写，并且是一种人文地理性的书写。

但其他很多人文地理性典籍，也具有多元敞开的内容与价值，却没有出

现类属含混的问题。如同为“北朝三书”[①]的《水经注》，被明确归入地理类著述，同时也被认为具有鲜明的文学价值、史料价值、语言学价值等。如前所引，《四库全书总目提要》明确认为《洛阳伽蓝记》在文学价值上可与《水经注》相比肩。那么，为何《水经注》在文体归属上没有出现分歧？其根本原因在于，《水经注》是郦道元在为《水经》作注过程中形成的人文地理性书写。由于“注”既为《水经》所决定又具有研究梳理性质，所以他难以在注文中倾注大量的个人情感。《洛阳伽蓝记》则是杨衒之基于

① 关于“北朝三书”或“北地三书”，一般认为包括《水经注》《洛阳伽蓝记》与《颜氏家训》。如吴先宁认为：“所谓‘北朝三书’，习惯上指《水经注》《洛阳伽蓝记》《颜氏家训》这三部作于北朝中后期的著作。从根本上来说，这三部书都是学术性的著述，本非文学作品。《水经注》是记述河流为主的自然地理和人文地理学著作。《洛阳伽蓝记》是记述洛阳城邑建制兼及当代史事的史地著作。《颜氏家训》则‘述立身治家之法，辨正时俗之谬’（晁公武《郡斋读书志》），又能以儒家经义为准的，故唐宋史书列该书于儒家类；但它又考正典故、品第艺文，兼论字画音训，所以《四库全书》又列入杂家类。从现代的学术眼光看，它是一部以论述家庭教育和伦理为主的著作。总之，所谓‘北朝三书’都不是纯粹的文学作品。注重现实，重视实用，是北朝门第士族普遍具有的品格，这三部书，就正是这种重视实用的精神产物。”（吴先宁：《北朝文化特质与文学进程》，东方出版社，1997 年，第 158 页）周建江则认为：“‘北朝三书’是指北朝时期所创作的三部具有文学性的著作：《水经注》《洛阳伽蓝记》《魏书》。虽然它们不是纯粹的文学著作（《水经注》是地理学著作，《洛阳伽蓝记》是笔记性质，《魏书》是史著），但因其具有较高的、独特的文学价值而于此论之。传统的观点，《魏书》不在‘北朝三书’之例，代之以《颜氏家训》。但是，我认为，《颜氏家训》，就性质而言，它是阐述儒家治家治学的著作，它于文学的贡献是夹杂于其间的一些文学见解、文学观点，没有什么特殊的文学性，不足以将之视为文学作品。《魏书》是史著，但文史一家的传统做法使它得以具有特殊的文学表现，故取代《颜氏家训》在‘北朝三书’中的位置。同时，《水经注》《洛阳伽蓝记》和《魏书》都是由北朝本土士人所为，是真正意义上的北朝作品，所以，‘北朝三书’的内容有此新变。”（周建江：《北朝文学史》，中国社会科学出版社，1997 年，第 181 页）范祥雍曾提出‘北魏三书’的说法，指《水经注》《洛阳伽蓝记》与《齐民要术》。他在《〈洛阳伽蓝记校注〉序》中说：“我国南北朝时代，在经济上和文化上都较落后的北魏拓跋王朝，百六十年间留下的著作不多，贾思勰的《齐民要术》、郦道元的《水经注》、杨衒之的《洛阳伽蓝记》，可称北魏的三部杰作。《齐民要术》是我国最早的一部完整的而有科学价值的农书。《水经注》是一部具有很高的文学价值的地理书。《洛阳伽蓝记》以记北魏京城洛阳佛寺的兴废为题，实际记述了当时的政治、人物、风俗、地理以及掌故传闻，具有很高的文学价值和历史价值。”（（北魏）杨衒之著，范祥雍校注：《洛阳伽蓝记校注》，上海古籍出版社，2009 年，第 1 页）可见，吴先宁是从北朝文学角度界定的，《水经注》《洛阳伽蓝记》和《颜氏家训》都属于散文作品，但颜之推是由南入北的士人；周建江是从文学和作者两个标准界定的；范祥雍则是从作者角度界定的，郦道元、杨衒之和贾思勰都属于北魏时期的北方士人。但《洛阳伽蓝记》都位列其中，这不仅是因为北朝传世文献较少，更重要的在于它自身所具有的多元价值。

个人对北魏洛阳这一特定地方空间的情感而形成的人文地理性书写，可谓是具有“怀古”性质的“恋地书写”。所谓“恋地书写”，可以理解为在人借助文学方式与世界建构关系的过程中，作者基于个体与特定空间、特定地方之间的“恋地情结”或者说情感纽带，所形成的集地理性、人文性、情感性和开放性等特征为一体的审美书写。这类书写具有强大的文学绘图功能，不仅能够客观描绘特定空间的自然地图，而且可以建构出特定空间的人文地图、精神地图和审美地图。从作品内容上看，恋地书写文学绘图功能的发挥及成效，建基于作者的恋地情结之上，同时又在书写具体展开过程中达成对这种个体化情感的超越，展现出对命运、家国、历史甚至宇宙的深情与哲思。从作品形式来看，作者所选择的诗、赋、记、词等具体文体形式，则会影响抒发恋地情结的深度、书写绘图的精度和囊括内容的宽度等。杨衒之在离开盛世繁华的北魏洛阳十余年之后，重返并面对已经沦为丘墟的故都洛阳，为“《麦秀》之感”“《黍离》之悲”激发所作，在撰写《洛阳伽蓝记》时便选择了内容体量较大的“记”。基于此，当杨衒之以北魏洛阳寺院作为记述对象与线索，全景式再现北魏洛阳时，便自然而然地把自己对洛阳的深情、对故国的情怀灌注其中，进而在书写过程中赋予它向多维度敞开的内容与价值，最终成就了《洛阳伽蓝记》独具特色的“恋地书写”。

（一）杨衒之的恋地情结

所谓“恋地情结”，是段义孚提出的一个人文地理学概念。他认为：“恋地情结是人与地之间的情感纽带。”[①] 这种情感纽带的生成，从“人”的维度来看，既取决于个体对地方空间的感知能力和所秉持的态度、价值观、世界观，又深受个体所处时代环境之政治、经济、宗教信仰和文化状况等

① ［美］段义孚著，志丞、刘苏译：《恋地情结》，商务印书馆，2018 年，第 5 页。

因素的影响。就“地”的维度而言，则是取决于特定地方空间对“人”情感的激发程度，也即深受其物质生存环境和精神文化生存环境的制约。《洛阳伽蓝记》虽然没有直接呈现杨衒之北魏洛阳恋地情结的建构方式、生成过程与强烈程度等，却透过他本人为数不多的出场和对洛阳全方位、全景式的再现呈现了出来。因为，杨衒之与洛都之间的情感纽带，是深深植根于北魏洛阳的特定时空境域之中，并从北魏洛阳往昔繁华中获取外化符号与文学意象的。正是基于此，借助《洛阳伽蓝记》可以反观杨衒之洛阳恋地情结的生成。

作为“人”“地”之间的情感关联，恋地情结的生成显然不是一蹴而就的，而是随着“人”在“地方”空间内生存经验的积累逐渐培养、建构起来的。但由于杨衒之在《魏书》《北史》等文献中无传可查，他的北魏洛阳生存经验也就无法较为确切地梳理出来。甚至关于他的姓氏、籍贯、他对佛教的态度等也都存在争议。如他究竟是姓“杨”“阳”还是“羊”，籍贯是北魏定州之北平郡还是平州之北平郡，又如《洛阳伽蓝记》所表现出的对佛教繁荣的自豪与《广弘明集》所载其《上东魏主启》对佛教激烈反对的矛盾。值得庆幸的是，他在《洛阳伽蓝记》中直接述及曾经登临永宁寺佛塔：“衒之尝与河南尹胡孝世共登之，下临云雨，信哉不虚。”[①]（《洛阳伽蓝记·城内·永宁寺》）同时，在解释华林园“苗茨碑”的命名时述及曾任职奉朝请：“永安年中（528—530），庄帝马射于华林园，百官皆来读碑……衒之时为奉朝请，因即释曰：‘以蒿覆之，故言苗茨，何误之有？’”[②]（《城内·建春门》）正是在洛阳的为官生活，使他能够详观细察、

① 〔北魏〕杨衒之著，杨勇校笺：《洛阳伽蓝记校笺》，中华书局，2018年，第13页。（说明：本书引文虽以《洛阳伽蓝记校笺》为准，但为行文方便，并没有采用杨勇先生对“正文”与“子注”在字体上进行区分的方式，而是采用了统一字体。同时，下文文内标注该书引文时，为了简洁而直接采用“方位＋寺名”的方式，如《城内·永宁寺》，省去书名。）

② 〔北魏〕杨衒之著，杨勇校笺：《洛阳伽蓝记校笺》，中华书局，2018年，第66页。

切身体验洛阳的生存空间，并在感知洛阳生存世界的过程中与之建立深厚的感情。更重要的是，《洛阳伽蓝记》书写了杨衒之对洛阳空间的感知和洛阳空间对他情感的激发，这为还原他洛阳恋地情结何以生成提供了可能。

第一，感知北魏洛阳的生存经验。在洛阳生活期间，杨衒之通过感官乃至全身心的投入，对都城空间形成了深刻而细腻的感知。从视觉感知维度上来说，有恢宏的城门和规整的里坊，有栉比的佛寺和骈罗的佛塔，有壮丽的府邸和奢丽的园林，等等。杨衒之对都城建筑的体察，既看到了洛阳的壮制丽饰之美，又抓住了洛阳因佛寺广布而形成的新特质。在听觉感知维度上，有佛塔上的铎声、佛寺里的钟鸣，如龙华寺“有钟一口，撞之闻五十里”[①]；有鸟声、蝉鸣，如景林寺“春鸟秋蝉，鸣声相续”[②]；有铙、笳、笙、篪等乐器演奏声，有歌伎的演唱和僧人的诵经声，如行像之日弥漫于整座洛阳城的“梵乐法音，聒动天地”[③]；等等。杨衒之通过各种交织错杂的声音体验，感知到了洛阳空间的生机和灵动。在味觉感知维度上，既有梨、柰、桃和石榴等水果，又有洛水中的鲤鱼、伊水中的鲂鱼等水产品，所谓“鱼味甚美。京师语曰‘洛鲤伊鲂，贵于牛羊’”[④]。杨衒之通过物产美味，发现了洛阳别样的生存韵致。至于礼制建筑及其布局所营造出的皇权威严和佛寺建筑营造出的信仰神圣等气氛，他则是以“身体”去经验、去感受的。

当然，杨衒之并没有局限于对北魏洛阳物质生存维度的感知，而是带着自豪、真挚、深切和细腻的情感进一步关注到了北魏洛阳所承载、囊括的历史、思想、文化等内容。如通过孝文帝、元彧等组织宴饮雅聚吟诗活动，凸显拓跋鲜卑的汉化程度、胡汉民族融合和中原文化的主体地位；通过永

---

① 〔北魏〕杨衒之著，杨勇校笺：《洛阳伽蓝记校笺》，中华书局，2018年，第77页。
② 〔北魏〕杨衒之著，杨勇校笺：《洛阳伽蓝记校笺》，中华书局，2018年，第63页。
③ 〔北魏〕杨衒之著，杨勇校笺：《洛阳伽蓝记校笺》，中华书局，2018年，第133页。
④ 〔北魏〕杨衒之著，杨勇校笺：《洛阳伽蓝记校笺》，中华书局，2018年，第155页。

宁寺代表的佛教建筑对宫城建筑规制的模仿，展现中外文化的融合、审美观念的交织；通过孝文帝与王肃关于羊肉和鱼羹、酪浆和茗饮比较的对话，借助饮食习俗展现北方草原文化、江南文化与中原文化的融合；通过华林园中建有蓬莱山、仙人馆等道教建筑，展现出洛阳宗教信仰的多元；通过西域僧人、胡商、工艺品等，展现中外文化艺术的交流。正是对洛阳既细致入微又不失宏观的感性认知，为杨衒之恋地情结的生成奠定了现实基础，为他目睹洛阳丘墟后再现繁华洛阳提供了可能，也为《洛阳伽蓝记》赋予了现场感、立体感和包容感。

第二，认同北魏洛阳的态度。杨衒之深度感知洛阳的前提，在于他对拓跋鲜卑政权营建都城洛阳的接受与认同。从他基于历史责任感撰写《洛阳伽蓝记》和在具体叙述中所抒发的强烈的家国情怀来看，认同态度是不容置疑的。北魏洛阳之所以能够赢得包括杨衒之在内的汉族士人认同，关键在其以汉魏晋洛阳旧址为基础、以儒家都城审美理想为参照，并借鉴汉魏晋洛阳、南朝建康和北魏平城等都城建设经验，重塑洛阳正统形象；推行和完善礼乐教化制度，国家祭祀从西郊转向南郊，形成以南郊为核心的礼制祭祀体系；主动实施以“夏”变“夷”政策，禁胡语、胡服，改汉姓，与汉族通婚，加速南迁胡族汉化；等等。杨衒之在《洛阳伽蓝记》中既宏观描述洛阳的建筑布局和社会风貌，又准确记述寺院、官署、里坊、府邸和市场等的地理位置、建筑造型、关联历史事件和逸闻趣事，甚至于奇珍果木等，这不仅是他对洛阳空间状况熟稔于心的表现，更是他对洛阳内心认同和情感深厚的表现。

进而杨衒之在记述佛塔、园林、府邸等壮丽奢华的建筑时，在记述佛教行像的盛大规模时，在记述万国来朝、胡商汇聚和四夷归附等内容时，都洋溢出基于深度认同的自豪感。如借萧梁陈庆之称颂洛阳：“自晋宋以来，号洛阳为荒土，此中谓长江以北，尽是夷狄。昨至洛阳，始知衣冠士族，并在中原；礼仪富盛，人物殷阜，目所不识，口不能传。所谓帝京翼翼，四方之则。”① 在南北正统之争和夷夏之争的时代背景下，杨衒之的书写直接表明了对洛阳正统的认同。再如借菩提达摩称永宁浮图“极佛境界，亦未有此”② 和佛教行像活动中“时有西域胡沙门见此，唱言佛国”③，凸显洛阳在佛教信仰中的至高地位，进一步肯定、推崇洛阳。可见，是杨衒之对洛阳发自内心的认同态度，促使他带着深挚的爱去感知洛阳、体验洛阳和书写洛阳。

第三，华夏正统的价值观念。杨衒之之所以对拓跋鲜卑统治下的洛阳产生深度认同，华夏正统价值观念是一重要决定性因素。就对拓跋鲜卑政权的接受与认同来看，由于传统民族观念重文化而不重血统，对夷狄强调“以文化之”。如冯友兰就曾指出：“从先秦以来，中国人鲜明地区分‘中国’或华夏，与‘夷狄’，这当然是事实，但是这种区分是从文化上来强调的，不是从种族上来强调的。中国人历来的传统看法是，有三种生灵：华夏、夷狄、禽兽。华夏当然最开化，其次是夷狄，禽兽则完全未开化。”④ 陈寅恪更是明确指出：“全部北朝史中凡关于胡汉之问题，实一胡化汉化之问题，而非胡种汉种之问题，当时之所谓胡人汉人，大抵以胡化汉化而不以胡种汉种为分别，即文化之关系较重而种族之关系较轻，所谓有教无类者是也。”⑤ 而孝文帝不仅以“华夏”自居展现出“人的自觉”，还积极用“夏”变“夷”彰显出“文的自觉”，加速了南迁拓跋鲜卑的华夏化。进而，就对北魏都城洛阳的认同来看，逯耀东曾明确指出：“孝文帝最后却放弃邺，而选择洛阳，完全是为了实现他的文化理想。”⑥ 可以说，孝文帝从北方游牧混合

---

① （北魏）杨衒之著，杨勇校笺：《洛阳伽蓝记校笺》，中华书局，2018 年，第 121 页。
② （北魏）杨衒之著，杨勇校笺：《洛阳伽蓝记校笺》，中华书局，2018 年，第 13 页。
③ （北魏）杨衒之著，杨勇校笺：《洛阳伽蓝记校笺》，中华书局，2018 年，第 134 页。
④ 冯友兰：《中国哲学简史》，北京大学出版社，1996 年，第 162 页。
⑤ 陈寅恪：《隋唐制度渊源略论稿·唐代政治史述论稿》，商务印书馆，2014 年，第 79 页。
⑥ 逯耀东：《从平城到洛阳：拓跋魏文化转变的历程》，中华书局，2006 年，第 131 页。

地带的平城南迁到“天下之中”的洛阳，根本上是为了利用洛阳空间的正统性，营建作为正统象征的都城以塑造政权的合法性。杨衒之作为汉族士人从乡野坞堡进入都城洛阳，带着深挚的情感去感知洛阳空间，本就意味着对洛阳作为正统象征的认同。这从《洛阳伽蓝记》以佛寺为记述主题，却重点关注拓跋鲜卑华夏化和洛阳正统形象足以见出。

杨衒之借孝文帝、孝庄帝和陈留长公主等拓跋鲜卑权贵赋诗，彰显胡族汉化程度之深。同时，他借洛阳作为“王都”的空间规制，既展现拓跋鲜卑对中原文化的深度认同，又凸显洛阳正统形象：由宫城、内城和外郭城构成的“三重城”宏观布局；宫城位于内城北部略偏西，大市、小市和四通市三个市场都位于宫城之南，“前市后朝”的布局调整；都城空间布局的轴线设计原则，形成了从宫城阊阖门至宣阳门再至圜丘的南北轴线和从东阳门经宫城阊阖门前至西阳门的东西轴线；由太庙太社、圜丘和明堂等组成的礼制建筑体系；规划整齐的里坊等。显然，北魏洛阳对华夏正统、德政仁治、礼乐教化象征审美理想的追求，是契合杨衒之的都城审美期许的。他因此生发的认同态度，不仅直接影响了他对洛阳空间感知的精度、深度和广度，而且影响了他对洛阳空间审美还原的叙述立场。特别是在细微之处表明对北魏正统的维护，如将北魏称为“皇魏”：“逮皇魏受图，光宅嵩洛”[①]，称南朝萧齐为“伪齐”。“综字世务，伪齐昏主宝卷遗腹子也”[②]，“肃字恭懿，琅琊人也，伪齐雍州刺史奂之子也”[③]，“伪齐建安王萧宝夤来降”[④]直接彰显了他以北魏洛阳为天下正朔的观念。

第四，以都城为核心的天下观。除华夏正统观念之外，都城中心的天下观是影响杨衒之认同北魏洛阳、生成恋地情结的另一深层因素。从世界观

① 〔北魏〕杨衒之著，杨勇校笺：《洛阳伽蓝记校笺》，中华书局，2018 年，第 1 页。
② 〔北魏〕杨衒之著，杨勇校笺：《洛阳伽蓝记校笺》，中华书局，2018 年，第 77 页。
③ 〔北魏〕杨衒之著，杨勇校笺：《洛阳伽蓝记校笺》，中华书局，2018 年，第 144 页。
④ 〔北魏〕杨衒之著，杨勇校笺：《洛阳伽蓝记校笺》，中华书局，2018 年，第 154 页。

的维度来看，孝文帝迁都洛阳，内在隐含着他对中原文化天下观的认同。这在孝文帝太和十七年（493）十月发布的《迁都洛阳大赦诏》中有较为明确的表述："崤函帝皇之宅，河洛王者之区，绵圣同其高风，累睿齐其昌化。是以唐虞至德，岂离岳内之京；夏殷明茂，宁舍河侧之邑。逮有周承符，道光前载，姬父赞政，量极人方。微显阐幽，昭章天地之情；穷理尽性，褒博万类之表。故负斧七龄，政平人睦。遂因明辟之秋，卜以无疆之兆。仰辰紫以楷京，府灵影而树元。神龟呈祥，食维瀍洛。固天地之所合，阴阳之所和。万物阜安，乃建王国。"[①] 孝文帝认为平城不在"岳域之内"，而洛阳不仅在"岳域之内"，且地处"天下之中"，若模仿天宫营建都城，即"仰辰紫以楷京"，便可实现阴阳相和，得到上天的护佑。这诚如段义孚所说："同其他文明相比，中国的城市设计更明确地表达了宇宙的象征性。中国的帝都格局就是宇宙的图案。宫殿与南北中轴线相组合象征着北极星与子午线。"[②] 那么，北魏洛阳显然是以"太极殿"象征"北斗星"、以铜驼大街象征"子午线"。孝文帝在接受以洛阳为中心的天下观的同时，在营建洛阳过程中践行"象天法地"之原则，从空间格局维度展现出一种秩序的和谐，以现实空间象征"天堂的秩序与威严"，赋予洛阳以正统性、象征性与神圣性。

对此，杨衒之显然是关注并认同的：记述宫城以太极殿为正殿，洛阳为"三重城"，也即洛阳本身在"天下"水平方向呈现出以太极殿为核心、逐层向外拓展的同心圆空间格局，从内到外依次为宫城、内城和外郭城，凸显了都城自身的向心性；洛阳整体作为中心，依据甸服、侯服、绥服、要服与荒服的模式向外放射、延展，具体表现为州城、县城等，从而在空间格局上强化洛阳的神圣性。他记载北魏设置"四夷馆""四夷里"和众

---

① 韩理洲等辑校编年：《全北魏东魏西魏文补遗》，三秦出版社，2010 年，第 2 页。

② [美] 段义孚著，志丞、刘苏译：《恋地情结》，商务印书馆，2018 年，第 247 页。

多归附的南朝权贵、胡商、僧人、使节等，进一步佐证洛阳的“正统”与“中心”地位；采取城内、城东、城南、城西和城北的先后叙述顺序，以凸显内城中心。同时，杨衒之还从多个维度塑造了北魏洛阳的垂直立体空间：在儒家维度，洛阳是一个天、地、人、神共在的空间；在道教维度，洛阳是一个神、人、鬼共在的空间；在佛教维度，洛阳则是天国或佛国净土世界、人、地狱共在的空间。但无论哪个维度，洛阳无疑都处于上通下达、贯通人神的中心地位。进而言之，洛阳空间是水平空间与垂直空间的合一，是世俗性与神圣性的杂糅，且融功能性、审美性和象征性于一体。

第五，洛阳空间对杨衒之情感的激发。杨衒之与北魏洛阳之间建立的情感纽带，既是他对北魏洛阳生存环境感知的结果，又是洛阳生存环境对他情感激发的结果。因为“环境可能不是产生恋地情结的直接原因，但是却为人类的感官提供了各种刺激，这些刺激作为可感知的意象，让我们的情绪和理念有所寄托”[①]。从物质生存环境的角度来看，洛阳的城市规划、建筑布局、建筑形态、河流和植物分布等，一方面将巨大的都城区隔为不同功能、不同大小的空间，以客观形式规范洛阳生存秩序，进而对人的活动范围、形式、时间等形成规定；另一方面，洛阳空间内的可感知对象，无论是人、建筑、声音、味道和色彩等物态化对象，还是文学艺术、思想、信仰等精神化对象，都具有借助符号化、抽象化而成为感知意象的可能。“伽蓝”能够被杨衒之作为记述主题，充分表明佛寺建筑在洛阳空间内的地位、数量、规模和艺术成就等深刻刺激了他的感知，进而促使他将“伽蓝”熔铸到了北魏洛阳审美意象之中，甚至是作为北魏洛阳审美意象的标识。

从文化生存环境的角度来看，北魏洛阳是一个文化融合共同体：以儒道为代表的中原文化作为主干，与因拓跋鲜卑南迁而强势植入的北方草原游牧文化，因统治者佞佛而加速传播的佛教文化，以由南入北士人为主所带

① ［美］段义孚著，志丞、刘苏译：《恋地情结》，商务印书馆，2018 年，第 168 页。

来的融入江南地域元素的中原文化等，在洛阳空间内冲突、交流与融合。多元文化的融合充溢整个都城圈空间，并且是全方位的，从日常饮食、服饰着装，到城市建筑及布局，再到文学艺术、宗教信仰等，都有或多或少的体现。这种文化氛围，可谓滋养并促成了杨衒之昂扬、开放、包容的文化心态，使他得以全方位感知洛阳、全景式再现洛阳。

概言之，杨衒之关于北魏都城洛阳恋地情结的生成，经历了三个阶段：先是情感培养，北魏洛阳与华夏正统价值观和都城中心天下观的契合，使他以认同的态度接受与感知洛阳，从而在他体察洛阳和洛阳激发他情感的互动过程中建立起深厚的情感关联；再是情感积淀，杨衒之离开洛阳之后客观上形成了他从乡野对都城的回望，时间和距离促使他对洛阳的情感变得愈加醇厚，成为他和洛阳关联的纽带；最后是情感跃升，杨衒之重返洛阳，至“武定五年（547），岁在丁卯，余因行役，重览洛阳”①，已经是北魏灭亡（534）、洛阳沦为丘墟的十几年后，目睹故都颓壁残垣、荒芜凄凉之丘墟惨状，在昔盛今衰强烈对比的激发下，他对洛阳的深挚情感得以跃升为恋地情结。由此，抒发强烈、浓郁、复杂的恋地情结，成为杨衒之撰写《洛阳伽蓝记》的重要审美动因。

（二）《洛阳伽蓝记》的“恋地书写”

杨衒之因行役重返故都洛阳时，正值盛世繁华洛阳沦为残毁丘墟洛阳以后，即将被时间湮没于历史尘埃之际：崩毁坍塌的城郭、毁为废墟的塔庙、断壁残垣的宫殿和零乱散落的瓦片等都城建筑遗存，加之以穴居石阶的野兽、巢居庭树的山鸟、游儿放牧的牛羊、农夫种植的禾黍和四处丛生的荆棘等非都城事物，两组物象在言说洛阳荒芜的同时也预示着它终将荡然无存，归于空无。而在杨衒之遍览丘墟洛阳惨况、触发洛阳恋地情结的过程中，

---

① 〔北魏〕杨衒之著，杨勇校笺：《洛阳伽蓝记校笺》，中华书局，2018年，第1页。

他与洛阳的情感纽带实际上发生了情感迁移和新变，并超越了个体化的情感。也即杨衒之对洛阳自豪、眷恋、温暖的情感纽带，因丘墟洛阳审美物象的激发，在进一步纯化为盛世繁华洛阳美好记忆的同时，融入了凭吊国破家亡的悲情和慨叹历史兴衰的深情。换言之，杨衒之强烈的家国情怀和历史意识，是在他洛阳恋地情结的基础上被激发生成的。正是基于恋地情结，杨衒之以士人的情怀、史家的态度和文学的笔触撰写了《洛阳伽蓝记》，促使北魏洛阳得以全景式再现。而《洛阳伽蓝记》也因杨衒之对恋地情结的抒发，成就了自身多元敞开的内容，并由此凸显出恋地书写的开放性特征。

首先，《洛阳伽蓝记》是从北魏洛阳出发的人文地理性书写。恋地情结，顾名思义，是关于特定地点、特定空间或者说特定时间内的空间的情感。对此，段义孚指出："恋地情结是关联着特定地方的一种情感。……这种情感远远不是游离的、无根基的。"[①]那么，恋地书写就必然是关于"特定地方"的地理书写。唯有如此，才能厘清恋地情结赖以生成的根基、缘由，并具体展现恋地情结的内容表现、强烈程度。因此，恋地书写的地理类属性可谓是先天就被赋予的。《洛阳伽蓝记》从名称便可直接见出，它是一部地理类著作："洛阳"，也即北魏都城洛阳，便是那个被书写的"特定地方"，那个被书写的特定时间中的空间，那个杨衒之恋地情结得以生成的根源地。同时，恋地书写又不仅仅局限于特定地方本身的地理书写，尤其是自然地理状况的书写。因为人与地方之间情感的培养，"所谓的'恋地情结'，其实就是蕴含了'爱'（philia）之模式的一套复杂环境经验，并体现在了理想的空间秩序当中"[②]。当杨衒之带着爱的情感感知洛阳生存空间时，他能够更细密地感知其中的人与物，并在感知过程中进一步强化

① ［美］段义孚著，志丞、刘苏译：《恋地情结》，商务印书馆，2018 年，第 168 页。

② 刘苏：《段义孚〈恋地情结〉理念论思想探析》，《人文地理》2017 年第 3 期。

对洛阳的情感。这便决定了他对北魏洛阳的书写必然溢出自然地理书写，而走向一种富有情感的人文地理书写。所以，他在记述“伽蓝”的主题下，从北魏洛阳寺院具体地理分布状况出发，述及水流、物产、气候等自然风貌，更重要的是将与之关联的宗教、政治、历史、经济、文学艺术、民俗风情和逸闻趣事等囊括其中，且浑然一体。也正是从洛阳地理出发，赋予了《洛阳伽蓝记》以客观性，精准描绘了北魏洛阳地理风貌；而不局限于洛阳地理本身，则赋予了《洛阳伽蓝记》更为丰富的内容，展现出敞开性和多维性，形象描绘了北魏洛阳社会风貌、精神风貌。

其次，《洛阳伽蓝记》是关于北魏洛阳的情感书写。关于撰写《洛阳伽蓝记》的动因，杨衒之在《洛阳伽蓝记校笺・序》中有明确表述：“《麦秀》之感，非独殷墟；《黍离》之悲，信哉周室！京城表里，凡有一千余寺，今日寮廓，钟声罕闻。恐后世无传，故撰斯记。”[①] 可见，他如同箕子、周大夫一样，因目睹故都沦为丘墟之后的荒芜破败景象，而产生了对洛阳融眷恋、怀念、悲伤等复杂情感于一体的恋地情结，促使他为洛阳伽蓝立传、书写洛阳历史。因此，杨衒之对洛阳的情感便在无形中融进了《洛阳伽蓝记》的书写之中。他以或显或隐的叙述方式，表达了对都城礼制空间和塔庙佛教空间的敬畏之情，对洛阳礼乐建设成效、“四夷”归附和佛教鼎盛的自豪之情，对多姿多彩世俗生活的眷恋之情，对佛塔、塑像和园林的赞美之情，对尔朱氏祸乱洛阳的悲愤之情和对洛阳崩毁荒芜的慨叹之情，等等。杨衒之情感与叙述的有机结合，使得《洛阳伽蓝记》的书写过程，成为他凭吊故都故国和抒发恋地情结的过程。在此过程中，杨衒之对洛阳的“爱”与对洛阳地理空间的书写水乳交融为一体，从而促使都城审美意象跃然目前，为人们认识北魏洛阳开启了审美通道。

最后，《洛阳伽蓝记》是基于北魏洛阳地理的生存经验书写。恋地情结

---

① 〔北魏〕杨衒之著，杨勇校笺：《洛阳伽蓝记校笺》，中华书局，2018 年，第 1 页。

的生成，必须基于人在特定地方的生存经验。生存经验积累生成的过程，是人通过技术、情感、理性等方式与特定空间生存世界建构关联的过程，也是人与地方之间慢慢生成情感纽带的过程。而“经验”，段义孚认为，“乃跨越人之所以认知真实世界及建构真实世界的全部过程”①。据此，杨衒之恋地书写便具有了双重指向：一方面是他凭借感官实际感知的洛阳，另一方面则是他超越感知而建构的洛阳。前者是现实生存经验，注重客观性记述，如：城市规划布局，寺庙、衙署、道路、里坊、宅邸、园林等的位置；杨衒之登临永宁寺浮图，解释苗茨碑命名缘由等亲身经历；孝文帝与王南寺沙门论义、昙谟最讲经、行像等佛教相关活动；尔朱荣在河阴诛杀朝臣，宋云、惠生西行求法等历史事件。这些内容，杨衒之或亲身经历，或据史实考辨，使得《洛阳伽蓝记》具有补史书之不足的历史价值。后者则是精神生存经验，强调对想象力的运用，如：北魏洛阳秩序作为宇宙秩序投射、天室映照的象征性建构；高耸的佛塔对佛教天国的象征；洛水之神水下宫殿的描述等。这些内容指向的是审美的洛阳，营构的是洛阳意象。正是审美想象力的运用，使《洛阳伽蓝记》本身具有了鲜明的文学特质，或被视为写景文经典，或被作为小说发展史的重要环节，或被认为具有赋体特征等。可以说，《洛阳伽蓝记》基于生存经验的恋地书写，以史实为主、虚实相结合的叙述方式，充分展现了人地关系建构的复杂性。“因为从人的经验出发，‘恋地情结’更能解释人与环境关系中一些模糊、矛盾和复杂的东西，从而也开放了地理知识同那些更普遍的人文、历史、艺术学科进行对话的可能。”②

从恋地书写特征的展现可知，《洛阳伽蓝记》在文体归属上被归入地理类或历史地理类作品，原因在于北魏洛阳地理是它书写展开的根基所在；

---

① [美]段义孚著，潘桂成译：《经验透视中的空间和地方》，“国立”编译馆，1998年，第7页。
② 孟锴：《“空间转向”语境下重温〈恋地情结〉》，《社会科学论坛》2019年第4期。

被归入历史类、释家类、文学类，乃是因为它对北魏洛阳地理书写的溢出，走向了内容更为宽泛的历史人文书写。那么，《洛阳伽蓝记》的恋地书写，何以能够涵盖如此丰富的内容，并将它们有机融为一体？这主要得益于“记”的文体与“合本子注”的体例。

先看“记”的文体。若从恋地情结抒发的角度来看，恋地书写并非始于杨衒之的《洛阳伽蓝记》。就关于故都故城丘墟的恋地书写来看，有《麦秀》《黍离》，屈原的《哀郢》，鲍照的《芜城赋》和吴均的《吴城赋》等；就都市壮制丽饰的恋地书写来看，则有司马相如的《子虚赋》《上林赋》，扬雄的《蜀都赋》，班固的《两都赋》，张衡的《二京赋》和左思的《三都赋》等。换言之，诗赋是《洛阳伽蓝记》之前恋地书写的主要形式。相较于诗赋，“记”更强调叙事性，有更大的叙述空间，也就易于展现恋地情结的丰富性。杨衒之采用“记”的文体，使他能够更细腻地书写自己的情感、更细致地记述洛阳的生存状况，建构出他所感知与理解的北魏洛阳。就地理书写的文体形式来看，之前则有刘歆著、葛洪辑的《西京杂记》，陆机的《洛阳记》，戴延之的《西征记》，释昙宗的《京师寺塔记》等。这些以“记”命名的地理书写，都具有向历史人文敞开的特征，为杨衒之撰写《洛阳伽蓝记》提供了重要借鉴。杨衒之虽没有采用诗赋的文体形式，却深受诗赋影响。如曹虹认为：“至于本书（指《洛阳伽蓝记》）汲取辞赋手段之妙，也是作者的艺术匠心所在，即一方面调动辞赋的写作经验来为全书的内容服务，另一方面，这种文学手段或形式因其与传达内容的相得相称而彰显文学魅力。”[①]

① 曹虹：《〈洛阳伽蓝记〉与汉晋辞赋传统》，《古典文献研究》2008 年第 11 辑。另王柳芳的《论〈洛阳伽蓝记〉对京都赋的接受》一文，梳理了《洛阳伽蓝记》与京都赋的文句比对，可直观见出杨衒之对京都赋的借鉴。该文具体参见《殷都学刊》2010 年第 1 期。

再看“合本子注”[①]的书写体例。尽管杨衒之可以借鉴魏晋时期地理志的文体形式，但他要达成对北魏洛阳的全景式再现，载录现实之洛阳并建构精神之洛阳，便须找到更为适合的书写体例。范子烨认为，杨衒之在史官文化和经学训诂之格义、“合本子注”佛典的基础上形成了“《洛阳伽蓝记》新文体”，并指出杨衒之采用“合本子注”体例的原因在于：“杨氏著书时，既要广纳材料，详述史实，又要畅其文气，美其语言，为了解决‘除烦’与‘毕载’之间的矛盾，他便采取了文注分列、合体施行的撰述方式。”[②]该论断看到了杨衒之载录历史、评判历史的需要，如同杨勇所言“余以此书虽以记伽蓝为名，实则叙录当代史迹，上自太和，下至永熙，四十年间，北魏风物，家国大事，无不备书。唯笔意婉微，言简而赅，颜曰‘伽蓝记’者，

① 关于《洛阳伽蓝记》原貌是否为“合本子注”，学术界尚存在争论。“合本子注”的提出，源于刘知几《史通·补注》的记述：“亦有躬为史臣，手自刊削，虽志存该博，而才阙伦叙，除烦则意有所吝，毕载则言有所妨。遂乃定彼榛楛，列为子注。若萧大圜《淮海乱离志》，杨衒之《洛阳伽蓝记》，宋孝王《关东风俗传》，王劭《齐志》之类是也。”（〔唐〕刘知几著，张振珮笺注：《史通笺注》，贵州人民出版社，1985 年，第 167 页）《四库全书总目提要》却据此认为：“自宋代以来，未闻有引用其注者，则其刊落已久，今不可复考矣。”（〔清〕永瑢、纪昀等纂修：《（文渊阁）四库全书》（第 2 册），台湾商务印书馆，1986 年，第 507 页）但顾广圻据此提出：“知此书（指《洛阳伽蓝记》）原用大小字分别书之，今一概连写，是混注入正文也。”（〔清〕顾广圻：《思适斋书跋》，上海古籍出版社，2007 年，第 32 页）对此，张宗祥、范祥雍则主张维持现状，不进行文注区分。徐高阮、周祖谟和杨勇则是在陈寅恪提出的“合本子注”的基础上，对厘定文注做了大量工作。吴晶对《洛阳伽蓝记》整本为“合本子注”提出质疑，认为其只适用于《洛阳伽蓝记》第五卷关于宋云、惠生出使西域部分，并提出“《洛阳伽蓝记》的本来面貌应是正文多且文风枝蔓，注文仅偶尔出现，处于边缘地位”（吴晶：《〈洛阳伽蓝记〉体例质疑》，《文学遗产》2009 年第 5 期）。之所以出现依据材料相同，结论迥异的现象，关键在于：一是刘知几并未明确该书整体体例或者子注具体情况；二是“合本子注”理解不同。若认为“本”是不同著作，则“合本子注”仅适用于第五卷。而周生杰通过考证指出：“陈寅恪先生和程千帆先生都只是把与‘正本’相对的‘他本’理解为‘注’，其实，在佛经翻译的早期，就有人为晦涩难懂的译文作注解，如支谦注《了本生死经》《安般守意》《法镜》《道树》等。前面说过，这些注文也是《大藏经》的组成要素，以小字附在正文之中，这也是‘注’，是后世所说的真正的‘注’。大字为正文，小字为注文，前者称为‘本’，又叫做‘母’，后者称为‘子’。”（周生杰：《合本子注的由来》，《古典文学知识》2006 年第 6 期。）本文认为，范子烨、周生杰的考据更具说服力。同时，该体例更适合杨衒之本意的表达，故赞同“合本子注”说。

② 范子烨：《〈洛阳伽蓝记〉的文体特征与中古佛学》，《文学遗产》1998 年第 6 期。

亦心存遮蔽，用护其书，左氏之笔法也”[1]；同时，也看到了杨衒之书写表达、实际行文的需要。若从杨衒之撰写《洛阳伽蓝记》的动机、目的和内容来看，“合本子注”的书写体例，可以让他更自如、简洁、深情地抒发恋地情结：以伽蓝记述为正文，便是以洛阳地理为基础，展现洛阳的现实空间；以官署、人物、事件等为注文，即是从洛阳地理出发向历史人文的溢出、敞开，由此杨衒之获得了建构精神洛阳、展现史家观念和抒发家国情怀的可能。可以说，《洛阳伽蓝记》的正文与子注，作为有机整体，展现出在叙述上虚实结合、在内容上相互补充、在审美上情景交融的关系。如此一来，《洛阳伽蓝记》呈现出文体归属和价值开启的多元现象，便在情理之中。

（三）《洛阳伽蓝记》价值的多元性

如果说恋地书写注定了《洛阳伽蓝记》内容的多元敞开，那么，“记”的文体与“合本子注”的体例则为它囊括多元内容提供了形式依托。而无论是将《洛阳伽蓝记》视为一种新文体，还是强行划分类属以强调它某一维度的内容和价值，或在承认类属含混的前提下将它划归某类文体，实际上都是它内容和价值敞开性的体现。这种敞开性在现代学科视野下同样十分显著，我们基于不同理论、不同视角审视《洛阳伽蓝记》，便会在相应的理论与视角照亮它所蕴含的内容与价值：

第一，呈现了北魏洛阳现实和审美的双重样态。杨衒之所记述的“洛阳”，实则是指自北魏太和十七年（493）至东魏武定五年（547）之间的洛阳城。该时期的洛阳，经历了一个从丘墟到辉煌再到丘墟的过程，即从曹魏西晋之洛阳丘墟，到北魏迁都洛阳重现辉煌，再到迁都邺城后遭到严重破坏重新沦为丘墟。杨衒之在《洛阳伽蓝记·序》中宏观描述了北魏洛阳丘墟的状况，也即现实中的“丘墟洛阳”；而在正文部分，他以文学绘图的方式，

---

① 〔北魏〕杨衒之著，杨勇校笺：《洛阳伽蓝记校笺》，中华书局，2018年，第267页。

载录了北魏洛阳的城市空间规划、具体建筑、园林绿化、建筑名称和水流物产等繁华时期的状况，也即往昔现实中的“繁华洛阳”。在“繁华洛阳”现实样态的载述中，有关北魏洛阳都城规建的珍贵史料得到了保存，为现代汉魏洛阳考古发掘和空间格局的复原研究，提供了坚实的史料支撑。而文学绘图方式在赋予《洛阳伽蓝记》现实客观性的同时，也成就了《洛阳伽蓝记》的文学性与审美性，即塑造了北魏洛阳的审美样态、营构了北魏洛阳审美意象。当然，北魏洛阳审美意象并非空中楼阁，而是以洛阳现实样态为依托、以都城规建艺术为支撑和以儒家都城审美理想为追求的城市审美样态。并且，它不仅为《洛阳伽蓝记》所营构，而且为现实都城营建所效仿与复制，如东魏北齐之邺南城、隋之大兴（亦即唐长安）等都深受北魏洛阳影响。

第二，展现了佛教在北魏洛阳的发展和影响。北魏都城南迁以后，在统治阶层佞佛的直接推动下，佛教在洛阳得到了迅速发展。可以说，杨衒之是以佛寺兴衰来记述洛阳佛教的发展状况：佛寺在孝文帝时期发展受限，在宣武帝、孝明帝时期逐步突破规制而获得较大发展，尔朱荣发动“河阴之变”导致佛寺激增，都城迁邺之际则骤减等。《洛阳伽蓝记》中直接记述西晋时期洛阳佛寺极少，仅为 42 所；北魏都洛期间，洛阳郭内佛寺最多时有 1367 所；北魏灭亡，都城迁往邺城时，还剩 421 所，足见佛寺在洛阳都城空间内占比之大、佛教在洛阳的影响之大。面对如此众多的佛寺，杨衒之显然不可能逐一详加记述，而只能选择性地进行载录。他所着重记述的是整个北魏洛阳期间的具有代表性和特色鲜明的佛寺，并明确交代指出：“今之所录，止大伽蓝；其中小者，取其详世谛事，因而出之。”[①] 据统计，

① 〔北魏〕杨衒之著，杨勇校笺：《洛阳伽蓝记校笺》，中华书局，2018 年，第 1 页。

杨衒之详细记述的佛寺加上仅提及寺名的佛寺，共有 74 座[①]。而即便是他重点选取的佛寺，记述也详略有别。整体来看，记述内容主要涉及佛寺的名称、由来、地理位置、建筑形制、关联人物与事件、宗教活动等内容。从中可直接见出佛寺得以广置的原因，由佛塔、佛殿、造像和园林等构成的佛教艺术发展状况，以行像为代表的宗教活动，佛经翻译状况，北魏政治与佛教发展的关系等，进而彰显出佛塔对都城高空审美的重塑、佛寺宗教空间对都城礼制空间的冲击、佛教思想对园林艺术审美发展的影响、行像活动所引发的城市狂欢、佛教美学与儒家美学的交融等深层问题。据此，《洛阳伽蓝记》直接展现了佛教传播发展，在都城空间布局、城市审美景观、日常生活和艺术审美观念等多个层面对北魏洛阳的影响，可谓是多维度研究北朝佛教的重要史料。

第三，书写了北魏洛阳时期的历史。《洛阳伽蓝记》以地写史的方式很早便受到关注，并被作为“信史”对待。如《四库全书总目提要》强调：“其兼叙尔朱荣变乱之事，委曲详尽，与史传相发明。”[②] 吴若準在《洛阳伽蓝记集证序》中，认为它“假佛寺之名，志帝京之事”，“足以补魏收所未备，为拓跋之别史”。张煦侯曾指出《资治通鉴》对它的采用：“其参考《洛阳伽蓝记》，乃撮记胡后兴作之盛，非以文字之华侈为长也。”[③] 这都是对《洛阳伽蓝记》作为历史史料之内容与价值的肯定。或许可以说，《洛阳伽蓝记》本身就是一种历史书写。吴若準正是基于拓跋入主中原的历史视角，认为它是一部“拓跋别史”；王文进则是从城市视角来看，认为它是一部“北魏‘洛阳城兴亡史’”[④]。而这均源自杨衒之“恐后世无传”的历史意识与

---

① 关于杨衒之述及佛寺数量的统计，由于标准不同、文献梳理疏漏等原因，导致结果不一。如傅熹年主编的《中国古代建筑史・第 2 卷》（第二版）中统计为 55 座，金大珍在《北魏洛阳城市风貌研究》中统计为 66 座。具体数量的讨论，可参见本书第二章第二节有关内容。

② 〔北魏〕杨衒之撰：《洛阳伽蓝记》，中国书店，2018 年，第 2 页。

③ 张煦侯：《通鉴学》，北京联合出版公司，2019 年，第 97 页。

④ 王文进编撰：《净土上的烽烟——洛阳伽蓝记》，海南出版社，1998 年，第 4 页。

历史责任感。他不愿让曾一度辉煌灿烂的北魏洛阳湮没于历史之中，才成就了以地理载录历史的方式，让《洛阳伽蓝记》本身成为历史书写，如记述尔朱荣发动“河阴之变”、元颢入洛、尔朱兆囚禁庄帝、胡太后专政等系列重大政治事件。也正是他在书写过程中坚守史家的批判精神、客观精神、反思精神、实证和存疑精神，使得《洛阳伽蓝记》在多元书写展开过程中保存了北魏洛阳时期的大量珍贵史料。

第四，载录了北魏洛阳的社会状况。《洛阳伽蓝记》恋地书写的多元敞开，使得它涵盖了北魏洛阳社会、文化、经济、交通与教育等多个向度的内容。以经济为例，杨衒之不仅从城市布局维度记录了洛阳四通市、大市的位置，而且关注到了粮食加工、酿酒、对外贸易等行业的发展，甚至还记录了奇珍异宝的价格。如《城南·景明寺》中载有：“礰硙舂簸，皆用水功。”[①] 可见，洛阳粮食加工的碾、磨、罗等工序已经使用水力。再如《城西·法云寺》中记述洛阳大市周围里坊情况时说：“别有阜财、金肆二里，富人在焉。凡此十里，多诸工商货殖之民。千金比屋，层楼对出，重门启扇，阁道交通，迭相临望。金银锦绣，奴婢缇衣；五味八珍，仆隶毕口。”[②] 这足以见出北魏洛阳手工业和商业的发达。与洛阳社会经济繁荣相伴随的，便是多元文化融合对文化建设的推动及因此所取得的巨大成就。这可从汉化后的拓跋贵族对魏晋士人风度的仰慕、承袭，中原士人对佛教思想的接受、认同，佛教信仰与道教信仰的杂糅等诸多层面见出。这种对洛阳社会生活多向度的记述，恰是杨衒之“全景式”复现洛阳盛世繁华景象的写照。

第五，成就了北朝时期的经典文学作品。从现有掌握的资料看，自宋代《太平广记》《绀珠集》《类说》将《洛阳伽蓝记》的部分内容选录为笔记小说以来，它的文学作品价值便获得了比文学史料价值更重要的地位。当然，

---

① 〔北魏〕杨衒之著，杨勇校笺：《洛阳伽蓝记校笺》，中华书局，2018 年，第 133 页。

② 〔北魏〕杨衒之著，杨勇校笺：《洛阳伽蓝记校笺》，中华书局，2018 年，第 190 页。

这并非否定《洛阳伽蓝记》对北魏洛阳时期文学作品和文学活动状况等史料保存的价值：前者如姜质的《庭山赋》、常景的《汭颂》[①]、孝庄帝的《临终诗》等，后者如孝文帝与群臣的猜字游戏、元彧组织的文人雅聚、士人游览佛寺园林饮酒题诗等文学活动，都为史料薄弱的北朝文学研究提供了重要支撑。但《洛阳伽蓝记》作为文学作品的价值，在北朝文学研究中却并没有得到应有之重视，并且受关注基础与视角的局限，即便是认可它的文学性，也主要是从语言、构思、情节等方面加以强调。如毛晋在绿君亭本《洛阳伽蓝记》的“跋语”中说：“妙笔葩芬，奇思清峙。虽卫叔宝之风神，王夷甫之姿态，未足以方之矣。”[②]认为杨衒之文采斐然、构思清奇，甚至认为卫玠、王衍都难以与他媲美。这实则间接高度评价了《洛阳伽蓝记》之语言和叙事所富有的神韵。《四库全书总目提要》则是直接从体例、文采等方面评价，认为它“体例绝为明晰，其文秾丽秀逸，烦而不厌，可与郦道元《水经注》肩随”。即便是在现代文学学科体系下，部分文学史著作虽将《洛阳伽蓝记》纳入研究视域，也主要是将它视为具有文学价值的地理类或历史类著作，从历史散文、写景散文或笔记小说等维度加以论述，并未充分发掘它作为文学作品的价值。事实上，如若从杨衒之撰写《洛阳伽蓝记》的审美动因来看，他是在北魏洛阳丘墟审美的激发下，为抒发洛阳恋地情结而作。基于此，《洛阳伽蓝记》本身就是一部重要的都城丘墟文学作品，凸显了丘墟文学审美类型，在文学史上理应具有重要地位。

第六，记述了北魏洛阳时期艺术的辉煌。城市，作为人工制品，本身就可以被视为艺术品。同时，城市作为文明的容器，又是一个艺术的综合体，内部容纳有多种艺术。特别是都城，不仅自身是城市艺术时代最高成就的

---

① 严可均录为《洛桥铭》，参见〔清〕严可均辑：《全后魏文》，商务印书馆，2006 年，第 320 页。

② 〔明〕毛晋：《汲古阁书跋》，上海古籍出版社，2005 年，第 13 页。

代表，而且是各类艺术时代最高水平作品的汇聚展示空间。《洛阳伽蓝记》在全方位呈现北魏洛阳过程中，一方面展现了洛阳城市艺术水平的辉煌成就，佐证了北魏洛阳何以成为古代都城建设史上的里程碑；另一方面重点呈现了洛阳空间内各类艺术的发展状况。关于建筑艺术，由于杨衒之以“伽蓝”为记述对象，《洛阳伽蓝记》自然对建筑关注最多、着墨最多。杨衒之关于永宁寺及其浮图、景明寺、法云寺等“闳丽的寺院”建筑的描述，足以让人深切感受到宝塔林立、佛寺棋布的佛教建筑艺术成就之高。关于音乐舞蹈艺术，杨衒之记载有礼乐、佛教音乐、草原音乐等，并特地记述了调音里、乐律里，以示洛阳音乐舞蹈从业人员之众。同时，他还记述有代表人物、具体作品和乐器等，如善于吹箛且能演奏《壮士歌》《项羽吟》的田僧超，能为《团扇歌》《陇上声》且善于吹篪的朝云，能为《明妃出塞》且善弹箜篌的徐月华，能为《绿水歌》的脩容，善《火凤舞》的艳姿，作《十二辰歌》的沙门宝公等。这些音乐艺术史料，既是洛阳音乐艺术成就之高的见证，又具体展现了多元审美文化的融合。关于园林艺术，杨衒之记述了以华林园为代表的皇家园林、以景明寺园林为代表的佛寺园林和以张伦宅、元怿宅为代表的私家园林。这些园林既是对理想生存环境追求的体现，又是对宇宙认知的浓缩与象征，彰显了北朝园林艺术达到的高度。此外，《洛阳伽蓝记》中还记述有雕塑、百戏、魔术、角戏等艺术形式：“奇禽怪兽，舞抃殿庭。飞空幻惑，世所未睹。异端奇术，总萃其中。剥驴投井，植枣种瓜，须臾之间皆得食。”①

由上可知，杨衒之恋地情结的抒发，或者说恋地书写，成就了《洛阳伽蓝记》内容与价值的多元特征。诚如段义孚所指出的：“恋地情结，作为概念来讲具有发散性，作为个体经验来讲又是生动而形象的。”② 正是情感

① 〔北魏〕杨衒之著，杨勇校笺：《洛阳伽蓝记校笺》，中华书局，2018 年，第 53 页。

② [美]段义孚著，志丞、刘苏译：《恋地情结》，商务印书馆，2018 年，第 5 页。

指向的多元，使得杨衒之诉诸书写抒发与北魏洛阳的恋地情结时，展现出了最大限度的包容性和敞开性。作为曾在洛阳的生存者，他拥有在北魏洛阳生存的感性经验，从而赋予了书写本身以生动性和真实性。所以，对基于情感和感性体验的《洛阳伽蓝记》而言，审美本就是其有机内容。因此，无论是作为文学作品来看，还是作为有关北魏洛阳都城建设、佛教发展、文学艺术状况等的史料文献来看，《洛阳伽蓝记》都可以与美学学科之间形成内在互动。也即在美学维度，《洛阳伽蓝记》具有重要的审美价值和美学史史料价值。

三、《洛阳伽蓝记》美学研究的现状与理论基础

在《洛阳伽蓝记》研究中，佛教、社会、历史、语言和文学等研究维度受到了较多的关注，美学维度却鲜有论及。由于文本自身是客观存在的，要开启美学维度的深度讨论，显然能够改变的只能是美学史研究的提问方式。随着美学理论研究的推进，审美地理学、城市美学和礼乐美学等美学分支学科的建构为美学史研究范式的调整提供了支撑，美学学科定位对艺术哲学的突破、美学史观对启蒙史观的反思，有效拓展了美学史史料的范围，这为《洛阳伽蓝记》美学研究的展开提供了可能。

（一）《洛阳伽蓝记》美学研究的现状

自宗白华先生 1941 年 1 月在《星期评论》第 10 期首发《论〈世说新语〉和晋人的美》[1] 述及《洛阳伽蓝记》的文学审美价值和美学史料价值以来，

---

① 此文在《美学散步》中标注为 1940 年发表于《学灯》，可参见宗白华：《美学散步》，上海人民出版社，1981 年，第 226 页。在《宗白华全集》第二卷中，编者注为 1941 年 1 月发表于《星期评论》，1941 年 4 月 28 日修订后发表于《学灯》第 126 期，1941 年 5 月 5 日《学灯》第 127 期续发此文。具体可参见宗白华：《宗白华全集（第二卷）》，安徽教育出版社，2012 年，第 267 页。

无论是研究专著还是单篇论文，都鲜有从美学维度进行系统研究的成果。只是在文学史、美学史著述中，或多或少地触及了《洛阳伽蓝记》的美学价值。

先看文学审美价值阐释的局限。要审视《洛阳伽蓝记》的文学审美价值，首要前提便是将它视为文学作品或者是具有文学性的作品。截至目前，论及《洛阳伽蓝记》的文学史著述，虽在文学体裁上将它视为散文、笔记文学和小说等，但对它的类属归属认知仍限于富有文学价值的史地作品。散文方面，如在文学通史著述中，游国恩等主编的《中国文学史》认为，《洛阳伽蓝记》是“具有文学价值的历史文献”[①]，“这部书文字基本是散文，但比《水经注》更多骈俪成分”[②]；袁行霈主编的《中国文学史》，认为它具有“故都伽蓝的双重象征性”“整饬与散行兼美的文风”，[③]是“北朝文坛上的旷世杰作”[④]。

在断代文学史著述中，曹道衡、沈玉成的《南北朝文学史》指出，《洛阳伽蓝记》是“一部有价值的北朝历史散文”[⑤]，并肯定其对北朝政治、宗教、社会经济与文学等方面史料的保存价值。周建江的《北朝文学史》则是从笔记文学和小说两个维度界定《洛阳伽蓝记》：作为笔记作品，它“在内容构成上的特点，以佛教寺院为依托，既写出了这些寺院的建筑，渲染了洛阳城的壮美；同时，人物传记、事件叙述及优美的景物描写更成为主要的内容构成”[⑥]，“就文学性而言，《洛阳伽蓝记》达到了北魏文学的高峰，与郦道元的《水经注》并驾齐驱，为北魏文学的终结划上了圆满的句号”[⑦]；

---

① 游国恩等主编：《中国文学史（一）》，人民文学出版社，1998 年，第 333 页。
② 游国恩等主编：《中国文学史（一）》，人民文学出版社，1998 年，第 335 页。
③ 袁行霈主编：《中国文学史（第二卷）》，高等教育出版社，1999 年，第 174 页。
④ 袁行霈主编：《中国文学史（第二卷）》，高等教育出版社，1999 年，第 176 页。
⑤ 曹道衡、沈玉成编著：《南北朝文学史》，中国社会科学出版社，2007 年，第 314 页。
⑥ 周建江：《北朝文学史》，中国社会科学出版社，1997 年，第 190 页。
⑦ 周建江：《北朝文学史》，中国社会科学出版社，1997 年，第 194 页。

作为小说，它“既是魏晋六朝小说的总结，又是唐宋传奇的开山”[①]，以至专设“《洛阳伽蓝记》的小说史地位”一节进行讨论。

吴先宁的《北朝文化特质与文学进程》，是从文学性切入讨论《洛阳伽蓝记》审美价值的代表。他明确认为《洛阳伽蓝记》是具有文学意味的史地著作，强调它“是一部把地理、城建、历史、传说、风俗、逸事等众多材料，以很高的艺术手法熔成一个宏丽和谐的艺术结构，既有学术的严肃性，又达到很高审美价值的奇书。从文学角度看，在‘北朝三书’当中，《洛阳伽蓝记》的结构和语言更富文学性，因而具有最高的审美价值”，“与《木兰诗》一起，一诗一文，是北朝文学史上的双璧”。[②]他从结构、叙事、语言等维度讨论《洛阳伽蓝记》的文学审美属性，使其文学审美价值得到呈现。

特别需要强调的是，近年来随着城市文学研究的勃兴，《洛阳伽蓝记》在城市文学书写方面的价值受到关注。王柳芳的博士论文《城市与文学：以两汉魏晋南北朝为考察对象》（苏州大学，2011），专设一章“《洛阳伽蓝记》与城市文化”，主要考察了《洛阳伽蓝记》对汉代京都赋的接受、所描绘的洛阳城市形象与多维时空观念。刘海霞在博士论文《中国古代城市笔记研究》（上海师范大学，2014）中，设“《洛阳伽蓝记》中的佛陀世界”一节，讨论了它与《西京杂记》的关系及对“梦华体”的影响，洛阳的空间格局以及佛教相关内容等。周晓琳、刘玉平合著的《中国古代城市文学史》，虽为“城市文学史”，但对《洛阳伽蓝记》着墨并不多。该著作将它归入地理散文类作品对城市描写一类，与《水经注》一并讨论。她们认为“在中国城市文学史上，北魏杨衒之的《洛阳伽蓝记》也应该占有一席之地”[③]，遗憾的是仅对杨衒之的序文、元怿宅和元彧宅的记述作了

---

① 周建江：《北朝文学史》，中国社会科学出版社，1997 年，第 240 页。

② 吴先宁：《北朝文化特质与文学进程》，东方出版社，1997 年，第 167 页。

③ 周晓琳、刘玉平：《中国古代城市文学史》，人民出版社，2014 年，第 95 页。

简要介绍，没有进行深度论述。

概言之，文学史研究中关于《洛阳伽蓝记》文学审美价值的肯定与阐发，进一步展现了它文学价值的丰富性，也为拓展它的文学价值研究奠定了基础。只是受限于《洛阳伽蓝记》类属归属的认知，没有讨论它作为丘墟主题文学作品的审美价值，没有关注到杨衒之书写方式特征对其文学审美价值的影响；受限于强调“进步”的文学史发展观念，注重梳理具有鲜明连续性的诗赋文体，《洛阳伽蓝记》作为写景散文的价值没有得到充分评价；受限于潜在的汉民族文学正统观念，《洛阳伽蓝记》作为拓跋鲜卑胡族政权下的文学作品，在南北朝文学史研究“重南轻北”传统的影响下被严重漠视；受限于城市文学史理论建构的不足，《洛阳伽蓝记》作为对都城丘墟这一特殊城市形态书写的价值没有得到充分发掘。这些局限的突破，均有待于文学审美研究范式的调整和重新提问。

再看美学史史料价值发掘的偏狭。美学理论史研究范式对研究对象和提问方式的限定，加之以注重“进步”观念的美学发展史观、注重“理性”的美学理论史观和注重“汉民族正统”所带来的“重南朝轻北朝”的中国美学史观，注定中国美学理论史的书写根本无法对《洛阳伽蓝记》形成有效阐释。因为在美学理论史研究范式中，审美范畴史和美学思想史要求研究内容具有较高的理论品格。《洛阳伽蓝记》不属于理论著述，所以自然无法进入审美范畴史、美学思想史的研究视域。相应地，20 世纪 80 年代以来的美学理论史著述，从李泽厚与刘纲纪的《中国美学史》、叶朗的《中国美学史大纲》，到 2010 年之后叶朗主编的《中国美学通史》、《中国美学史》编写组编写的“马工程”教材《中国美学史》等通史性著述，以及袁济喜的《六朝美学》、赵建军的《魏晋南北朝美学范畴史》等断代美学史著述，没有述及《洛阳伽蓝记》也就在情理之中。因为美学理论史研究范式的任务就是要梳理、发掘与呈现美学理论、范畴与思想，根本不在于考察非理论性文本的美学内容。

在审美意识史研究范式中，强调审美意识与审美范畴、美学理论、美学思想的互补统一，不再注重研究对象的理论品格，将艺术品、日常生活用品、非理论性文本等都纳入研究范围，从而进一步扩大了美学文献的涵盖范围。得益于此，《洛阳伽蓝记》作为美学史料进入了审美意识史的书写之中。如朱志荣主编、李修建著的《中国审美意识通史·魏晋南北朝卷》便多次引用了《洛阳伽蓝记》中的史料：在“手挥五弦：音乐审美意识”中，使用了孝庄帝的《临终诗》；在“乐志会心：园林审美意识”中，使用了张伦私家园林的记述；在“何以解忧：药酒审美意识”中，使用了杨元慎嗜酒的记述；等等。但受限于“重南朝轻北朝”的美学史观念和整体研究内容框架的影响，《洛阳伽蓝记》的美学史价值并没有得到深入发掘。

在审美文化史研究范式中，研究对象介于美学思想、美学理论和审美器物之间，注重对审美的解释和描述，从而使得研究对象的理论品格得以下调，甚至可能走向文化研究，这无疑在一定程度上扩大了美学史的研究范围。但受启蒙美学史观和关注视角的影响，整个北朝美学都没有受到应有之关注。相应地，《洛阳伽蓝记》在审美文化史研究中也没有得到有效阐释。如盛源与袁济喜合著的《华夏审美风尚史》的第四卷《六朝清音》、仪平策的《中国审美文化史：秦汉魏晋南北朝卷》等，重点关注的都是南朝审美文化风尚，对北朝审美文化着墨不多。

当然，在美学史研究具体展开的过程中，有些美学史著述并不局限于运用一种研究范式，吴功正的《六朝美学史》便是如此。该论著将美学理论史、艺术美学史与审美文化史融为一体，极大地拓展了研究范围。尽管“六朝”限定了研究的时空范围，但他为通过南北对比来凸显南朝美学的特征、准确定位南朝美学，还是论及了北朝美学。基于此，吴功正没有专门论述《洛阳伽蓝记》的美学史价值，而只是将其作为美学文献加以使用。他在论述南朝园林美学时，引用杨衒之关于张伦私家园林的记述，从规模与色彩上反衬南方私家园林的萧散，并批判北方私家园林是地位物化的产物；引用景明寺的寺院园林，说明北方寺院园林的恢宏壮丽源自皇家园林的寺院化，不具备南方寺院园林的清净幽深等。

（二）当代美学理论成果的新视角

如果说类属含混严重束缚了《洛阳伽蓝记》内容和价值的发掘，那么，美学理论基点的调整，则使《洛阳伽蓝记》审美内容和审美价值的发掘获得了支撑与可能。要解决美学史研究范式与《洛阳伽蓝记》文本阐释之间的错位，唯有汲取美学理论新成果以调整研究范式，进而变换向文本提问的方式。当然，这并不意味着对它“新文体”特征的漠视，而是不再纠缠于它的类属划分，直接面对《洛阳伽蓝记》的文本内容。在此基础上，调整赖以介入它美学价值阐释的理论基础和提问方式，进而厘清它本身所蕴含的美学内容与价值。因为有什么样的美学理论基础，就意味着以什么样的美学视角审视《洛阳伽蓝记》这个自足的文本，也意味着《洛阳伽蓝记》会在什么样的维度呈现出相应的审美内容与价值。可见，美学史研究范式介入历史所凭借的美学理论基础，才是《洛阳伽蓝记》美学阐释没有得到有效展现的根本原因所在。进而言之，这与美学作为外来学科所赖以建构的理论基础与中国美学、中国历史存在错位有关；与美学学科定位于艺术哲学，强调研究对象的理论品格有关；与美学理论向中国历史延伸时，接受西方启蒙史观的价值观念有关。近年来，随着美学学科中国本土化的持续深入，当代中国美学理论研究在城市美学、环境美学、生活美学、空间美学、礼乐美学等方面取得了丰硕成果，为美学史研究视角的调整与研究视域的拓展奠定了坚实基础。正是基于此，《洛阳伽蓝记》获得了美学理论有效阐释的可能性。针对《洛阳伽蓝记》美学内容与价值的去蔽而言，主要可以汲取如下视角：

第一，城市美学。20 世纪 80 年代城市美学便已受到关注，但直至 2000 年之后才逐步得到深入发展。这既有环境美学、空间美学等美学分支体系对城市关注的推动，也有城市美学研究自身发展的原因。尽管城市美学的勃兴是基于现代城市，但作为一种美学理论，在向历史进行自然延展时，依然为重新审视古代都城在中国美学史上的地位与作用提供了支撑。这便意味着与都城相关的文学作品、史地文献和考古发掘等具有了纳入美学史研究的合法性。由此，《洛阳伽蓝记》无论是被视为地理历史书写，还是被视为文学书写，便都拥有了进入美学研究视域的可能。就城市文学书写来看，《洛阳伽蓝记》是丘墟文学的经典作品和丘墟审美类型的代表，也是恋地书写的经典作品和城市记体文学审美的代表。就史地文献来看，《洛阳伽蓝记》对北魏洛阳从城市空间审美观念到城市审美景观，再到城市审美文化，最后到城市审美精神，都有生动记述与深度展现。可以说，城市美学视角凸显了《洛阳伽蓝记》关于“北魏洛阳”这一特定历史地理空间记述的美学内容与价值。

第二，礼乐美学。自康德提出审美无利害原则以来，审美的功利性维度在理论建构中便长期遭到压制。事实上，这与西方具有逻辑性特征的学科型美学理论建构有关，但并不适用于中国具有关联性思维特征的非学科型美学，尤其是对于中国古典美学而言，美与功利的关系并非始终处于对立状态，更多的是一种和解、交融状态，最典型的体现便是礼乐美学。礼乐教化，可谓是中国传统政治的核心，这就赋予了传统艺术和美以鲜明的功利性特征。对此，刘成纪认为：“在中国历史中，礼乐是国家制度建构的核心要素，但美和艺术构成了它的本质。其中，礼涉及社会政治体制（礼制）、人的行为举止（礼容）、典礼仪式（礼仪）、器具配置（礼器）等诸多环节，它追求的社会的有序、人行为的雅化、礼仪的昌隆、礼器的庄重，无一不是以美作为基本目标。乐在表现形式上指称诗、乐、舞，在价值取向上涉及快乐、和谐等社会或人生目标，审美的意味更加浓厚。”[①] 北魏迁都洛阳并实施改

① 刘成纪：《先秦两汉艺术观念史》，人民出版社，2017 年，第 772 页。

革以塑造正统，实则是建构并完善礼乐政治制度：营建以太极殿为核心的宫城，将祭祀从西郊彻底转为南郊，建设太庙、太社、圆丘等礼制建筑等。杨衒之在《洛阳伽蓝记》中对都城规建、礼制建筑以及佛寺建筑效仿宫城建筑等的记述，展现了北魏洛阳的礼乐美学状况。明代毛晋曾关注并特别强调了这一点："魏自显祖好浮屠之学，至胡太后而滥觞焉，此《伽蓝记》之所由作也。铺扬佛宇，而因及人文。……顾高宗以北地质鲁，迁都洛阳，立国子太学、四门小学，如李冲、李彪、高闾、王肃、郭祚、宋弁、刘芳、崔光辈，皆以文雅见亲，制礼作乐，蔚然可观。"[①]

第三，景观美学。"景观"一词，原本是自然地理概念，指某地或某种类型的自然风光，后向人文领域拓展，泛指可供欣赏的景物。景观美学，虽在发展过程中与生态美学、环境美学形成交叉式发展，但仍具有自身明确的研究对象与内容。同时，作为一种理论与应用相结合的美学分支体系，景观美学主要是在"景观"的理论阐释维度向历史延伸，为美学史研究提供理论新基点。《洛阳伽蓝记》之所以能够借助景观美学视角进行阐释，关键在于杨衒之记述了北魏洛阳不同类型的人文景观。以永宁寺为代表的展现佛教审美文化的佛寺景观：由佛塔、佛殿、塑像及园林等共同组成的佛寺景观，诉诸宗教氛围在洛阳礼制空间内区隔出数量众多的信仰审美空间，展现了佛教文化及审美观念的地位和对都城规制的影响。因全书以"伽蓝"记述为主，杨衒之对礼制建筑的直接描述并不多，仅简要描述了城门、华表、明堂等，但他却透过佛塔、佛殿等佛寺建筑对礼乐规制的遵循，展现了中原礼乐审美文化对佛寺审美景观的影响。在此需要强调的是，除佛寺园林景观外，杨衒之还着重记述了华林园、西游园代表的皇家园林景观，元琛、元彧和张伦等私家园林审美景观，在城市自然景观营造中凸显出中原文化园林审美观念与北方草原自然审美观念、江南园林艺术审美观念等

① 〔明〕毛晋：《汲古阁书跋》，上海古籍出版社，2005年，第13页。

的交融。

第四，空间美学。中国古典美学本就具有鲜明的空间性特征，与空间美学具有相当的契合度。宗白华先生在《中国美学史中重要问题的初步探索》《中国艺术意境之诞生》和《中国诗画中所表现的空间意识》等文章中，对古典审美空间问题曾有精辟论述。当代空间美学兴起之后，进一步激发与推动了从空间维度对中国美学史的重新认知。《洛阳伽蓝记》作为一部专门书写北魏洛阳空间的著作，自然可以在空间美学维度呈现出北魏洛阳空间审美的内容，进而彰显出自身在空间美学维度的史料价值。通过细读《洛阳伽蓝记》文本，不难见出杨衒之建构的北魏洛阳空间既包括自然地理空间，又包括多维度的社会人文空间：就不同思想认知的空间来看，有儒家天、地、人共在的礼制空间，道教神、人、鬼共在的灵异空间，佛教天国、人、地狱共在的信仰空间；就空间的功能划分来看，有世俗生存的现实性空间，代表权力、信仰的象征性空间，富有情感的审美性空间。这些不同类型的空间，在现实生存中交错杂糅，共同构成了北魏洛阳生存空间。经过杨衒之的书写，它们又升华成为北魏洛阳意象空间。

第五，文化哲学。美学转向文化哲学，并不是要否定艺术作为研究对象的核心，而是要展现艺术审美与文化之间的内在性关联，进而向文化领域拓展。换言之，在美学的文化哲学定位之下，艺术、美及审美的文化差异性，文化自身所展现出来的审美属性，文化对艺术、审美的影响等问题，都将浮现出来并得到深入探讨。进而言之，多元审美文化、审美观念与审美精神的融合，在文化哲学维度才能得到清晰呈现。北魏洛阳作为一个多民族、多元文化大融合的都城，在审美上自然而然地被烙上了不同文化影响的印迹。杨衒之显然关注到了多元文化之间的差异，以及多元文化对北魏洛阳审美的影响。从地域维度来看，最主要的文化形态便是中原地区的中原文化、北方草原的游牧文化、经西域而来的外来文化以及融入南方文化元素的中原文化。它们的融合在诸多审美领域得到了充分展现：永宁寺浮图的建筑造型，实乃印度佛塔与中国楼阁式建筑体系的结合；以永宁寺、景明寺为代表的新建佛寺与以建中寺、光明寺为代表的舍宅而建佛寺，则反映了佛寺平面布局由塔庙结构向殿堂结构的演进；华林园景观营造对“野致”之美、张伦私家园林对“有若自然”之美的追求，展现出北朝园林对南朝园林营造艺术的借鉴。显然，经由文化哲学的理论路径方能有效阐释《洛阳伽蓝记》中关于审美文化观念融合的史料，进而呈现北魏洛阳审美文化融合的内在理路。

美学理论新视角的汲取，为重新在美学维度向《洛阳伽蓝记》和北魏洛阳时期历史进行提问奠定了基础。当然，《洛阳伽蓝记》从人文地理书写出发、内容多元敞开的特征，注定它的美学阐释不会局限在某个单一视角，或者说注定是多个美学视角的互动融合。而这些视角的有效性，又共同展现了《洛阳伽蓝记》美学价值的开放性特征。

（三）美学史观念的新调整

若要在美学史的维度对《洛阳伽蓝记》进行定位和评价，必须首先选择合适的美学理论对它进行有效阐释，以发掘它的美学内容与价值；然后以此为基础，在某种历史观念下对它进行历时性和共时性的比较，以评判它的整体内容与价值。而长期以来，中国美学史研究中所秉持的历史观念，深受西方启蒙史观的影响，主要是一种先入为主的价值判断。鉴于启蒙史观与中国历史观念的错位，从而不可避免地造成了对《洛阳伽蓝记》美学史价值的漠视与遮蔽。针对《洛阳伽蓝记》而言，影响评估它美学史价值的历史观念主要如下：

第一，以“美的艺术”为研究核心的美学史观念。所谓“美的艺术”，依据比厄斯利在《西方美学简史》中所言，它是由夏尔·巴图神父在《归结为单一原理的美的艺术》中提出的：“（夏尔·巴图神父）将诗、绘画、音乐、雕塑和舞蹈包括进来，这也许是人类历史上第一次将‘美的艺术’

定义为一个特殊的范畴"[1]。尽管可以将"诗"放大为整个"文学"，但由于现代的"文学"概念与中国古代"文"的概念之间存在显著性差异，加之《洛阳伽蓝记》长期被视为史地类著述，所以它难以进入以"美的艺术"为核心研究领域的美学史叙述之中。与此相应，《洛阳伽蓝记》在这类美学史维度的价值问题也就无从谈起。

第二，强调"进步""发展"价值取向的美学史观念。历史发展并非如同斜线一样一直处于线性上升发展态势，而是如同波浪线一样演进，既有创新、发展，也有复古、回潮，且因地域空间不同而呈现出差异性、非同一性。中国美学史、文学史等的研究与书写深受进化史观的影响，强调以进步、发展作为评价标准，从而低估或遮蔽了那些具有复古性、非同一性内容的历史价值。从文学审美来看，《洛阳伽蓝记》便属于"非同一性"的内容，难以纳入"进步""发展"的文学史。无论从"记"体文学来看，还是从小说、散文等文体来界定，《洛阳伽蓝记》都无法纳入一个清晰的发展链条之中。如以散文来看，散文文体在中国文学中本就不占主导性地位，注重诗赋的文学史研究并没有就此形成连续性的文体书写，也就无从评价杨衒之写景散文在散文史上的价值。若以小说视之，小说史研究注重的是南朝志人志怪小说，即便有研究者从撰写技巧、语言等方面肯定《洛阳伽蓝记》在小说史中的价值，但难以从小说审美的维度讨论所谓的"进步""发展"。

第三，潜在的汉民族正统的历史观念。王美秀在论及《洛阳伽蓝记》研究长期难以突破的困境时指出："推究北朝文学遭受忽略的主要原因，应是汉族本位的观念所致。"[2] 她认为这导致了北朝文学无足轻重、文学史书写"重南轻北"、北朝文学为南朝文学附庸等现象的出现。在这种背景下，

---

① [美]门罗·C. 比厄斯利：《西方美学简史》，北京大学出版社，2007 年，第 136 页。

② 王美秀：《历史·空间·身分：洛阳伽蓝记的文化论述》，里仁书局，2007 年，第 7 页。

文学史研究自然不会重视《洛阳伽蓝记》。事实上，美学史如同文学史一样，因汉民族正统史观的影响，南北朝美学研究中一直存在“重南轻北”的现象。北朝美学或者被完全漠视，或者被认为是南朝美学影响的结果。相应地，北朝美学自身的独立性、自足性被严重遮蔽。因此，在整个北朝美学处于美学史研究边缘状态的背景下，《洛阳伽蓝记》的文学审美价值与美学史史料价值难以彰显便成为必然。

如此一来，悬置先入为主的美学史价值观念，保持价值中立，便成为介入和发掘《洛阳伽蓝记》美学史价值的重要前提之一。首先，悬置《洛阳伽蓝记》的文体归属，甚至将其视为一种新的文体类型，而从美学维度直面《洛阳伽蓝记》的内容本身。那么，它将摆脱类属含混限制而进入美学史研究领域，并为其他同类作品的美学阐释提供参照，如《东京梦华录》所代表的“梦华体”著作。其次，回到历史本身，直面历史演进的复杂性，以破除“进步”“发展”观念的局限。针对文学审美领域而言，更应该打破现代文学文体演进的固化观念，回到中国传统的“文学”观念，进而囊括并发掘更多作品的文学审美内容。由此，《洛阳伽蓝记》所蕴含的丘墟审美价值将彰显出来，同时在都城、佛寺、艺术等方面的美学史料价值也将被发掘出来。至于它美学价值的历史定位，文学审美价值可借助丘墟审美主题进行历时性和共时性比较，美学史史料价值则可借助都城美学、佛教建筑美学和园林美学等进行评估。最后，从中华民族的整体观出发重识历史，正视少数民族的文化贡献。针对《洛阳伽蓝记》而言，便是摒除它是北朝胡族政权统治下创作之作品的偏见，直面作品的内容与价值。虽然在语言、体例等方面受到了南朝地理作品、文学作品的影响，但这并不妨碍《洛阳伽蓝记》是一部具有独创性的经典作品。概言之，美学史观念的调整，是重新评估《洛阳伽蓝记》美学史价值的关键所在。

（四）美学文献学视域的新拓展

如果说美学史是以理论话语从美学维度梳理阐发历史，那么，美学文献资料体便是以文献选编的方式从美学维度梳理并呈现历史。虽在具体表现形态上不同，但事实上，美学史书写和美学文献资料体建构都受制于美学史范式。也即两者都是美学理论向历史维度自然延伸的表现形式，也都深受美学史观念价值取向的制约。所以，美学文献资料体在建构过程中会因价值观念和历史视野的限制，而在历史文献选取范围、文献取舍、文献类别区分等方面造成遮蔽。这便是《洛阳伽蓝记》在美学文献资料体建构中，历经一个从被遮蔽到逐渐被认知过程的原因所在。

在运用美学理论史范式建构的美学文献资料体中，重点选取的是先秦诸子哲学、魏晋玄学、禅宗哲学、宋明理学等理论著述，文论、诗论、画论、书论等文献，如《中国美学史资料选编》（1980 和 1981）、《中国古典美学丛编》（1988）、《中国美学重要文本提要》（2003）等。这些成果因本身致力于展现美学理论文献的内容与形态，故难以将《洛阳伽蓝记》纳入选编范围。随着美学学科定位由艺术哲学转向文化哲学，美学史研究范式从美学理论史向审美文化史、审美意识史、审美观念史的转换，美学史料文献领域也随之拓展。《中国历代美学文库·魏晋南北朝卷》（2003）认为："《洛阳伽蓝记》以当时京城佛寺的兴废为主线，详实记载了洛阳的政治变化、地理风俗，人物浮沉及掌故传闻，具有较高的历史价值与文艺价值。其在艺术上的贡献主要在于对城市规划和建筑营造的描述，反映了当时建筑园林的艺术水平和人们对建筑美的审美观念。"[①] 据此，编选者从《洛阳伽蓝记》中选录的材料有城内的永宁寺、瑶光寺、景乐寺，城东的正始寺，

---

① 谌兆麟、汪裕雄、李中华主编：《中国历代美学文库·魏晋南北朝卷（下）》，高等教育出版社，2003 年，第 467 页。

城南的景明寺，城西的冲觉寺、宝光寺、法云寺和寿丘里诸寺等的佛寺园林，以及皇家园林华林园。《中国美学经典·魏晋南北朝卷》（2017）明确指出："杨衒之《洛阳伽蓝记》可谓宗教空间美学或宗教建筑美学文献，同时也关乎城市建筑美学，此外还涉及佛像雕塑等美学问题。"[①] 所以，编选者按照《洛阳伽蓝记》的叙述顺序，分别选录了城内的永宁寺、瑶光寺、景乐寺和景林寺，城东的宗圣寺，城南的景明寺，城西的法云寺、大觉寺。这实则意味着美学文献学向史地类文献领域的拓展，也是对《洛阳伽蓝记》记述史料之可信性的认同和肯定。

但由于美学文献资料体自身容量、编选体例、判断标准等的限制，《洛阳伽蓝记》的美学文献价值并没有得到充分展现。就选取材料的视角来看，主要集中在建筑美学、园林美学、雕塑美学、城市美学及宗教美学等。这既与美学史研究中对《洛阳伽蓝记》史料的实际运用存在出入，一定程度上遮蔽了文学美学、景观美学、音乐美学、生活美学等视角，又缺乏对《洛阳伽蓝记》美学文献价值的整体性把握。从审美观念史的维度来看，《洛阳伽蓝记》保存了北魏洛阳有关都城、佛寺建筑、园林、礼乐、文学艺术和日常生活等诸多方面的美学史料。尤其是对传世文献较少的北朝而言，《洛阳伽蓝记》作为一部内容和价值多元敞开的经典作品，关于洛阳多元审美观念史料的保存更加显得弥足珍贵。可以说，正是杨衒之对北魏洛阳的全景式再现，不仅使其免遭如南朝建康般被湮没于历史之中的命运，而且为梳理和管窥北魏洛阳都城美学乃至整个北朝美学提供了文献支持。

（五）《洛阳伽蓝记》审美观念的主要维度

关于《洛阳伽蓝记》的美学研究，显然不是美学理论研究，而是审美观念研究，也即诉诸审美观念史范式讨论它所蕴含的审美观念。所谓审美观

---

① 刘方喜主编：《中国美学经典·魏晋南北朝卷（下）》，北京师范大学出版社，2017 年，第 685 页。

念史范式，是基于美、艺术、文学等概念的本土化，反思强调理性、自由、进步和“美的艺术”的启蒙史观，坚持价值中立，运用“三重证据法”，即通过历史文献、器物与考古发掘、哲学观念的相互佐证与补充，旨在考察研究对象所蕴含体现之审美观念的美学史研究范式。它并不一味要求研究对象的理论品格，而是将研究对象从“美的艺术”向“非美的艺术”、文化、生活适度延展，极大地拓展了美学史的研究领域。正是基于此，《洛阳伽蓝记》具有了纳入审美观念史研究的合法性。同时，该范式注重汲取美学研究新成果，并在展开过程中调动考古与文献两种资源，以期提高向历史本身还原的程度。由此，《洛阳伽蓝记》的美学内容与价值可以得到多视角的观照与呈现。简言之如下：

第一，《洛阳伽蓝记》与北魏洛阳都城审美。北魏孝文帝在认同华夏祖先的“人的自觉”和“以夏变夷”的“文的自觉”的推动下从平城迁都洛阳，注定要将政治正统的审美理想灌注到洛阳营建之中。因此，北魏洛阳营建参照了纵向维度的东汉、曹魏、西晋之洛阳和横向维度的平城、邺城、建康及姑臧等，同时拟定了《都城制》进行统一规划，从都城空间建筑体系和建筑命名两个维度谋求达成正统塑造的目的。都城空间建筑体系维度，一方面对汉魏晋建筑遗存进行沿用、改建和复建，以发挥承续洛阳正统空间的优势；另一方面，则主动从拓跋鲜卑的草原祭祀转向华夏祭祀，构建和完善礼制建筑体系。宫城太极殿和华林园的营建，充分展现了南北正统之争中北魏在建筑空间意象方面所作出的努力。建筑命名维度，从城门到宫殿、皇家园林，再到里坊的命名，都展现出拓跋鲜卑的华夏化，展现出洛阳正统塑造从实物到精神的全方位介入。

第二，《洛阳伽蓝记》与北魏洛阳伽蓝审美。北魏统治阶层对佛教的崇尚，不仅强化了佛教思想在洛阳的传播，而且促进了佛教建筑与中原建筑体系的融合，进而影响了洛阳的空间审美。依据汉化佛教建筑体系内容，结合杨衒之的记述，主要可区分为佛塔、佛寺和寺院园林三个方面。首先，佛塔重塑了都城高空审美。佛塔自传入中原地区，受都城规建制度和建筑技术影响，直到北魏洛阳时期才成为都城高空审美的象征，进而赋予都城高空以灵动与生气。其次，佛寺平面建筑格局从以塔为主，到塔殿并存，再到以佛殿为主，使得佛寺宗教空间逐步扩大，并吸纳礼制制度原则，进而在彰显礼制审美原则的同时对礼制建筑空间形成挑战。最后，寺院园林本就是佛教文化的有机内容，加上中原园林及达官显贵舍宅为寺的影响，使得寺院园林成为佛寺的重要构成。由此，寺院也得以成为古代城市的公共审美空间，对城市日常生活审美、文学艺术活动等产生深远影响。

第三，《洛阳伽蓝记》与北魏洛阳文学审美。文学史研究范式自身的局限，遮蔽了《洛阳伽蓝记》的都城丘墟文学审美价值和北朝文学审美史料文献价值。通过引入城市文学理论、丘墟文学理论，打破汉民族正统史观、文学发展史观及注重乡村田园的农耕文学史观念，重建文学史研究范式，便可管窥《洛阳伽蓝记》对北魏洛阳生存境域中文人心态、文学生态和文体形态等方面审美特征的展现。孝文帝迁都洛阳之后，加速了拓跋鲜卑贵族的汉化，并基于正统塑造而推崇文学，吸引了大批汉族士人从乡野坞堡向都城洛阳汇集，为文学勃兴提供了人才基础。同时，北魏洛阳的正统塑造，不仅赢得了汉族士人的心理认同，而且为文学提供了丰富的书写内容。不仅如此，杨衒之在《洛阳伽蓝记》中还记述了常景、温子升等重要文学人物的生平事迹、北魏洛阳的文学活动，并载录了一些文学作品。

第四，《洛阳伽蓝记》与北魏洛阳审美意象。杨衒之笔下的北魏洛阳具有三个样态：盛世繁华的洛阳，残毁破败的洛阳，镜花水月的洛阳。盛世繁华之洛阳，是杨衒之所居所住的亲身体验的现实形态；残毁破败之洛阳，则是盛世繁华之洛阳被摧毁之后杨衒之所观所览的审美对象，也是激发他创作《洛阳伽蓝记》的审美动因所在；镜花水月之洛阳，则是杨衒之依托审美回忆、审美想象和审美还原在《洛阳伽蓝记》中营构出来的盛世繁华的洛阳审美意象。在这一内在具有逻辑关联的过程中，杨衒之是依托个体记忆与社会记忆的交织杂糅，实现对盛世繁华洛阳的审美回望，进而选择以正统形象作为洛阳审美意象营构的核心内容。据此，依托《洛阳伽蓝记》可实现对杨衒之所见之盛世繁华洛阳空间形态和社会风貌的全景式还原，管窥北魏洛阳的历史真实面貌。而这种审美还原是建基于杨衒之对丘墟洛阳的审美活动之上的。当他置身洛阳丘墟之中时，昔盛今衰、对比强烈的丘墟审美氛围，激发了杨衒之浓郁的恋地情结和强烈的历史情怀。随着丘墟审美活动的展开，他诉诸文学书写使得丘墟审美事象演进为盛世繁华洛都审美意象的营构，从中抒发他的家国情怀，表现他对北魏洛阳成就的自豪感、反思北魏洛阳兴废的历史感和北魏洛阳建构的崇高感。可以说，《洛阳伽蓝记》凸显了丘墟尤其是城市丘墟这种特殊的文学怀古主题，也凸显了丘墟审美这种非美的审美活动类型，从负价值向度展现了城市丘墟审美的美学史地位。

第五，《洛阳伽蓝记》与美学史研究视域的深化拓展。重识《洛阳伽蓝记》在中国美学史上的价值和地位，可从三个方面切入：首先，凸显了城市审美问题在魏晋南北朝时期的展开。魏晋南北朝时期，中国美学问题进入全面展开阶段，如人之美、文学艺术之美、自然之美、审美教育等问题域都得以铺开。其中，在城市审美问题方面，《洛阳伽蓝记》凭借对北魏洛阳的审美书写而成为凸显都城审美问题的代表性作品。尤其是在魏晋南北朝战乱频发的时代背景下，城市的兴衰、样态更替备受关注，山水田园审美的兴盛更是推动了对城市审美的反观。杨衒之以独特的“记体”方式书写北魏洛阳审美样态，呈现了都城的美学价值，并彰显了都城在时代审美中的引领性地位。其次，凸显了城市丘墟代表的非美对象的审美价值。从审美形式维度来看，丘墟审美在实质上就是一种“审丑”。杨衒之是基于洛阳丘墟审美的激发而撰写的《洛阳伽蓝记》，而洛阳丘墟作为一种特殊的都城存在形态，实为非美的审美对象或者说“丑”的对象。这不仅证实了丘墟代表的非美存在的审美价值，而且凸显了丘墟审美类型的历史。可以说，《洛阳伽蓝记》所凸显的城市丘墟审美问题，直接丰富了古代美学史上“丑”的审美领域范围，拓展了审丑所关涉含义的纵深。最后，展现了城市地理类著述的美学史料价值。如果从史地类作品来看，《洛阳伽蓝记》美学文献价值的发掘，充分展现了古代城市地理类作品纳入美学史料范围的可行性与合法性。这些文献在具体使用过程中，与相关传世器物和考古发掘材料相互佐证，不仅有助于推动美学史料学的拓展，而且为古代都城美学史研究的深化和建构提供了可能。

第一章

—— * ——

《洛阳伽蓝记》与北魏洛阳都城审美

在北朝美学的生成、发展过程中，政治因素发挥了核心性推动作用。它在直接推动北朝礼乐政治美学建构发展的同时，相应推动了北朝都城美学、佛教美学和艺术美学等的演进与兴盛。对此，张法指出："相对于南朝以艺术为核心的美学之各领域都被涉及，北朝以政治为核心的美学在以往的言说中阙如甚多，急需填补。这是一个复杂丰富的演进，由游牧文化的政治美学到农耕文化的政治美学的演进，更是由边疆民族的政治美学到华夏核心的政治美学的演进，以政治为核心仪式美之转型和提升成为美学的核心。"[①] 显然，因都城本身兼具政治性、艺术性、文化性与审美性，都城美学由此成为北朝美学政治性特质体现比较集中的维度。同时，北朝都城的变迁，即北魏由盛乐城迁至平城，到再迁都洛阳，而后至东魏、北齐建都邺城、西魏、北周建都长安，该历史进程相应呈现了北方草原游牧文化政治美学与中原农耕文化政治美学之间互动与融合的历程。其中，尤以北魏孝文帝由平城迁都洛阳，对北朝美学的影响最大、最广、最深。

洛阳，因北魏定鼎河洛而摆脱了自西晋末以来的丘墟状态，经重新规建而成为都城史上的一个坐标。从美学维度来看，北魏洛阳营建因植入北方草原文化和佛教文化而重塑了都城美学，并因塑造洛阳正统而推动了礼乐美学、艺术美学等的新发展。基于此，北魏洛阳，一方面彰显了北朝美学以政治美学为核心的特质，另一方面则展现了北朝美学的建构、转进与走向。但它的存续时间并不长，自孝文帝太和十七年（493）十月开始营建，

---

① 张法：《三大观念与魏晋南北朝美学的重写》，《郑州大学学报》2017 年第 6 期。此文主要内容亦可参见张法：《中国美学史（修订本）》，四川人民出版社，2020 年，第 201—209 页。

至孝武帝永熙三年（534）十月迁邺便遭毁坏。值得庆幸的是，北魏洛阳在沦为丘墟之后，成就了杨衒之的《洛阳伽蓝记》，反过来，杨衒之在《洛阳伽蓝记》中以全景式笔触书写他所居所见所游之繁华洛阳，使其审美样态得到了比较完整的记录。王文进说：“自孝文帝选都洛阳至永熙三年，东、西魏分裂也不过短短四十年左右，却能产生一位像杨衒之这样有历史文化感的文人，将洛阳城的都邑建制、街坊市道、风土民情以及帝室纷争的血泪史以极深沉的笔调凝塑起来。反观南朝的建康城：建都达三百余年，却没有一部像杨衒之这样的作品，可以让我们借以去揣摩六朝繁华的轮廓，无怪乎连唐人都会有‘六朝如梦鸟空啼’的惋叹了。”[①]与南朝建康不同，北魏洛阳则是因《洛阳伽蓝记》而得以相对完整地载记了城市物质生存与精神生存的状况，进而为后人诉诸文字感知想象它的灿烂辉煌提供了可能，为深度理解和把握南北朝那个动荡时代的城市审美精神提供了支持。

从《洛阳伽蓝记》关于北魏洛阳都城建筑的记述来看，一方面是洛阳都城规模、建筑布局和礼制建筑分布等实的物质维度，另一方面则是城门、宫殿、园林和里坊命名等虚的精神维度。这两个方面结合在一起，便可见出孝文帝代表的拓跋鲜卑在多元文化熏染尤其是在与中原文化互动中产生的强烈的“中国情怀”与“正统意识”。孝文帝、拓跋澄等人对“华夏”身份和礼乐文明的主动性认同，促使他们诉诸政治权力因素来达成都城南迁，谋求正统塑造。正是以“华夏”自居的“人的自觉”和主动“用夏变夷”的“文的自觉”，使得北朝美学在内容上与南朝美学形成差异性，但两者又都统一于魏晋南北朝美学“人的自觉”和“文的自觉”所统摄的“一体性”之中。

① 王文进：《致读者书》，载王文进编撰：《净土上的烽烟——洛阳伽蓝记》，海南出版社，1998年，第14页。

第一节 北魏洛阳城市规划与都城审美理想

北魏孝文帝决定从平城迁都洛阳，有深刻的政治、经济、军事动因，更有深层的文化动因。他本人对此有直接表述：

> （孝文帝）乃独谓澄曰："今日之行，诚知不易。但国家兴自北土，徙居平城，虽富有四海，文轨未一，此间用武之地，非可文治，移风易俗，信为甚难。崤函帝宅，河洛王里，因兹大举，光宅中原，任城意以为何如？"澄曰："伊洛中区，均天下所据，陛下制御华夏，辑平九服，苍生闻此，应当大庆。"①

所谓"文轨未一"，表明孝文帝主张从先前的"武治"转向"文治"，以适应国家相对和平时期的发展需要。但平城地处农牧混合地带，游牧生存方式占据相当地位，"尚武"的游牧文化也十分强势。拓跋鲜卑上自皇室贵族下到普通牧民，仍然保持着草原射猎、却霜等生活习俗和西郊祭天、万物有灵等信仰观念。所以，平城虽便于对草原地区进行有效统治，却在根本上不具备推行"文治"的氛围。而"移风易俗"，显然是谋求推行礼乐教化以改变游牧民族的生活习俗。这实则是孝文帝身上所展现出来的"文的自觉"，也即对中原礼乐文化的深度认同和对建构礼乐典章制度的强烈追求。本为拓跋鲜卑的孝文帝，明确将包括拓跋鲜卑在内的北方草原游牧民族称为"北人"，则是彰显了孝文帝在文化维度上的"人的自觉"，也

---

① 〔北齐〕魏收：《魏书》，中华书局，2011年，第464—465页。

即认同“华夏”身份并以“华夏”自居，将自己定位为“中国之士”。

孝文帝并非凭空否定平城的文治基础与环境，此前他已经在平城推进祭祀制度改革、完善礼制建筑等系列措施，主动尝试进行“以夏变夷”，但阻力重重，难以达到他所追求的理想状态。康乐通过梳理、分析孝文帝在平城和洛阳所进行的礼制改革状况，得出如下结论：“礼制改革是孝文帝在平城整个文化改革的重心，而废除北亚祭典又为礼制改革的必经途径，在这方面所遭遇的压力与困难，必定给予他不少挫折感。他之所以会毅然决然地舍弃平城而定都洛阳，其间因素固然甚为复杂，礼制改革的不顺遂想来应当也是重要缘由之一。”[①] 他选择洛阳作为新都所在地，正是看中了洛阳“崤函帝宅，河洛王里”的地理空间位置和文化环境。而任城王拓跋澄对孝文帝迁都洛阳重大举措的支持，也说明拓跋鲜卑权贵在文化立场上的分化，已经有部分成员跟随孝文帝接受并认同中原文化。可以说，正是以孝文帝为代表的部分拓跋鲜卑，在自身“人的自觉”与“文的自觉”的重要作用下，加之以政治、军事与经济等因素，共同促成了北魏将都城从平城南迁至洛阳。

关于孝文帝迁都洛阳，《南齐书·魏虏传》中说：“佛狸已来，稍僭华典，胡风国俗，杂相糅乱。宏知谈义，解属文，轻果有远略。游河北至比干墓，作《吊比干文》云：‘脱非武发，封墓谁因？呜呼(分土)[介士]，胡不我臣！’宏以己巳岁立圆丘、方泽，置三夫人、九嫔。平城南有干水，出定襄界，流入海，去城五十里，世号为索干都。土气寒凝，风砂恒起，六月雨雪。议迁都洛京。”[②] 这里虽将平城的自然环境因素视为北魏迁都的动因之一，但更强调的是孝文帝对完善礼乐建设的追求：拓跋焘时期，北魏平城“胡风国俗，杂相糅乱”；发展到孝文帝时期，已学习中原祭祀制度而设立圆丘、

① 康乐：《从西郊到南郊：北魏的迁都与改革》，北京联合出版公司，2020 年，第 177 页。

② 〔梁〕萧子显：《南齐书》，中华书局，2012 年，第 990 页。

方泽，并设立了嫔妃制等。但平城胡风国俗杂糅的状况，并没有因为孝文帝推行礼乐制度而得到根本性改变，所以导致他发出了“移风易俗，信为甚难”的感叹。孝文帝之所以决定迁都洛阳，主要是基于洛阳空间所拥有的文化优势。对此，逯耀东明确强调：“拓跋宏执政后，最初配合他一系列的改革，只是将平城改建成一座典型的中国文化的都城，并没有积极南迁的意念。最后因为无法排除北方保守势力的压力，只有毅然迁都洛阳。拓跋宏是一个理想主义者，选择洛阳作为新都，并未顾及现实问题。就当时的政治、军事、经济的情势分析，邺城似乎比洛阳更适合，而且自北魏建国以来，一直将邺城视为陪都。他所以选择洛阳，只因为洛阳的中国文化传统比较深厚。”①

由于孝文帝对迁都洛阳抱有施行文治、推动礼乐教化的巨大文化期许，在迁都本身准备不充分的情况下，只能采取迁都、营建与进驻相结合的策略。即便如此，北魏依然对如何营建洛阳或者说对洛阳建成后的样态有一个建设规划。据《魏书·释老志》记载，元澄在《奏禁私造僧寺》中述及北魏规建洛阳曾制定有《都城制》：“仰惟高祖，定鼎嵩瀍，卜世悠远。虑括终始，制洽天人，造物开符，垂之万叶。故都城制云，城内唯拟一永宁寺地，郭内唯拟尼寺一所，余悉城郭之外。欲令永遵此制，无敢逾矩。”②可见，孝文帝对洛阳建设有整体设想与长远规划，而《都城制》便是其具体佐证。从元澄所引《都城制》的内容可知，在佛寺修建方面明确规定在城内建永宁寺、城郭内建一所尼寺，而其他佛寺均须建在城郭之外。这表明孝文帝注重的是儒家礼制建筑空间而有意限制佛教寺院的宗教空间；同时，城内、城郭内的空间界定，则表明北魏洛阳的“三重城”制或者说城市规模是经过规划确定的。而由《洛阳伽蓝记》的记述可知，在洛阳营建持续完善过程中，

① 逯耀东：《从平城到洛阳：拓跋魏文化转变的历程》，中华书局，2006年，第12页。
② 〔北齐〕魏收：《魏书》，中华书局，2011年，第3044页。

《都城制》并没有得到严格遵循，尤其是佛寺位置与数量彻底打破了规划。遗憾的是，《都城制》本身没有得到保存，也没有在北朝有关传世文献中得到更多述及。但从《都城制》制定本身来看，它承载着将孝文帝关于洛阳都城的审美理想转化为现实的任务，并且确有内容被落实到了洛阳营建之中。那么，基于杨衒之对洛阳的记述，结合孝文帝对理想都城的期许、《都城制》和现代考古发掘等，便可对北魏洛阳规划所承载的都城审美理想窥得一斑。

一、孝文帝的洛阳审美理想

在北魏盛乐城、平城和洛阳三座都城中，定都平城时间最长，自 398 年至 493 年，长达九十多年。孝文帝为使平城契合儒家都城审美理想，自太和十二年（488）开始，先后通过营建宣文堂和经武殿，筑圆丘，立孔子庙，营构明堂以及修筑太庙等系列措施，完善礼制建筑体系。甚至在决定迁都前的 492 年，孝文帝还颁布有《营改太极殿诏》，将太华殿改建为太极殿，试图借助核心宫殿建筑的规制和名称，使平城获得曹魏西晋洛阳的正统性象征。但平城地处农牧混合地带的空间位置，注定了北方草原游牧生产生存方式占据重要地位，草原游牧文化、生活习俗也更为北方游牧民族所青睐。所以，即便在孝文帝的推动下，中原礼乐文化对平城的影响力日趋增强，但仍然难以从根本上为胡族所接受与认同。而若从都城营建的角度来审视孝文帝对平城的礼制改造，可明显见出他接受了以儒家典章制度为核心的、作为正统象征的都城审美理想。对此，孝文帝在《迁都洛阳大赦诏》中有明确表述：

夫乾经崇昊，必体元而澄清；坤纬凝至，亦得一以协宁。故琁机考中，宝魄无偏衡之耀；黄嵩定极，惟狱罔仄壤之镇。况乃皇王统历，而得乖其寓正者哉。崤函帝皇之宅，河洛王者之区，绵圣同其高风，累睿齐其昌化。是以唐虞至德，岂离岳内之京；夏殷明茂，宁舍河侧之邑。逮有周承符，道光前载，姬父赞政，量极人方。微显阐幽，昭章天地之情；穷理尽性，褒博万类之表。故负斧七龄，政平人睦。遂因明辟之秋，卜以无疆之兆。仰辰紫以楷京，府灵影而树元。神龟呈祥，食维瀍洛。固天地之所合，阴阳之所和。万物阜安，乃建王国。是用来绍上帝于土中，光宅大邑，时配皇天，祚永历年，化郁二代。及火运再辉，金土继德，宝兹大室，莫坠洪烈，自书契已来，岂有九隩之外，八埏之际，而位首庶邦，道冠百王者哉。惟我大魏，萌资胤于帝轩，县命创于幽都。生人厥初，寔均稷弃，宣帝南迁，憩轸沮洳。事同公刘，业兹邵邑。神元北徙，游止长川。岂异亶甫，至于岐下。暨昭成建国，渐堵盛乐，何异周父，作邑乎丰。烈祖道武皇帝禀三才之秀质，协五行之懋气，雄略冠于人纲，英声格于天纪。飞神陨于大冥，廓清猷于燕赵。开诞龙功，丕新五绩。虽号鸿魏，壤犹寒泽。谅以南黔未纯，北黎难讽，且都玄代，渐畅声教，颇等姬武，宅是镐京。岂谓譬辰，众星永共耶。土非沃壤之区，甸乖三千之域，虞夏之所弃绝，殷周之所莫顾。得之不足以居众，有之不足以广矿。地非物象之所生，气靡中和之所致。处埆人劳，在阴志惨。故令礼让弗兴，虞芮递竞。皇始之初，冠裳遍陈，槐棘森列，制同曩则。未盈纪历，寻复颓褯。业以戎马，化未文典，皇居既然，八荒奚式。岂三祖之匪德，宁二宗之弗睿。拟亦土气使之然，五方之俗不可革故也。遂使龙章阙于宇极，六典湮于司牒。有国百年，经纶仍缺。必代屡臻，后仁罔暨。是用寤寐惟寅，未明九逝。思光考烈之遗业，载隆太平之懋心。化自非择壤裁邑，潜协五常，将何以揩兹长范，昏明靡易。比虽述稽先诰，彝秩宪章，冠带八龄，氓未移风，几将九载。礼化莫浓，志不恬儒，意多躁越，畏威从制。幸而苟免，三考无成，皓齿奚益。上惭代天之命，下愧历山之英。是以因承平之休会，藉立政之嘉运，思涤苍波，一澄海狱。顺天龙游，电游南离，荡逆柔氓，事贯幽显。然后欲卜还中京，垂美无穷。及五旆启行，九常首路，贼帅殒躬，萧元沦没。乘弊系丧，大士曷为。含仁履义，君子宁忘。是以伫震收戈，霈然偃革，息霆赫于夏景，寝霜肃于秋驾。乃考鉴上下之征，览观九地之祐，唯以嵩中为最，固应天授。泝洛背河，左旋右阿，谅帝宅之膏区，诚百域之盛观。京邑翼翼，四方方极，其斯之谓欤。已命元弟骠骑大将军、咸阳王禧等经构皇居，定都洛邑，远遵盘庚之谟，近轨若日之文。改营周为成魏，移北师于南夏。使衮华不曀仪于玄塞，朱绋获斯皇于上京。修文德以怀远，洽礼训以辉化。休牛桃林，韬钑司府，令子衿无悠心之思，耆耋有庠序之游。考风日广，兹德月盈。然后鸣瑶岱宗，和銮衡会，迈三五而不追，蹈八九之遥迹。化隆俗美，功成业定。使勋华之耀，依然还光；成康之颂，铄焉再咏，岂不穆乎。今故班诏万方，告迁率壤，可谓有代虽故，魏德实新。岂惟四海濯心，含生幸赖，斯亦天地含庆，幽明等液。思与亿兆，同兹元吉。其大赦天下，与人更始。自殊死已降，谋反大逆、背叛逃窜、已发觉未发觉及系囚见徒、元罚禁锢、在今十七年十月十八日昧爽以前，皆原除之。[1]

如果《魏书》关于孝文帝所记“自太和十年（486）已后诏册，皆帝之文也”[2]确凿，那么，《迁都洛阳大赦诏》便应是孝文帝本人所作。《迁都洛阳大赦诏》开篇旨在从天人合一、天人感应的维度，强调河洛地处“天

① 韩理洲等辑校编年：《全北魏东魏西魏文补遗》，三秦出版社，2010 年，第 2—3 页。

② 〔北齐〕魏收：《魏书》，中华书局，2011 年，第 187 页。

地之中”作为建都的依据与合法性。这也是北魏选择迁都洛阳、在洛阳塑造正统的依据所在。紧接着，孝文帝回顾了三代建都岳域之内的历史，并着重阐发周代营建成周的原因：就“天”的维度而言，距离上天更近，便于与上天沟通并求得护佑，所以在此效仿“天室”营建成周，即“遂因明辟之秋，卜以无疆之兆。仰辰紫以楷京，府灵影而树元。神龟呈祥，食维瀍洛”。就“地”的维度来看，“中”的地理区位优势，既上合于天，又阴阳协调，可以更好地表达对上天的敬畏并教化万民：“是用来绍上帝于土中，光宅大邑，时配皇天，祚永历年，化郁二代。”

虽然有五德兴衰、朝代更迭，但河洛之间一直是都城首选之地。孝文帝在对华夏建都河洛进行理论说明和历史回顾后，转到了对北魏建国历史的叙述。“萌资胤于帝轩”，直接表明了拓跋鲜卑对黄帝的祖先认同，进而借助祖先认同的历史追溯来支撑拓跋鲜卑亦属华夏的观点，最终推动“以夏变夷”。这可谓是孝文帝“人的自觉”的充分体现，并且他把拓跋鲜卑都纳入了“华夏”后裔的范围，展现出一种不同于南朝“个体自觉”的“类的自觉”或者说“族群的自觉”。张法明确指出：“‘人的自觉’在北朝主要体现为中国心性和中国情怀的自觉。北朝的整个政治变革、文化变革、美学变革，都是在这一‘人的自觉’的定义中产生出来的。”[①] 换言之，孝文帝的“华夏”自觉，内在促使他推动迁都洛阳并实施系列政治文化改革措施，从而推动游牧文化政治美学向农耕文化政治美学演进的变革。

在追溯祖先之后，孝文帝以周代历史作比，叙述了拓跋鲜卑部族的早期发展史。他尤为强调拓跋推寅率领部族南迁的功绩：“宣帝南迁，憩轸沮洳。事同公刘，业兹邵邑。”《魏书·序纪》中对此记述有：“宣皇帝讳推寅立。

① 张法：《三大观念与魏晋南北朝美学的重写》，《郑州大学学报》2017年第6期。

南迁大泽，方千余里，厥土昏冥沮洳。谋更南徙，未行而崩。”[①]“神元北徙，游止长川。岂异亶甫，至于岐下”，则是叙述拓跋力微率领部族迁移到长川，得以发展壮大。“暨昭成建国，渐堵盛乐，何异周父，作邑乎丰”，讲述什翼犍建都盛乐城。“烈祖道武皇帝禀三才之秀质……宅是镐京”，肯定拓跋珪对北魏开拓疆土的贡献和迁都平城对国家声威教化的加强。紧接着，孝文帝便转到了平城对北魏进一步发展的限制。“岂谓譬辰，众星永共耶。……处塉人劳，在阴志惨”，强调平城不在岳域之内，没有得到前代王朝的重视，并且地理环境恶劣，不利于生存发展。这种状况便导致了礼乐教化在平城长期难以兴盛，如“礼让弗兴，虞芮递竞”，“业以戎马，化未文典”，“有国百年，经纶仍缺”。具体到他本人，孝文帝认为是“礼化莫浓，志不恬儒，意多躁越，畏威从制”，难以达到“文治”。基于此，他出于对上苍与黎民的愧疚，才决定“卜还中京，垂美无穷”，以上合天意、下称黎民。“考鉴上下之征，览观九地之祐，唯以嵩中为最，固应天授。泝洛背河，左旋右阿，谅帝宅之膏区，诚百域之盛观。京邑翼翼，四方方极，其斯之谓欤”，便是他对洛阳地理空间优势的评价。至于迁都洛阳所渴望达到的成效，孝文帝明确提出：“修文德以怀远，洽礼训以辉化。……化隆俗美，功成业定。使勋华之耀，依然还光；成康之颂，铄焉再咏，岂不穆乎。”这实际上表达的是一种不同于南朝追求艺术自律、审美自律的“文的自觉”，所追求的是整个社会的“文治”之和谐，推行礼乐教化以塑造北魏之正统地位。张法对北朝之“文的自觉”有精辟论述：“北朝之文的自觉体现为政治美学的转型，即由胡人原来的部落美学转变到华夏一统的政治美学，或者说是在多民族的复杂互动中进行的由夷变夏的美学升级。……首先是礼乐文化的典章制度的美学体系，体现在都城、宫殿、府第、陵墓、园林、服饰、旌旗、车马、礼仪等一系列的制度变革之中。……北朝的文

---

① （北齐）魏收：《魏书》，中华书局，2011 年，第 2 页。

的自觉，正是在政治美学的所有方面进行由夷到夏的变革，以使自身适应新的时代。”①

由上可知，洛阳俨然就是孝文帝展现“人的自觉”和“文的自觉”的关键所在，也是承载和实现孝文帝政治审美理想的机括所在。从对平城的礼制改造和在《迁都洛阳大赦诏》中所表达的政治理想来看，孝文帝理想中的洛阳，乃是一座上应天宫、下据地中、布局规整、制度完备、礼乐昌盛而为天下所景仰和归附的正统之都。

至于迁都缘由，孝文帝在与任城王拓跋澄、东阳王拓跋丕等的对话中有更为简洁的表述，其中也展现出他在中原建都的审美理想。如孝文帝在向拓跋丕解释迁都洛阳的原因时，直言：“今代在恒山之北，为九州之外，以是之故，迁于中原。”② 平城位于“岳域之外”“九州之外”，而洛阳地处中原、“天地之中”。可见，孝文帝十分在意都城的地理空间位置，因为都城位置不仅关乎政治统治、军事斗争、经济发展，而且关涉文化认同。尽管当时对迁都洛阳有多种表述，但无论是说“光宅中原”“光宅土中”“光宅中区”“光宅函洛”“光宅洛邑”，还是言“定鼎伊洛”“定鼎伊瀍”“定鼎河洛”“定鼎嵩瀍”“迁都嵩极，定鼎河瀍”“定鼎成周”，都是从地理空间角度切入，旨在表明北魏在地理空间上对象征“天下之中”的嵩洛地区的占据。当然，中原地区在空间上象征价值的充分发挥与体现，便是孝文帝对洛阳城的重新规建。也即，他关于都城的审美理想在洛阳营建中的现实转化，便是对洛阳“天地之中”地理空间优势充分而有效的利用。

① 张法：《三大观念与魏晋南北朝美学的重写》，《郑州大学学报》2017 年第 6 期。

② 〔北齐〕魏收：《魏书》，中华书局，2011 年，第 359 页。

二、北魏洛阳都城规划的美学参照

拓跋鲜卑的生存方式，如同其他北方草原游牧民族一样，是以逐水草丰美之地而居为主，注定没有定居和筑城的生存经验。直到他们在不断南迁，接触并学习中原文化之后，才逐步积累起来筑城而居的经验。这种经验，即便从 313 年拓跋猗卢修筑盛乐城算起，到 493 年拓跋宏决定从平城迁都洛阳，也仅有 180 年的历史。并且，拓跋鲜卑在盛乐城、平城建都期间，并不是完全采取定居的生存方式，而是或多或少地保留着游牧生存的习俗。即便北魏在建都平城近百年的时间里，积累了相当的都城规划建设经验，在洛阳营建过程中仍然难以达到实现孝文帝都城审美理想的需求。因此，北魏在基于东汉曹魏西晋之洛阳丘墟进行都城规划建设时，既着重汲取平城营建经验，又借鉴汉长安、曹魏邺城、东吴东晋宋齐之建康和河西姑臧等都城的规建经验。

陈寅恪在《隋唐制度渊源略论稿》中分析北魏洛阳规划时，通过对以李冲为代表的参与都城规建的河西士人的分析，指出河西凉州都邑宫城在北、市场在南的建制可能影响了洛阳的布局。逯耀东在《北魏平城对洛阳规建的影响》一文中，通过分析既参加平城改建又参与洛阳规划建设的李冲、穆亮、董爵、蒋少游和王遇等人的经历，梳理了平城经验对洛阳的影响。他指出："孝文帝为了实现他的文化理想而迁都洛阳，但因匆匆规划洛阳的新都，许多平城建筑色彩，被涂抹在洛阳的设计之中，这些色彩分别表现在洛阳的宫城建筑与都市计划的坊里制度方面。"[①] 刘淑芬在《六朝建康与北魏洛阳之比较》一文中，通过对都城形状与城门、宫市方位、城区轴心、里坊与道路等城市规划内容，人口结构、园宅、佛寺、国际化程度等城市风貌内容

---

① 逯耀东：《从平城到洛阳：拓跋魏文化转变的历程》，中华书局，2006 年，第 180 页。

进行比较，甚至得出结论认为："事实上，洛阳的营建几乎全受建康影响，它不只模拟南朝的宫殿，在几个规划的大原则上，甚至是建康的翻版。"[①]她后来又修正了这一论断："笔者今日对此问题的看法，已和九年前不同了。由于建康城在六世纪时遭到隋文帝有意的破坏，平荡耕垦，无论是现在或将来，都难以得到六朝建康城市考古的数据，无法和北魏洛阳做一个比对。因此，对于建康影响北魏洛阳城市规划的程度，我反而持较为保留的态度。"[②]而南朝建康对北魏洛阳规划产生影响，当是肯定的。因为参与平城规建的蒋少游曾出使建康，以学习建康经验和仿效建康建筑规制，使得平城规建融入了南朝建康元素。

至于东汉曹魏西晋之洛阳对北魏洛阳的影响，杨衒之在《洛阳伽蓝记》中记述了北魏洛阳的城市空间格局、建筑名称和具体建筑对东汉、曹魏、西晋之洛阳的承续。同时，杨衒之还直接提供了考察东汉、曹魏、西晋之洛阳影响北魏洛阳营建的两条历史线索。其中一条为他在《洛阳伽蓝记·序》中所记述的："太和十七年高祖迁都洛阳，诏司空公穆亮营造宫室，洛阳城门，依魏晋旧名。"[③]这条记述可与《魏书》中相关史料互相佐证：

> （太和）十七年（493）二月庚戌，火、土合于室。室星，先王所以制宫庙也，荧惑天视，填为司空，聚而谋之，其相宅之兆也。且纬曰："人君不失善政，则火土相扶，卜洛之业庶几兴矣。"是岁九月，上罢击齐，始大议迁都。冬十月，诏司空穆亮、将作董迩缮洛阳宫室，明年而徙都之。于是更服色，殊徽号，文物大备，得南宫之应焉。凡五星分野，荧惑统朱鸟之宿，而填以轩鼓寓之，皆

---

① 刘淑芬：《六朝的城市与社会（增订本）》，南京大学出版社，2021年，第220页。

② 刘淑芬：《原序》，载《六朝的城市与社会（增订本）》，南京大学出版社，2021年。

③ 〔北魏〕杨衒之著，杨勇校笺：《洛阳伽蓝记校笺》，中华书局，2018年，第2页。

周鹑火之分。室，又并州之分。是为步自并州，而经始洛邑之祥也。[1]

（太和十七年）（493）冬十月戊寅朔，幸金墉城。诏征司空穆亮与尚书李冲、将作大匠董爵经始洛京。[2]

综合这三则材料可知，司空穆亮应参与并主导了洛阳宫室的营建。杨衒之虽然没有提及李冲、董爵、董迩等人，但明确记述了洛阳宫室由穆亮负责营建，而《魏书·穆亮传》中并未记述此事。穆亮，本为代人，在太和十三年（489）便已经被任命为司空。太和十五年（491）冬十月，孝文帝在平城建成明堂、太庙；太和十六年（492）将太华殿改建为太极殿。穆亮作为司空应参与了平城的改建工作，并曾反对孝文帝在营建太庙、明堂之后紧接着营建太极殿。可见，穆亮理应十分熟悉平城宫室营建状况和孝文帝关于都城营建的设想。那么，当他负责洛阳宫室营建时，在时间紧迫的情况下，平城经验被直接移用到洛阳便成为自然而然的事情。

《洛阳伽蓝记》中另一条关于洛阳营建的线索，是王肃由南入北、归顺北魏时所带来的萧齐时期都城建康的影响：

肃字恭懿，琅琊人也，伪齐雍州刺史奂之子也。赡学多通，才辞美茂，为齐秘书丞。太和十八年（494），背逆归顺。时高祖新营洛邑，多所造制，肃博识旧事，大有裨益，高祖甚重之，常呼王生。[3]

这则材料与魏收在《魏书·王肃传》所记有所不同：“王肃，字恭懿，琅邪临沂人，司马衍丞相导之后也。父奂，萧赜尚书左仆射。肃少而聪辩，

① 〔北齐〕魏收：《魏书》，中华书局，2011年，第2427页。

② 〔北齐〕魏收：《魏书》，中华书局，2011年，第173页。

③ 〔北魏〕杨衒之著，杨勇校笺：《洛阳伽蓝记校笺》，中华书局，2018年，第144页。

涉猎经史，颇有大志。仕萧赜，历著作郎、太子舍人、司徒主簿、秘书丞。肃自谓《礼》《易》为长，亦未能通其大义也。父奂及兄弟并为萧赜所杀，肃自建业来奔，是岁，太和十七年（493）也。”[①]对比可知：第一，杨衒之的表述带有浓郁的情感色彩，以“伪齐”称萧齐，且用“背逆归顺”称王肃北奔，显然是以北魏为正统。第二，杨衒之称赞王肃“赡学多通，才辞美茂”，而魏收记述王肃“少而聪辩，涉猎经史，颇有大志”的同时，指出“肃自谓《礼》《易》为长，亦未能通其大义也”，隐含有批评贬低之意。第三，关于王肃由南入北的时间存在冲突，杨衒之记为“太和十八年（494）”，魏收却载为“太和十七年”（493）。而据《南齐书·王奂传》记载，王奂被杀于齐武帝萧赜永明十一年（493），因此王肃当于此年北奔。曹道衡、刘跃进在《南北朝文学编年史》中便是采用《魏书》《南齐书》的记载，认为王肃入北是在493年：“齐武帝诛王奂，奂子王肃奔魏，时年三十岁。”[②]

杨衒之虽可能误记了王肃的入北时间，却肯定性地记述了他对洛阳营建的贡献。即王肃入北时，正值孝文帝营建洛阳。王肃作为琅琊王氏后人，具有深厚的家学渊源，加上博闻强识，理应对古代典章制度比较熟悉。同时，他曾在建康为官，应对建康都城布局与建筑制度比较熟悉。据此，王肃可能为北魏营建洛阳提供了相当大的帮助，从而赢得孝文帝的器重和青睐，以至孝文帝常以“王生”称呼他。遗憾的是，杨衒之没有对“大有裨益”作进一步的记述。而《魏书·王肃传》并未记述王肃对洛阳营建的影响，仅载他北奔之后受到孝文帝的礼遇和器重：“或屏左右相对谈说，至夜分不罢。肃亦尽忠输诚，无所隐避，自谓君臣之际犹玄德之遇孔明也。”[③]至于王肃对北魏礼乐典章制度方面的贡献，陈寅恪曾指出：“魏孝文帝之欲用夏变夷久矣，在王肃未北奔之前亦已有所兴革。然当日北朝除其所保存魏晋残

---

① （北齐）魏收：《魏书》，中华书局，2011年，第1407页。

② 曹道衡、刘跃进著：《南北朝文学编年史》，人民文学出版社，2000年，第303页。

③ （北齐）魏收：《魏书》，中华书局，2011年，第1407页。

余之文物外，尚有文成帝略取青齐时所俘南朝人士如崔光、刘芳、蒋少游等及宋氏逋臣如刘昶之伦，可以略窥自典午南迁以后江左文物制度。……魏孝文帝所以优礼王肃固别有政治上之策略，但肃之能供给孝文帝当日所渴盼之需求，要为其最大原因。夫肃在当日南朝虽为膏腴士族，论其才学，不独与江左同时伦辈相较，断非江左第一流，且亦出北朝当日青齐俘虏之下，而卒能将南朝前期发展之文物制度转输于北朝以开太和时代之新文化，为后来隋唐制度不祧之远祖者，盖别有其故也。”[①] 尽管王肃对北魏洛阳营建及相关制度的具体影响难以确考，但他作为由南入北者，的确代表了南朝文化及审美对北魏洛阳产生影响的一条重要路径。

如果说平城、邺城、建康等对北魏洛阳规划而言主要是共时性的借鉴对象，那么东汉、曹魏、西晋之洛阳便是北魏洛阳规建的历时性参照对象，且在参照中形成了一种直接性承续关系。如在开始营建洛阳之前，也即太和十七年（493）九月，孝文帝在巡视洛阳丘墟时，特地仔细查看了魏晋宫殿的基址。巡视后，他应当确立了以洛阳旧址为基础、充分利用魏晋洛阳残余建筑物进行营建的指导性原则。从《洛阳伽蓝记》关于北魏洛阳很多建筑的溯源性记述，可以清晰见出魏晋洛阳建筑与规制的直接性影响。如城内瑶光寺中关于金墉城历史的记述：“瑶光寺北有承明门，有金墉城，即魏氏所筑。晋永康中惠帝幽于金墉城。东有洛阳小城，永嘉中所筑。城东北角有魏文帝百尺楼，年虽久远，形制如初。高祖在城内作光极殿，因名金墉城门为光极门。又作重楼飞阁，遍城上下，从地望之，有如云也。”[②] 金墉城始筑于曹魏，虽饱经战乱，但一直沿用至北魏。在洛阳营建之初，孝文帝便住在金墉城，并对金墉城进行了增建。

实际上，北魏为了塑造洛阳的正统形象，明确延续了魏晋洛阳的规制。

---

① 陈寅恪：《隋唐制度渊源略论稿·唐代政治史述论稿》，商务印书馆，2014 年，第 15 页。

② 〔北魏〕杨衒之著，杨勇校笺：《洛阳伽蓝记校笺》，中华书局，2018 年，第 49 页。

如韩显宗在劝谏孝文帝营建洛阳应注重节俭、反对攀比豪奢时曾直言："今洛阳基址，魏明帝所营，取讥前代。"[①] 即北魏洛阳是建基在魏晋洛阳旧址之上的，这一点已经为现代汉魏洛阳城考古发掘所证实："北魏及曹魏宫城阊阖门的发现，标志着单一宫城研究的大门被打开。循此基点向南正对宫城南面的铜驼大街，向北与宫城内最大殿址——太极殿遥遥相对，宫城中一条主要建筑轴线基本确立。由此认识到，曹魏新建的宫城洛阳宫，已经与东汉南北宫分立的格局完全不同，而是在洛阳城北中部重建的一座单一宫城。北魏重建的洛阳宫，明显延续了曹魏创建的单一宫城形制和名称。由此，基本确定了单一宫城在洛阳城出现的时间是在曹魏时期。……北魏太极殿及宫院均是在曹魏始建的太极殿及宫院基础上重修与沿用，这也是确定曹魏已经创造了单一宫城形制的最重要实证。"[②] 北魏洛阳在具体建筑、建筑模式与规划体制等方面因袭曹魏西晋洛阳，从而呈现出鲜明的审美复古性特征。正是这种文化复古，使得中原审美文化在北朝胡族政权下得到了有效延续，并成为北朝多元审美文化融合的基石与主干。同时，洛阳所代表的审美文化复古主义，也为北魏政权塑造文化正统提供了坚实的文化基础。

但无论是历时性的承接还是共时性的借鉴，北魏洛阳都没有因为规划经验的杂糅而成为一座不伦不类的都城。原因在于，不管是东汉、曹魏、西晋的洛阳，还是建康、邺城以及孝文帝致力改造的平城，都是儒家都城审美理想的转化与实践。孝文帝、元禧、穆亮、李冲等北魏洛阳营建的主导者和参与者，为塑造北魏政权的合法性、正统性，在结合洛阳实际地理状况的基础上，追求最大限度地转化落实《周礼·考工记》关于都城的审美理想。如王鲁民提出："虽然在后世《考工记》营国制度不再有明确的宇

---

① 〔北齐〕魏收：《魏书》，中华书局，2011 年，第 1338 页。

② 钱国祥：《汉魏洛阳故城居中宫城制度考》，《中国社会科学报》2018 年 7 月 3 日第 7 版。

宙图形意义，但它仍对汉以后的都城建设产生了重大的影响。一方面由于《考工记》在汉以后成了‘三礼’之一的《周礼》的一部分，在奉周代典章为正宗的中国古代社会里，它无疑会具有特别的影响力。另一方面，由于其所本的宇宙模式源于人类的早期建筑，从而造成了营国制度平面构成简单明快而富于逻辑性，因此具有特别的魅力。第三则因其宫城居中的做法具有强烈的象征意义，可以和后世一直存有‘象天设都’观念的规划思想相应合。所以它能在朝代不断的更替中仍然深刻地影响着中国古代都城建设。北魏洛阳，北宋东京，元代大都，明清北京等的规划，都与《考工记》营国制度有着明确的渊源关系。”[①]

北魏洛阳参照《考工记》的都城理想进行营建，实则是要进一步强化它作为正统的象征。尤其是对于拓跋鲜卑而言，越是塑造自身的正统形象，越是注重都城营建对儒家政治审美理想的遵循及转化。同时，这种遵循、转化又并非照本宣科，而是在汲取前朝都城营建和同时期都城建设经验的基础上，结合实际状况进行适度调整。《考工记》中说：“匠人营国，方九里，旁三门。国中九径、九纬，经涂九轨。左祖，右社；面朝，后市。”[②]事实上，北魏洛阳的规模、市朝位置等都打破了《考工记》的规定，但相较于先前及同时期的都城而言，却是进一步强化了儒家礼乐政治审美思想。至于北魏洛阳的规划建设在哪些方面遵循和调整了《考工记》提出的原则，透过《洛阳伽蓝记》的确可以窥得一二。

首先，关于都城整体形制。《考工记》提出的都城整体形制是“方形”，《洛阳伽蓝记》则明确记述“京师东西二十里，南北十五里”，可见北魏洛阳是“矩形”。虽然没有严格遵循都城“方形”规划的理想，但实际上也是呈现为规则图形，并且这都是对“象天法地”规划原则的遵循，符合

---

① 王鲁民：《中国古典建筑文化探源》，同济大学出版社，1997 年，第 76—77 页。

② 杨天宇：《周礼译注》，上海古籍出版社，2004 年，第 665 页。

"天圆地方"的认知。因为无论是方形还是矩形，都是"地方"的象征，只是需要根据都城位置实际地理状况、军事防御等切实选择都城形制，使其尽可能呈现为矩形甚至方形。对此，段义孚指出："在古人的眼中，圆形或是循环运动几乎无处不在：存在于季节有条不紊的变换中，存在于候鸟迁徙的路线，存在于生物的生命周期中。不过，要建造巨大的圆形城墙环绕整个城市，对古人来说绝非易事。所以他们用正方形或是矩形取而代之。将天上的秩序再现于地上，建造起几何图形的宇宙城市。……当宏伟城市诞生时，它是举行宇宙仪式的中心。"① 所以，虽然《考工记》中提出了"方九里"的都城理想，但后世都城只是在形制上接近矩形，且大都超过了"方九里"的规模。显然，北魏洛阳虽是遵循了都城的"方形"，由于实行"三重城"制，都城面积也远远超过了"方九里"的设想。

其次，关于都城城门与道路。《洛阳伽蓝记·序》专门记述了北魏洛阳内城城门的名称沿革、位置、数量和道路。从中可知，北魏继承了汉、魏、晋洛阳十二个城门的规制，只是在迁都洛阳之初，为方便孝文帝到城西王南寺而在西城墙新开了一个城门，使得北魏洛阳有十三个城门：东面三门、南面四门、西面四门与北面二门。北魏虽然没有严格遵照《考工记》"旁三门"的原则，但因为城门设置主要延续自汉魏晋洛阳，并没有因为城门规制而减损时人所拥有的正统都城意象，仍符合以都城营建塑造政权合法性的预期。另外，杨衒之在序文最后特别记述说："一门有三道，所谓九轨。"② 这实则表明北魏洛阳遵守了《考工记》关于都城内部道路规划的设想，而在西面新开承明门并没有影响洛阳的整体交通布局。

再次，关于礼制建筑。在平城期间，孝文帝亲政之后就已经开始完善礼制建筑，围绕祭典展开礼制改革。如据《魏书》记述："（太和十五年）（491）

① ［美］段义孚著，赵世玲译：《浪漫主义地理学》，立绪文化事业有限公司，2018年，第23页。
② 〔北魏〕杨衒之著，杨勇校笺：《洛阳伽蓝记校笺》，中华书局，2018年，第3页。

冬十月庚寅，车驾谒永固陵。是月，明堂、太庙成。十有一月丁卯，迁七庙神主于新庙。……十有二月壬辰，迁社于内城之西。……已酉，车驾迎春于东郊。辛亥，诏简选乐官。”[①] 迁都之后的礼制建筑营建，《魏书》记述不详。虽然孝文帝在太和二十年（496）之后锐意征讨萧齐，在礼制建设方面用力不多，但北魏的礼制建设并未就此完全停止。根据《洛阳伽蓝记》的记述可知，北魏洛阳营建有太庙、太社、圆丘、明堂、国子学堂等，且具体布局遵循了《考工记》的“左祖右社”原则：“阊阖门前御道东……国子南有宗正寺，寺南有太庙，庙南有护军府，府南有衣冠里。御道西有右卫府……曹南有九级府，府南有太社，社南有凌阴里，即四朝时藏冰处也。”[②]

最后，关于市场位置。北魏洛阳采用单宫制，如前所引钱国祥语，这可能是因为沿用曹魏西晋洛阳宫城基址，自然也就承袭了曹魏开始的“单一宫城形制”。依据《洛阳伽蓝记》关于北魏洛阳的整体描述，可知宫城并不处于城市中央，而是位于北部偏西，与北面城墙间隔很近。这种城市布局与曹魏邺城、河西姑臧、南朝建康等具有相似性。如陈寅恪明确认为：“北魏太和洛阳营建规制今日尚可于杨衒之《洛阳伽蓝记》一书约略得知，而其显异于前北国都皇居在南市场在北之特点……然则北魏洛都新制所以异于经典传统面朝背市之成规者，似不得不于河西系汉族李冲本身求之，而凉州都会之规模，及其家世旧闻之熏习，疑与此洛都新制不无关涉。”[③] 这里的“凉州都会”便是指姑臧城。至于北魏洛阳借鉴哪座都城更多，已经很难考证。但可以确认的是，宫城位于城内北部偏西的格局，注定北魏洛阳无法遵循《考工记》中所言的“面朝后市”原则。《洛阳伽蓝记》关于北魏洛阳三个主要市场位置的记述也证实了这一点：

---

① 〔北齐〕魏收：《魏书》，中华书局，2011 年，第 168—169 页。

② 〔北魏〕杨衒之著，杨勇校笺：《洛阳伽蓝记校笺》，中华书局，2018 年，第 11 页。

③ 陈寅恪：《隋唐制度渊源略论稿·唐代政治史述论稿》，商务印书馆，2014 年，第 73 页。

孝义里东，即是洛阳小市，北有车骑将军张景仁宅。①

别立市于洛水南，号曰四通市，民间谓永桥市。②

出西阳门外四里御道南，有洛阳大市，周回八里。③

洛阳小市、四通市和洛阳大市，实际上分别对应于城东、城南和城西三个生活区域。这种分散布局，对于都城面积较大的洛阳而言，可以更好地满足城市生活需求。其中，洛阳大市周围还有通商里、达货里、调音里、乐律里、退酤里和治觞里等，显然与城西寿丘里居住人员为元魏皇宗有关。而四通市，虽是因水产丰富而设立市场，可满足由南入北者的生活习俗，但根本的动机在于充分利用伊水、洛水便利的交通条件以发展经济。对此，陈寅恪指出："北魏洛阳城伊洛水旁乃市场繁盛之区，其所以置市于城南者，殆由伊洛水道运输于当日之经济政策及营造便利有关。"④

可见，北魏洛阳"前市后朝"的布局，虽然与《周礼》的都城理想相背，却是从洛阳实际地理状况出发，并与《管子》中的城市规划思想相符。⑤事实上，自春秋以来，儒家的都城审美理想在都城规建中并没有得到严格遵

---

① （北魏）杨衒之著，杨勇校笺：《洛阳伽蓝记校笺》，中华书局，2018年，第120页。

② （北魏）杨衒之著，杨勇校笺：《洛阳伽蓝记校笺》，中华书局，2018年，第155页。

③ （北魏）杨衒之著，杨勇校笺：《洛阳伽蓝记校笺》，中华书局，2018年，第189页。

④ 陈寅恪：《隋唐制度渊源略论稿·唐代政治史述论稿》，商务印书馆，2014年，第74页。

⑤ 关于北魏洛阳采取"背朝面市"布局的原因，王文进在引述陈寅恪河西文化影响和自然地理条件两个说法后，述及日本那波利贞和服部克彦曾强调"系胡人文化和儒家思想背离"。但他认为南朝建康也采取"背朝面市"，却属于东晋汉人文化，显然胡人文化的原因解释力不足。王文进认为："要圆满地解释这个成因，可以再加上对南北朝儒家思想衰微现象的考察。由于这层限制的解除，都城的建设才敢于就自然地形，作符合实际所需的规划。"（具体可参见王文进编撰：《净土上的烽烟——洛阳伽蓝记》，海南出版社，1998年，第36—38页）这些观点虽有助于解释该问题，但由于孝文帝迁都洛阳是为了塑造文化正统，并且展现出鲜明的"人的自觉"与"文的自觉"，胡族文化很难影响洛阳的规划原则；同时，北魏营建洛阳是以《周礼》为依据，旨在转化儒家都城审美理想，或者说是对儒家思想的推崇。并且北朝十分注重儒家经学，王文进提出南北朝儒家思想衰微影响市朝布局，难以判定。另外，根据考古发掘材料，北魏洛阳单宫制应是沿用曹魏洛阳以来的布局，这在实际上也注定了难以在宫城以北设立市场。因为宫城紧靠北部城墙，已经没有足够的生活空间。

循，即便是到西汉长安城，都城形制也没有严格落实《考工记》的规划原则。但《考工记》关于都城的审美理想，却一直是都城规建的主要参照与追求。张法认为都城规建理想与规建现实的冲突，可以追溯至先秦时期的《周礼》与《管子》："在先秦文献中，关于京城，有两种论述：一是《周礼》（主要在其《考工记》与'匠人建国'和'匠人营国'相关的叙述里）；二是《管子》（主要在《度地》《乘马》《八观》《大匡》《小匡》等的言说中）。前者从文化理想的角度进行了系统的论述，后者从现实功用的角度进行了系统的论述。在外在形制上，春秋以来的城市，多体现了管子模式；在内在精神上，中国的京城，一直在向《周礼》模式靠拢。"[①] 据此可知，北魏营建洛阳在形制方面所展现的实际功用原则，契合《管子》的都城思想；所彰显的伦理秩序原则，则契合《周礼》的儒家都城审美理想。

正是致力于承续《周礼》都城审美理想、彰显华夏都城礼乐审美精神，北魏洛阳虽然是多元文化融合共同体，但中原文化仍处于主导性地位、基础性地位。这使得北魏洛阳在塑造政权正统、文化正统方面取得显著成效，并赢得北方汉族士人的心理认同。同时，在儒家都城审美理想作为基底的背景下，多元文化融合在都城规建方面的影响，促使北魏洛阳生成了开放、包容的城市审美精神，并成为后世都城规建的一个美学模板。

三、北魏洛阳都城规划的审美转化

北魏无论是直接参照《周礼·考工记》的都城审美理想，还是汲取东汉、曹魏、西晋的洛阳与曹魏邺城和南朝建康等在不同程度上践行《周礼·考工记》都城审美理想的都城规划经验，都旨在将洛阳重新营建成为一座融贯通人神、德政、礼乐教化为一体的都城。也即北魏洛阳在规划营建之初，

---

① 张法：《北京的深邃：京城模式与象征体系》，安徽教育出版社，2015年，第32—33页。

便已注定被打造成为政治—伦理—文化的象征体。诚如张法所指出的，传统京城模式象征体系形成的理论根源在于《周礼》：“从京城模式特别是从其中的象征体系来讲，《周礼》是先秦时代的人对周代以来的政治—伦理—文化制度的文字总结，先秦时代，既是一个对中国历史从远古到先秦进行全面总结的时代，又是一个在全新的基础上进行崭新开创的时代。《周礼》对中国文化京城模式的理论叙述，可以被看成中国文化从远古（原始）向先秦（理性）演化的建筑定型在理论上的凝结。”[①]

那么，北魏洛阳如何将抽象的政治—伦理—文化象征通过城市样态呈现出来呢？显然，这只能诉诸城市艺术、城市美来彰显。宗白华曾言：“一切艺术综合于建筑，绘画雕刻原本建筑之一部，而礼乐诗歌剧舞之表演亦与建筑背景调协成为一片美的生活。所以每一文化的强盛时代，莫不有伟大建筑计划以容纳和表现这丰富的生命。综合建筑成为都市，都市计划之完美实文化高明之象征。”[②] 针对北魏洛阳而言，由于《都城制》失传已经难以知晓洛阳营建的具体规划，但可以肯定的是，它的内容均是围绕都城审美理想的落实。而对于作为胡族政权的拓跋魏而言，要在儒家都城审美理想现实转化上超越前朝都城与同时代的都城，必须在继承、借鉴的基础上进行创新，为洛阳城注入更多的时代审美特质。这种审美特质的主要渊源，便在于复古继承的魏晋中原文化与拓跋鲜卑自身所代表的北方草原游牧文化、佛教思想所代表的外来文化的深度融合。我们通过对《洛阳伽蓝记》关于洛阳整体形制、主要建筑布局及其所潜藏的规划原则的分析，可以清晰呈现北魏在转化都城审美理想时所采取的两项主要措施：凸显“中”的审美理想和构建礼乐审美政治建筑体系。

先看“中”的审美理想的都城规建转化。张法在考察古代京城模式的定

---

① 张法：《北京的深邃：京城模式与象征体系》，安徽教育出版社，2015 年，第 33 页。

② 宗白华：《宗白华全集·第四卷》，安徽教育出版社，2012 年，第 739 页。

型时曾指出："京城来自于远古的中杆。因此，京城之中首先是宇宙学上之中，与天上以北极星为中心的紫微垣相对应……然后是地理之中，但这地理，包含了三个内容，是实际地理、政治地理、文化地理的合一。"[①]因此，古代政权为了能够获得上天的护佑，在进行都城选址时十分看重是否上应"天宫"（紫微垣）、是否在"岳域之内"、是否地处"土中"。孝文帝力主将都城从平城迁到洛阳，正是因为平城地处"岳域之外"，上不能与"天宫"相应，下不在"地中"，难以得到上天的护佑。相较之下，洛阳则拥有先天优势，地处"岳域之内"，更是被测定为"天地之中"，且上应"天宫"，容易得到上天护佑。

但"天下之中"并不是一个确切所指，而是笼统地指向河洛地区或者说嵩洛地区。于是，这便自然而然地带来了一个都城选址的问题。从前所述可知，北魏并没有另选城址，而是直接以东汉、曹魏、西晋之洛阳丘墟为基址进行营建，只是在规模上有较大超出。杨衒之在《洛阳伽蓝记·序》中关于城门的记述，直接证实了这一点。他自东面北头开始，顺时针依次记述了北魏洛阳的十三个城门，分别为东面建春门、东阳门、青阳门，南面开阳门、平昌门、宣阳门和津阳门，西面西明门、西阳门、阊阖门和承明门，北面大夏门和广莫门。从这些城门名称的沿革可知，北魏洛阳在先前洛阳城之外增加了外郭城，原来的城门变成了内城城门。如："东面有三门：北头第一门曰建春门，汉曰上东门。阮籍诗曰，'步出上东门'，是也。魏晋曰建春门，高祖因而不改。次南曰东阳门，汉曰中东门，魏晋曰东阳门，高祖因而不改。次南曰青阳门，汉曰望京门，魏晋曰清明门，高祖改为青阳门。"[②]由此可知，北魏洛阳与东汉、曹魏、西晋之洛阳在地理空间上是同一区域（这也为汉魏洛阳故城考古发掘所证实，在此不作赘

① 张法：《北京的深邃：京城模式与象征体系》，安徽教育出版社，2015年，第83页。
② 〔北魏〕杨衒之著，杨勇校笺：《洛阳伽蓝记校笺》，中华书局，2018年，第2页。

述）。那么，对于北魏而言，沿用东汉、曹魏、西晋洛阳旧址直接意味着对“自然地理之中”的空间承续，进而意味着对“华夏之中”的承续，在地理维度赋予北魏政权以象征性、正统性和神圣性。从美学维度来看，北魏在都城选址上的延续性，实则是对“中”的都城审美理想的承续。事实上，迁都洛阳的确为北魏在南北政权的“正统之争”中赢得了地理空间优势，北魏甚至由此展现出统一天下的帝国胸怀。而拓跋氏在迁都之后，更是在心态上发生了彻底转变，展现出高度的“人的自觉”与“文的自觉”。北魏洛阳也由自然地理空间的“地理之中”，展现出一种“华夏中心”的宇宙胸怀，而视周边为“四夷”。也即北魏致力于将洛阳打造成为“地理之中”“政治之中”“文化之中”的复合体。

北魏除在都城选址维度继承并彰显“中”的都城审美理想外，还通过具体规划来进一步凸显“中”的审美原则和理想，以借助城市建筑空间布局来启示人们对“中”的都城审美理想的感知与体悟。都城布局对宫城中心的营造，无疑是其中最为直接与典型的体现。关于宫城，《洛阳伽蓝记》并未直接记述其位置、宫殿、规模等内容，但依据佛寺位置、城门、御道、中轴线和都城规模等信息，却可大致推测出宫城相关信息，并能与考古发掘史料相印证。

第一，关于宫城位置。从《洛阳伽蓝记》关于永宁寺、胡统寺、景乐寺和宣阳门等的相关记述可知，宫城阊阖门与宣阳门由铜驼大街相连，相距大约三里，而宣阳门为南面城门从东向西第三门，可知宫城位于城内北部偏西的位置。从建中寺、昭仪尼寺的记述可知，宫城位于连接东阳门与西阳门、经过宫城阊阖门的御道以北；建中寺和长秋寺位于西阳门内御道北，距离西阳门较近；瑶光寺位于城门阊阖门御道北，距离宫城的千秋门有二里；东阳门和建春门之间则没有记述佛寺，而杨衒之又特别记述了建春门，他的目的在于记述宫城北部的华林园；从金墉城位于内城西北角，而城北仅有两座佛寺——禅虚寺和凝玄寺可知，内城北部城墙与外郭城之间并无太多空间，距离邙山很近。这就进一步佐证了宫城位于城内北部偏西的位置。尽管它在形式上并不是位于中央，但在都城精神上，却借助建筑布局和中轴线原则，进一步强化凸显了宫城的核心地位。

第二，关于宫城规模。从《洛阳伽蓝记》关于城内建筑分布状况的记述可知，在宫城之外主要是官署、佛寺、里坊等，并无宫殿建筑。这种单宫制，把宫殿集中在一起，自然而然地带来了宫城建筑的聚集和面积压缩。由此，北魏洛阳在布局上形成了宫城的单独区隔，与官署、里坊等严格区分开来，这便赋予了宫城以威严与神圣的品格。同时，杨衒之也没有过多述及宫殿建筑名称，仅有太极殿、明光殿和式乾殿等。结合史料可知，太极殿是宫城主殿，是宫城的核心所在。那么，从宏观维度审视北魏洛阳，以太极殿为核心的宫城，便在都城布局上对其他建筑形成了统摄效应，展现出宫城的“中心”地位。金大珍通过对洛阳史料的梳理指出，北魏洛阳宫城约占内城的1/10：“与东汉时期宫城占都城面积1/3的情况相比，北魏宫城占地面积大为减少，不过，却凸显出了宫城的中心地位。这种以宫城为中心的格局，不仅体现了宫城对于整个京城空间景观的总揽作用，而且也显示了北魏君权至高无上的尊崇地位，是北魏统治者谋求统一华夏的政治理想的物化反映。”①

第三，关于宫城地位。宫城除作为皇权象征、权力象征而自带威严外，其地位既要依靠具体建筑来凸显，所谓“非壮丽无以重威”，又要借助建筑布局来烘托。北魏洛阳宫城便是依托中轴线原则和官署分布，强化并凸显出自身的核心统摄地位。依据《洛阳伽蓝记》的记载，北魏主要权力机构均分布在两大中轴线附近，形成对宫城拱卫之势。从永宁寺位置的记述可知，在正对宫城阊阖门的南北铜驼大街两侧分布有左卫府、司徒府、国子学堂、

---

① ［韩］金大珍：《北魏洛阳城市风貌研究：以〈洛阳伽蓝记〉为中心》，中国社会科学出版社，2016年，第43页。

宗正寺、护军府、右卫府、太尉府、将作曹、九级府、御史台、昭玄曹等。在宫城阊阖门至西阳门御道北、建中寺以东、宫城以西，有太仆寺、武库署、乘黄署等；在宫城阊阖门至东阳门御道和建春门内御道之间有太仓署、司农寺、籍田署等。可见，北魏中央官署主要分布在铜驼大街御道两侧和宫城东西两侧，从有形的建筑与无形的权力两个维度衬托出宫城作为“政治中心”的地位。

北魏洛阳建筑布局对“中”的审美理想的转化，乃是魏晋南北朝时期都城布局的一个共通性特征。刘敦桢对此曾言：“与西汉长安相较，两晋、南北朝之帝都已有所不同。首先是宫殿已不再分散，而是集中于一座宫城之内。宫城位置在都城中央偏北，并成为都城的中心。其次是都城都有一南北向之主轴线，它大体位于城市中央，同时也是宫城的中轴线。其三是依此中轴线的南端，布置城市的主干道，经由宫城的南垣正门，通向都城的南墙正门并延伸向外。”[①] 这一论断与北魏营建洛阳时汲取邺城、建康等经验是相契合的，也说明北魏洛阳在都城营建方面的“集成”作用。正是在建筑布局上对“中”的审美原则的落实，才使得北魏洛阳布局规整、秩序井然，进而通过建筑形制和规划布局展现洛阳作为帝都的壮丽威严和所承载的“中”的审美理想。

客观地说，北魏洛阳的营建，在孝文帝时期，受对萧齐政权发动战争和经济因素制约，只是初步展开；到宣武帝、孝明帝时期，才逐步得以推进和完善，如《都城制》中规划建设的永宁寺，直到孝明帝熙平元年（516）才兴建，明堂则是在孝明帝正光年间（520—525）才建成。但受宣武帝、胡太后等佞佛影响，佛寺建设突破了《都城制》的空间限制，并影响了对礼制建筑体系的完善，进而影响了“中”的审美理想的转化。可以说，北

① 刘敦桢主编：《中国古代建筑史》，载《刘敦桢文集（四）》，中国建筑工业出版社，1992年，第270页。

魏洛阳，对于孝文帝而言，并没有完全实现他迁都之初所寄寓的都城审美理想。即便如此，根据《洛阳伽蓝记》关于北魏洛阳的整体记述，依然能够见出它是一座规模巨大、气度恢宏的都城。如周祖谟根据杨衒之记述绘制的《北魏洛阳伽蓝图》（图 1–1）没有吸纳现代考古发掘资料，虽不确切，但可以大致知晓宫城的位置、都城布局和整体规模，并见出洛阳规划所营造出的帝都气象。杨勇结合中国科学院考古研究所洛阳工作队 1973 年发布的《汉魏洛阳城初步勘查》所绘制的《北魏洛阳伽蓝图》（图 1–2）已经初步呈现出北魏洛阳布局的中轴线原则及宫城对洛阳的统摄作用。而钱国祥依据汉魏洛阳故城多年考古发掘成果，结合《洛阳伽蓝记》所记城门、宫殿、佛寺、官署、里坊和水流等绘制的《北魏洛阳内城复原示意图》（图 1–3），则更为直观地反映出了北魏洛阳规划的宫城中心、中轴线原则、里坊规整等所综合呈现出来的威严、壮丽、磅礴的气象，也更清晰地呈现出了北魏洛阳对“中”的审美原则和审美理想的参照遵循，最终指向洛阳在政治、伦理与文化上的“中心”象征价值。

再看礼乐审美政治建筑体系的建构。孝文帝假借“南征”萧齐以实现都城南迁之目的，并未事先营建洛阳、准备迁都事宜，以致达成定鼎河洛的决议时，洛阳仍处于丘墟状态。但孝文帝并没有因为洛阳规划营建需要时间而采纳李冲重返平城的建议，而是选择暂住邺城：

高祖初谋南迁，恐众心恋旧，乃示为大举，因以胁定群情，外名南伐，其实迁也。旧人怀土，多所不愿，内惮南征，无敢言者，于是定都洛阳。冲言于高祖曰：“陛下方修周公之制，定鼎成周。然营建六寝，不可游驾待就；兴筑城郭，难以马上营讫。愿暂还北都，令臣下经造，功成事讫，然后备文物之章，和玉銮之响，巡时南徙，轨仪土中。”高祖曰：“朕将巡省方岳，至邺小停，春始便还，未宜遂不归北。”寻以冲为镇南将军，侍中、少傅如故，委以

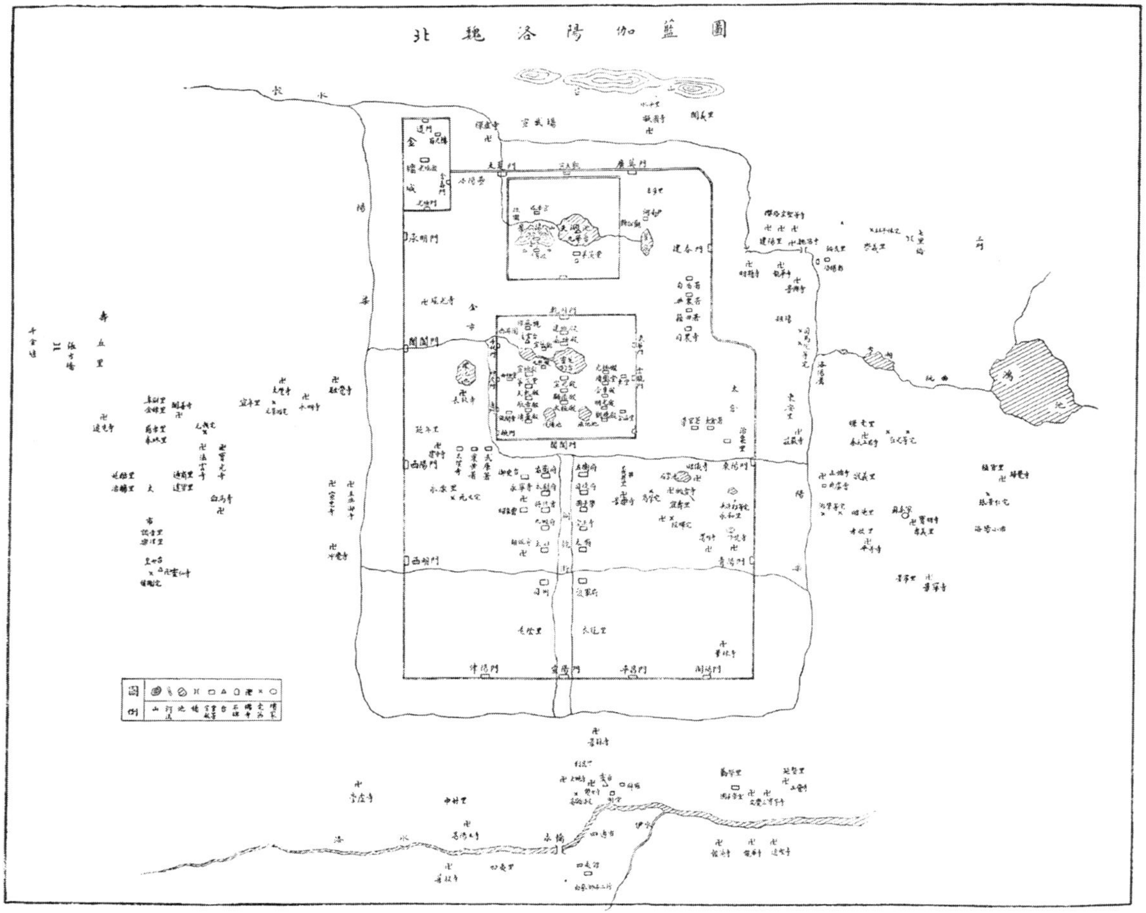

图 1-1　周祖谟《北魏洛阳伽蓝图》[1]

① 〔北魏〕杨衒之著，周祖谟校释：《洛阳伽蓝记校释》，中华书局，2013 年。

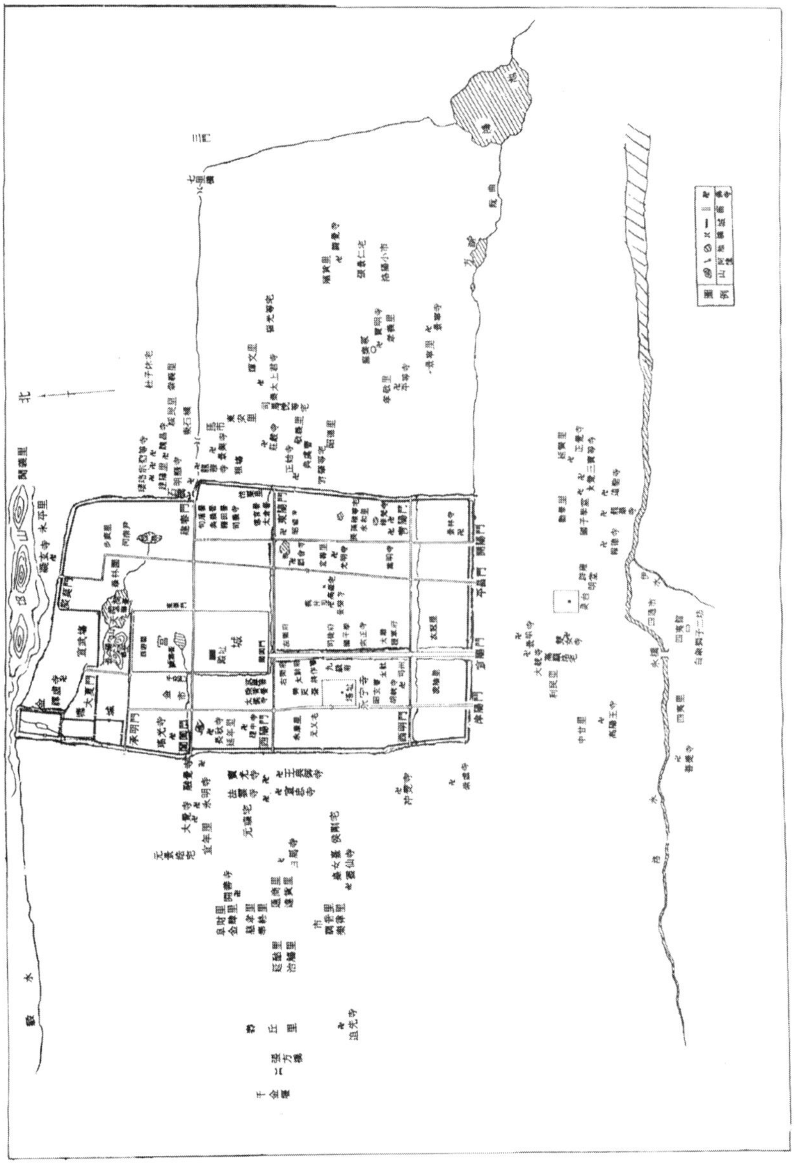

图 1-2 杨勇《北魏洛阳伽蓝图》[①]

①（北魏）杨衒之著，杨勇校笺：《洛阳伽蓝记校笺》，中华书局，2018 年。

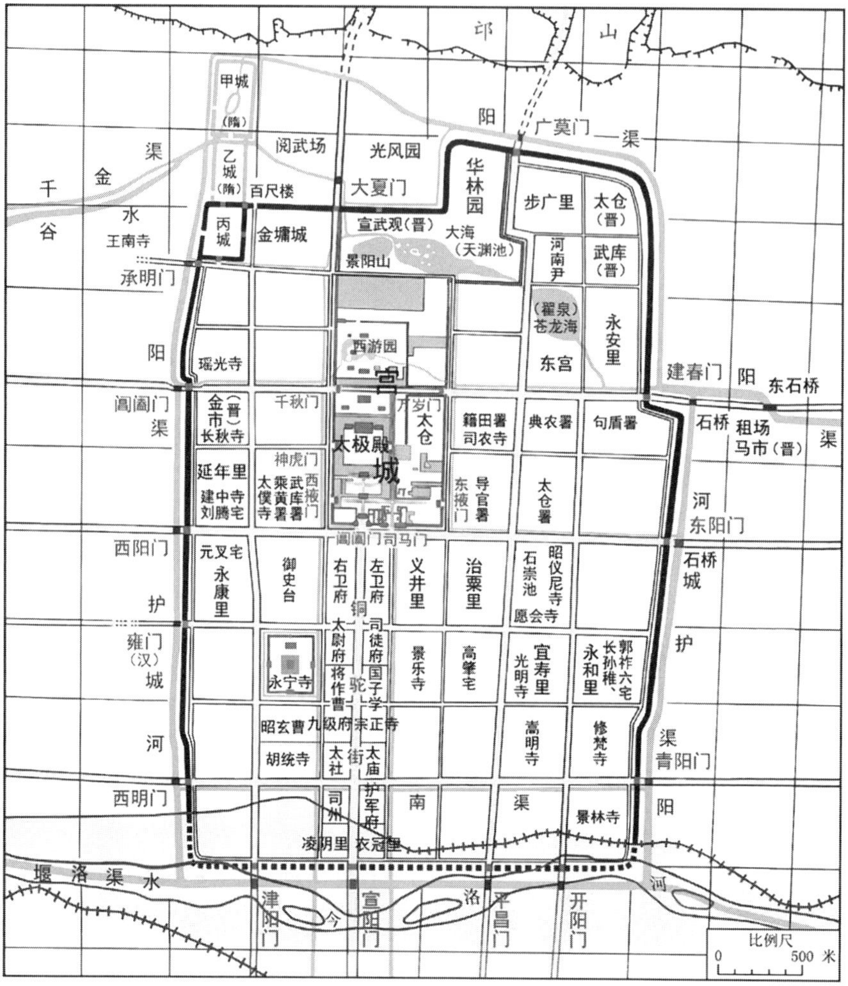

图 1–3 钱国祥《北魏洛阳内城复原示意图》①

---

① 钱国祥：《北魏洛阳内城的空间格局复原研究》，《华夏考古》2019 年第 4 期。

营构之任。[1]

李冲基于宫室、城郭营建实际耗费时间较长，谏言孝文帝暂时返回平城，待洛阳营建完备之后再择时迁都，但孝文帝并没有采纳他的建议，而是选择暂住邺城。太和十八年（494）十一月，孝文帝进驻洛阳，因宫城未完工而暂居金墉城。太和十九年（495）九月，六宫和文武百官等全部迁进洛阳。鉴于孝文帝是在太和十七年（493）九月巡视洛阳故宫基址、洛桥、太学和《石经》等，同年十月在洛阳金墉城命穆亮、李冲、董爵开始营建洛阳，那么，至六宫和百官等迁入洛阳，营建时间尚不足两年。显然，这对于营建一座都城而言是远远不够的，根本难以完成相关重点建筑建设。以太社、太庙为例，依据景明三年（502）十一月宣武帝元恪在一份诏书中所言，历时五年才建成："京洛兵芜，岁逾十纪。先皇定鼎旧都，惟新魏历，翦扫榛荒，创兹云构，鸿功茂绩，规模长远。今庙社乃建，宫极斯崇，便当以来月中旬，蠲吉徙御。仰寻遗意，感庆交衷。既礼盛周宣《斯干》之制，事高汉祖壮丽之仪，可依典故，备兹考告，以称遐迩人臣之望。"[2] 其中，"规模长远"当指孝文帝、穆亮、李冲等制定的洛阳营建规划；"庙社乃建，宫极斯崇"，则是指太社、太庙代表的礼制建筑和宫殿，从后面用《诗经·小雅·斯干》对周之宫室建筑的颂扬和萧何营建西汉宫室"非壮丽无以重威"作比，可以见出北魏洛阳庙社宫室的"壮制丽饰"，展现出北魏迁洛后对礼乐审美政治体系建构的努力和成效。正如太社、太庙营建所表明的，北魏洛阳礼制建筑体系的完善持续时间相当长，但直到北魏灭亡也没有全部建成。这从《魏书》的相关史料记载中可以清晰见出：

---

① 〔北齐〕魏收：《魏书》，中华书局，2011 年，第 1183—1184 页。

② 〔北齐〕魏收：《魏书》，中华书局，2011 年，第 195 页。

(太和十八年正月)(494)乙亥，幸洛阳西宫。二月乙丑，行幸河阴，规建方泽之所。[①]

(太和十九年)(495)十有一月，行幸委粟山。议定圆丘。甲申，有事于圆丘。[②]

(太和二十年五月)(496)丙戌，初营方泽于河阴。……丁亥，车驾有事于方泽。[③]

(景明二年十一月)(501)壬寅，改筑圆丘于伊水之阳。[④]

(景明三年)(502)十有二月戊子，诏曰："民本农桑，国重蚕籍，粢盛所凭，冕织攸寄。比京邑初基，耕桑暂缺，遗规往旨，宜必祗修。今寝殿显成，移御维始，春郊无远，拂羽有辰。便可表营千亩，开设宫坛，秉耒援筐，躬劝亿兆。"壬寅，飨群臣于太极前殿，赐布帛有差，以初成也。[⑤]

(景明)四年(503)春正月乙亥，车驾籍田于千亩。……三月己巳，皇后先蚕于北郊。[⑥]

(正始四年)(507)六月己丑朔，诏曰："高祖德格两仪，明并日月，播文教以怀远人，调礼学以旌俊造，徙县中区，光宅天邑，总霜露之所均，一姬卜于洛涘，戎缮兼兴，未遑儒教。朕纂承鸿绪，君临宝历，思模圣规，述遵先志。今天平地宁，方隅无事，可敕有司准访前式，置国子，立太学，树小学于四门。"[⑦]

(延昌元年四月)(512)丁卯，诏曰："迁京、嵩县，年将二纪，

① 〔北齐〕魏收：《魏书》，中华书局，2011年，第174页。
② 〔北齐〕魏收：《魏书》，中华书局，2011年，第178页。
③ 〔北齐〕魏收：《魏书》，中华书局，2011年，第179页。
④ 〔北齐〕魏收：《魏书》，中华书局，2011年，第194页。
⑤ 〔北齐〕魏收：《魏书》，中华书局，2011年，第195页。
⑥ 〔北齐〕魏收：《魏书》，中华书局，2011年，第195—196页。
⑦ 〔北齐〕魏收：《魏书》，中华书局，2011年，第204页。

虎闱阙唱演之音，四门绝讲诵之业，博士端然，虚禄岁祀，贵游之胄，叹同子衿，靖言念之，有兼愧慨。可严敕有司，国子学孟冬使成，太学、四门明年暮春令就。”……诏立理诉殿、申讼车，以尽冤穷之理。①

（延昌三年）（514）十有二月庚寅，诏立明堂。②

初，世宗永平、延昌中，欲建明堂。而议者或云五室，或云九室，频属年饥，遂寝。至是复议之，诏从五室。及元乂执政，遂改营九室。③

综合上述十则史料可知：第一，孝文帝重在祭祀体系的改革，遵循都城北郊祭祀地祇的礼制原则，亲自到黄河南岸选址、规划并建成祭地的方泽；将平城时期的西郊祭天改为南郊祭天，并效仿曹魏在委粟山营建圆丘，其位置与宣阳门、铜驼大街、宫城阊阖门和太极殿处于同一轴线之上，凸显出“中”的审美原则与理想；曾举行过圆丘祭天、方泽祭地的典礼。第二，宣武帝时期洛阳礼制建筑营建取得较大进展，除前述太社、太庙外，改筑圆丘，将其从委粟山北迁至伊水之阳，但仍位于铜驼大街轴线延长线上，并没有改变南郊祭天的制度；为促进农业经济发展，鼓励农桑，设籍田、先农坛、先蚕坛，这有助于促进南迁牧民从游牧生产转向农耕生产；曾下诏设立国子学、太学和小学以推行礼乐教化，但并没有得到及时执行；诏立明堂，但明堂规制引发了较大争议，并未及施行。第三，孝文帝迁都之初，虽基于塑造文化正统、赢得南北正统之争，而致力将洛阳营建成为一座高度体现儒家审美理想的都城，但在礼制建筑体系构建方面并未得到充分落实。即便是《都城制》中有明确规划的礼制建筑，实际上也没有得到及时营建。

① 〔北齐〕魏收：《魏书》，中华书局，2011年，第211—212页。
② 〔北齐〕魏收：《魏书》，中华书局，2011年，第215页。
③ 〔北齐〕魏收：《魏书》，中华书局，2011年，第2767页。

如由明堂、灵台、辟雍组成的“三雍”礼制建筑，如果北魏洛阳明堂不是采取“三雍”合一的规制，那么灵台、辟雍“终北魏之世，似乎未曾修建”[①]。尽管影响礼制建筑营建的因素有很多，但从宣武、孝明时期北魏经济发达程度来看，并非国力所限。可以断定的一个重要因素在于北魏统治阶层对佛教的推崇，他们不惜耗费大量人力、物力、财力修筑与礼制建筑相媲美的佛寺，却没有重视礼制建筑体系的完善。

与《魏书》相比，《洛阳伽蓝记》并没有详尽记述洛阳礼制建筑状况，当然它的主题在于“伽蓝”，礼制建筑状况并不是主要记述对象。但杨衒之在全景式再现繁华洛阳过程中，仍然述及了很多重要礼制建筑。如在《城内·永宁寺》中以“宫前阊阖门御道”作为坐标原点，涉及了太庙、太社和国子学堂，并特别提及国子学堂内有孔丘像、颜渊问仁和子路问政，以示对儒家思想的推崇；在《城南·大统寺》中，明确记述了明堂营建于正光年间，形制为上圆下方、八窗四闼；在《城南·宣阳门》中，述及宣武帝改筑在伊水之阳的圆丘和洛水两岸的华表。这便可以佐证北魏左祖右社的格局、明堂的营建规制和圆丘的位置等重要历史信息。同时，《洛阳伽蓝记》中记述了仿效宫城礼制建筑的佛寺建筑、王公贵族私家建筑，从中可推知宫城建筑的形制。如永宁寺的佛殿仿效太极殿、南门楼仿效端门、院墙仿效宫墙等。

另外，杨衒之记述了部分佛寺的营建时间，如孝文帝在城南所立的报德寺，应营建于 500 年之前；宣武帝在城南所立的景明寺，在景明年间，也即 500 年至 503 年之间；城东正始寺，建立于宣武帝正始年间，即 504 年至 508 年之间；城内永宁寺，作为北魏洛阳最高等级的佛寺，兴建于孝明帝熙平元年，即 516 年；城内建中寺，是尔朱世隆在阉官司空刘腾宅的基础上于普泰元年所立，即建于 531 年。同时，若就洛阳佛寺数量激增、佛

---

① 姜波：《汉唐都城礼制建筑研究》，文物出版社，2003 年，第 170 页。

寺建筑形制奢丽及规模宏大等加以考量，并与礼制建筑体系完善推进力度进行对比，则可见出北魏统治者对佛教的极度崇信和对礼乐建设的表面重视。或许礼乐文化建设或者说塑造文化正统，对于汉化的拓跋鲜卑而言，只是一种重要的政治统治策略。宣武帝、孝明帝在对中原文化的精神认同上，并没有达到孝文帝的程度，反而更倾向于崇信外来的佛教。这种文化因素在一定程度束缚了北魏洛阳对都城审美理想的现实转化。

综合来看，北魏洛阳由宫城、太庙、太社、圆丘和明堂等构成的礼制建筑体系，已清晰表明北魏从北方草原游牧文化政治美学向中原农耕文化政治美学的转进和从以北亚祭典为核心的礼仪美学向以中原祭典为核心的礼乐美学的转进。这些礼制建筑，为北魏塑造文化正统、发挥政治、伦理、文化之中心的象征作用提供了坚实支撑。同时，这些礼制建筑与“中”的审美理想结合在一起，使得北魏具有了凭借洛阳“天下之中”的地理空间优势与南朝政权直接承续魏晋正统的时间优势相抗衡的可能。也即北魏作为胡族政权在“正统”的时间承续上处于劣势状态，但通过迁都被视为“天下之中”的洛阳，并将洛阳的“地理之中”逐步向政治、伦理、文化维度提升延展，从而获得凭借“正统”塑造的空间优势，以弥补在正统承续上的时序劣势。在此过程中，拓跋鲜卑凭借着“人的自觉”与“文的自觉”使华夏化程度逐步加深，并确立起以洛阳为核心的文化正统观念和全新的世界观念。洛阳城因北魏迁都而得以从丘墟状态中摆脱出来并重现辉煌：一方面，得益于北魏塑造正统的需求，注重都城对儒家政治审美理想的呈现，让北魏洛阳重新进入“正统”象征的序列；另一方面，北魏从《周礼》出发并借鉴都城规划建设经验，使得洛阳在城市规制与格局上成为当时都城建设经验的集大成者，以至成为都城史上的“坐标”，成为北齐、隋、唐等都城营建时的复制模板，进一步展现出“王都”的物理性与可复制性。尤为需要强调的是，由于北魏为拓跋鲜卑建立的胡族政权，拓跋鲜卑南迁自然而然地将北方草原游牧审美文化注入到洛阳都城审美精神之中；同时，他们对于佛教的极度崇信，使得佛教建筑对都城礼制建筑空间形成巨大冲击，并促使佛教审美文化观念也融入到洛阳都城审美精神之中。换言之，北方草原游牧审美文化和佛教的宗教审美文化，既妨碍了北魏洛阳对中原都城审美理想的现实转化，又为北魏洛阳都城审美注入了新的精神。这让北魏洛阳在承续中原文化都城审美理想的过程中展现出了新变，进而生成具有北朝文化特质的洛阳都城审美精神。一言以蔽之，北魏洛阳继承并进一步深化了儒家都城审美理想，同时又开拓创新了都城审美精神，丰富了都城审美意象的内涵。

第二节 北魏洛阳礼制空间的审美内涵

自周公制礼作乐以降，礼乐便成为政治制度的标识。礼乐政治、礼乐制度无论在现实层面建构程度如何、实现程度如何，都作为一种审美政治理想而长期存在。王国维在《殷周制度论》中曾言：“都邑者，政治与文化之标征也。”[①] 显然，这里的“政治与文化”主要是指礼乐政治及由其推动建构的礼乐文化。基于此，礼制空间可谓是都城内占据主导地位的空间形态，也是都城空间区别于一般城市空间的根本所在。甚至从宽泛的意义上讲，作为“贯通人神”“德政”“礼乐教化”“华夏正统”象征的都城，整个都可以视为礼制空间。但自东汉时期佛教传入中原、道教兴起，宗教建筑逐渐进入都城空间之后，宗教信仰空间随之演进成为都城空间的有机构成，从而改变了都城作为纯粹礼制空间的样态。但佛教、道教等宗教的建筑所区隔出的宗教空间，不仅不足以撼动礼制空间的主导性地位，反而被打上了礼制的烙印。这是由都城礼制空间的构成与价值指向所决定的。就构成体系来看，都城礼制空间主要包括宫城中由殿堂组成的朝堂政治建筑，由太社、太庙、圆丘、明堂等组成的祭祀建筑，由城阙、华表、碑等组成的威仪建筑，以及具有礼制意义的皇家园林、苑囿等。就价值指向来看，无疑政治价值居于核心地位，而祭祀建筑体系因关涉自然神、祖先神等的信仰，使礼制建筑凸显出伦理价值、神圣价值与象征价值。同时，从美学维度来看，包括礼制建筑在内的都城，本就是时代艺术成就的代表，具有丰富的审美价值，展现了审美与政治的密切关联。也正是都城及其所属建筑的艺术品格，

① 王国维：《观堂集林》，中华书局，2019 年，第 451 页。

使其自身展现为一个融政治性、象征性与审美性为一体的生存空间。具体到北魏洛阳而言，尽管佛寺广布使宗教空间在洛阳空间内占据了空前绝后的比重，以至成为都城空间构成革新的代表，但洛阳作为承载拓跋鲜卑塑造正统、彰显儒家政治审美理想的都城，礼制建筑所代表的礼乐政治空间仍然牢牢居于主导地位。这种礼乐政治空间的建构，包括重建太极殿、明堂、金墉城等建筑，以复古方式来承续魏晋、塑造正统；营建圆丘，将“西郊祭祀”转为“南郊祭祀”，进一步强化都城南郊为尊的政治地位；复建华林园，展现出洛阳多元审美文化的融合等。

一、再造丘墟的审美复古主义

“人们常说，建筑是一门空间的艺术。但建筑也是一门时间的艺术。”①如果说建筑是以空间形式承载言说历史过往、世事变迁和时间流逝，那么时间则是以记忆展现空间的形式、内容、故事和意义，或者说时间沉淀在建筑空间之中并建构建筑空间。因此，一个空间的名称、建筑基址、残留建筑、文字记述和图像等，均能重新唤醒关于该空间的过往并昭示其未来。洛阳，在北魏重新规建之前虽处于丘墟状态，但并非是荡然无存的一片虚空空间，而是保存有大量的建筑残留物。《魏书》明确记述了孝文帝巡视洛阳时所看到的建筑残余：“（太和十七年九月）（493）庚午，幸洛阳，周巡故宫基趾。……壬申，观洛桥，幸太学，观《石经》。”②《洛阳伽蓝记》更是在建筑历史溯源过程中，记述了东汉、曹魏、西晋洛阳留存下来的建筑基址、可修复建筑和可使用建筑等，如灵台基址、凌云台、城墙和金墉城等。洛阳空间内的残留建筑物，见证并承载着洛阳作为正统的历史，可谓是正

① ［瑞士］彼得·卒姆托著，张宇译：《建筑氛围》，中国建筑工业出版社，2010 年，第 40 页。

② 〔北齐〕魏收：《魏书》，中华书局，2011 年，第 173 页。

朔所在的象征。因此，它们不仅没有成为北魏营建洛阳的负担，反而成为北魏弥补正统承续时间断裂、塑造正统的重要依托。当然，北魏并非据此复建东汉、曹魏、西晋之洛阳，而是将其作为基址、发挥其正统空间优势，并汲取总结都城规建经验，谋求儒家都城审美理想的凸显。

杨衒之在《洛阳伽蓝记》中不仅记述了洛阳作为都城在北魏时期的新变，更凸显了北魏在营建过程中对汉、魏、晋洛阳丘墟的承续。如城门名称，“依魏晋旧名”“因而不改”在于“承续”，甚至由此造成一种空间认知的混淆，而“改为”则意味着“新变”。但无论是名称的延续、建筑物的直接使用、旧有基址的重建还是原有建筑的改建，都必须契合于北魏发挥洛阳地理空间优势、转化都城审美政治理想、达成正统塑造的动机。正是由于对汉、魏、晋洛阳丘墟的充分利用，北魏洛阳在美学维度展现出了鲜明的审美复古主义特征。依据《洛阳伽蓝记》的记述并结合相关史料、考古发掘可知，北魏对洛阳空间内原有建筑名称、基址、残余等的复古性利用，重点在于礼制性建筑，且有所选择。如灵台基址，并没有用来新建灵台，而是被汝南王元悦用来修筑了一座砖塔。而太极殿基址、明堂基址和金墉城等，则成为北魏营造洛阳复古氛围与意象的重点所在。

第一，太极殿。妹尾达彦曾在《中国历代都城与国家礼仪之舞台》的图注中明确指出：“从3世纪到10世纪是中国都城中的‘太极殿时代’。”[①]他还曾对太极殿的兴起解释说：“建设国都时，自古就依据对北极星的观测来决定城市的南北轴（《周礼·夏官·十方氏》），因此南北线上的宫殿从一开始就被赋予了象征北极星地位的意义。据泷川政次郎、驹井和爱、大崎正次等人的研究，北辰、北斗信仰从后汉开始兴盛，北极星（北辰、天极、帝星）作为天的中心，逐渐受到绝对重视。与此动向相适应，太极

① ［日］妹尾达彦著，高兵兵、郭雪妮、黄海静译：《隋唐长安与东亚比较都城史》，西北大学出版社，2019年，第74页。

殿作为国都宫城的正殿，其名称出现于三国魏，并为后代继承下来。”[①] 可见所谓“太极殿时代”，就是指太极殿作为宫城核心、都城核心的时代。太极殿作为宫城主殿，始于 235 年，魏明帝曹叡在其兴筑的洛阳宫中首次营建：“是时（青龙三年春），大治洛阳宫，起昭阳、太极殿，筑总章观。”[②] 西晋代曹魏之后，并未对洛阳城作出较大改变，而是直接因袭了曹魏洛阳。晋室南迁之后，营建建康时在建筑名称、形制、布局等多方面效仿洛阳，以在江南实现“王城”的复制，展现“正统”南迁。这其中便包括营建以太极殿为主殿的宫城。据《晋书》记载，东晋成帝司马衍咸和四年（329）春“峻子硕攻台城，又焚太极东堂、秘阁，皆尽”[③]。据《世说新语》记载：“孝武（司马曜）宁康二年（374），尚书令王彪之等启改作新宫。太元三年（378）二月，内外军六千人始营筑，至七月而成。太极殿高八丈，长二十七丈，广十丈。尚书谢万监视，赐爵关内侯，大匠毛安之关中侯。”[④] 东晋建康以太极殿为核心的宫城格局，为宋、齐、梁、陈所继承。仅以刘宋为例，据《宋书》载：“文帝元嘉二年（425）春，有江鸥鸟数百，集太极殿前小阶内。”[⑤] 但在继承过程中，太极殿的规制有所改变。据《景定建康志·古宫殿》记载：“太极殿，建康宫内正殿也。晋初造，以十二间像十二月。至梁武帝改制十三间，象闰焉。高八丈，长二十七丈，广十丈，内外并以锦石为砌。次东有太极东堂七间，次西有太极西堂七间，亦以锦石为砌，更有东西二上阁在堂殿之间，方庭阔六十亩。”[⑥]

至于北魏，在定都平城期间，直到 492 年，孝文帝为推动汉化、塑造正

---

① ［日］妹尾达彦：《唐长安城的礼仪空间》，具体见［日］沟口雄三、［日］小岛毅主编，孙歌等译：《中国的思维世界》，江苏人民出版社，2006 年，第 474 页。

② （晋）陈寿撰，（宋）裴松之注：《三国志》（第 2 版），中华书局，1982 年，第 104 页。

③ （唐）房玄龄等：《晋书》，中华书局，2015 年，第 174 页。

④ （南朝宋）刘义庆撰，徐震堮著：《世说新语校笺》，中华书局，2001 年，第 190—191 页。

⑤ （梁）沈约撰：《宋书》，中华书局，2015 年，第 945 页。

⑥ （宋）周应合纂：《景定建康志》，南京出版社，2009 年，第 505 页。

统，才开始仿效中原政权营建太极殿：“（太和十六年春）二月戊子，帝移御永乐宫。庚寅，坏太华殿，经始太极。……（冬十月）庚戌，太极殿成，大飨群臣。”① 迁都洛阳后，孝文帝在主导洛阳规划时，自然而然地延续了太极殿的规制，以太极殿作为宫城核心。或者说，孝文帝将在平城营建太极殿的经验移注到了洛阳，这从负责太极殿营造的工匠上可以清晰见出：

> 后于平城将营太庙、太极殿，遣少游乘传诣洛，量准魏晋基趾。后为散骑侍郎，副李彪使江南。……景明二年（501）卒，赠龙骧将军、青州刺史，谥曰质。有《文集》十卷余。少游又为太极立模范，与董尒、王遇等参建之，皆未成而卒。②
>
> （永明）九年（491），遣使李道固、蒋少游报使。少游有机巧，密令观京师宫殿楷式。清河崔元祖启世祖曰：“少游，臣之外甥，特有公输之思。宋世陷虏，处以大匠之官。今为副使，必欲模范宫阙。岂可令毡乡之鄙，取象天宫？臣谓且留少游，令使主反命。”世祖以非和通意，不许。少游，安乐人。虏宫室制度，皆从其出。③

蒋少游是北魏平城营建太极殿时的大匠。为营建平城太极殿，他先到洛阳核准魏晋洛阳太极殿的基址，后出使萧齐以效仿建康包括太极殿在内的宫阙形制，所谓“模范宫阙”。同时，他又参与了北魏洛阳太极殿的营建，“为太极立模范”充分说明他将平城太极殿的营建经验移植到了洛阳。进而言之，北魏洛阳太极殿受到了平城太极殿以及萧齐建康太极殿的影响。遗憾的是，魏收在此没有具体记述蒋少游为北魏洛阳太极殿确立的具体规制如何。而《魏书·王遇传》中却有所述及：“世宗初，兼将作大匠。……

① 〔北齐〕魏收：《魏书》，中华书局，2011 年，第 169—171 页。
② 〔北齐〕魏收：《魏书》，中华书局，2011 年，第 1971 页。
③ 〔梁〕萧子显：《南齐书》，中华书局，2012 年，第 990 页。

遇性巧，强于部分。北都方山灵泉道俗居宇及文明太后陵庙，洛京东郊马射坛殿，修广文昭太后墓园，太极殿及东西两堂、内外诸门制度，皆遇监作。”[①] 可见洛阳太极殿由正殿、东堂、西堂构成，与前述建康太极殿形制相仿。至于洛阳太极殿的建设时间，据元苌墓志所载“景明元年（500），营构太极都将”[②]，加上蒋少游“景明二年”（501）离世，宣武帝在景明三年（502）十二月曾在太极前殿宴飨群臣，可知洛阳太极殿竣工时间最迟应在 502 年。

洛阳太极殿明显区别于平城、建康之处在于，它直接利用了魏晋太极殿的基址，以强调北魏对魏晋正统的承续。这也为汉魏洛阳故城宫城太极殿遗址考古发掘所证实：“现存遗迹主要为北朝时期的太极殿遗址，主要格局是中期（北魏时期）在早期（三国曹魏与西晋时期）太极殿基础上营造形成，晚期（北周时期）对其进行改建但未完成，故殿基不完整。”[③] 至于北魏洛阳太极殿的格局，确为主殿与东西两堂的形制：“太极殿主殿和两侧东堂、西堂作为主体建筑位于宫院北部中间，是宫城的大朝正殿。太极殿主殿东西长 102 米，南北宽 61 米，北魏时面阔为 12 间，应是继承魏晋洛阳和建康两座都城太极殿的开间格局，北周晚期重修洛阳宫则改为 13 间。”[④] 基于考古发掘状况，结合相关文献记述，钱国祥等指出：“作为中国历史上第一个由北方游牧民族在中原建立的王朝，北魏先后在平城和洛阳修建了两座太极殿。北魏洛阳太极殿广泛吸收和借鉴了魏晋洛阳城、南朝建康城和北魏平城太极殿的形制，是魏晋南北朝时期太极殿和大型宫室建筑的集

① 〔北齐〕魏收：《魏书》，中华书局，2011 年，第 2024 页。
② 赵文成编：《北魏元怀・元苌墓志》，山东美术出版社，2011 年，第 24 页。
③ 中国社会科学院考古研究所洛阳汉魏故城队：《河南洛阳市汉魏故城太极殿遗址的发掘》，《考古》2016 年第 7 期。
④ 钱国祥：《北魏洛阳宫城的空间格局复原研究》，《华夏考古》2020 年第 5 期。

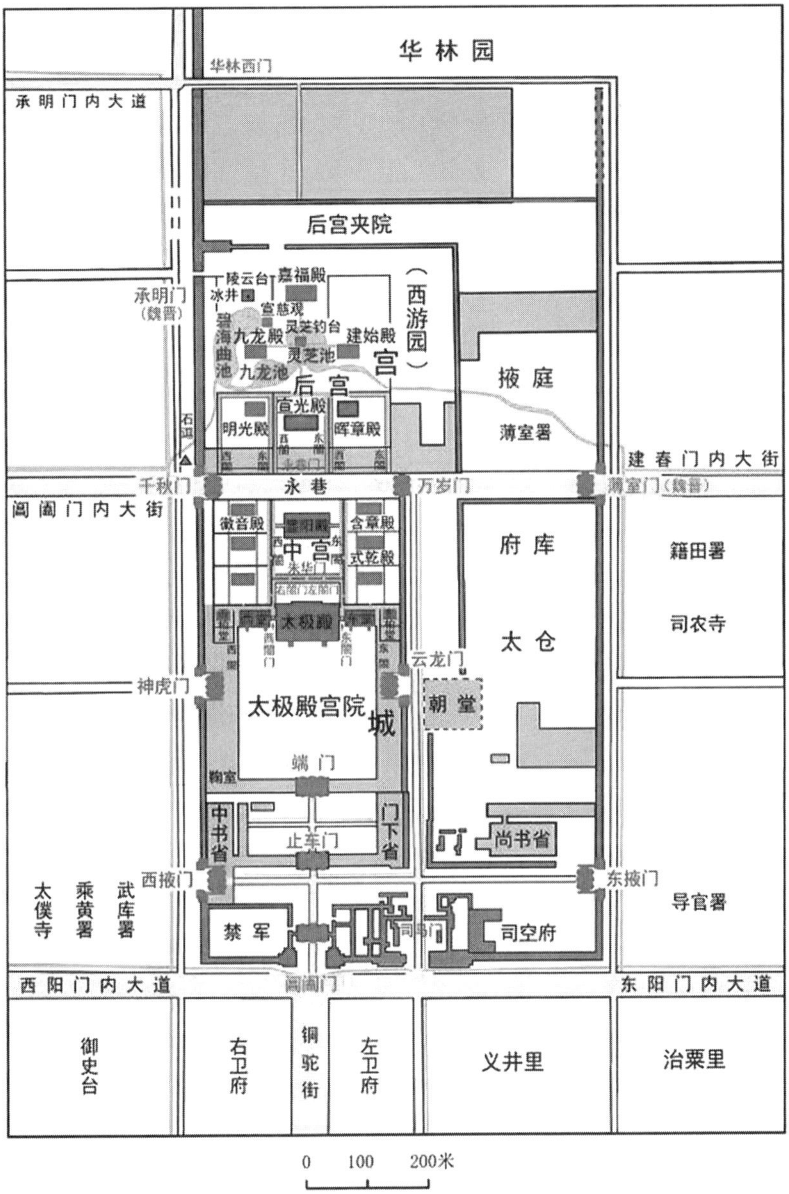

图 1-4 北魏洛阳宫城复原示意图①

① 钱国祥：《北魏洛阳宫城的空间格局复原研究》，《华夏考古》2020 年第 5 期。（说明：此图比例尺为钱国祥先生论文原图所有，仅作参考。）

大成者。”[1] 可见，北魏洛阳太极殿构成了“太极殿时代”的重要一环。

而北魏之所以选择直接在魏晋太极殿基址上进行重建，除时间紧迫、可以省去烦琐的选址程序外，更重要的在于其象征意义，即北魏在空间上实现了对魏晋正统的直接性继承，从而获得了一种正统合法性的解释，以抗衡萧齐政权在时间继承上获得的正统性；同时，洛阳太极殿还象征着北魏政权由此将获得上天的庇佑。至此，北魏作为拓跋鲜卑所建立的胡族政权，通过营建太极殿充分展示出了“文的自觉”的追求。这也意味着北魏从北方草原游牧文化政治美学向中原农耕文化政治美学的转进。因为太极殿作为宫城主殿，意味着北魏必须在礼仪、服饰、园林、府第等方面进行相应的改革，以建立礼乐政治美学体系。进而言之，太极殿实则象征着拓跋鲜卑对中原文化之宇宙观与政治观的认同，标志着中原农耕文化政治美学在北方空间的延续与发展。

《洛阳伽蓝记》中共有两次述及太极殿：一处为描述永宁寺佛殿的形制，直接指出佛殿“形如太极殿”；另一处为“庄帝肇升太极，解网垂仁，唯散骑常侍山伟一人拜恩南阙”[2]。杨衒之虽然仅述及“太极殿”，并没有记载更多信息，但已经昭示出北魏通过沿用建筑名称来重塑洛阳空间正统的努力。同时，永宁寺佛殿与太极殿形制相似，一方面表明永宁寺作为皇家寺院在洛阳佛寺中的至高地位；另一方面则表明礼乐政治美学对佛教建筑美学的影响，展现了礼制空间对其他空间的规范性作用。

第二，“三雍”，也即灵台、明堂和辟雍。它们作为古代都城特有的重要礼制建筑，在北魏洛阳并没有得到及时建设完善。《洛阳伽蓝记》明确记述说：“寺（大统寺）东有灵台一所，基趾虽颓，犹高五丈余，即是汉光武帝所立者。灵台东辟雍，是魏武所立者。至我正光中，造明堂于辟雍

---

① 中国社会科学院考古研究所洛阳汉魏故城队：《河南洛阳市汉魏故城太极殿遗址的发掘》，《考古》2016 年第 7 期。

② 〔北魏〕杨衒之著，杨勇校笺：《洛阳伽蓝记校笺》，中华书局，2018 年，第 14 页。

之西南，上圆下方，八窗四闼。汝南王复造砖浮图于灵台之上。”[①]可见北魏并没有沿用东汉、曹魏、西晋之灵台，甚至在灵台基址上建造了佛塔，使其从观天象、察祥瑞和行祭祀的礼制建筑转变成了佛教建筑；祭奠先师孔子、宣扬礼乐教化的辟雍，则被废弃一旁，没有进行重修与再建。有关辟雍遗址的考古工作也证实了这一点：“综合以上对该建筑基址残存遗迹现象和出土遗物所进行的分析研究结果，我们可以基本确定，这个建筑基址的始建时代不会早于东汉，魏晋时期则进行了部分重修与沿用，北魏时期在此则未进行任何的重修或改建活动，这一结果显然也是与文献中对辟雍的记载大致相符合的。”[②]仅有明堂这一由帝王进行祭祀、朝会和庆赏等的场所，在北魏洛阳得到建设。

事实上，北魏洛阳明堂的营建也不顺利，从延昌三年（514）十二月宣武帝下诏“立明堂”，到孝明帝正光年间落成，前后历时十年左右。除《洛阳伽蓝记》记述“正光中”造成明堂外，《魏书》中曾记载正光五年（524）九月“帝幸明堂，饯宝夤等”，说明此时明堂已投入使用。究其原因，除战乱、饥荒影响外，更重要的在于崇佛导致大规模地进行佛寺兴建及石窟开凿，占用消耗了大量的人力、物力、财力，也极大地消耗了北魏的国力。如元澄就曾称：“今墉雉素修，厩库崇列，虽府寺胶塾，少有未周，大抵省府粗得庇憩理务，诸寺灵塔俱足致虔讲道。唯明堂辟雍，国礼之大。来冬司徒兵至，请筹量减彻，专力经营，务令早就。”[③]其中，元澄直接强调蓄力聚财，注重国家礼制建筑的完善，尽快兴建明堂辟雍，但直到他去世明堂也没有建成。李崇更是在给宣武帝上表时直言：“以臣愚量，宜罢尚方雕靡之作，颇省永宁土木之功，并减瑶光材瓦之力，兼分石窟镌琢之劳，及诸事役非急者，三时农隙，修此数条。使辟雍之礼，蔚尔而复兴；

① 〔北魏〕杨衒之著，杨勇校笺：《洛阳伽蓝记校笺》，中华书局，2018年，第140页。

② 中国社会科学院考古研究所编著：《汉魏洛阳故城南郊礼制建筑遗址》，文物出版社，2010年，第179页。

③ 〔北齐〕魏收：《魏书》，中华书局，2011年，第479—480页。

讽诵之音，焕然而更作。”[①] 不难看出，李崇之言更具针对性，直指永宁寺、瑶光寺和石窟寺所代表的佛教建筑，强调削减佛寺的用工和材料，改用为兴建辟雍、推动礼乐教化。

另据记载，源子恭曾在孝明帝正光元年（520）上书请求完成明堂辟雍的兴建，其中较为详细地讲述了明堂兴建的过程：

> 转为起部郎。明堂、辟雍并未建就，子恭上书曰："臣闻辟台望气，轨物之德既高；方堂布政，范世之道斯远。……高祖所以始基，世宗于是恢构。按功成作乐，治定制礼，乃访遗文，修废典，建明堂，立学校，兴一代之茂矩，标千载之英规。永平之中，始创雉构，基趾草昧，迄无成功。故尚书令、任城王臣澄按故司空臣冲所造明堂样，并连表诏答、两京模式，奏求营起。……虽有缮作之名，终无就功之实。爽垲荒茫，淹积年载，结架崇构，指就无兆。仍令肆胄之礼，掩仰而不进；养老之仪，寂寥而不返。……今诸寺大作，稍以粗举，并可彻减，专事经综，严勒工匠，务令克成。使祖宗有荐配之期，苍生睹礼乐之富。"[②]

从中可知：（1）北魏礼制建设历经三个阶段，即孝文帝奠定基础，宣武帝进一步发扬，孝明帝进行完善。（2）任城王元澄推动了明堂建设；明堂规制模型是由李冲所造。（3）"两京模式"，暗含平城明堂可能影响了洛阳明堂的规建。（4）"虽有缮作之名，终无就功之实"指虽然进行了明堂营建，但并未按照预期完工。（5）佛寺建设影响了礼制建筑规划的落实。值得关注的是，钱国祥通过研究认为洛阳明堂可能受到平城明堂规制的影

① 〔北齐〕魏收：《魏书》，中华书局，2011 年，第 1472 页。
② 〔北齐〕魏收：《魏书》，中华书局，2011 年，第 933—934 页。

响，而采取“三雍”合一：

> 为什么北魏时期只恢复重建明堂一座建筑，而不再对汉晋时期的辟雍和灵台建筑恢复重建？这样的结果又如何能够与史料中多处提到的重建明堂、辟雍之事相吻合呢？由此我们联想到，北魏迁洛之前的都城平城所建造的明堂，就是一座明堂、灵台和辟雍三者功用合一的建筑。那么北魏迁都洛阳以后在汉晋旧基上恢复重建的明堂，是否也是这样一座建筑呢？可能性完全存在。如此，既能够符合历史文献的记载，即北魏恢复重建的明堂和辟雍是同一座建筑，也能够为北魏不再另外恢复重建灵台和辟雍得到合理的解释，这也是北魏遵循平城制度的结果。①

如果洛阳明堂是“三雍”合一，则表明北魏在洛阳并未完全遵循东汉、曹魏、西晋的礼制传统，但这与北魏采用文化复古方式极力在洛阳塑造正统形象的政策不符，也可能是因崇佛造成国力不足而采取的权宜之计。当然，至于洛阳明堂最终是否遵照规划建设完成，是否明堂、辟雍、灵台“三雍”合一，已难以确切考证。但可以确认的是，杨衒之关于灵台、辟雍与明堂的位置关系记述是准确的。如北魏沿用汉魏晋明堂基址营建明堂，已为汉魏洛阳城明堂遗址考古所证实：

> 这座明堂中心圆形建筑基址的始建时代（第一期）极有可能为东汉时期，这也是与《后汉书·光武帝纪》：中元元年（56）“是岁，初，起明堂、灵台、辟雍，及北郊兆域”等记载相符合的。魏

---

① 钱国祥：《汉魏洛阳城南郊三雍礼制建筑初探》，具体见中国社会科学院考古研究所等编：《汉长安城考古与汉文化》，科学出版社，2008年，第220页。

> 晋时期（第二期）曾经修补改造的夯土台基或路面遗迹，则又是与《宋书·礼志》中“魏文帝黄初二年（221）正月，郊祀天地明堂。是时魏都洛京，而神祇兆域明堂灵台，皆因汉旧事”的记载联系在一起的，显然在魏晋时期该明堂建筑是被继续重修延用。最晚时期（第三期）的建筑基址保存最为完整，出土有大量北魏时期的建筑材料，可以肯定是北魏时期修建的明堂基址，则也是与清人徐松从《永乐大典》中所辑《河南志·后魏城阙古迹》中“明堂。宣武八年诏建，孝明正光中始成，在辟雍之西南。上圆下方，八窗四闼”的记载完全相符的。至于这座明堂在北魏时期是否工程全部都已完工，则是需要另外讨论的问题。总之，通过发掘解剖确定的这座建筑基址的始建与重修沿用时代，是与有关的文献记载基本相符合的。[①]

基于北魏洛阳“三雍”建设情况，从美学维度来看：首先，孝文帝赋予洛阳的都城审美理想并没有得到有效落实。无论是明堂、灵台与辟雍“三雍”合一，还是仅建设了明堂，东汉、曹魏、西晋所赋予“三雍”的礼乐教化功能都没有得到有效延续。但北魏对先前明堂基址的沿用，又符合借用礼制建筑基址、发挥地理空间优势来营造洛阳正统地位的策略。其次，“两京模式”说明北魏从游牧文化政治美学向中原农耕文化政治美学转进过程中，并非完全接受儒家礼乐政治美学，而是融入了北方草原游牧文化政治美学的元素。最后，在北魏洛阳审美政治制度建构过程中，佛教思想的传播、佛教寺院的建设，使得佛教信仰空间对礼制空间形成巨大挑战，礼乐教化没有得到有效开展。

第三，金墉城。它是魏晋洛阳城保存下来的比较完整的建筑，在北魏迁

---

① 中国社会科学院考古研究所编著:《汉魏洛阳故城南郊礼制建筑遗址》，文物出版社，2010年，第125页。

都初期被直接加以使用。在洛阳宫城尚未兴建完成之时，孝文帝就居住在金墉城：“迁京之始，宫阙未就，高祖住在金墉城。”[①] 正因如此，北魏在先前金墉城的基础上进行了增建，使其功能更加完善。所以，杨衒之在《洛阳伽蓝记》中对金墉城进行了专门记述，如前所引：

> 瑶光寺北有承明门，有金墉城，即魏氏所筑。晋永康中惠帝幽于金墉城。东有洛阳小城，永嘉中所筑。城东北角有魏文帝百尺楼，年虽久远，形制如初。高祖在城内作光极殿，因名金墉城门为光极门。又作重楼飞阁，遍城上下，从地望之，有如云也。[②]

这则材料表明：金墉城始于曹魏时期，所谓“魏氏所筑”；晋惠帝曾被幽禁于金墉城，显示了先前金墉城主要是废帝弃后居住之所；西晋永嘉年间，曾在金墉城旁边修筑洛阳小城；金墉城东北角有魏文帝修建的百尺楼，且保存完好，“形制如初”。这与《水经注·谷水》中所载一致：“谷水又东迳金墉城北，魏明帝于洛阳城西北角筑之，谓之金墉城。起层楼于东北隅，《晋宫阁名》曰：金墉有崇天堂。即此。地上架木为榭，故白楼矣。皇居创徙，宫极未就，止跸于此。搆宵榭于故台，所谓台以停停也。南曰乾光门，夹建两观，观下列朱桁于堑，以为御路。东曰含春门，北有退门，城上西面列观，五十步一睥睨，屋台置一钟以和漏鼓。西北连庑函荫，墉比广榭。炎夏之日，高视常以避暑。为绿水池一所，在金墉者也。”[③] 两则史料结合可知，北魏因将金墉城作为别宫而增建光极殿、重楼飞阁、绿水池等，修缮了周边的道路，并重新对金墉城城门进行了命名。关于金墉城作为别宫的使用状况，《魏书》中的几条史料可作补充：

---

① 〔北魏〕杨衒之著，杨勇校笺：《洛阳伽蓝记校笺》，中华书局，2018 年，第 2 页。
② 〔北魏〕杨衒之著，杨勇校笺：《洛阳伽蓝记校笺》，中华书局，2018 年，第 49 页。
③ 〔北魏〕郦道元著，陈桥驿校证：《水经注校证》，中华书局，2013 年，第 376 页。

(太和十七年)(493)冬十月戊寅朔，幸金墉城。诏征司空穆亮与尚书李冲、将作大匠董爵经始洛京。[①]

(太和十九年)(495)二月癸亥，诏曰："知太和庙已就，神仪灵主，宜时奉宁。可克三月三日己巳，内奉迁于正庙。其出金墉之仪，一准出代都太和之式。入新庙之典，可依近至金墉之轨。其威仪卤簿，如出代庙。百官奉迁，宜可省之。但令朝官四品已上，侍官五品已上及宗室奉迎。"[②]

(太和十九年八月)(495)金墉宫成。甲子，引群臣历宴殿堂。[③]

从孝文帝在太和十七年（493）十月巡幸金墉城可知，金墉城保存较好，与杨衒之记述迁都之初孝文帝居住在金墉城是一致的；从最初将"神仪灵主"置于金墉城可知，金墉城在迁都初期承担着礼制建筑的功能；从太和十九年（495）八月建成金墉宫，孝文帝与大臣在金墉城举行宴饮活动可知，金墉城改建工程实施较早，孝文帝在此居住时间较长，而宫城建设历时较长。除金墉城外，还有其他一些幸存建筑或建筑遗存，如汉梁冀所造的土山鱼池，西晋杜预出镇荆州停顿的七里桥，魏明帝立的苗茨碑，名称相同、位置不同的翟泉，汉国子学堂前剩余的十八枚用篆、科斗、隶三种字体刻写的《春秋》《尚书》石碑和四十八枚用隶书刻写的《周易》《尚书》《公羊》《礼记》石碑等。正是通过对以金墉城为代表的幸存建筑的沿用，缓解了北魏迁都之初营建仓促的困境，加快了洛阳营建的速度，更使北魏在南北正统之争中将洛阳的空间优势发挥到了最大化。

如果说北魏营建洛阳对汉、魏、晋洛阳建筑名称的利用，是要谋求一种

① 〔北齐〕魏收：《魏书》，中华书局，2011 年，第 173 页。
② 〔北齐〕魏收：《魏书》，中华书局，2011 年，第 2751 页。
③ 〔北齐〕魏收：《魏书》，中华书局，2011 年，第 178 页。

空间想象的混同，重在达成对汉魏晋洛阳形象的复现；对汉、魏、晋洛阳建筑基址的沿用，是要形成一种空间认知的混同，重在凸显与汉魏晋洛阳空间的相似，那么对汉、魏、晋洛阳残留建筑的沿用或改建，则是要形成一种空间视觉形象的混同，重在强调对汉、魏、晋洛阳的直接承续。正是因为对东汉、曹魏、西晋洛阳多种形式的承接、利用，北魏洛阳在空间审美意象上彰显出了鲜明的审美复古主义。这种审美复古主义，是由北魏从游牧文化政治美学向农耕文化政治美学转化、演进过程中必然经历的模仿阶段所注定的，也是北魏借助占据和再造洛阳空间以争夺“文化正统”的政治策略所注定的。

而北魏统治者在文化建设和政治美学建构上所展现出来的全方位的复古主义倾向，并非肇始于洛阳，早在平城期间他们已经开始注重对魏晋传统的模仿。对此，倪润安通过对北魏时期墓葬的考古与研究指出：“北魏早、中期之际的文成帝、献文帝时期，北魏的文化实践开始逐步向‘晋制’变化。到太和十五年(491)，孝文帝正式肯定和明确了向‘晋制’转型的文化新政策。北魏中期的平城墓葬文化忠实见证了这一转型。……在北朝不断模仿‘晋制’，并越来越像‘晋制’的时候，南朝却与‘晋制’渐行渐远，深陷于地方化的文化特征之中。于是在‘晋制’的框架内，北朝终于取代南朝所占的先机。”[①] 若站在拓跋鲜卑的立场来看，所谓“复古”实则是一种学习，甚至说是一种“发展”。北魏平城时期为了实现对中原地区的有效统治，效仿、学习魏晋传统可谓是一种捷径。正是在学习中原文化的过程中，以孝文帝为代表的拓跋鲜卑因中原文化浸染日深而萌发出“人的自觉”和“文的自觉”。迁都洛阳之后，在“人的自觉”和“文的自觉”的推动下，他们的华夏化程度进一步深化，通过效仿魏晋而构建了相对完备的礼乐典章制度美学体系，并使洛阳相较于建康更加契合儒家都城

① 倪润安：《光宅中原：拓跋至北魏的墓葬文化与社会演进》，上海古籍出版社，2020 年，第 307 页。

审美理想。而东晋、刘宋、萧齐和萧梁虽较为完备地承续了西晋时期的礼乐制度，但随着对江南吴越地域文化的吸收和发展，渐渐呈现出新的文化面貌。因此，如同倪润安所言，若以“晋制”为标准，北魏因“复古”而重现魏晋传统，南朝则因“发展”而偏离魏晋传统。但北魏的“复古”又并非僵化的照搬照抄，尤其是受礼乐人才流失、礼乐器物毁坏散佚和“北人恋本”等影响，礼乐政治美学建构自然而然地吸收了北方草原游牧文化、佛教文化、南朝文化以及经丝绸之路而来的西域文化等内容。也正是北魏对魏晋传统的“复古”，赢得了留北汉族士人对北魏政权的心理认同，具有了与南朝竞争正统地位的可能，甚至获得了南朝士人的肯定；同时，“复古”使得中原文化成为北朝文化与南朝文化共通的主体基础，为二者最终走向合流奠定了基础。

二、以南为尊的审美政治建构

北魏在洛阳对魏晋传统的复古性继承，不仅包括具体建筑的名称沿用、改建和重建等，而且涵盖制度、文化、哲学和文学艺术等多个维度。针对礼制空间而言，最为突出的便是因祭祀制度从“西郊祭天”到“南郊祭天”的变革而带来的南郊崇尚。关于这两种祭祀制度，人们常用“西郊”与“南郊”来指代，康乐就曾专门解释说：“‘西郊’与‘南郊’指的是两种不同的国家祭典，分别代表了两个关系既密切，却又颇有一点距离的文化体系——‘西郊’是拓跋人的祭天大典，代表北亚草原游牧文化的一支，‘南郊’则是两千年来汉族王朝国家祭典的核心，同样也是祭天的仪式。”[①]也即，对于拓跋鲜卑而言，都平城还是都洛阳，祭天选择西郊还是南郊，实则代表着不同的文化、信仰、世界观和审美观等。与此相应，祭天制度的

① 康乐：《序》，见其《从西郊到南郊：北魏的迁都与改革》，北京联合出版公司，2020 年。

差异必然带来都城空间布局的不同，直接体现便是祭祀建筑建设与分布的迥然有别。换言之，平城时期重视西郊建设，洛阳时期则是注重南郊建设。关于洛阳南郊的状况，杨衒之在《洛阳伽蓝记》中明确将其称为“国阳胜地”：

> 高阳宅北有中甘里，里内颍川荀子文，年十三，幼而聪辨，神情卓异，虽黄琬、文举，无以加之。正光初，广宗潘崇和讲服氏《春秋》于城东昭义里，子文摄齐北面，就和受道。时赵郡李才问子文曰：“荀生住在何处？”子文对曰：“仆住在中甘里。”才曰：“何为住城南？”城南有四夷馆，才以此讥之。子文对曰：“国阳胜地，卿何怪也？若言川涧，伊洛峥嵘；语其旧事，灵台《石经》；招提之美，报德、景明；当世富贵，高阳、广平；四方风俗，万国千城。若论人物，有我无卿。”才无以对之。崇和曰：“汝颍之士利如锥，燕赵之士钝如锤，信非虚言也。”举学皆笑焉。[①]

尽管在荀子文与李才的对话中没有明确提及北魏时期洛阳南郊的礼制建筑，但对答内容已经充分展现其发展盛况：伊水、洛水汇聚，说明南郊水路交通便利；灵台代表的“三雍”和太学前的《石经》，象征南郊一直是重要的礼制空间；报德寺、景明寺代表的佛寺，凸显出南郊也是重要的佛教信仰空间；高阳王元雍、广平王元怀居住南郊，证明南郊是富贵聚集之地；四夷馆、四夷里，则展现了南郊文化建设的多元、开放、包容，体现出北魏新的天下观，象征着洛阳的正统地位。这表明北魏洛阳南郊建设所达到的成效，赢得了一定的认可。当然，杨衒之在此也以隐笔表达了对北魏礼乐教化落实状况的批评，即太学本位于南郊，而居住在南郊的荀子文却到城东听潘崇和讲解《服氏春秋》，说明私学十分兴盛，而国家主导的礼乐

① 〔北魏〕杨衒之著，杨勇校笺：《洛阳伽蓝记校笺》，中华书局，2018 年，第 167 页。

教育没有得到有效实施。整体而言，杨衒之提出“国阳胜地”，实则是反对因设有“四夷馆”“四夷里”而将南郊视为“华戎杂居之所”的观点。

但拓跋鲜卑祭祀礼仪从“西郊”向“南郊”的转换，并非一蹴而就。在平城时期，北魏就已经关注到了南郊祭祀问题。由于拓跋鲜卑长期逐水草丰美之处而居，游牧生产生存方式注定他们没有城市规划建设的经验。为营建平城，拓跋珪曾亲自到邺城巡视宫室建筑。按《魏书·莫题传》所记，他还明确要求模仿邺城、洛阳和长安的规制：“太祖欲广宫室，规度平城四方数十里，将模邺、洛、长安之制，运材数百万根。以题机巧，征令监之。召入，与论兴造之宜。”[①] 而莫题是一位熟悉草原文化与中原文化的人物。逯耀东认为拓跋珪任命莫题的目的，不是完全模仿和复制中原都城：“充分表示拓跋珪在规制平城时，虽欲模仿长安、邺、洛阳，但却没有完全放弃草原文化的企图。所以，某些草原文化的色彩，被保留在平城的建筑之中。”[②] 因此，北魏虽然仿效中原都城营建礼制建筑，如据《魏书》记载：“（天兴元年）（398）秋七月，迁都平城，始营宫室，建宗庙，立社稷”[③]，但在布局上被赋予了浓郁的草原文化特征。因为，平城祭祀建筑被建于西郊，显然不是从模仿长安、邺城、洛阳而来，而是北方草原游牧文化祭祀传统影响的结果。拓跋鲜卑作为北方游牧民族，同样秉持“神魂西归”的信仰，而将西方视为神圣方位，视为与天神沟通的所在，所以自然而然地将平城西郊作为北魏祭天建筑营建之所：

天兴元年（398），定都平城，即皇帝位，立坛兆告祭天地。……祀天之礼用周典，以夏四月亲祀于西郊，徽帜有加焉。[④]

天赐二年（405）夏四月，复祀天于西郊，为方坛一，置木主

---

① 〔北齐〕魏收：《魏书》，中华书局，2011年，第604页。

② 逯耀东：《从平城到洛阳：拓跋魏文化转变的历程》，中华书局，2006年，第167页。

③ 〔北齐〕魏收：《魏书》，中华书局，2011年，第33页。

④ 〔北齐〕魏收：《魏书》，中华书局，2011年，第2734页。

七于上。……自是之后，岁一祭。①

（延兴四年）（474）六月，显祖以西郊旧事，岁增木主七，易世则更兆，其事无益于神明。初革前仪，定置主七，立碑于郊所。②

从《魏书·礼志》关于平城时期的祭祀记载可知：北魏长期奉行西郊祭天制度，一直持续到孝文帝时期；祭祀礼仪受到了中原祭祀制度的影响，即学习“周典”；具有鲜明的北方草原游牧文化传统特色，祭坛为方坛，方坛上树立“七木主”，每年夏四月进行祭祀等。③这种都城西郊祭祀制度，直接影响了平城都城空间的建筑布局：

佛狸破梁州、黄龙，徙其居民，大筑郭邑。截平城西为宫城，四角起楼，女墙，门不施屋，城又无堑。南门外立二土门，内立庙，开四门，各随方色，凡五庙，一世一间，瓦屋。其西立太社。④

城西三里，刻石写《五经》及其国记，于邺取石虎文石屋基六十枚，皆长丈余，以充用。⑤

昙曜白帝，于京城西武州塞，凿山石壁，开窟五所，镌建佛像各一。高者七十尺，次六十尺，雕饰奇伟，冠于一世。⑥

从这三则材料可知，北魏修筑平城时，是将原平城西面部分改建为宫城，但宫城规制又不同于中原都城的宫城；模仿中原礼制体系的太社太庙，兴

① ［北齐］魏收：《魏书》，中华书局，2011年，第2736页。
② ［北齐］魏收：《魏书》，中华书局，2011年，第2740页。
③ 据澎湃网、人民网等报道，2020年10月在内蒙古呼和浩特市武川县境内发掘的北魏皇家祭天遗址呈圆形，大致年代为430—490年，见证了中原祭祀制度与草原祭祀规制在这里的深度融合。
④ ［梁］萧子显：《南齐书》，中华书局，2012年，第984页。
⑤ ［梁］萧子显：《南齐书》，中华书局，2012年，第985页。
⑥ ［北齐］魏收：《魏书》，中华书局，2011年，第3037页。

建祖庙与太社；将《五经》与“国记”立在平城西郊三里之处，而东汉、曹魏、西晋之石经则是置于城南太学之前；在平城西的武州塞开凿石窟寺，也就是现在的云冈石窟，而洛阳则是选择在南部的龙门山开凿石窟，也即为现在的龙门石窟。显然，在北方草原游牧文化重视西方的观念及西郊祭祀制度的影响下，平城西郊成为建筑布局的重点所在。但拓跋鲜卑在模仿中原都城、学习中原文化的过程中，不仅没有完全否定南郊祭祀，而且还效仿进行南郊祭天：“（天兴）二年（399）正月，帝亲祀上帝于南郊，以始祖神元皇帝配。”[①] 可以说，北魏平城期间的祭祀体系是北方草原祭祀文化与中原农耕祭祀文化相杂糅的结果。但相较而言，西郊占据着更为重要的地位，这既与拓跋鲜卑自身的游牧文化底蕴有关，又与平城地处农牧混合地带、游牧民族人口较多等有关。

到孝文帝亲政之后，因他本人热衷于学习中原文化、借鉴中原礼乐制度，从而开始在平城效仿构建中原礼制建筑体系，推行国家祭典体制改革，促使平城祭祀由重西郊向西郊、南郊并重转移，南郊的地位得到提升。与此相适应，平城都城空间布局得以调整，一些重要礼制建筑在平城南郊得到营建，并加以使用。现梳理《魏书》所载孝文帝在486—493年有关祭祀和营建礼制建筑的史料如下：

（太和）十年（486）四月，帝初以法服御辇，祀于西郊。[②]

（太和十年）（486）九月辛卯，诏起明堂、辟雍。[③]

（太和）十二年（488）闰九月，帝亲筑圆丘于南郊。[④]

---

① 〔北齐〕魏收：《魏书》，中华书局，2011年，第2734页。

② 〔北齐〕魏收：《魏书》，中华书局，2011年，第2741页。

③ 〔北齐〕魏收：《魏书》，中华书局，2011年，第161页。

④ 〔北齐〕魏收：《魏书》，中华书局，2011年，第2741页。

(太和)十三年(489)正月，帝以大驾有事于圆丘。①

(太和十五年四月)(491)己卯，经始明堂，改营太庙。②

(太和十五年)(491)冬十月庚寅，车驾谒永固陵。是月，明堂、太庙成。十有一月丁卯，迁七庙神主于新庙。③

(太和十五年)(491)十有二月壬辰，迁社于内城之西。④

(太和十六年三月)(492)癸酉，省西郊郊天杂事。乙亥，车驾初迎气南郊，自此为常。⑤

(太和十六年)(492)八月庚寅，车驾初夕月于西郊，遂以为常。⑥

(太和十七年二月)(493)己丑，车驾始籍田于都南。⑦

由上述十则史料可知，孝文帝在平城一方面延续了拓跋鲜卑传统的西郊祭祀；另一方面又着手大力推行中原礼制，推动平城南郊祭祀的发展。尤其是在平城南郊修建了圆丘与明堂，按照中原都城“左祖右社”的格局重新营建祖庙与布局太社，并在南郊遵照中原祭典举办祭祀活动。这可以说是孝文帝重视都城南郊礼制空间布局的先声，为洛阳时期崇尚南郊祭祀而废止西郊祭祀奠定了基础。事实上，尚在洛阳营建期间，孝文帝便正式宣布废除西郊祭天：“(太和十八年)(494)三月，诏罢西郊祭天。”⑧这就决定了北魏洛阳不会在西郊营建祭天设施，而专注于南郊。同时，废

① 〔北齐〕魏收：《魏书》，中华书局，2011年，第2741页。
② 〔北齐〕魏收：《魏书》，中华书局，2011年，第168页。
③ 〔北齐〕魏收：《魏书》，中华书局，2011年，第168页。
④ 〔北齐〕魏收：《魏书》，中华书局，2011年，第168页。
⑤ 〔北齐〕魏收：《魏书》，中华书局，2011年，第169页。
⑥ 〔北齐〕魏收：《魏书》，中华书局，2011年，第170页。
⑦ 〔北齐〕魏收：《魏书》，中华书局，2011年，第171页。
⑧ 〔北齐〕魏收：《魏书》，中华书局，2011年，第2751页。

止西郊祭天，标志着北魏在洛阳构建的礼制体系由北方游牧文化的祭典体系转向了中原农耕文化的祭典体系。这可谓是北魏洛阳南郊成为“国阳胜地”的政治基础所在。同时，它的形成还受益于对东汉曹魏西晋洛阳规划“以南为尊”观念的继承和强化。

根据杨宽的研究，“以南为尊”的都城空间布局应当始于东汉洛阳。他在论述西汉长安与东汉洛阳的都城布局时，明确认为发生了从“坐西朝东”到“坐北朝南”的巨大转变。他指出：“西汉长安主要宫室是长乐宫和未央宫，东西横列，以东门为正门。东汉洛阳主要宫室是南宫和北宫，南北纵列，以南门为正门。”[①] 宫城布局的变化，相应地带来了宫室朝向、正门位置的调整，其主要原因在于礼乐制度的革新。可以说，东汉礼乐制度的调整，直接导致了洛阳建筑地位、建筑布局的变化：“从此宫室的南门成为主要门户，南面的平城门也成为主要城门。而北面的两座城门失去重要性，夏门（北墙西门）常被用作送丧的通道，谷门（北墙东门）还被用作送罪犯出城行刑的地方”[②]，“它的‘郭’区，也从分布在东、北两面改为分布到东、西、南三面”[③]。在东汉洛阳南郊受到崇尚的现象背后，实乃是礼乐制度从宗法制向皇权制的转进。对此，杨宽进一步指出：“西汉以前都城布局坐西朝东，是继承过去维护宗法制度的礼制，以东向为尊。东汉以后都城布局改为坐北朝南，是推行推崇皇权的礼制，以南向为尊。当时在中央集权的政治体制下，为了推崇皇权的需要，把皇帝祭天之礼作为每年举行的重大典礼，规定在国都南郊举行，这是使都城布局坐北朝南的一个原因。”[④]

① 杨宽：《中国古代都城制度史》，上海人民出版社，2006 年，第 122 页。关于西汉长安的朝向问题，还有其他观点，如史念海、徐卫民认为是坐北朝南，周长山认为坐南朝北，王社教笼统地认为是南北朝向。刘瑞认为早期、中期是坐西朝东，但晚期改为坐北朝南。具体可参见刘瑞：《汉长安城的朝向、轴线与南郊礼制建筑》，中国社会科学出版社，2011 年。

② 杨宽：《中国古代都城制度史》，上海人民出版社，2006 年，第 125—126 页。

③ 杨宽：《中国古代都城制度史》，上海人民出版社，2006 年，第 133 页。

④ 杨宽：《中国古代都城制度史》，上海人民出版社，2006 年，第 179 页。

东汉灭亡之后，曹魏并未改变洛阳的规划布局，主要是对洛阳进行修复、改建等，如在南宫崇德殿的基址上营建太极殿，在洛阳城西北角营建金墉城，在北宫以北开辟芳林园等，但东汉“以南为尊”的都城空间布局得到了继承。到西晋时期，由于是基本沿用曹魏洛阳城，“以南为尊”的格局自然被继承了下来。

拓跋鲜卑作为一个从大兴安岭北部地区不断南迁至平城一带、直到4世纪初才强大起来的游牧民族，自身并没有筑城定居的生存经验。他们所能接触和学习的中原都城，显然已经是推行皇权礼制、以南为尊的都城。所以，北魏自营建平城开始，所主要借鉴和模仿的东汉曹魏西晋之洛阳、曹魏之邺城、萧齐时期之建康，都是强调皇权礼制、以南为尊，以至在草原文化祭祀系统中融入了都城南郊祭祀的内容。孝文帝在迁都洛阳之后，以复古的态度面对魏晋传统，自然会效仿其以皇权礼制为核心的政治美学建构。加之北魏迁都旨在利用“天下之中”的空间优势塑造正统，所以不仅没有改变“以南为尊”的都城空间格局，而且通过调整宫城位置和延长“南北中轴线”，来进一步强化洛阳都城空间整体的礼乐内涵、凸显皇权礼制。

“以南为尊”，对于宫城主殿而言，便是“坐北朝南”；与此相应，宫城便是以“南门”为正门；进而，都城正门，便设在都城南面城墙。北魏虽然是直接利用东汉、曹魏、西晋之洛阳，但东汉为两宫制，曹魏、西晋、北魏为单宫制。因此，东汉是南宫正门向南，连接平城门，将明堂、辟雍、灵台和圆丘布局在平城门之南；而曹魏、西晋与北魏，均是以宣阳门，也即东汉洛阳的小苑门为正门，形成的轴线要靠西。同时，由于东汉洛阳北宫、南宫面积较大，南宫南门与平城门的距离，明显要短于曹魏、西晋、北魏宫城正门与宣阳门之间的距离。而曹魏、西晋之洛阳为两重城，城南空间并没有得到有效发展；北魏洛阳为三重城，城南不仅建有礼制建筑，而且有孝文帝、宣武帝、胡太后等所建的皇家寺院，设置有大量里坊，从而使连接宫城正门与宣武门的御道向南进一步延伸，南北中轴线得到凸显。这是

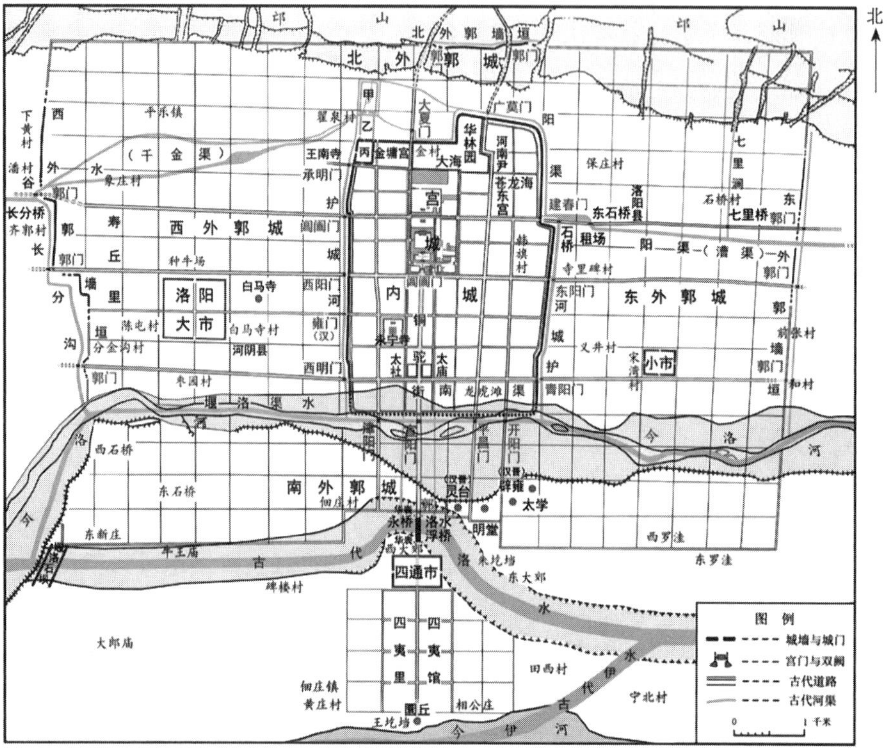

图 1–5 北魏洛阳外郭城坊市格局推测复原图[①]

① 钱国祥：《北魏洛阳外郭城的空间格局复原研究》，《华夏考古》2019 年第 6 期。

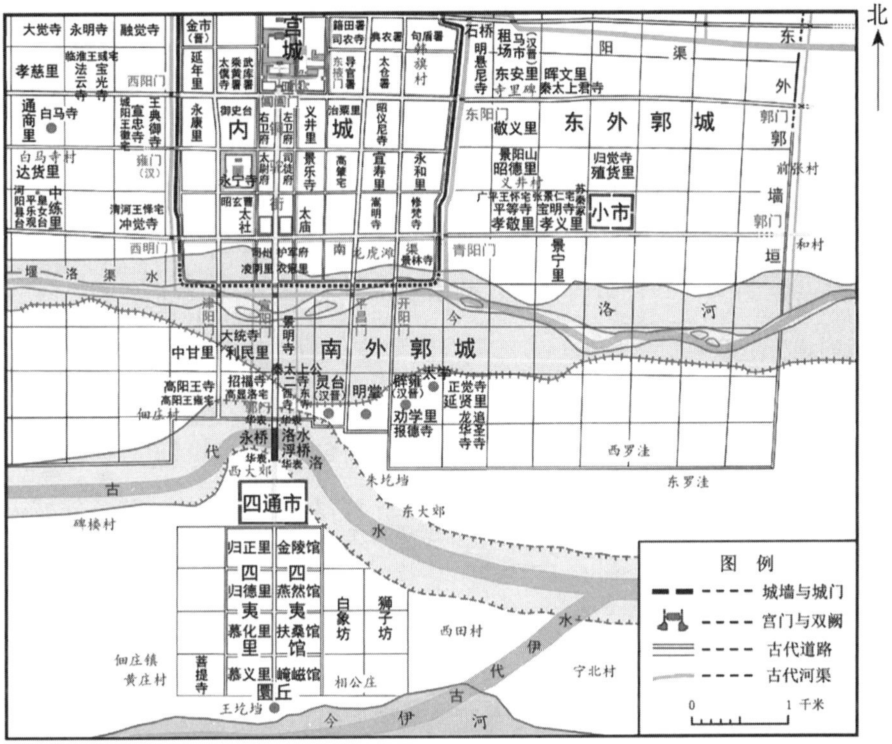

图 1-6 北魏洛阳南城郭与洛水南坊市推测复原图[1]

① 钱国祥：《北魏洛阳外郭城的空间格局复原研究》，《华夏考古》2019 年第 6 期。

因为北魏在宣阳门南四里的洛水上修建了浮桥——永桥，使洛水南北两岸形成了重要的生活区域，特别是在南岸设置了四夷馆、四夷里、白象坊和狮子坊等，十分繁荣；尤其是在宣武帝时，将建在委粟山上的圆丘改筑在伊水之阳，使得宣阳门至圆丘之间形成轴线，从而将洛阳城的南北中轴线有效拉长。根据杨衒之的记述，并结合《水经注》《魏书》和考古材料可知：这条轴线以宫城正殿太极殿作为起点，经端门、止车门，往南到宫城正门阊阖门，由此沿铜驼大街至内城南城墙的宣阳门，再由宣阳门向南郊延伸至洛水浮桥永桥，经过永桥而直抵伊水之北的圆丘，长达十一里左右①。

从宫城阊阖门经宣阳门到圆丘的南北轴线大道，作为御道，是北魏洛阳城内最宽、景观最美的大道，是举行重要礼仪活动的大道，也是凸显“以南为尊”、皇权威严的大道。唐晓峰曾言：“就皇帝的都城来说，我们看到古代权力景观发展的两个阶段。在第一个阶段，古人只是追求宫殿的高大壮丽，壮丽的宫殿可以为皇帝‘重威’，西汉萧何在主持修建长安城未央宫时曾对刘邦这样说过。在第二个阶段，是对都城整体性礼仪空间的建构，如此一来，使皇权从实力权威上升为礼法权威，这既增加了皇权的尊贵性，又暗示了皇权的永久性。而都城景观格局也随之变得更加严谨，并富有意识形态意义。”②据此来看北魏洛阳，可以说是既强调建筑的“壮丽重威”，又注重都城整体礼仪空间的建构，进一步凸显了审美对政治氛围的营造作用。

这种审美政治空间的成功营造，可谓主要得益于南北轴线的凸显。虽然杨衒之没有就这条轴线进行针对性描述，但通过对它的考古发掘可知：“东

---

① 参见王静：《北魏洛阳城南的居民与居住环境》，社会科学文献出版社，2019年，第224页。这里王静计算的自阊阖门到圆丘的距离总长度约为十里，即自宫城阊阖门至宣阳门约三里，自宣阳门至圆丘约七里。据钱国祥《北魏洛阳宫城的空间格局复原研究》，从阊阖门到止车门约一百六十米，从止车门到端门约一百二十米，自端门到太极殿宫院北墙长约三百米，那么自太极殿至宫城正门阊阖门便约为五百八十米，相当于当时的一里。因此，这条南北轴线若加上太极殿至阊阖门的距离，应达到十一里左右。

② 唐晓峰：《上古城市景观的衍变》，《光明日报》2018年11月25日第6版。

起第三条纵道即南墙正门宣阳门内御道，北端起于宫城南门阊阖门，故名阊阖南街，也称铜驼街。道路残长1650米，宽40—65米，是北魏都城内重要的南北大街。据考察，阊阖门前150米处发现一段铺石板路面，宽约2.9米，位于40米宽道路中间略偏西处。石板0.6—0.9米见方，铺砌整齐，表面有碾压车辙印痕，车辙间距1.5米。”[①] 无论是道路的宽度，还是路面硬化规整程度，都充分表明了铜驼大街作为御道的规格。而它作为南北轴线的凸显，除自身所具有的长度、规格外，更重要的在于道路沿线建筑对它的反衬作用。先看铜驼大街北端起点宫城阊阖门气势对朝廷威仪的彰显。据郦道元在《水经注·谷水》中所载：“《白虎通》曰：门必有阙者何？阙者，所以饰门。别尊卑也。今阊阖门外夹建巨阙，以应天宿，虽不如礼，犹象而魏之，上加复思，以易观矣。”[②] 而关于阊阖门的考古发掘也证实了郦道元的记述：

经发掘的北魏阊阖门是一座门前筑有巨大夯土双阙的礼仪式宫门，其城门楼后坐于宫墙，门前两旁双阙则修筑在两侧的宫墙上，建筑形制独特，且门阙基址始建于曹魏。城门楼基址东西长44.50米，南北宽24.40米，残存由40个础坑组成的建筑柱网，中间有3个门道，门道之间有隔间墙，两侧夯筑有墩台，是一座面阔7间、进深4间的三门道殿堂式宫门。结合《洛阳伽蓝记》记载，永宁寺南门三重门楼是仿制宫城端门，推测宫城阊阖门也是三重门楼。门前左右双阙基址巨大，单个阙台29米见方，平面均为曲尺形双向

① 钱国祥：《北魏洛阳内城的空间格局复原研究》，《华夏考古》2019年第4期。需要说明的是，早在1973年《汉魏洛阳城初步勘查》中就勘查出铜驼街宽40—42米，参见中国科学院考古研究所洛阳工作队：《汉魏洛阳城初步勘查》，《考古》1973年第4期。

② 〔北魏〕郦道元著，陈桥驿校证：《水经注校证》，中华书局，2013年，第381页。

子母阙式，符合宫城阊阖门夹建巨阙的相关记载。[①]

如此高大巍峨的宫城门楼和礼阙，可谓充分展现了皇家建筑的“壮丽重威”。当然，北魏皇权威严、以南为尊都城格局的彰显，并不止于气度非凡的阊阖门，而是诉诸都城布局和诸多建筑共同生成的礼制正统建筑氛围来达成的。这主要包括以下三个方面：

第一，实施单宫制以聚集宫殿园囿。“据最新考察研究，北魏宫城基本沿用了曹魏创建的居北居中的宫城——‘洛阳宫’，不仅名称相同，规模形制也基本相当，是在曹魏西晋时期宫墙的外侧或基础之上重新修筑宫墙。北魏宫城位于内城的北中部略偏西，平面略呈南北长方形，南北 1398 米，东西 660 米，总面积约 92.30 万平方米，占内城面积的 1/10。”[②] 宫城面积的缩小，相应带来了宫殿园囿更加集中的布局。与东汉时期洛阳实施南北宫制，且占据全城大部分面积相比，北魏宫殿建筑的集中更利于凸显皇权的神圣与威严。

第二，铜驼御道两侧建筑有序排列。如前所引述，杨衒之是以“宫前阊阖门”作为全书叙述展开的地理坐标原点，也是洛阳佛寺坐标定位的起始点，同时也以此定位了重要官署的位置。也即，从宫城阊阖门往南至宣阳门内，铜驼街右侧依次为右卫府、太尉府、将作曹、九级府、太社、司州、凌阴里，左侧依次为左卫府、司徒府、国子学堂、宗正寺、太庙、护军府、衣冠里。除“左祖右社”是依据《周礼》布局外，其余官署显然是根据规划而建。若从宣阳门外进入城内，沿铜驼大街向北行走近三里的距离，御道两旁高级官署林立，自然会让人产生对北魏皇权的敬畏。宣阳门外，杨衒之特地记述了铜驼大街延伸至洛水永桥时，南北两岸各有高二十丈的华表，华表

---

① 钱国祥：《北魏洛阳宫城的空间格局复原研究》，《华夏考古》2020 年第 5 期。

② 钱国祥：《北魏洛阳宫城的空间格局复原研究》，《华夏考古》2020 年第 5 期。

之上有作欲飞冲天姿势的凤凰，象征国门重地。而过了洛水，在御道两侧是规整的四夷里和四夷馆，右侧有归正里、归德里、慕化里和慕义里，左侧则有金陵馆、燕然馆、扶桑馆和崦嵫馆。沿着御道再往南，便可到祭天之圆丘。这些井然有序排列的里坊、威仪建筑和官署，有助于营造城内与南郊庄严、郑重、神圣的整体空间氛围。

第三，高等级佛寺也主要位于南北轴线两侧。北魏洛阳佛寺规建，被烙上了鲜明的政治美学印记。据《洛阳伽蓝记》所重点记述的佛寺位置，可知铜驼大街御道两侧有十分壮丽的佛寺建筑景观：在城内部分，胡太后所立的永宁寺，佛图为洛阳最高的九层，佛殿形似太极殿，佛寺南门楼形制似端门，院墙若宫墙，且位于铜驼大街右侧、紧邻太尉府；孝文帝的儿子、宣武帝的弟弟、太傅清河文献王元怿所立的景乐寺，位于铜驼大街左侧，紧邻司徒府，与永宁寺隔道相望；胡太后从姑所立的胡统寺，在永宁寺南一里，紧邻太社。在城南区域，宣阳门外一里御道东，有宣武皇帝所立的景明寺，景明寺南一里则是胡太后姐妹所立的秦太上公二寺。从永宁寺、景明寺、胡统寺、秦太上公二寺和景乐寺等佛寺建造者的身份可知，这些佛寺等级规格较高，且极尽奢丽。虽为佛教建筑，却具有鲜明的礼制建筑特征，从而以宗教建筑的形式彰显出皇权威严。

除依托建筑布局和建筑形制所生成的建筑气氛来凸显“以南为尊”外，北魏依托阊阖门—宣阳门—圆丘轴线所举行的重大仪式活动，让人切身体验到皇权威严所代表的政治审美的崇高感。首先，祭祀活动。孝文帝在迁洛之后停止了西郊祭天，在曹魏、西晋委粟山圆丘基址上修建北魏圆丘，《魏书》中记载有孝文帝曾在委粟山圆丘举行祭天：“（太和十九年）（495）十有一月，行幸委粟山。议定圆丘。甲申，有事于圆丘。”[①] 在宣武帝迁到了伊水之阳后，《魏书》中记载孝明帝曾在圆丘祭天：“（正光三年）（522）

① 〔北齐〕魏收：《魏书》，中华书局，2011 年，第 178 页。

十有一月乙巳，车驾有事于圆丘。”[①] 尽管有论者认为：“北魏洛阳城南鲜有圆丘祭天活动的记载，与北魏朝廷佞佛、诏禁天文学及灵台不营等举措相印证。进而推测，这一现象更与以游牧民族起家的北方拓跋鲜卑部落没有全盘接受中原文化、与中原传统文化存在某种区隔紧密相关。”[②] 但祭天次数的多寡，并不影响铜驼大街御道作为皇帝举行祭天仪式通道的史实。当皇帝祭天大典的仪仗队伍，出阊阖门经宣武门到圆丘时，必然会轰动整个洛阳，带给时人难以想象的威仪震撼。其次，朝拜活动。归附北魏居住在四夷馆、四夷里的由南入北者、北方草原以蠕蠕代表的北夷和来自葱岭以西的胡人等，要朝拜北魏皇帝或参加重要典礼，必然是沿着铜驼御道往北，进入城内，再到阊阖门，最后进入宫城。如蔡宗宪就指出：“因为宫城位于都城的北部，正门在南，势必无法再如汉代长安那样，将客馆设于宫城的北方。而作为中轴线的铜驼街（御道），除了两侧分布重要的官署、社、庙，还向南延伸至洛水南岸的圆丘，显示该街乃入朝、举行典礼的重要干道。北魏将四夷馆设于城南的御道旁，应该是考量到使节入朝或参观典礼的便利性。”[③] 这些来自西域、北方草原或者东夷的朝贡者、归附者，走在长达数里的御道上，在庄严的建筑环境气氛作用下，必然会对北魏皇权产生难以言喻的敬畏。最后，佛教行像活动。《洛阳伽蓝记》中明确记述了佛教在四月初八举行行像活动时，从城南景明寺出发，经宣阳门，沿铜驼御道，到宫城阊阖门前接受皇帝散花礼仪的盛况。仅从整个洛阳一千多尊佛像，在四月初七汇集到景明寺，便可想象典礼举行时热闹非凡的盛大景象。虽然是佛教宗教仪式活动，但却蕴含着鲜明的皇权政治因素，凸显的仍然是皇权权威。

由上述可知，东汉洛阳确立的“以南为尊”观念，在北魏洛阳规建过程

① 〔北齐〕魏收：《魏书》，中华书局，2011 年，第 233 页。
② 王静：《北魏洛阳城南的居民与居住环境》，社会科学文献出版社，2019 年，第 259 页。
③ 蔡宗宪：《南北朝的客馆及其地理位置》，《中国历史地理论丛》2009 年第 1 辑。

中得到了进一步的凸显与发展。这主要得益于北魏以塑造正统为旨归，通过规划布局调整并设计出阊阖门—宣武门—圆丘这条长达十一里的南北轴线。它不仅是“中”的审美理想和审美原则的具体落实，而且成为彰显与启示“以南为尊”皇权威严的物质基础。北魏洛阳的三重城制、圆丘改筑到伊水之阳以及洛水南岸设置四夷馆、四夷里、四通市，有效带动了南郊空间的人口聚集、经济发展和文化建设。杨衒之整体上以“国阳胜地”赞誉洛阳城南，实际包括多个方面：风景优美、历史久远、经济发达、佛寺景观壮丽、文化底蕴深厚和开放包容等。只是“国阳胜地”得以形成的根本原因在于接受、认同并强化东汉以来的“以南为尊”的审美政治建构。这对拓跋鲜卑而言，是在“文的自觉”的促使下，从北方草原文化西郊祭天传统转向中原农耕文化南郊祭天礼制，从北方草原文化政治美学转向中原礼乐政治美学，并与他们通过“复古”承续魏晋以塑造正统的策略相契合。但由于拓跋鲜卑对中原礼乐文明精神缺乏内在的深度认同，对佛教信仰的极度推崇，洛阳南郊原本在“以南为尊”审美政治建构下理应成为礼乐教化发达和象征的区域，实际上却成为礼制区域与佛教信仰区域相杂糅的地带。佛教信仰空间对儒家礼制空间的侵占，减损了北魏礼乐审美政治构建的成效，而佛寺建筑、佛教信仰仪式活动等又凸显了皇家权威，吸收了礼乐审美政治的元素。简言之，北魏洛阳“以南为尊”的审美政治建构，在都城空间规划上进一步确立了“坐北朝南”的审美格局和南北中轴线的审美原则，并为后世都城所效仿复制。

三、复建华林园的多元审美追求

皇家园林，与宫殿系列的朝堂建筑、太社太庙代表的祭祀建筑和华表、城阙代表的威仪建筑等相比，所具有的礼制意义偏弱。但它们作为皇家生活的重要构成，不仅属于一般人不得入内的禁苑，而且体现着皇权威严与皇家审美风格。皇家园林又分为不同的类型，既有都城之外、面积广大的“苑”“囿”，又有都城之内、设计精巧的“园”。其中，城内皇家园林又往往建有一些殿堂建筑，既用来宴饮、游玩，又可供处理朝政。这使皇家园林相较于私家园林、寺庙园林，展现出了鲜明的礼制特征。正是基于此，皇家园林也是都城礼制空间审美的有机构成。只是在迁都洛阳之后，受自然地理空间和农耕生产方式的双重限制，北魏皇家园林主要是在城内营建了华林园与西游园，并非如同平城时期在城外营建面积广大的苑囿。杨衒之在《洛阳伽蓝记》中对华林园与西游园均有详细记述，鉴于华林园的礼制特征更为明显、多元审美观念融合更为突出，故这里主要对它进行美学考察。兹录杨衒之所载如下：

> 泉西有华林园，高祖以泉在园东，因名苍龙海。华林园中有大海，即魏天渊池。池中犹有文帝九华台。高祖于台上造清凉殿，世宗在海内作蓬莱山。山上有仙人馆，台上有钓台殿。并作虹蜺阁，乘虚来往。至于三月禊日，季秋巳辰，皇帝驾龙舟鹢首游于其上。海西有藏冰室，六月出冰，以给百官。海西南有景阳山。山东有羲和岭，岭上有温风室。山西有姮娥峰，峰上有寒露馆。并飞阁相通，凌山跨谷。山北有玄武池。山南有清暑殿。殿东有临涧亭，殿西有临危台。景阳山南有百果园。果别作林，林各有堂。有仙人枣，长五寸，把之两头俱出，核细如针，霜降乃熟，食之甚美。俗传云出昆仑山。一曰西王母枣。又有仙人桃，其色赤，表里照彻，得霜即熟。亦出昆仑山。一曰王母桃也。柰林南有石碑一所，魏文帝所立也。题云“苗茨之碑”。高祖于碑北作苗茨堂。永安年中，庄帝马射于华林园，百官皆来读碑，疑“苗”字误。国子博士李同轨曰：“魏文英才，世称三祖，公幹、仲宣，为其羽翼；但未知本意如何，不得言误也。”衒之时为奉朝请，因即释曰：“以蒿覆之，故言苗

茨，何误之有？”众咸称善，以为得其旨归。柰林西有都堂，有流觞池。堂东有扶桑海。凡此诸海，皆有石窦流于地下。西通谷水，东连阳渠，亦与翟泉相连。若旱魃为害，谷水注之不竭；离毕滂润，阳渠泄之不盈。至于鳞甲异品，羽毛殊类，濯波浮浪，如似自然也。[①]

华林园，如同太极殿、金墉城、百尺楼等建筑一样，并非始于北魏，而是始于曹魏时期。裴松之在《三国志·魏书·文帝纪》的“按语”中说：“芳林园即今华林园，齐王芳即位，改为华林。”[②]《洛阳图经》中也记述有：“华林园在城内东北隅，魏明帝起，名芳林园，齐王芳改为华林。”[③]据此，华林园本为芳林园，因曹芳即位，为避讳而改名。自此，华林园便成为中国园林史上的一个重要的园林名称。晋室南迁之后，营建建康时因效仿洛阳，而将孙吴之后苑改名为华林园。如《世说新语·言语》中有：“简文入华林园，顾谓左右曰：‘会心处不必在远，翳然林水，便自有濠、濮间想也，觉鸟兽禽鱼自来亲人。’”[④]唐许嵩在《建康实录》中对南朝宋元嘉二十三年（446）宋文帝因“嘉禾秀于华林园殿”而“兴景阳山于华林园”“置华林园东五里”加按语时引《舆地志》说：

吴时旧宫苑也。晋孝武更筑立宫室。宋元嘉二十二年（445），重修广之。又筑景阳、武壮诸山，凿池名天渊，造景阳楼以通天观。至孝武大明中，紫云出景阳楼，因改为景云楼，又造琴堂，东有双树连理，又改为连玉堂，又造灵曜前后殿，又造芳香堂、日观台。元嘉中，筑蔬圃，又筑景阳东岭，又造光华殿，设射棚，又立凤光

---

① 〔北魏〕杨衒之著，杨勇校笺：《洛阳伽蓝记校笺》，中华书局，2018年，第66—67页。
② 〔晋〕陈寿撰，〔宋〕裴松之注：《三国志（第2版）》，中华书局，1982年，第84页。
③ 〔北魏〕杨衒之撰，范祥雍校注：《洛阳伽蓝记校注》，上海古籍出版社，2009年，第68页。
④ 〔南朝宋〕刘义庆撰，徐震堮著：《世说新语校笺》，中华书局，2001年，第67页。

殿、醴泉堂、花萼池，又造一柱台、层城观、兴光殿。梁武又造重阁，上名重云殿，下名兴光殿，及朝日明月之楼，登之，而阶道绕楼九转。自吴、晋、宋、齐、梁、陈六代，互有构造，尽古今之妙。陈永初中，更造听讼殿。天嘉三年（562），又作临政殿。其山川制置，多是宋将作大匠张永所作，其宫殿数多，旧来不用，乃取华林园以为号，陈亡悉废矣。[①]

据此可知，东晋、宋、齐、梁和陈虽然都曾对建康之华林园或新建或改建或扩建，但都没有更改华林园的名称。另外，《晋书·石季龙载记》中记述后赵也曾在邺城兴筑华林园。显然，建康、邺城营建以“华林园”命名皇家园林，乃是基于对洛阳的模仿，标榜都城的正统性，这可谓是洛阳“王城”可复制性的一种体现。那么，北魏重新规建洛阳，无论是要借助魏晋建筑旧名、基址来昭示对魏晋正统空间的占据和继承，还是因为建康拥有华林园，出于在南北正统之争中发挥洛阳空间优势的目的，都具有继续沿用“华林园”名称、重建“华林园”的充分理由。

北魏华林园的营建，颇受孝文帝重视。他专门任命崔长文负责建设华林园：“光从祖弟长文，字景翰。少亦徙于代都，聪敏有学识。太和中，除奉朝请。迁洛，拜司空参军事，营构华林园。”[②]同时，孝文帝又亲自决定华林园建筑的复建、改建与新建等。他拒绝重修景阳山，认为过于奢侈非仁德之举：“高祖曾幸华林园，因观故景阳山，祚曰：‘山以仁静，水以智流，愿陛下修之。’高祖曰：‘魏明以奢失于前，朕何为袭之于后？’祚曰：‘高山仰止。’高祖曰：‘得非景行之谓？’”[③]但他改建了九华台，在九华台上修筑了清凉殿。到宣武帝时期，由南入北的茹皓被任命负责营造华林园，

① 〔唐〕许嵩撰，张忱石点校：《建康实录》，中华书局，1986年，第444页。
② 〔北齐〕魏收：《魏书》，中华书局，2011年，第1506页。
③ 〔北齐〕魏收：《魏书》，中华书局，2011年，第1422页。

对华林园的山石、竹木、楼馆等进行了改造：“茹皓，字禽奇，旧吴人也。……世宗践祚，皓侍直禁中，稍被宠接。……迁骠骑将军，领华林诸作。皓性微工巧，多所兴立。为山于天渊池西，采掘北邙及南山佳石。徙竹汝颍，罗莳其间；经构楼馆，列于上下。树草栽木，颇有野致。世宗心悦之，以时临幸。迁冠军将军、仍骁骑将军。”① 而根据前引杨衒之的记述可知，宣武帝时华林园的建设，包括在天渊池中作蓬莱山及在其上建仙人馆、钓台殿和虹蜺阁等。综合言之，北魏沿用了魏晋“华林园”的名称，直接利用了华林园的基址和部分建筑，如天渊池、九华台、景阳山和苗茨碑等。可见，与其他礼制建筑相仿，北魏对魏晋华林园名称、基址、水系和建筑等的沿用、改建，同样旨在通过审美复古来塑造正统。

事实上，北魏不仅在物质维度效仿魏晋营建了华林园，而且接受了中原都城园林所肩负的多元功能，展现出对中原文化的接受与认同。如杨衒之所提到的：“三月禊日，季秋巳辰，皇帝驾龙舟鹢首游于其上”，是指三月临水修禊和皇帝暮秋泛舟的礼仪性活动；“庄帝马射于华林园”，是指华林园内可进行骑射练习；“都堂”，是指“华林都堂”，也即办公、听讼之所；“流觞池”，则是指皇帝和大臣们在华林园内举行曲水流觞的宴饮场所。《洛阳伽蓝记》中还有两处述及华林园：一处是孝庄帝在华林园内观看虎豹与狮子相遇的情形，说明华林园内养有不少动物；另一处是胡太后与孝明帝在华林都堂处理“死后复活”崔涵之事，说明华林都堂也是办公之所。另外，关于华林园的具体使用情况，《魏书》中也有相关史料记载：

> （太和）二十年（496）春正月丁卯，诏改姓为元氏。壬辰，改封始平王勰为彭城王，以定襄县王鸾复封城阳王。二月辛丑，帝幸华林，听讼于都亭。壬寅，诏自非金革，听终三年丧。丙午，诏

① 〔北齐〕魏收：《魏书》，中华书局，2011 年，第 2000—2001 页。

畿内七十以上暮春赴京师，将行养老之礼。庚戌，幸华林，听讼于都亭。癸丑，诏介山之邑，听为寒食，自余禁断。三月丙寅，宴群臣及国老、庶老于华林园。①

（太和二十一年八月）（497）甲戌，讲武于华林园。②

肃宗、灵太后曾燕于华林园，举觞谓群臣曰："袁尚书朕之杜预，欲以此杯敬属元凯，今为尽之。"③

世宗留爱诸弟，愉等常出入宫掖，晨昏寝处，若家人焉。世宗每日华林戏射，衣衫骑从，往来无间。④

太后与肃宗幸华林园，宴群臣于都亭曲水，令王公已下各赋七言诗。太后诗曰："化光造物含气贞。"帝诗曰："恭己无为赖慈英。"王公已下赐帛有差。⑤

景明中，世宗游于北邙，津时陪从，太尉、咸阳王禧谋反，世宗驰入华林。时直阁中有同禧谋，皆在从限。及禧平，帝顾谓朝臣曰："直阁半为逆党，非至忠者安能不预此谋？"因拜津左中郎将。迁骁骑将军，仍直阁。⑥

广平王怀。□有魏诸王。召入华林别馆，禁其出入，令四门博士董徵，授以经传。世宗崩，乃得归。⑦

（熙平元年五月）（516）庚午，诏放华林野兽于山泽。⑧

---

① 〔北齐〕魏收：《魏书》，中华书局，2011年，第179页。
② 〔北齐〕魏收：《魏书》，中华书局，2011年，第182页。
③ 〔北齐〕魏收：《魏书》，中华书局，2011年，第1544页。
④ 〔北齐〕魏收：《魏书》，中华书局，2011年，第589页。
⑤ 〔北齐〕魏收：《魏书》，中华书局，2011年，第338页。
⑥ 〔北齐〕魏收：《魏书》，中华书局，2011年，第1296页。
⑦ 〔北齐〕魏收：《魏书》，中华书局，2011年，第592页。
⑧ 〔北齐〕魏收：《魏书》，中华书局，2011年，第224页。

由上述所列史料可知，北魏洛阳华林园除确有杨衒之所记述的功能外，还有练兵讲武、军事防御等功能，这应与拓跋鲜卑作为游牧民族长期养成的尚武、骑射的生活习俗有关。由此，北魏洛阳华林园与南朝建康之华林园在功能上既有共通之处又有所区别，如傅熹年曾指出："纵观东晋南朝的苑囿，较前代有因有革。从华林园及其内的景阳山、天渊池等名称，就可知它是有意仿魏晋洛阳的华林园，以保持帝都内苑的体制。园中的活动，如听讼，延见臣下，听儒臣进讲，行射礼等，也都是魏晋以来多次在华林园进行的传统活动。但乐游苑则有所不同，两汉苑囿中的游观、骑射、围猎、园圃等功能已减弱消失，改为三月三日禊饮和九月九日登高及宴射等活动。从汉末起，每年三月上巳日在水边宴饮以祓除不详已成为民俗。曹魏时，魏明帝在华林园天渊池南建流杯石渠，说明这习俗此时已传入宫廷，东晋南朝时更成为每年必举之事，在华林园正殿华光殿、清暑殿前都有流觞用的曲水，乐游苑林光殿中也有石渠。"① 可见，华林园作为皇家园林，除肩负娱乐休闲功能外，还具有一定的礼仪功能。只是北魏洛阳华林园保留了一些草原文化的习俗，如养殖动物、骑射等。

综合上述北魏洛阳华林园的历史、营建者、建筑和功能等，可知这座皇家园林具体呈现了洛阳以中原文化为主体的多元审美文化融合。首先，中原文化审美观念。华林园作为皇家园林的礼制内涵，充分体现了儒家思想的影响，对此不再过多赘述。特别值得言明的是，华林园建筑凸显了道教神仙信仰的影响。北魏洛阳虽然被奉为"佛国"，但道教并没有因此而销声匿迹。除城南崇虚寺作为道观，证明道教信仰的存在外，杨衒之特地记述了华林园建筑所蕴含的神仙思想：将魏天渊池改名为大海，宣武帝又在海中建蓬莱山，并在其上修建仙人馆、钓台殿与虹蜺阁，显然是继承了自汉武帝以来"一池三神山"的园林布局；在景阳山的东侧建羲和岭、西侧

① 傅熹年主编：《中国古代建筑史·第2卷》（第二版），中国建筑工业出版社，2009年，第166页。

筑姮娥峰，可谓进一步增强了蓬莱仙境的建筑气氛；华林园百果园中种植有相传来自昆仑山的仙人枣、仙人桃，或称为西王母枣、西王母桃，实则是通过植物与果实的传说将蓬莱神话与昆仑神话两个系统融为一体。进而言之，北魏皇室在洛阳极力推崇佛教的同时，仍然延续了对道教的信仰。无独有偶，另一皇家园林西游园，同样展现出浓郁的道教神仙信仰：

> 千秋门内道北有西游园，园中有凌云台，即是魏文帝所筑者。台上有八角井，高祖于井北造凉风观，登之远望，目极洛川。台下有碧海曲池。台东有宣慈观，去地十丈。观东有灵芝钓台，累木为之，出于海中，去地二十丈。风生户牖，云起梁栋，丹楹刻桷，图写列仙。刻石为鲸鱼，背负钓台；既如从地踊出，又似空中飞下。钓台南有宣光殿，北有嘉福殿，西有九龙殿。殿前九龙吐水成一海。凡四殿，皆有飞阁，向灵芝往来。三伏之月，皇帝在灵芝台以避暑。[①]

如同华林园一样，西游园也是在先前苑囿基础之上复建而成的。郦道元的记述可为佐证："渠水又东历故金市南，直千秋门，右宫门也。又枝流入石逗伏流，注灵芝九龙池。魏太和中，皇都迁洛阳，经构宫极，修理街渠，务穷隐，发石视之，曾无毁坏。又石工细密，非今知所拟，亦奇为精至也，遂因用之。"[②] 两则材料结合可知，西游园保存有魏文帝修筑的凌云台，所挖凿的灵芝池，嘉福殿、九龙殿虽难以判定是否复建而成，但名称乃是曹魏旧名。孝文帝对其进行了重新修建，兴造了凉风观，并对灵芝池的钓台进行了增饰。西游园内的建筑和命名虽然是新旧混杂，但灵芝池、灵芝钓台、九龙殿的命名和"图写列仙"的装饰等，都反映出道教神仙思想在北魏洛

---

① 〔北魏〕杨衒之著，杨勇校笺：《洛阳伽蓝记校笺》，中华书局，2018 年，第 48 页。

② 〔北魏〕郦道元著，陈桥驿校证：《水经注校证》，中华书局，2013 年，第 380 页。

阳的影响。如果就元氏作为拓跋鲜卑而言，这既展现了南迁拓跋鲜卑在汉化过程中对以儒道为核心的中原文化的接受认同，又体现了中原文化与草原文化的交融。

其次，北方草原游牧文化审美观念。对于以游牧为业的拓跋鲜卑而言，效法魏晋在都城之内营建华林园，这本身就意味着自然审美观念的转变。由于平城地处农牧混合地带，周围有大面积的草原，所以北魏在平城周围建立了鹿苑、北苑、西苑、东苑、鹿野苑和野马苑等面积巨大的苑囿。如："（天兴二年二月）（399）以所获高车众起鹿苑，南因台阴，北距长城，东包白登，属之西山，广轮数十里，凿渠引武川水注之苑中，疏为三沟，分流宫城内外。又穿鸿雁池。"[①] 再如："（泰常六年三月）（421）发京师六千人筑苑，起自旧苑，东包白登，周回三十余里。"[②] 显然这是与拓跋鲜卑游牧生存习俗相适应的，可以满足定居后他们对狩猎、骑马等的需求。虽然北魏也在鹿野苑、西苑等苑囿中建设宫殿、佛寺等建筑，显然审美重点不在于园林构造、建筑设计、山水景观等，而在于苑囿自身的广大、奔放与自由。它们在面积上虽与秦汉时期的苑囿具有共通之处，但根底上却在于北方草原游牧文化的审美观念。在洛阳，受都城城内面积和华林园原有基址的限制，注定华林园面积不会太大。同时，继续营建华林园，实质上是对魏晋园林审美的承续，接受的是基于农耕文化的园林审美。即便如此，根深蒂固的草原文化审美观念并没有完全消除，也不可能短时期内被消除，从而促使元氏皇室在华林园内保留了骑射、讲武、饲养动物等草原文化审美习俗。

最后，江南园林审美观念。通过梳理《魏书》有关史料可知，北魏洛阳华林园的主要营建者中可能有蒋少游、崔长文和茹皓，正是他们的江南经

---

① 〔北齐〕魏收：《魏书》，中华书局，2011 年，第 35 页。
② 〔北齐〕魏收：《魏书》，中华书局，2011 年，第 61 页。

验影响了华林园的园林审美。《魏书·术艺传》记载蒋少游时说："后为散骑侍郎，副李彪使江南。高祖修船乘，以其多有思力，除都水使者，迁前将军、兼将作大匠，仍领水池湖泛戏舟楫之具。及华林殿、沼修旧增新，改作金墉门楼，皆所措意，号为妍美。"[①] 蒋少游本人在营造方面富有天赋，曾专门出使萧齐模范宫阙，理应对建康园林营造有所观察，并在参与华林园营造时将建康园林元素注入其中。至于被孝文帝任命专门负责华林园营建的崔长文，如前文据《魏书·崔光传》所引，他和崔光都是在年少时迁到平城，而他们的祖父是在刘宋为官，具有一定的江南生活经验。当然，最为明确的是茹皓，他本就是江南人，魏收又明确记述了他"采掘北邙及南山佳石"在天渊池西造假山，从汝颍移植竹子种在华林园，并设计修建了楼馆。更重要的在于"树草栽木，颇有野致"，所谓"野致"当是指富有自然情趣而无明显的人工痕迹。基于此，傅熹年指出："迁都洛阳以后，为表明继承王朝正统，不得不尽量少改动魏晋旧貌。……但北魏推行汉化，倾慕南朝文化。宣武帝时，曾令茹皓修华林园，茹皓是随其父入北的南朝降人，受南朝文化熏陶。史称所修'颇有野致，世宗心悦之，以时临幸'，从'野致'一语看，大约南朝园林追求自然之风也多少传入北魏洛阳苑囿中。"[②]

正是得益于多元文化审美观念的融合，华林园在园林景观设计、营造技巧与审美趣味等方面成为北魏皇家园林甚至可以说是北朝园林艺术水平的代表。就园林景观营造与审美来看，可从四个方面见出：第一，叠石为景。茹皓所采掘之佳石，应主要是用来造景阳山、蓬莱山。据郦道元记述："（谷水）又东历大夏门下，故夏门也。……门内东侧，际城有魏明帝所起景阳山，余基尚存。"[③] 可以推知，北魏的华林园进行了南移，没有将魏明帝所

① 〔北齐〕魏收：《魏书》，中华书局，2011年，第1971页。
② 傅熹年主编：《中国古代建筑史·第2卷》（第二版），中国建筑工业出版社，2009年，第168页。
③ 〔北魏〕郦道元著，陈桥驿校证：《水经注校证》，中华书局，2013年，第376页。

筑的景阳山纳入其中。杨衒之记述说大海西南有景阳山，当是由茹皓新筑而成。《水经注》也记述了渠水流经华林园景阳山，并描述了景阳山之美：“又迳瑶华宫南，历景阳山北，山有都亭，堂上结方湖，湖中起御坐石也。御坐前建蓬莱山，曲池接筵，飞沼拂席。南面射侯，夹席武峙。背山堂上，则石路崎岖，岩嶂峻险，云台风观，缨峦带阜。游观者升降阿阁，出入虹陛，望之状凫没鸾举矣。”[①] 那么，杨衒之所描写的羲和岭和姮娥峰，便应当是景阳山上不同的山石形态和飞瀑水景。

第二，理水为景。杨衒之记述华林园中有大海（天渊池）、玄武池、流觞池、扶桑海等水景，但没有进行具体描写。而《水经注》则记述了景阳山水景观之美，描绘出园林山水有机结合的妙趣：“其中引水飞皋，倾澜瀑布，或枉渚声溜，潺潺不断。竹柏荫于层石，绣薄丛于泉侧，微飙暂拂，则芳溢于六空，实为神居矣。”[②] 在郦道元笔下，景阳山山石高耸，竹柏掩映于石间，飞瀑悬挂山间，水声潺潺，草丛绿意盎然，微风拂过，淡淡芳香扑鼻。华林园山水景观之美，主要得益于“写意”营造手法的运用。如周维权明确认为“写意”是魏晋南北朝园林的营造手法：“以筑山、理水构成地貌基础的人工园林造景，已经较多地运用一些写意的手法，把秦汉以来的着重写实的创作方法转化为写实与写意相结合。”[③] 同时，他专门以北魏洛阳华林园为例进行说明，认为华林园已经展现出“写意”的趋向。再看杨衒之对华林园水系的描述，更可见出“理水”手法对华林园审美景观营造的重要性：通过石窦，也即埋藏于地下的石砌水道，将诸水池与谷水、阳渠、翟泉连接起来，赋予其既能防旱又可抗洪的实用功能。同时，水中还饲养有各种鱼类水族和奇异水禽，使整个园林水系生机勃勃。杨衒之用“如似自然”一语进行评价，不仅道破了华林园水景营造艺术水平的高超，

① 〔北魏〕郦道元著，陈桥驿校证：《水经注校证》，中华书局，2013 年，第 377 页。
② 〔北魏〕郦道元著，陈桥驿校证：《水经注校证》，中华书局，2013 年，第 377 页。
③ 周维权：《中国古典园林史（第三版）》，清华大学出版社，2008 年，第 139 页。

而且点明了华林园崇尚“天然”的自然审美追求。

第三，植林为景。杨衒之在描写华林园时，没有着重记述其中的奇花异草，而是选择了奇异果木。华林园景阳山南边植有百果园，且各类果木单独成林，每个果林又各置一堂。可以想见，春日鲜花盛开和秋日果实满枝之时，百果园当是华林园的胜景所在。这些果林胜景与建筑、水景结合在一起，错落有致，使得华林园景观更加别致。如柰林前有苗茨碑、苗茨堂，西有华林都堂、流觞池和扶桑海等，碑、堂与水景打破了林的单调，增加了林的韵味，而林又衬托了碑、堂与水景。另外，从前引茹皓“徙竹汝颍，罗莳其间”和郦道元“竹柏荫于层石”的记述可知，华林园中当专门植有竹林，透出一种士人情调，这应与元氏皇室汉化、学习并承续魏晋传统有关。

第四，营建为景。从杨衒之对华林园建筑的描写可知，园内拥有台、殿、馆、阁、亭、堂等多种形式的建筑，与山、水、林有机组合，营构出别致的建筑组合景观。其中九华台与清凉殿属于台殿结合，殿因台而高显，台因殿而瞩目；在天渊池中的蓬莱山上营建仙人馆，与九华台上的钓台殿通过虹蜺阁相连，属于山、水、台、殿、阁的结合，造型独特，别出心裁；景阳山羲和岭上的温风室，与姮娥峰上的露寒馆通过飞阁横跨山谷相连，属于山、馆、阁的结合，令人赞叹；景阳山南建清暑殿，东设临涧亭，西营临危台，属于山、殿、亭、台的结合，登高赏景，豁然开朗。这些建筑组合成为不同的景观单元，将华林园区隔成为一个多姿多彩的审美空间。

整体而言，华林园营建者精心设计的景观，充分彰显出了北魏洛阳多元审美价值观念杂糅的状况：作为皇家园林，肩负有一定的礼制功能，有壮丽重威之美；浓郁的道教神仙信仰氛围，赋予了华林园一种浪漫的审美气息；“颇有野致”的树木花草，“有似自然”的水系，彰显出对自然天成之美的追求等。若从中国园林审美发展史的角度来看，它已经比较直观地呈现了魏晋南北朝园林发展的转变："魏晋南北朝是我国园林史上的一个转变时期。这时的园林已经逐步扬弃了宫室楼阁为主、禽兽充塞囿中的建筑宫苑形式，而继承汉武帝'一池三山'的传统，开创了以山水为主体的自然山水园的新形式。"[①] 并且，对"有若自然"之美的追求，并非仅仅体现在皇家园林之中，北魏洛阳一些私家园林、寺院园林都展现出相同的审美追求，如张伦的私家园林。若从文化审美观念融合维度来看，华林园在北魏塑造正统策略下营构出了复古性的审美意象，但受多元文化时代背景的影响，又展现出了追求自然本真之美的新特质。

① 尚水：《源远流长 光耀古今——中国造园史话琐笔》，见宗白华等著：《中国园林艺术概观》，江苏人民出版社，1987 年。

第三节 北魏洛阳建筑命名的审美价值取向

命名，是人与生存世界建构关系的一种重要方式。如果从空间认知的维度来看命名，无论是自然地理还是人文建筑，都关乎对空间秩序的建构、空间功能的区分和空间生存的希冀等诸多内容。当北魏决定迁都并重新营建洛阳时，不仅面对着东汉曹魏西晋以来洛阳空间的规划、区隔与建设等诸多现实问题，而且面对着如何对所规划、区隔与建设的空间进行命名的问题。因为，空间的命名，尤其是国家都城空间的命名，更是帝王文化价值取向、都城文化内涵的体现与象征。而“名”，据许慎在《说文解字》中所说：“自命也。从口从夕。夕者，冥也。冥不相见，故以口自名。”[①] 也即，“名”具有自我言说之义。那么，如何“命”“名”便成为关键。它可以从政治、伦理、哲学、宗教等多个角度切入，进而赋予“名”相应的文化内涵。孔子就明确提出“正名”来强调“名”之重要性。他说：“名不正，则言不顺；言不顺，则事不成；事不成，则礼乐不兴；礼乐不兴，则刑罚不中；刑罚不中，则民无所措手足。”[②] 所以，对于从北方农牧混合地带迁都河洛的拓跋魏而言，在对洛阳建筑及空间命名时，必须恰当处理如何承继东汉、曹魏、西晋对洛阳空间及其建筑的命名，如何将北魏塑造文化正统的价值观念植入命名之中，如何展现北魏作为华夏正统的胸怀等系列问题。换言之，《洛阳伽蓝记》中所记述的北魏洛阳建筑名称，并非随意为之，而是被赋予了特定的意涵，承载着对理想都城的追求。

---

① 〔汉〕许慎撰，〔宋〕徐铉校定：《说文解字》，中华书局，2003 年，第 31 页。

② 〔宋〕朱熹：《四书章句集注》，中华书局，2013 年，第 134 页。

杨衒之显然关注到了北魏洛阳建筑名称的由来问题，所以在《洛阳伽蓝记》中特地记载了一些建筑的命名。从关于城门、宫殿楼阁、里坊名称的记述可知，孝文帝亲自参与了命名。通过命名，孝文帝将自己关于洛阳的都城审美理想表达了出来。同时，杨衒之在《城内·永宁寺》一条为常景所立小传中，特别述及他与刘芳共同参与了洛阳建筑的命名工作：“（常景）又共芳造洛阳宫殿门阁之名，经途里邑之号。”① 也即，常景和刘芳参与拟定了洛阳宫殿、门楼的名称和道路、里坊的称号。显然，杨衒之决不是无意中记述这则材料，这表明他本人对洛阳建筑名称及其所包孕的文化内涵、价值观念和审美理想应是认同的。那么，孝文帝任命常景、刘芳参与洛阳建筑命名，前提应是二人对他将洛阳营造成为文化正统的审美政治理想是熟知的，或者说与他如何为洛阳建筑命名的思路是一致的。而他们之所以能够得到孝文帝的任命，可能与他们对儒家思想熟稔精通、是当时洛阳士人中的佼佼者有关。杨衒之记述常景时说：“景入参近侍，出为侯牧，屋室贫俭，事等农家；唯有经史，盈车满架。”② 魏收在《魏书·常景传》中评价说：“常景以文义见宗，著美当代。”③ 从“唯有经史，盈车满架”足以见出，常景对儒家礼乐思想十分熟悉，而魏收的评价则是佐证了他的才华卓著、文采斐然。关于刘芳，《魏书》中说：“芳沉雅方正，概尚甚高，经传多通，高祖尤器敬之，动相顾访。”④ 魏收更是称赞他说：“刘芳矫然特立，沉深好古，博通洽识，为世儒宗，亦当年之师表也。”⑤ 这足以见出刘芳儒学素养之深，在北魏洛阳士人中的地位之高、影响之大。或许是得益于常景、刘芳的参与，孝文帝达到了凭借建筑命名来塑造洛阳正统形象

① （北魏）杨衒之著，杨勇校笺：《洛阳伽蓝记校笺》，中华书局，2018 年，第 12 页。
② （北魏）杨衒之著，杨勇校笺：《洛阳伽蓝记校笺》，中华书局，2018 年，第 12—13 页。
③ （北齐）魏收：《魏书》，中华书局，2011 年，第 1808 页。
④ （北齐）魏收：《魏书》，中华书局，2011 年，第 1226 页。
⑤ （北齐）魏收：《魏书》，中华书局，2011 年，第 1233 页。

的目的，使得北魏洛阳发挥出了应有的正统空间优势：一方面承续了东汉曹魏西晋之洛阳意象，另一方面又赋予了北魏洛阳以新的审美内涵。

一、名称沿用中的洛阳都城意象

洛阳的城市意象，自周代便已经奠定和确立。洛阳地处“天下之中”的难以企及的地理优势和作为王朝正统象征的政治优势以及被儒家奉为礼制之城、贯通人神的思想优势，赋予了它“德政”“礼乐教化”的伦理文化基底。对此，刘成纪指出：“在后世中国由儒家主导的政治哲学中，对周制的皈依和恢复代表着核心价值，周朝的王制被视为建构理想国家的范本。在这一背景下，洛邑作为由周武王、周公、召公、周成王共建的帝王之都，它的地望、规模、结构布局，当然也就成了周代礼乐政治的最佳象征，并因此成为后世儒家心目中永远散发着伦理和神性之光的圣城。由此，在洛阳建都，不仅在自然地理位置、天人交接诸方面占据无可替代的优势，而且也在政治伦理方面与周这一典范时代自然接续，从而获得统治天下的正统性和正当性。”[①] 所以，在西汉初年定都问题上出现了两种论调：娄敬、张良注重长安的地理优势，贾谊则是从城市伦理维度提出了洛阳作为“德政”象征的问题。与此相应，长安便成了“欲望”的象征。孙胜利通过对比西汉长安与东汉洛阳的城市建筑名称，得出了与此相一致的结论：“稽考汉赋中摄取的诸多建筑名物，究其命名意涵，折射的是汉代长安和洛阳都城文化的一个剪影。西都长安的建筑名物命名不少富含生命意识，希冀个体、国政于时间上能历久长存，投射到建筑，往往以壮丽为依托，和浓厚的仙道文化捆绑在一起，彰显了西汉外向而尊崇盛张的帝都气象。东都洛阳的建筑物命名多富含空间方位意识，在九六王都这一整体布局上，南端门、

① 刘成纪：《先秦两汉艺术观念史》，人民出版社，2017 年，第 717 页。

含章殿、濯龙园、永安宫等与诸多富含“德”字的建筑相得益彰，都城制度规划蕴藉着礼乐、仁政、王道观念，开创的是另一番京都都城景象。相比于西汉都城长安，东都洛阳多了一份浑厚，彰显了一种内向而尊崇仁德礼制的帝都气象。”①

无论基于何种原因，东汉定都洛阳对周代礼乐政治传统的赓续，都强化了洛阳作为“德政”象征的都城审美意象。而曹魏、西晋对东汉洛阳空间和文化内涵的承续，以及东晋建康对洛阳的模仿，则是进一步强化了洛阳作为正统象征与德政象征的文化内涵与审美价值取向。如杨宽指出：“东汉以后，洛阳城曾多次在战乱中被毁，多次重建。东汉末年洛阳被毁后，魏曹丕（220—226）建都时，就在原有基础上加以修复，并有所扩建。魏明帝（227—239）在东汉南宫崇德殿的基础上建造太极殿，这是此后皇宫正殿称太极殿的开始。还曾在北宫以北增辟芳林园，在城西北角建筑金墉城。金墉城具有防守用的堡垒性质。西晋建都洛阳，虽然有所兴建，大体上还是沿袭旧的布局，没有大的变化。”② 曹魏与西晋之间除洛阳空间布局上的延续外，还有建筑名称的沿用。而这并不意味着会遮蔽两者在对儒家思想态度上的差异。对此，陈寅恪指出：“东汉中晚之世，其统治阶级可分为两类人群。一为内廷之阉宦。一为外廷之士大夫。阉宦之出身大抵为非儒家之寒族，所谓‘乞匄携养’之类。……主要之士大夫，其出身则大抵为地方豪族，或间以小族，然绝大多数则为儒家之信徒也”，“魏为东汉内廷阉宦阶级之代表，晋则外廷士大夫阶级之代表”。③ 有论者据此认为：“司马氏集团作为世代尊经崇儒的世家豪族之代表，本将振兴儒家礼教视为修身齐家治国平天下的必然政治理想，因而刚做皇帝就全力进行太学的重建和对儒学经典的宣教。如果说曹魏时重建太学，提倡儒学尚有标榜正统、

---

① 田胜利：《汉赋中长安、洛阳建筑名物命名的文化义涵选释》，《人文杂志》2020 年第 12 期。

② 杨宽：《中国古代都城制度史》，上海人民出版社，2006 年，第 127 页。

③ 陈寅恪：《金明馆丛稿初编》，生活 · 读书 · 新知三联书店，2015 年，第 48 页。

合法的因素，则司马氏晋朝的尊儒重教，就是发自内心地勾画着一幅全面恢复两汉儒学治国的政治蓝图。”[①] 但无论是曹魏的姿态“标榜”还是西晋的真心“推崇”，都在客观上承续并强化了洛阳作为天下之中、礼制之城、正统所在和贯通人神象征的城市品格与意象。

西晋国祚较短，洛阳也在西晋末年的战乱中沦为丘墟。但洛阳都城意象并没有因此而中断，相反由于东晋建康营建时的模仿，使得它在内涵上得到了丰富、在形式上得到了复现。曹魏西晋洛阳的太极殿、单宫制、“以南为尊”和“九六城”都城规制等，直接影响了东晋建康的都城布局。东晋建康对曹魏西晋洛阳的仿效，可谓是对自身作为西晋正统承续的标识，通过仿效复制“王城”洛阳来弥补自身在“正统”维度的地理空间劣势。当然，洛阳都城意象在建康的复现，也可在一定程度上满足南迁中原士人对洛阳、对故土的怀恋。但随着北魏对北方广袤空间的统一、在国家治理中从“武略”向“文教”的转进，特别是孝文帝对平城进行的礼制建构，促使都城成为南北政权正统之争的一个重要考量标准。武廷海就提出：“为了彰显己方的正统，南北双方在都城规划建设上更是争胜，极显壮丽繁华。就南朝而言，虽然各朝国祚短促，但是都因时势与国力而作些调整与补充，踵事增华，其中尤以宋、梁建设为多。刘宋与北魏对峙，文帝元嘉年间至孝武帝大明年间（424—464），以魏晋洛阳为蓝本，通过不断完善宫室和都城格局，填充苑囿不足，并沿中轴建设礼制建筑，给已具都城规模的建康增添壮丽的外观与充实的内容。南梁与东魏、西魏对峙，梁朝文化高度繁荣，建康重修宫宇以壮观瞻，争胜洛阳。”[②] 事实上，除了都城整体规划布局、具体宫殿园囿建设和礼制建筑完善等，东晋与宋齐在完善建康城的过程中，还沿袭了曹魏、西晋洛阳的重要建筑名称。如太极殿、华林园和城门中的

① 杨泓、李力：《魏晋南北朝文化史》，新世界出版社，2018 年，第 16 页。
② 武廷海：《六朝建康规画》，清华大学出版社，2011 年，第 183 页。

宣阳门、建春门、东阳门等。

孝文帝对平城的改造，参照了邺城、建康和洛阳，而建康本就是对洛阳的“复制”，因此平城都城改造的理想仍然是以洛阳为范本，是洛阳意象的复现。在迁都洛阳之后，充分利用地理空间优势重塑洛阳都城意象，自然而然地成为北魏与萧齐、萧梁在都城意象维度竞争“正统”的必然选择。如前文所述及的，北魏不仅直接利用了东汉、曹魏、西晋洛阳的重要建筑基址和保留下来的建筑，而且直接沿用了东汉、曹魏、西晋洛阳的一些建筑名称。如果说重新利用原有建筑基址进行重建、改建，具有洛阳城市自然地理和空间格局限制的元素，那么，孝文帝、常景与刘芳等在命名过程中沿用原有建筑名称，显然主要是基于传统洛阳都城意象的复现与北魏洛阳正统形象的塑造。通过名称沿用，北魏洛阳进一步在建筑基址空间利用的基础上，展现出与东汉、曹魏、西晋洛阳的关联性、连续性；借助名称的记忆召唤功能来激活洛阳都城意象，赢得汉族士人对北魏政权正统性的认同；凭借对洛阳都城意象的转化与复现，在与南朝政权对峙过程中赢得主动权。至于沿用东汉、曹魏还是西晋的名称，整体上并不会影响对洛阳意象的认同。

北魏洛阳对建筑名称的沿用，具体情况比较复杂。根据《洛阳伽蓝记》的记述，除太社、太庙、国子学、太学、圆丘、明堂等固定的礼制建筑名称外，幸存建筑及其名称一般都被沿用下来，如魏文帝所造的凌云台与百尺楼。也有整体建筑名称沿用而部分更改的，如：魏明帝所命名的金墉城，因孝文帝在其内兴建光极殿，而改城门为光极门；华林园整体名称没有更改，却将天渊池改为大海，景阳山的名称得到沿用却改变了位置，并于其上兴建许多新的建筑。可见名称沿用的背后，潜藏着北魏为其注入时代新质的追求，可谓是一种传承与创新的融合。至于沿用哪些名称，尤其是重要的标志性建筑名称，最终的裁决权显然是归属于孝文帝本人的，常景、刘芳应是负责一些普通建筑、里坊、道路等的命名。如宫城正殿太极殿，太极殿宫院的正门端门，金墉城新建宫殿光极殿等，都应该是由孝文帝亲自裁定的。这在《洛阳伽蓝记》有关城门、宫苑建筑、里坊命名的记述中也可见出。如杨衒之在《洛阳伽蓝记·序》中明确说“洛阳城门，依魏晋旧名”，紧接着便记述了孝文帝对洛阳城门名称是沿用还是更改的决定。兹根据杨衒之的记述，梳理出《洛阳城门名称沿革表》（表 1.1），并依据史料梳理《建康城门名称沿革表》（表 1.2），通过对比可知南北都城在城门命名上对魏晋洛阳的承续状况。

表 1.1 洛阳城门名称沿革表

城门名称		东汉	曹魏	西晋	北魏
东面	北头第一门	上东门	建春门	建春门	建春门
	次南	中东门	东阳门	东阳门	东阳门
	次南	望京门	清明门	清明门	青阳门
南面	东头第一门	开阳门	开阳门	开阳门	开阳门
	次西	平门	平昌门	平昌门	平昌门
	次西	小苑门	宣阳门	宣阳门	宣阳门
	次西	津门	津阳门	津阳门	津阳门
西面	南头第一门	广阳门	广阳门	广阳门	西明门
	次北	雍门	西明门	西明门	西阳门
	次北	上西门	阊阖门	阊阖门	阊阖门
	次北				承明门
北面	西头	夏门	大夏门	大夏门	大夏门
	东头	谷门	广莫门	广莫门	广莫门

表 1.2 建康城门名称沿革表

城门名称		东晋	宋文帝时期
东面	北头第一门	建春门	建阳门
	次南		东阳门
南面	东头第一门	开阳门	新开阳门／津明门
	次西	宣阳门	津阳门
	次西	陵阳门	宣阳门
	次西		广阳门
西面	南头第一门	西明门	阊阖门
	次北		西明门
北面	西头	广莫门	承明门
	东头		新广莫门／延熹门

由《洛阳城门名称沿革表》可清晰看出：第一，城门数量。东汉、曹魏与西晋时期，洛阳有十二座城门；北魏时期，为方便孝文帝从金墉城到城西王南寺与僧人讨论佛经，在西面最北头增开一门，也即有十三座城门。由此，洛阳东面三门、南面四门与北面二门的格局没有改变，只有西面由三门变为了四门。第二，城门名称。曹魏对东汉洛阳城门名称改动最大，仅沿用了开阳门和广阳门两个名称。西晋则是完全继承了曹魏时期的洛阳城门名称，没有任何改变。北魏沿用了曹魏、西晋的九个城门名称，其中开阳门从东汉一直沿用至北魏。第三，城门命名。在孝文帝命名的青阳门、西明门、西阳门和承明门四个城门名称中，杨衒之只详细记述了“承明门”：

承明者，高祖所立，当金墉城前东西大道。迁京之始，宫阙未就，高祖住在金墉城。城西有王南寺，高祖数诣寺沙门论议，故通此门，而未有名，世人谓之“新门”。时王公卿士，常迎驾于新门。高祖谓御史中尉李彪曰：“曹植诗云：‘谒帝承明庐。’此门宜以‘承明’为称。”遂名之。[1]

至于其他三门，从名称来看，乃是依据中原文化的宇宙观念进行的命名。以青阳门为例：方位为东，属于东城墙城门，五行属性为木，色彩为青，季节为春。《尔雅·释天》中解释“春”说：“‘春为青阳。’郭璞注曰：‘气清而温阳。’”[2]许慎解“青”与“阳”时说：“青，东方色也。”[3]“阳，高明也。”[4]可见，孝文帝将东面南头第一门命名为“青阳门”，是契合洛阳贯通人神的帝都意象的。

需要追问的是，孝文帝为何如此重视洛阳城门名称呢？城门，作为进出都城内城空间的通道，实则是洛阳内城空间整体的象征。城门名称的沿用，便意味着北魏洛阳与曹魏、西晋洛阳在空间整体上具有连续性，进而指向洛阳空间的正统性、礼制性和神圣性。同时，城门名称对洛阳都城意象的激发，不仅可以赢得北方士人对北魏洛阳正统的接受、认同甚至捍卫，而且可以改变南朝士人对北魏及其都城的想象。如杨衒之记述陈庆之在出使洛阳后，返回萧梁评价洛阳说：“自晋宋以来，号洛阳为荒土，此中谓长江以北，尽是夷狄。昨至洛阳，始知衣冠士族，并在中原；礼仪富盛，人物殷阜，目所不识，口不能传。所谓帝京翼翼，四方之则。始登泰山者卑培塿，涉江海者小湘沅。北人安可不重？”[5]虽然不能从中得出沿用旧名带给陈庆之的感受，但从“帝京翼翼，四方之则”的评价，仍可见出整个洛阳给他留

---

① 〔北魏〕杨衒之著，杨勇校笺：《洛阳伽蓝记校笺》，中华书局，2018 年，第 2 页。
② 李学勤主编：《十三经注疏·尔雅注疏》，北京大学出版社，1999 年，第 166 页。
③ 〔汉〕许慎撰，〔宋〕徐铉校定：《说文解字》，中华书局，2003 年，第 106 页。
④ 〔汉〕许慎撰，〔宋〕徐铉校定：《说文解字》，中华书局，2003 年，第 304 页。
⑤ 〔北魏〕杨衒之著，杨勇校笺：《洛阳伽蓝记校笺》，中华书局，2018 年，第 121 页。

下的深刻印象。北魏洛阳与南朝建康相比，不仅占据地理空间，而且在形制上加以仿效，作为正统象征的空间优越性便愈发凸显。建康虽然沿用了西晋洛阳的部分城门名，如宣阳门、开阳门、津阳门等，但城门数量少于洛阳，且沿用名称少于洛阳。必须特别指出的是，洛阳与建康都是以宣阳门作为正门。也即孝文帝虽然沿用了洛阳南面四门及名称，却并没有承续东汉洛阳以“平门”或“平昌门”为正门，而是效法魏晋改以宣阳门为正门。因此，在杨衒之笔下，灵台、辟雍与明堂位于北魏洛阳平昌门以南，即位于宣阳门南北轴线偏东位置，而并不是位列南北轴线的两侧。

事实上，北魏在对建筑命名过程中，并不局限于沿用东汉曹魏西晋洛阳旧名，而且还借用了平城时期的建筑名称，从而在命名维度为洛阳注入了新的时代元素。若梳理《洛阳伽蓝记》《魏书》可知，永宁寺、报德寺与崇虚寺，都是平城时期曾经使用过的名称：

(皇兴元年)(467)其岁，高祖诞载。于时起永宁寺，构七级佛图，高三百余尺，基架博敞，为天下第一。①

(太和)四年(480)春，诏以鹰师为报德寺。②

太和十五年(491)秋，诏曰：“夫至道无形，虚寂为主。自有汉以后，置立坛祠，先朝以其至顺可归，用立寺宇。昔京城之内，居舍尚希。今者里宅栉比，人神猥凑，非所以祗崇至法，清敬神道。可移于都南桑乾之阴，岳山之阳，永置其所。给户五十，以供斋祀之用，仍名为崇虚寺。可召诸州隐士，员满九十人。”③

其中，永宁寺，根据《都城制》乃是在洛阳营建之初就预留兴建的，也

① 〔北齐〕魏收：《魏书》，中华书局，2011年，第3037页。
② 〔北齐〕魏收：《魏书》，中华书局，2011年，第3039页。
③ 〔北齐〕魏收：《魏书》，中华书局，2011年，第3055页。

即虽然直到孝明帝熙平元年（516）由胡太后所立，但寺名是早已确定的。报德寺，是孝文帝为他的祖母冯太后追福所立。崇虚寺，原为汉代濯龙园，后汉桓帝在此祭祀老子。孝文帝在迁都洛阳之初，曾把濯龙园的土地分给人民。传说在濯龙园休息者常见妖怪，分到土地的人又都离开此地，于是便建立了崇虚寺。尽管这些名称指向的是宗教信仰，与正统之洛阳都城意象相冲突，但在南北朝佛教盛行的背景下，都城作为佛教盛地，并不会让人感到突兀。深言之，北魏洛阳沿用平城寺院名称，对南迁拓跋鲜卑而言是一种居住空间的意象混同，可以抚慰他们的“恋本”情结；同时，使用平城建筑名称，不仅意味着为洛阳都城意象注入了平城内容，而且为其融入了宗教信仰内容，丰富了洛阳都城意象的内涵。

二、名称雅化中的审美生存理想

东汉洛阳，毁于汉末董卓之乱。据《后汉书·孝献帝纪》记载，初平元年（190）三月：“已酉，董卓焚洛阳宫庙及人家。”[①] 到建安元年（196）七月汉献帝返回洛阳时，依然是丘墟状态：“宫室烧尽，百官披荆棘，依墙壁间。州郡各拥强兵，而委输不至，群僚饥乏，尚书郎以下自出采稆，或饥死墙壁间，或为兵士所杀。”[②] 直到曹魏时期，魏文帝曹丕在黄初元年（220）“十二月，初营洛阳宫”[③]，洛阳才得以从丘墟状态中摆脱出来。自此开始，洛阳再次进入繁华都城阶段，并在曹魏、西晋持续了九十多年的时间。至西晋永嘉五年（311），刘曜攻入洛阳，焚烧宫庙，洛阳城再

① 〔宋〕范晔撰，〔唐〕李贤等注：《后汉书》，中华书局，2021 年，第 370 页。

② 〔宋〕范晔撰，〔唐〕李贤等注：《后汉书》，中华书局，2021 年，第 379 页。《三国志·魏书》中与此记述基本相同：“天子入洛阳，宫室烧尽，街陌荒芜，百官披荆棘，依丘墙间。州郡各拥兵自卫，莫有至者。饥穷稍甚，尚书郎以下，自出樵采，或饥死墙壁间。”［〔晋〕陈寿撰，〔宋〕裴松之注：《三国志（第 2 版）》，中华书局，2014 年，第 186 页］

③ 〔晋〕陈寿撰，〔宋〕裴松之注：《三国志（第 2 版）》，中华书局，1982 年，第 76 页。

度沦为丘墟。此后，洛阳作为兵家必争之地，中间多次易主。至北魏太延五年（439），拓跋焘统一北方后，洛阳才得以摆脱战火蹂躏。但因北魏建都平城，洛阳并没有因为北魏统一北方而重现辉煌。所以，孝文帝在太和十七年（493）巡视洛阳时，目睹了魏晋洛阳的丘墟状态，所存建筑很少，且宫室宗庙等主要建筑都已经被毁殆尽。进而言之，尽管北魏十分注重对魏晋时期残留建筑的利用，但仍是以新建建筑为主。那么，随之而来的便是新建建筑的命名问题。从北魏洛阳建筑对旧名的沿用可知，孝文帝对新建建筑的命名应该有明确要求，建筑名称要有所寓意，以寄托表达居住者的祈求、愿望、理想等。那么，透过建筑名称的寓意，则可管窥北魏洛阳时期的生存理想。

《洛阳伽蓝记》中的建筑名称，如果从建筑性质来看，主要包括佛寺名称、政治建筑名称、园林建筑名称和里坊名称。其中，佛寺名称，或以兴建时间命名，如景明寺、正始寺；或以祈福对象命名，如长秋寺、秦太上君寺、秦太上公寺和高阳王寺；或以祥瑞命名，如瑶光寺；或以佛教饰物、术语命名，如璎珞寺、菩提寺、法云寺、大觉寺。这些寺名，大都表达了对佛教信仰的崇敬、虔诚和祈求。政治建筑名称，主要是太极殿、太社、太庙、明堂、圆丘等礼制建筑名称和太尉府、昭玄曹、御史台、宗正寺、护军府和将作曹等官署建筑名称。它们主要以建筑承载的职能来命名。关于太极殿名称的由来，前面已经述及，不再赘述。里坊名称，是杨衒之记述较多的一类，稍后详述。这里仅重点讨论园林建筑中的几个雅化命名。

园林建筑名称的讨论，在此以皇家园林华林园为核心。这既是因为皇家园林的特殊地位与象征性，又在于杨衒之对华林园记述相对详细。依据前引华林园内容可知，杨衒之共记述了大海、九华台、清凉殿、蓬莱山、仙人馆、钓台殿、虹蜺阁、藏冰室、景阳山、羲和岭、温风室、姮娥峰、寒露馆、玄武池、清暑殿、临涧亭、临危台、百果园、苗茨堂、都堂、流觞池和扶桑海等共二十二个景观名称。其中，蓬莱山、仙人馆、羲和岭和姮娥峰是以道教神仙信仰相关称谓命名；九华台、景阳山等属于沿用魏晋旧名；玄武池、扶桑海是以方位命名；流觞池，即指曲水流觞的雅聚之所。最需要讨论的是“苗茨堂”。

孝文帝以“苗茨堂”命名，显然与柰林前面的“苗茨碑”有关。杨衒之在孝庄帝时期任职奉朝请，永安年间（528—530）曾与孝庄帝和百官一起在华林园内释读此碑。他认为之所以命名为“苗茨碑”，并不是李同轨猜测的“言误”，而是因为蒿草难以覆盖，所以称为“苗茨”。而郦道元在《水经注·谷水》中记述：“其水东注天渊池，池中有魏文帝九华台，殿基悉是洛中故碑累之，今造钓台于其上。池南直魏文帝茅茨堂，前有《茅茨碑》，是黄初中所立也。”[①] 那么，“苗茨碑”与“茅茨碑”、“苗茨堂”与“茅茨堂”究竟有何关系呢？周祖谟、范祥雍与杨勇等均引述了《魏书·任城王澄传》中的一段史料，现详引如下：

> 后从征至悬瓠，以笃疾还京。驾饯之汝渍，赋诗而别。车驾还洛，引见王公侍臣于清徽堂。高祖曰：“此堂成来，未与王公行宴乐之礼。后东阁庑堂粗复始就，故今与诸贤欲无高而不升，无小而不入。”因之流化渠。高祖曰：“此曲水者亦有其义，取乾道曲成，万物无滞。”次之洗烦池。高祖曰：“此池中亦有嘉鱼。”澄曰：“此所谓‘鱼在在藻，有颁其首’。”高祖曰：“且取‘王在灵沼，于牣鱼跃’。”次之观德殿。高祖曰：“射以观德，故遂命之。”次之凝闲堂。高祖曰：“名目要有其义，此盖取夫子闲居之义。不可纵奢以忘俭，自安以忘危，故此堂后作茅茨堂。”谓李冲曰：“此东曰步元庑，西曰游凯庑。此堂虽无唐尧之君，卿等当无愧于元、凯。”冲对曰：“臣既遭唐尧之君，不敢辞元、凯之誉。”高祖曰：“光

① 〔北魏〕郦道元著，陈桥驿校证：《水经注校证》，中华书局，2013年，第377页。

景垂落，朕同宗则有载考之义，卿等将出无远，何得默尔，不示德音。”即命黄门侍郎崔光、郭祚，通直郎邢峦、崔休等赋诗言志。①

周祖谟在注中指出：“《水经注》云：‘天渊池南置魏文帝茅茨堂，前有茅茨碑，是黄初中所立也。’此称明帝立有异。又‘苗’‘茅’古通”，并根据《水经注》中“茅茨堂，为魏文帝所建”，指出“是堂（茅茨堂）为旧有”，且认为《魏书》“所称之茅茨堂，又在凝闲堂之后，与此在柰林南者非一堂也”。② 范祥雍则认为，《魏书》“与本文（指《洛阳伽蓝记》）同以此堂为后魏高祖所置，与《水经注》不同。杨衒之亲见碑文，所说当可信。疑《水经注》之魏文帝应作孝文帝，即高祖，因下文黄初年号，为后人改孝作魏而误”③，认为郦道元在《水经注》中所记，“当是刊本误以文帝为明帝”④ 所致。他还进一步引述段玉裁的《说文注》：“《洛阳伽蓝记》所云魏时《苗茨之碑》，实即茅茨。取尧舜茅茨不剪也。”⑤ 杨勇也指出“苗”与“茅”古时通用，同时根据《魏书》和《水经注》得出结论：“此堂魏文帝初立曰凝闲堂，至高祖乃改作茅茨堂也。”⑥ 曹虹则没有引述《水经注》，而是根据《魏书》作出解释：“苗茨堂：苗，义同茅；茨，指以茅苇盖屋。据《魏书》卷十九中《任城王传》，魏孝文帝将凝闲堂改名为苗茨堂，取‘不可以纵奢以忘俭，自安以忘危’之义。”⑦

综合以上注解可知：第一，根据“苗”与“茅”相通，可以肯定的是“苗茨碑”即“茅茨碑”，“苗茨堂”也即“茅茨堂”。第二，凝闲堂究竟是

---

① 〔北齐〕魏收：《魏书》，中华书局，2011 年，第 467—468 页。
② 〔北魏〕杨衒之著，周祖谟校释：《洛阳伽蓝记校释》，中华书局，2013 年，第 49 页。
③ 〔北魏〕杨衒之撰，范祥雍校注：《洛阳伽蓝记校注》，上海古籍出版社，2009 年，第 70 页。
④ 〔北魏〕杨衒之撰，范祥雍校注：《洛阳伽蓝记校注》，上海古籍出版社，2009 年，第 71 页。
⑤ 〔北魏〕杨衒之撰，范祥雍校注：《洛阳伽蓝记校注》，上海古籍出版社，2009 年，第 72 页。
⑥ 〔北魏〕杨衒之著，杨勇校笺：《洛阳伽蓝记校笺》，中华书局，2018 年，第 71 页。
⑦ 曹虹释译：《洛阳伽蓝记》，东方出版社，2020 年，第 97 页。

否原有，凝闲堂究竟是“改名”为茅茨堂，还是在凝闲堂后另外兴建了茅茨堂？判断的一个关键在于，魏收所记载的“故此堂后作茅茨堂”之“后”，是方位的“后面”还是时间的“后来”？《魏书·任城王澄传》在记述孝文帝命名茅茨堂之后，紧接着便记述说：“寻兼吏部尚书。恒州刺史穆泰在州谋反，推朔州刺史、阳平王颐为主。颐表其状。高祖召澄入见凝闲堂。”[①]而杨衒之说“高祖于碑北作苗茨堂”，又在城东龙华寺中述及宫内有“凝闲堂”：“有钟一口，撞之闻五十里。太后以钟声远闻，遂移在宫内，置凝闲堂前，讲内典沙门打为时节。”[②]由此推断，茅茨堂可能是孝文帝所新建。但无论是由凝闲堂改为茅茨堂，还是新建茅茨堂，都表明孝文帝效法尧舜的态度。也即作为帝王，应该居安思危，俭以养德，勤俭治国。这与他不愿意过度修整华林园景阳山的态度是一致的。第三，关于流化渠、洗烦池、观德殿、步元庑和游凯庑等的命名，彰显出孝文帝对“德行”、对儒家生存理想的追求。对此，傅晶在其博士论文《魏晋南北朝园林史研究》第三章第五节“北朝皇家园林”中专门讨论了华林园流化渠、洗烦池、观德殿、茅茨堂、步元庑和游凯庑等园景命名问题。如“洗烦池”，孝文帝主张用“王在灵沼，于轫鱼跃”解释，“是为了表述自己希望成为像周文王一样的有德之君的理想”[③]。傅晶在对华林园园林布局、景观构筑手法、园景命名和园林活动等分析后，得出如下结论：“北魏华林园是在曹魏宫苑的基础上进行营构的，仍以水域为主体来组织园林景观。出现了叠石为山的创作手法，在园林理水和植物配置、建筑组合方面都有较成熟的经验，亭已作为点景建筑出现在园林中。园林景观命名具有了较为深刻的文化内涵，园林作为帝王寄托其政治和人生理想的精神家园的特征愈加凸显。”[④]

---

① 〔北齐〕魏收：《魏书》，中华书局，2011年，第468页。

② 〔北魏〕杨衒之著，杨勇校笺：《洛阳伽蓝记校笺》，中华书局，2018年，第77页。

③ 傅晶：《魏晋南北朝园林史研究》，天津大学博士学位论文，2003年，第195页。

④ 傅晶：《魏晋南北朝园林史研究》，天津大学博士学位论文，2003年，第196页。

从孝文帝对皇家园林建筑的命名可知，他所要求的“名目要有其义”，主要是符合儒家思想的美好寓意；所阐发的名称，主要是依据和征引儒家经典；所关涉的人物，主要是儒家崇奉的圣人君主。而这种命名方式并不局限于皇家园林建筑，在元氏皇室私家园林建筑的命名中也被运用，如清河王元怿专门建有儒林馆和延宾堂，同时也的确招揽了很多颇有才华的士人。这应与孝文帝在南迁之后推行强调元氏的儒学教育有关，使部分元氏皇室成员十分重视德行、推崇君子人格。

孝文帝以具有儒家思想特征的名称命名新建建筑，显然与他对儒家思想的崇尚与热爱有关，与他谋求将洛阳塑造成为正统象征有关，与“文的觉醒”的影响有关。但遗憾的是，孝文帝在洛阳营建过程中所寄寓的审美理想，在现实层面并没有得到承续。尤其是在宣武帝、孝明帝时期，北魏经济获得巨大发展，如杨衒之就明确记述：“于时国家殷富，库藏盈溢，钱绢露积于廊者，不可较数。”[①] 元琛、元融等代表的皇室成员，更是出现了生活极度腐化的状况，斗富攀比，无以复加。孝文帝在苗茨堂命名中所寄寓的勤俭治国、反对奢华的生存价值取向，早已被胡太后、元琛等人所遗忘。

除宫殿园林建筑外，孝文帝还亲自命名了一些里坊。同他对皇家园林建筑的命名一样，这些里坊名称符合儒家礼制都城的定位，且契合洛阳审美政治理想。《洛阳伽蓝记》中明确记载由孝文帝命名的里坊有三个：

开阳门御道东，有汉国子学堂。……魏文帝作《典论》六碑，至太和十七年（493），犹有四存。高祖题为劝学里。[②]

劝学里东有延贤里，里内有正觉寺，尚书令王肃所立也。……时高祖新营洛邑，多所造制，肃博识旧事，大有裨益，高祖甚重之，

---

① 〔北魏〕杨衒之著，杨勇校笺：《洛阳伽蓝记校笺》，中华书局，2018 年，第 192 页。

② 〔北魏〕杨衒之著，杨勇校笺：《洛阳伽蓝记校笺》，中华书局，2018 年，第 144 页。

常呼王生。延贤之名，因肃立之。[①]

洛阳城东北有上商里，殷之顽民所居处也。高祖名闻义里。[②]

劝学里、延贤里与闻义里，仅从名称来看就具有鲜明的儒家文化特征。杨衒之对它们命名背景的交代，可谓进一步解释了孝文帝命名的缘由：劝学里，因汉国子学堂与留存石经而命名，旨在推广礼乐教化；延贤里，因由南入北的王肃而立，展现出北魏对人才的重视，颇具象征意义；闻义里，则是因历史而改名，从上商里到闻义里透露的是孝文帝对周代德政的崇尚。正是孝文帝要求“名目要有其义”并从儒家思想出发对里坊命名，使得常景、刘芳等在拟定里坊名称时，有意识地强化并凸显出儒家思想特征。

关于北魏洛阳的里坊数，杨衒之在《洛阳伽蓝记》中记述说：“京师东西二十里，南北十五里。户十万九千余。庙社宫室府曹以外，方三百步为一里。里开四门，门置里正二人，吏四人，门士八人。合有三百二十里。”[③]而《魏书·世宗纪》中记载：“（景明二年）（501）九月丁酉，发畿内夫五万人筑京师三百二十三坊，四旬而罢。”[④]同时，《魏书·广阳王传》里又载：“嘉表请于京四面，筑坊三百二十，各周一千二百步，乞发三正复丁，以充兹役，虽有暂劳，奸盗永止。诏从之。”[⑤]至于究竟里坊数量为多少，现在仍存争议，姑且不论。仅就里坊名称而言，陈建军等根据《洛阳伽蓝记》《水经注》《魏书》和出土墓志等进行梳理考证得出结论：

出土墓志所见里坊118个，其中，见于《洛阳伽蓝记》的里坊

---

① 〔北魏〕杨衒之著，杨勇校笺：《洛阳伽蓝记校笺》，中华书局，2018年，第144页。

② 〔北魏〕杨衒之著，杨勇校笺：《洛阳伽蓝记校笺》，中华书局，2018年，第223页。

③ 〔北魏〕杨衒之著，杨勇校笺：《洛阳伽蓝记校笺》，中华书局，2018年，第259页。

④ 〔北齐〕魏收：《魏书》，中华书局，2011年，第194页。

⑤ 〔北齐〕魏收：《魏书》，中华书局，2011年，第428—429页。

> 有永康里、永和里、永安里、永平里、绥民里、劝学里、延贤里、宜年里、敬义里、奉终里、延沽里、孝义里、晖文里、东安里等14个里坊。因区划变更的重名里坊有嘉平里、修仁里、中练里、熙宁里等4个里坊。以上共18个里坊，如此推算，墓志所见能够确认为北魏洛阳城的里坊数共计100个，加上《伽蓝记》中的52个里坊（占55个里坊空间）及传世文献记载的孝德里、太学坊、庙东坊、乐里、太尉坊、司徒坊，北魏洛阳城已知里坊数为158个。其中，沿用前朝里坊称谓的有永和里、永安里、永年里、德官里、宜都里、宜年里、延寿里、宜寿里、谷阳里、安武里、利民里等。①

即便仅考察《洛阳伽蓝记》所记里坊名称，亦可见出其命名特征。如义井里、崇义里、敬义里、昭义里、孝义里、慕义里、闻义里、昭德里、归德里、孝敬里和慈孝里等，具有鲜明的儒家伦理价值观特征。这些里坊名称，应是常景、刘芳等依据孝文帝所秉持的儒家都城审美理想来设定的，以雅化的带有鲜明伦理价值取向的名称，启示里坊居民遵循儒家伦理规范。这便与西汉、东汉和魏晋时期洛阳里坊命名方式形成了鲜明对比。如在已知西汉洛阳四十二个里坊名中，仅有归德里、长忠里两个有此特征；东汉洛阳里坊名称保存极少，仅有步广里、永和里、延熹里、上商里、南许里、左池里、戚里和九子坊，难以见出命名特征；魏晋时期八十多个里坊名称，也没有呈现出鲜明的伦理审美特征②。而若将现已考证为北魏洛阳的里坊名称③纳入考察范围，那么，除去根据居住人口、主要功能和地理位置等命名的里坊外，里坊名称的儒家伦理审美特质便会进一步凸显出来：

---

① 陈建军、苏静、周华：《汉魏洛阳城里坊搜佚》，《三门峡职业技术学院学报》2017年第3期。

② 关于西汉、东汉、魏晋时期洛阳里坊名称的考证，具体请参见陈建军等的《汉魏洛阳城里坊搜佚》一文。

③ 北魏洛阳其他里坊名称，具体参见陈建军等的《汉魏洛阳城里坊搜佚》一文。

表 1.3　北魏洛阳具有儒家审美特征的里坊名称

关键字	里坊名称	数量
义	义井里、崇义里、敬义里、昭义里、孝义里、慕义里、闻义里、安义里、敷义里、信义里	10
德	昭德里、归德里、怀德里、建德里、孝德里	5
孝	孝义里、孝敬里、慈孝里、孝亲里、孝第（悌）里、孝信里、孝德里	7
仁	仁信里、安仁里、修仁里、依仁里、宽仁里、怀仁里、修仁（人）里	7
其他	利民里、劝学里、归化里、慕化里、延贤里、永平里、修民里、修睦里、修文里、永康里、永乐里、永年里、安丰里、安贵里、文华里、遵让里、静恭里、笃恭里、遵悌里、宣化里、宣政里、崇恩里、崇训里、崇信里、南风雅里、太学坊	26

北魏洛阳之所以在里坊命名上凸显儒家伦理审美理想，首先，是基于宫城所占面积的缩小和官署的集中，为进行规整的里坊建设奠定了空间基础；其次，命名者对儒家思想的推崇，无论是孝文帝还是常景、刘芳，都具有较高的儒学素养；最后，洛阳肩负着与建康争夺正统地位的使命，无论是出于政治需要还是真正重视儒学，相较于东汉、曹魏、西晋之洛阳，北魏洛阳都须更加凸显出儒家审美政治理想。纵然孝文帝“名目要有其义”的主张，不免有标榜儒家思想之嫌，但对于一个出身拓跋鲜卑、极度热爱中原文化、致力塑造洛阳文化正统的君主而言，何尝不是一种关于都城审美政治理想和现实审美生存理想的具体体现。

三、名称寓意中的正统天下观

如要深究北魏洛阳营建承续汉魏晋洛阳正统意象和凸显儒家正统思想的原因，关键在于光宅河洛后拓跋鲜卑所确立的正统心态。孝文帝在迁都之后，采取了穿汉服、说汉话、改汉姓和与汉族通婚等系列文化改革措施，并在南迁拓跋贵族中加强儒家礼乐教化。这在极大提升南迁拓跋鲜卑汉化程度的同时，促使元魏因华夏化而确立了正统心态。这典型地体现在对北方草原游牧民族的称谓之中。特别是孝文帝本人，惯以“北人”来指代居住平城而没有南迁和即便南迁却依然怀恋北方游牧风俗的拓跋鲜卑：

> 乃独谓澄曰：“今日之行，诚知不易。……崤函帝宅，河洛王里，因兹大举，光宅中原，任城意以为何如？”澄曰：“伊洛中区，均天下所据。陛下制御华夏，辑平九服，苍生闻此，应当大庆。”高祖曰：“北人恋本，忽闻将移，不能不惊扰也。”①
>
> 寻兼吏部尚书。恒州刺史穆泰在州谋反，推朔州刺史、阳平王颐为主。颐表其状。高祖召澄入见凝闲堂，曰：“适得阳平表曰，穆泰谋为不轨，招诱宗室。脱或必然，迁京甫尔，北人恋旧，南北纷扰，朕洛阳不立也。……”②

在尚未迁都之前，孝文帝已经具有了“人的自觉”，认为自己具有“华夏”身份，而将平城没有华夏化者称为“北人”。并且，他也清醒地认识

---

① 〔北齐〕魏收：《魏书》，中华书局，2011年，第464—465页。
② 〔北齐〕魏收：《魏书》，中华书局，2011年，第468页。

到北方草原游牧生活习俗对拓跋鲜卑代表的胡族的深刻影响，指出“北人恋本”是阻碍都城南迁的重要因素。在迁都之后，穆泰于496年在恒州谋反，孝文帝任命元澄去平叛时，再次以“北人”指代穆泰及追随他的部众。显然，孝文帝是将自己视为华夏的代表，来看待没有华夏化或者说没有汉化的胡族。在定鼎洛阳之后，孝文帝的正统心态因洛阳“天地之中”的空间定位和正统塑造的显著成效而得到进一步强化。更重要的是，随着元氏皇室整体华夏化程度的提升，正统心态也逐渐在元氏皇室乃至在南迁拓跋鲜卑中得到确立。当然，太子元恂是例外，他因难以适应中原地区的炎热气候和对北方草原生活的眷恋，在他人鼓动下试图返回代北谋反。孝庄帝的姐姐寿阳公主，则是元氏皇室确立正统心态的一个重要案例。《洛阳伽蓝记》中记述说：

> 永安年中，尚庄帝姊寿阳公主，字莒犁。公主容色美丽，综甚敬之；与公主语，常自称下官。授齐州刺史，加开府。及京师倾覆，综弃州北走。时尔朱世隆专权，遣取公主，至洛阳，世隆逼之。公主骂曰：“胡狗，敢辱天王女乎！我宁受剑而死，不为逆胡所污！”世隆怒，遂缢杀之。[①]

寿阳公主的态度，可能与她和萧综感情较好有关，但这与她基于华夏文化身份将尔朱世隆视为胡族的态度，并不矛盾。寿阳公主以“胡狗”“逆胡”辱骂尔朱世隆，在一定程度上意味着当时元氏皇室对拓跋鲜卑文化身份的遗忘，同时也意味着拓跋鲜卑在迁都洛阳三十余年后华夏化程度已经很高，实现了从北方草原游牧文化向中原农耕文化的主动融入。拓跋鲜卑华夏化程度越高，胡汉融合越深入，北魏文化正统心态也就越强烈。

---

① （北魏）杨衒之著，杨勇校笺：《洛阳伽蓝记校笺》，中华书局，2018年，第77页。

北魏洛阳建筑的命名，显然特别关注到了对正统寓意的表达。如果说沿用旧名，是从文化复古维度切入，旨在凸显北魏洛阳对魏晋正统的空间继承，如宫城主殿被冠以“太极殿”之名；名称雅化，是从文化建设维度切入，重在凸显北魏洛阳对华夏中心的空间继承，对儒家理想的追求，如华林园中的“苗茨堂”；名称寓意，则是从文化观念维度切入，着眼凸显北魏洛阳“天下之中”“文化正统”的地位，以展现北魏的正统天下观，这集中体现在“四夷馆”“四夷里”的客馆命名上。对此，杨衒之在城南宣阳门中进行了详细记述：

> 永桥以南，圜丘以北，伊洛之间，夹御道：东有四夷馆，一曰金陵，二曰燕然，三曰扶桑，四曰崦嵫。道西有四夷里，一曰归正，二曰归德，三曰慕化，四曰慕义。吴人投国者，处金陵馆，三年已后，赐宅归正里。景明初，伪齐建安王萧宝夤来降，封会稽公，为筑宅于归正里，后进爵为齐王，尚南阳长公主。宝夤耻与夷人同列，令公主启世宗，求入城内。世宗从之，赐宅永安里。正光四年中，萧衍子西丰侯萧正德来降，处金陵馆，为筑宅归正里。正德舍宅为归正寺。北夷来附者，处燕然馆，三年已后，赐宅归德里。正光元年，蠕蠕主郁久闾阿那肱来朝，执事者莫知所处。中书舍人常景议云：“咸宁中，单于来朝，晋世处之王公、特进之下，可班那肱蕃王、仪同之间。”朝廷从其议。又处之燕然馆，赐宅归德里。北夷酋长遣子入侍者，常秋来春去，避中国之热，时人谓之雁臣。东夷来附者，处扶桑馆，赐宅慕化里。西夷来附者，处崦嵫馆，赐宅慕义里。自葱岭已西，至于大秦，百国千城，莫不欢附。商胡贩客，日奔塞下，所谓尽天地之区已。乐中国土风，因而宅者，不可胜数。是以附化之民，万有余家。门巷修整，阊阖填列，青槐荫陌，绿柳

垂庭，天下难得之货，咸悉在焉。[①]

这里，杨衒之记述了四夷馆、四夷里的位置，即在洛水永桥以南、宣武帝所立圆丘之北、洛阳南北中轴线道两侧，却没有述及其设立营建的时间。《魏书》《水经注》等文献，对此也未有明确记载。王静根据《魏书·世宗纪》所载景明二年（501）大规模修筑里坊；《洛阳伽蓝记·城东·景宁寺》所载景明初萧宝夤由南入北后居住在归正里；《魏书·世宗纪》《魏书·萧宝夤传》和《南齐书·和帝纪》关于萧宝夤入住归正里时间的记载等，推出“萧宝夤在景明三年居住于四夷里内的记载更为精确”[②]。加上《魏书·邢峦传》所载景明初年北魏与周边民族交往频繁，最终得出结论：“将四夷馆及四夷里的设置时间，推断在景明二年，应无误。”[③] 换言之，四夷馆、四夷里是宣武帝在景明二年规建洛阳里坊过程中建设而成的。

关于四夷馆、四夷里的命名，从“夷”字便可见出北魏是以华夏正统自居，而视包括南朝政权在内的四方为野蛮之地。具体言之，四夷馆显然是以方位或者说地域空间命名：金陵，代指江南；燕然，代指漠北或者说北方；扶桑乃日出之地，代指东方；崦嵫，指日落之地，代指西域或者说西方。而四夷里，则是直接标榜北魏的正统地位：归正，乃以萧齐、萧梁为伪，针对南方，指由南入北者为归附正统；归德，针对北方，意谓北魏施行德政，指北方胡族对礼乐教化的归附；慕化，针对东方，指东夷对北魏文治教化的仰慕；慕义，则针对西方，指西方胡族对北魏仁义教化的仰慕。显然，四夷馆、四夷里的名称，具有鲜明的儒家思想特征和审美政治意涵。蔡宗宪对此评价说：“以四方之地为名，标示归附者来自于四方，只是表象的意涵。这个四方是以洛阳为中心所确立的，代表北魏在政治版

① 〔北魏〕杨衒之著，杨勇校笺：《洛阳伽蓝记校笺》，中华书局，2018 年，第 154—155 页。
② 王静：《中国古代中央客馆制度研究》，黑龙江教育出版社，2002 年，第 54 页。
③ 王静：《中国古代中央客馆制度研究》，黑龙江教育出版社，2002 年，第 55 页。

图上的视野，因此，以四方之地为客馆命名，隐含的却是洛阳位居天下之中的政治意涵。客馆名称虽然只是一种建筑物的标识，但带有浓厚的政治、外交意涵，不论北朝或南朝，却都企图透过它来宣示自己招抚方国、怀柔远人的态度。”[①]

需要追问的是，北魏何以如此命名客馆？古代的都城，一般都会设置接待四夷朝贡使节的客馆，但命名方式并不统一。如汉代称为蛮夷邸，前秦时称为来宾馆。就同时期的南朝客馆名称来看：“国馆六，一曰显仁，处高丽使。二曰集雅，处百济使。三曰显信，处吐蕃使。四曰来远，处蠕蠕使。五曰职官，处延陀使。六曰行人，处北方使。五馆并相近，而行人在篱门外。”[②]从显仁、集雅、显信、来远、职官和行人六个名称来看，命名方式、意涵并不一致。蔡宗宪曾对它们作出解释：“‘显仁’和‘显信’强调的是地主国仁与信的德行，‘集雅’一词疑从扬雄《剧秦美新》的‘遥集乎文雅之囿，翱翔乎礼乐之场’脱化而来。梁设集雅馆之主要目的为‘招远学’，希望外国属邦派人来到梁国学习礼乐文化……”[③]由此可知，南朝客馆名称虽然也具有表现德政、展现礼乐教化的政治意涵，但并没有刻意凸显强调自身正统的维度。

除正统心态之外，四夷馆、四夷里的命名还蕴含着拓跋鲜卑为洛阳注入昂扬精神所展现出来的开放、包容心态。在规建里坊过程中设置四夷馆、四夷里，便是基于洛阳正统的文化自信而主动向周边政权、民族展现出开放的态度；同时，从四夷馆到四夷里居住空间的转换，实则是从馆客到居民身份的转变，展现出北魏对不同民族、不同生活习俗、不同宗教信仰、不同文化的包容，使得洛阳南郊成为民族融合与文化融合的集中体现所在。当然，以“夷”来命名四方使节、归附、经商等人员，有一定的贬低

① 蔡宗宪：《南北朝的客馆及其地理位置》，《中国历史地理论丛》2009年第1辑。

② 〔宋〕王象之著，李勇先校点：《舆地纪胜校点》，四川大学出版社，2005年，第777页。

③ 蔡宗宪：《南北朝的客馆及其地理位置》，《中国历史地理论丛》2009年第1辑。

成分在内。

整体来看，《洛阳伽蓝记》保存了很多有关四夷馆与四夷里多元功能的史料，《魏书》中也有相关联的历史记载，不少研究者已经对此进行过较为详细的梳理。如王静在《中国古代中央客馆制度研究》一书中总结得出："由上所载，知四夷馆及四夷里居住人员的来源主要有以下几类：（1）降附人员，如萧宝夤、萧正德；（2）来朝人员，如阿那瓌；（3）边夷遣子入侍者，如时人谓之雁臣的北夷酋长的入侍之子；（4）商胡贩客，崦嵫馆及慕义里之居民多属此例，这部分人员中可能有一部分是以朝贡使节的名义进入，借朝贡之形式而从事商业活动。"① 王静在《北魏洛阳城南的居民与居住环境》一书中，通过梳理统计指出四夷馆、四夷里及周边的白象坊、狮子坊等的居住人口，来自包括南朝在内的115个国家和民族；他们的信仰包括儒教、佛教、道教、原始巫教和尚不知名的宗教；职业和社会身份构成包括皇室人员、官员、商人及手工业者、军人、宗教人员等。②

在四夷馆、四夷里中，崦嵫馆与慕义里最为活跃。因为北魏时期与西域联系的陆上丝绸之路保持畅通，使得葱岭以西到大秦之间的很多城邦国家都与北魏建立了关联，互通使节。同时，胡商也大量涌入洛阳，将西域的奇珍异货贩卖到中原。他们不仅在洛阳经商，甚至常住洛阳，极大地促进了北魏洛阳的民族融合与文化交流。换言之，北魏洛阳的多元文化融合中，外来文化不仅有佛教思想代表的宗教文化，还包括其他西域文化。以物质文化交流为例，杨衒之就直接记述元琛珍藏有工艺奇特巧妙的水晶钵、玛瑙杯、琉璃碗、赤玉卮等，这些都是中原地区所没有的，均为胡商从西域贩卖而来。在精神文化方面的交流，佛教思想无疑最为集中、最富典型性、最具代表性。当然，从西域而来的僧人并非都是居住在四夷馆、四夷里，而是居住在不

---

① 王静：《中国古代中央客馆制度研究》，黑龙江教育出版社，2002年，第55页。

② 参见王静《北魏洛阳城南的居民与居住环境》一书第二章第二节、第三节。王静：《北魏洛阳城南的居民与居住环境》，社会科学文献出版社，2019年。

同的佛寺中。这可从《洛阳伽蓝记》关于西域僧人的记述见出：

> 法云寺，西域乌场国胡沙门昙摩罗所立也。在宝光寺西，隔墙并门。摩罗聪慧利根，学穷释氏，至中国，即晓魏言隶书，凡所闻见，无不通解，是以道俗贵贱，同归仰之。①
>
> 永明寺，宣武皇帝所立也。在大觉寺东。时佛法经像，盛于洛阳，异国沙门，咸来辐辏，负锡持经，适兹乐土。世宗故立此寺以憩之。……百国沙门，三千余人。②

来自西域乌场国的昙摩罗，在城西营建了独具西域佛教文化审美特质的佛寺；永明寺则是宣武帝为安置外国僧人所设立的佛寺，有来自一百多个国家的三千多僧人，足见佛寺也是北魏洛阳外来人口的重要集聚地。刘淑芬指出："北魏和西域关系密切，所以有大批西域人定居洛阳，西域的工艺、技术、物产也源源输入洛阳，而使洛阳具有国际色彩。南方的建康在对外交通上来说，则属于一封闭性的都城，因此不像洛阳富于国际色彩。"③

若再进一步追问，北魏在平城和洛阳时期均设置有客馆，都经营与西域各国联系的通道——丝绸之路，为什么四夷馆、四夷里的设置和命名，被赋予十分重要的文化意义？不可否认的是，北魏洛阳的对外交流是以平城时期为基础的，但不同之处在于，洛阳时期展现出了前所未有的自主性、自信心。四夷馆、四夷里命名所展现的不仅仅是一种开放、包容的文化心态，更重要的是体现了一种基于洛阳正统的天下观。对此，张法指出："四夷馆和四夷里的出现，则是北魏具有新型视野的时代新创。洛水之南，铜驼街御道两旁设置有四夷馆和四夷里（盖设于宣武帝景明二年即501年），

---

① 〔北魏〕杨衒之著，杨勇校笺：《洛阳伽蓝记校笺》，中华书局，2018年，第188页。

② 〔北魏〕杨衒之著，杨勇校笺：《洛阳伽蓝记校笺》，中华书局，2018年，第213—214页。

③ 刘淑芬：《六朝的城市与社会（增订本）》，南京大学出版社，2021年，第218页。

馆中里内住有入朝的周边民族首领、边夷侍子、朝贡使节、以朝贡使节名义进入洛阳的商胡贩客，以及归魏的南朝人士。一种当时的天下胸怀在这里呈现，北魏立国前后对草原丝路的开拓所带来的巨大成就，以建筑的形式体现在四夷馆和四夷里中，由西而来的金银器、鎏金铜器、玻璃器、银币、漆器、石雕、胡俑、服饰、绘画、音乐、舞蹈、装饰纹样，文字、书籍等扩大了北魏的天下胸怀，重铸了北魏的天下观念。”[①] 迁都之前，孝文帝在平城开展的系列礼制改革，尚着眼于南北之间“正统之争”的劣势弥补；迁都之后，洛阳“天下之中”的自然地理区位优势和“正统象征”的文化地理空间优势，使北魏获得了“正统之争”的空间优势，北魏也由此在正统塑造过程中超越了“南北之争”，而将自身定位于“天下之正朔”。由“南北”到“天下”的文化空间观念转变，说明北魏所追求的不止统一南方，更在于“天下”四夷归附，使洛阳展现出一种昂扬的城市精神。

概言之，四夷馆、四夷里，在现实维度，推动了北魏洛阳的对外往来，令它具有了国际性的影响力与吸引力；在审美维度，促进了北魏洛阳的审美文化交流与融合，使它展现出开放、包容与昂扬的城市审美精神。由此，如同四夷馆、四夷里命名时所寄寓的意涵，它们在象征维度提升了北魏洛阳的文化正统地位，进而展现出具有审美政治内涵的“正统天下观”。北魏洛阳的都城审美意象，也因四夷馆、四夷里的美学效应被注入了开放、包容与昂扬的时代审美内涵。

---

① 张法：《三大观念与魏晋南北朝美学的重写》，《郑州大学学报》2017 年第 6 期。

第二章

—— * ——

《洛阳伽蓝记》与北魏洛阳佛教建筑审美

建筑，作为一种区隔空间的物化形态，不仅仅具有实用功能，而且兼具审美、象征功能，承载着政治、伦理、宗教、哲学和艺术等多个维度的思想观念。黑格尔就曾指出：“它（建筑）的任务在于替原已独立存在的精神，即替人和人所塑造的或对象化的神像，改造外在自然，使它成为一种凭精神本身通过艺术来造成的具有美的形象的遮蔽物。所以这种遮蔽物的意义不再在它本身而在它对人的关系，在人的家庭生活、政治生活和宗教仪式等方面的需要和目的。”[①] 据此，当由佛塔、佛寺、石窟等组成的佛教建筑体系，与华夏建筑体系全方位的碰撞、交流与融合时，在外在形式上便呈现出佛教建筑的华夏化，内在意蕴上则是展现为佛教审美观念与华夏审美观念的交融。由于佛教建筑华夏化进程的加快始于对都城空间的融入，从而使得佛教建筑所承载的佛教审美观念与都城建筑所承载的政治审美观念、伦理审美观念发生碰撞交流。张法指出：“都市的佛寺道观要服从朝廷美学主导下的基本法则。”[②] 也即，佛教建筑要遵循儒家政治美学的等级秩序，凸显出皇家权威，但它们并没有因此而失去佛教美学的审美特质，只是吸纳了中原文化的审美观念。基于此，佛教建筑所代表的宗教信仰空间，虽对都城传统礼制空间形成挑战，却展现出与儒家政治美学的契合，从宗教建筑维度彰显出与礼制建筑一致的壮制、威严与奢丽等审美特征。但佛教建筑作为一种异质文化艺术形式，依然凭借自身独特的审美形式成为都城空间内的重要审美景观，进而重构了都城空间审美。

① ［德］黑格尔著，朱光潜译：《美学》（第三卷上册），商务印书馆，1997 年，第 30—31 页。

② 张法：《三大观念与魏晋南北朝美学的重写》，《郑州大学学报》2017 年第 6 期。

北魏洛阳，受元氏皇室佞佛的推动，佛寺最多时高达一千三百六十七所，佛教建筑充盈整个洛阳都城空间，蔚为大观。正是基于此，北魏洛阳集中展现了佛教建筑体系华夏化和与中原建筑体系审美融合的演进历程；呈现了佛塔景观对都城空间审美尤其是对都城高空审美的重塑，佛寺景观对都城空间审美的丰富与推动，佛寺园林景观对都城园林艺术及自然审美的影响；彰显了佛教审美观念与中原文化审美观念之间的碰撞、交流与融合。简言之，北魏洛阳充分展现了佛教建筑审美为都城审美注入的新质。而《洛阳伽蓝记》，实是载记北魏洛阳“闳丽寺院”状况的核心文献。杨衒之通过对北魏洛阳佛寺空间位置、建筑布局和具体建筑形制等的记述，为从空间审美观念维度来考察佛教建筑与都城空间的美学关联提供了坚实的史料基础。

第一节 北魏洛阳佛塔景观审美

佛塔[①]，又称浮图、佛图、浮屠、窣堵坡、塔婆和精舍等。这种源自古印度的佛教建筑形式，本就注重对于高度的追求："塔（梵文 stupa，巴利文 Thupo），有三义：坟、庙、高显处。三义可以作为解说印度式佛塔的起点：是安葬佛陀之坟，又是礼拜佛陀之地（庙），高显是塔的建筑形式特征。"[②]如果说在"坟"与"庙"的意义上，佛塔因具有安葬功能、礼拜功能而主要展现出实用价值与象征价值的统一，那么，"高显"虽是借助建筑形制象征佛陀涅槃，却因"高度"而凸显出鲜明的审美价值。凭借着纵向空间的立体伸展、形式上的高耸挺拔，佛塔在审美维度与殿、堂、楼、阁等注重横向空间展开的华夏建筑之间形成了显著性差异。即便是佛塔结构从基台、覆钵、平台、柱竿和华盖等五部分构成的印度模式，演进为由地宫、塔基、塔身和塔刹四部分组成华夏模式，依然秉持着对空间高度的追求。汉化后的佛塔，除"高显"的审美特征外，审美样态也十分丰富：材料有石材、木材、砖、琉璃、金属等；形状有方形、圆形、六角形等；形式有楼阁式、密檐式、覆钵式等；层级则可分为一级、三级、五级、七级、九级，甚至多达十三级等。概而言之，佛塔设计匠心独运，形制丰富多彩，装饰精巧华美，整体庄严

① 汉字中本无"塔"字，它首次出现于葛洪的《字苑》中："塔，佛堂也。"孙大章总结指出："约在晋代开始出现'塔'字，以明确标示这类高层的佛殿，尤其在南方更为盛行。'塔'字的出现约在晋代，可能是出于译经的需要。……在过去研究者中皆公认'塔'字是从窣堵坡，梵文称 stupa 一词音译而来，亦有译为塔婆者，是从巴利文的 Thupo 一词音译而来，可能更接近塔的读音。南北朝时'塔'字已在很多场合使用，已有代替'浮图'一词的趋势。"具体见孙大章：《中国佛教建筑》，中国建筑工业出版社，2017 年，第 180 页。

② 张法：《询问佛境》，宗教文化出版社，2000 年，第 46 页。

神圣，可谓是一种独具崇高感的建筑艺术审美意象。但这并不意味着佛塔的审美价值脱离了象征价值，事实上两者之间具有鲜明的交织性、杂糅性，是一种相互成就的关系。

可以说，“高显”是佛塔在所处空间中审美价值得以凸显的关键所在。遗憾的是，人们更注重的是佛塔作为建筑艺术自身所具有的审美价值，而忽略了佛塔对所在空间尤其是都城空间审美的重塑效应。当然，佛塔自身的“高显”之美和其在都城空间审美中的凸显、对都城空间审美的重塑，并非自传入中原之时便已具有，而是伴随着营造技术的提高、形制的创新和从都城外进入都城内逐步达成的。东汉洛阳，佛塔数量极少、高度不够且位于都城之外。曹魏西晋洛阳，佛塔数量虽有增加但仍然较少，并且不具有超出其他建筑的高度，高空审美的冲击力仍不显著。南北朝时期，随着佛塔设计水平与营建技术的提高，佛塔的层级和高度得到相应增加，佛塔作为都城审美景观得到凸显。南北朝时期，建康、姑臧、平城等都城内都营建有高层佛塔，它们不仅壮制丽饰而且高耸入云，是都城空间内令人瞩目的审美景观。尤其是“宝塔骈罗”“金刹与灵台比高”的北魏洛阳，佛塔凭借高度赋予洛阳上空以灵动和生气，彻底重塑了洛阳高空审美。同时，诉诸造型、色彩、装饰等形成的视觉审美及装饰宝铎促生的声音审美，佛塔景观成为都城审美意象的重要构成维度。杨衒之在撰写《洛阳伽蓝记》时，特别关注到了佛塔景观之美，为重返南北朝时期都城空间审美深刻变革历史现场提供了可能。

一、佛塔融入都城空间的演进历程

汤用彤虽然认为“佛教入华，果在何时？传说纷歧，实难确定”[①]，但他在梳理“汉代佛法之流布”时明确指出：“东汉洛阳为首都，西通西域，遂为佛教重镇”，“佛教来自西域，首至伊洛”[②]。从这一论断可知，佛教建筑进入都城空间应当始于东汉洛阳。相关史料对此也多有记述，如《洛阳伽蓝记》中说：“白马寺，汉明帝所立也。佛入中国之始。寺在西阳门外三里御道南。”[③]《魏书·释老志》中也记载：“帝（指汉明帝）遣郎中蔡愔、博士弟子秦景等使于天竺，写浮屠遗范。……愔之还也，以白马负经而至，汉因立白马寺于洛城雍门西。摩腾、法兰咸卒于此寺。”[④]这两则材料说明：汉明帝所立白马寺为最早之佛寺；白马寺的位置处于东汉洛阳城西，也即东汉洛阳雍门外或者说北魏洛阳西阳门外；白马寺应依据天竺“浮屠遗范”建有佛塔。据《魏书·释老志》记述：“自洛中构白马寺，盛饰佛图，画迹甚妙，为四方式。凡宫塔制度，犹依天竺旧状而重构之，从一级至三、五、七、九。世人相承，谓之‘浮图’，或云‘佛图’。”[⑤]关于这段史料，宿白解释指出：“洛阳白马寺盛饰浮图，为四方式，其形制是从一级至三、五、七、九级的重构，即重楼形式；上累铜（金）槃九重，即塔上表相之九轮；衣以锦彩的黄金涂像，应即位置于塔内的鎏金铜佛像。”[⑥]进而言之，佛寺刚传入中国时的布局，是以佛塔为中心的建筑体系，所谓有寺必有塔；

① 汤用彤：《汉魏两晋南北朝佛教史》，上海人民出版社，2015年，第3页。

② 汤用彤：《汉魏两晋南北朝佛教史》，上海人民出版社，2015年，第59页。

③ 〔北魏〕杨衒之著，杨勇校笺：《洛阳伽蓝记校笺》，中华书局，2018年，第184页。

④ 〔北齐〕魏收：《魏书》，中华书局，2011年，第3025—3026页。

⑤ 〔北齐〕魏收：《魏书》，中华书局，2011年，第3029页。

⑥ 宿白：《东汉魏晋南北朝佛寺布局初探》，见田余庆主编：《庆祝邓广铭教授九十华诞论文集》，河北教育出版社，1997年，第32页。

虽有“浮屠遗范”，但并未完全照搬，而是采取重楼式，也即佛塔传入之初便已经开启了与华夏亭、台、楼、阁建筑体系的融合；白马寺佛塔为“四方形”、装饰华美、壁画精妙，却不知道高度如何。经过近百年的发展，到东汉桓帝延熹年间（158—167），曾在宫城中立“浮屠之祠”，所谓“又闻宫中立黄老、浮屠之祠”[①]，但具体形式难以判断。

至于佛塔进入都城内的时间，根据《魏书·释老志》的记述，魏明帝曹叡时期洛阳城内已经确定建有佛塔，但何时何人所建并没有记载：

> 魏明帝曾欲坏宫西佛图。外国沙门乃金盘盛水，置于殿前，以佛舍利投之于水，乃有五色光起，于是帝叹曰：“自非灵异，安得尔乎？”遂徙于道东，为作周阁百间。佛图故处，凿为濛汜池，种芙蓉于中。[②]

据此判断，至迟到魏明帝时期佛塔已经从洛阳城外进入了城内，或者说进入了“都城圈”[③]空间的核心层。从“宫西佛图”可知，佛塔在宫城以西；加之“佛图故处，凿为濛汜池”，根据杨衒之关于城内长秋寺的记述：“长秋寺……在西阳门内御道北一里，亦在延年里。即是晋中朝时金市处。寺北有濛汜池，夏则有水，冬则竭矣。”[④]那么，佛塔位置应在曹魏洛阳西

---

① 〔宋〕范晔撰，〔唐〕李贤等注：《后汉书》，中华书局，2021 年，第 1082 页。

② 〔北齐〕魏收：《魏书》，中华书局，2011 年，第 3029 页。

③ 所谓“都城圈”，是近年来日本的中国考古学界频繁使用的一个概念，旨在强调以都城为中心向外作同心圆式的空间拓展。西江清高说：“城墙是都城的一个要素或一种功能，但与之相对，在城墙的有无之外，都城的各种功能有时是分散在一个广大的‘地域’空间里的，而这个‘地域’又不是无限扩展的，它必须是一个相对紧密的关系圈。”具体概念介绍，请参见张学锋编：《“都城圈”与“都城圈社会”研究文集：以六朝建康为中心》（南京大学出版社，2021 年）的《前言》或该书所收录的中村圭尔的《魏晋南北朝都城研究的另一种可能性》一文。这里借用“都城圈”的概念，是指佛寺在传入中国初期，虽没有进入狭义的“都城”，位于城墙之外，但实际上仍对广义的都城空间、都城社会、都城文化产生了影响。

④ 〔北魏〕杨衒之著，杨勇校笺：《洛阳伽蓝记校笺》，中华书局，2018 年，第 45 页。

明门以东、宫城以西的位置。从“徙于道东，为作周阁百间”可知，魏明帝并没有将佛塔移到城外，同时该佛寺延续了白马寺的布局，也即以佛塔为中心。东吴都城建业兴建佛塔稍晚，应在孙权赤乌十年（247），西域僧人康僧会献佛舍利，孙权因而建塔。《校点高僧传》中记载：“权大叹服，即为建塔，以始有佛寺，故号建初寺，因名其地为佛陀里。由是江左大法遂兴。”[①] 综合言之，三国时期，佛教思想传播得到了皇帝的支持，从而为佛塔进入都城之内提供了可能。但统治阶层并非崇信佛教，加之佛教信仰对一般民众影响力有限，佛塔虽然进入都城之内，但数量较少，且高度不够，尚难以对都城礼制空间审美产生冲击。

到西晋时期，洛阳都城圈内的佛寺数量有所增加。《洛阳伽蓝记》中记述：“至晋永嘉，唯有寺四十二所。”[②]《魏书·释老志》也记载：“晋世，洛中佛图有四十二所矣。”[③] 两则材料表述并不尽相同，先看相同的“数量”。杨衒之与魏收都记载西晋洛阳佛寺有“四十二所”，却没有进一步说明佛寺名称及位置。汤用彤通过梳理相关史料，考证指出：“洛中自汉以来，已被佛化。西域人亦尝流寓洛阳，晋时且有入太学者（据《辟雍碑》）。《洛阳伽蓝记》谓晋时有佛寺四十二所。今日可考者，西晋时亦有十数。白马寺（《祐录》八《正法华经后记》）、东牛寺（同上）、菩萨寺（洛城西，见《祐录》七《道行经记》）、石塔寺（《伽蓝记》光宝寺条）、愍怀太子浮图（《水经·谷水注》）、满水寺（《名僧传抄》）、磐鸱山寺（去都百余里，见《僧传》十）、大市寺（《僧传》十）、宫城西法始立寺（《比丘尼传·竺净检尼传》）、竹林寺（同上）。”[④] 范祥雍在《洛阳伽蓝记·序》的校注中指出：“本书卷二建阳里条有‘太康寺’，亦西晋时寺，为汤氏

① 汤用彤：《校点高僧传（上）》，台北佛光文化事业有限公司，2001 年，第 33 页。
② 〔北魏〕杨衒之著，杨勇校笺：《洛阳伽蓝记校笺》，中华书局，2018 年，第 1 页。
③ 〔北齐〕魏收：《魏书》，中华书局，2011 年，第 3029 页。
④ 汤用彤：《汉魏两晋南北朝佛教史》，上海人民出版社，2015 年，第 118 页。

所遗，可据补。”[①] 那么，西晋时洛阳佛寺寺名可考者便有十一所。其中，愍怀太子浮图、法始立寺位于城内，白马寺、菩萨寺、石塔寺等位于城西，太康寺位于城东。再看不同的“称谓”。杨衒之用“寺”，而魏收用“佛图”，虽然都是指佛寺，难以知晓是否均为“塔寺”，也即建有多少座佛塔。但根据佛寺早期布局以塔寺为主、塔庙一体的规制，应多数建有佛塔。如《洛阳伽蓝记》中所记述的两座西晋佛寺均有佛塔：

时有隐士赵逸，云是晋武时人。晋朝旧事，多所记录。正光初，来至京师，见子休宅，叹息曰：“此宅中朝时太康寺也。”时人未信，遂问寺之由绪。逸云：“龙骧将军王濬平吴之后，始立此寺。本有三层浮图，用砖为之。”指子休园中曰：“此是故处。”子休掘而验之，果得砖数十万，兼有石铭，云：“晋太康六年，岁次乙巳，九月甲戌朔，八日辛巳，仪同三司襄阳侯王濬敬造。”时园中果菜丰蔚，林木扶疏，乃服逸言，号为圣人。子休遂舍宅为灵应寺。所得之砖，还为三层浮图。[②]

宝光寺，在西阳门外御道北。有三层浮图一所，以石为基，形制甚古，画工雕刻。隐士赵逸见而叹曰：“晋朝石塔寺，今为宝光寺也！”人问其故，逸曰：“晋朝四十二寺，尽皆湮灭，唯此寺独存。”[③]

可见西晋时期的宝塔寺、太康寺虽名为寺，但都建有佛塔，且材料不同，前者为石、后者为砖。这两座佛塔分别位于城西和城东，而洛阳城内则有郦道元明确记述的愍怀太子浮图。但佛塔高度有限，仅为“三层”。这说

① 〔北魏〕杨衒之撰，范祥雍校注：《洛阳伽蓝记校注》，上海古籍出版社，2009 年，第 7 页。
② 〔北魏〕杨衒之著，杨勇校笺：《洛阳伽蓝记校笺》，中华书局，2018 年，第 88—89 页。
③ 〔北魏〕杨衒之著，杨勇校笺：《洛阳伽蓝记校笺》，中华书局，2018 年，第 187 页。

明当时佛塔构造设计与营建技术仍然有限，但从石塔寺佛塔被描述有“画工雕刻”可知，佛塔装饰延续了绘画与雕刻的方式，在晋代当为一重要景观。即便如此，由于高度难以超出楼阁建筑，所以佛塔景观审美在西晋洛阳都城空间中仍难以凸显出来。

进入东晋南北朝时期，佛寺布局开始变得复杂起来。如宿白以萧齐武帝（483—493 年在位）和北魏孝文帝迁洛，也即以 493 年作为分界点，将东晋南北朝的佛寺布局区分为前后两段，并明确指出：“东汉以来，以佛塔为主的佛寺布局，东晋南北朝时期前段仍占优势。”[①] 指在 493 年之前，佛寺仍以塔寺为主，佛塔数量与佛寺数量的增加是相一致的。佛塔建造数量的增加，推动了设计、形制、装饰和营造等技术的提升，进而促使佛塔层级越来越多、高度越来越高。无论是江南的建康，还是北方前凉的姑臧、苻秦的长安、北魏的平城等，都出现了高层佛塔。据唐景云二年（711）刘秀撰写的《凉州卫大云寺古刹功德碑》记述，前凉张天锡在 363 年建立姑臧宏藏寺时，立有一座高层佛塔：“花楼院有七层木浮图，即张氏建寺之日造。高一百八十尺，层列周围二十八间，面列四户八窗，一一相似。屋巍巍以崇立，殿赫赫以宏敞，拟璚台之悬居，状层域之始构。”[②] 由此可知，该佛塔属于楼塔式结构，已经达到了一百八十尺（约合现在五十五米）的高度。在近三百五十年之后，该佛塔仍然能够带给人视觉审美震撼：“屋巍巍以崇立，殿赫赫以宏敞，拟璚台之悬居，状层域之始构。”可以想见在建成之初必为姑臧城的一大审美景观。再据《南齐书·虞愿传》记载：“帝（宋明帝）以故宅起湘宫寺，费极奢侈。

① 宿白：《东汉魏晋南北朝佛寺布局初探》，见田余庆主编：《庆祝邓广铭教授九十华诞论文集》，河北教育出版社，1997 年，第 33 页。

② 新文丰出版公司编辑部：《石刻史料新编·第一辑·第二册》，台湾新文丰出版公司，1982 年，第 1181 页。

以孝武庄严刹七层，帝欲起十层，不可立，分为两刹，各五层。”[①]可见，宋孝武帝在庄严寺所建佛塔为七层，宋明帝欲在湘宫寺建十层佛塔不得，由此推知当时佛塔营造受材料、设计与技术等限制，尚难以进一步实现高度突破。必须提及的是，佛塔之美这时已经成为文学书写的对象，《晋书》中明确记载，苻融“尝著《浮图赋》，壮丽清赡，世咸珍之”[②]。尽管《浮图赋》的具体内容已无从知晓，但这表明佛塔审美已经不再限于日常生活审美活动，而是进入到了文学审美领域。

鉴于北魏平城佛塔营造在形制、技术和人才等方面对洛阳有深刻影响，所以单独作以考察。尽管北魏太武帝拓跋焘曾下令灭佛，导致佛教在平城一度陷入沉寂，但随着文成帝拓跋濬对佛教的恢复，佛教传播被进一步激发，也推动了佛塔的营建。关于平城佛寺的布局，宿白曾指出：“建寺即立塔，在北方直迄孝文迁洛以前，仍是当时北魏皇室所习用之佛寺布局。”[③]因此，平城建明寺、思远寺和报德寺等大都建有佛塔。同时，北魏为充实平城地区的人口，在战争中从河西、青齐等地区劫掠了很多能工巧匠，极大地推动了佛塔营造技术的发展，从而使平城佛塔审美得到较大提升。《魏书·释老志》中记载有北魏献文帝拓跋弘时期的一座石塔：“皇兴（467—471）中，又构三级石佛图。榱栋楣楹，上下重结，大小皆石，高十丈。镇固巧密，为京华壮观。”[④]郦道元在《水经注·㶟水》中也言：“水右有三层浮图，真容鹫架，悉结石也。装制丽质，亦尽美善也。”[⑤]尽管该三级佛塔仅有十丈高，但其构思精巧，仍然成为“京华壮观”，足见平城佛塔艺术水平之高和景观之美。而在皇兴元年（467）所兴建的永宁寺浮图，则是充分证实

---

① 〔梁〕萧子显：《南齐书》，中华书局，2012 年，第 916 页。

② 〔唐〕房玄龄等：《晋书》，中华书局，2015 年，第 2934 页。

③ 宿白：《东汉魏晋南北朝佛寺布局初探》，见田余庆主编：《庆祝邓广铭教授九十华诞论文集》，河北教育出版社，1997 年，第 36 页。

④ 〔北齐〕魏收：《魏书》，中华书局，2011 年，第 3038 页。

⑤ 〔北魏〕郦道元著，陈桥驿校证：《水经注校证》，中华书局，2013 年，第 301 页。

了平城对佛塔高度追求的成功："其岁，高祖诞载。于时起永宁寺，构七级佛图，高三百余尺，基架博敞，为天下第一。"[①]虽与姑臧宏藏寺浮图同为七层，平城永宁寺浮图已经高达"三百余尺"（九十多米）；"基架博敞"，说明浮图结构形制之宏大；"为天下第一"，则是赞誉平城永宁浮图的高峻挺拔。傅熹年在论及493年之前南北朝佛塔营造技术时，认为刘宋庄严寺塔、北魏平城永宁寺塔的高度和体量达到了当时技术的极限，并指出它们"表明佛塔的体量与层数之间有既定的比例关系，层数越多体量也越大，推测设计中已形成一定的制度"[②]。

概言之，在北魏迁都洛阳之前，从设计、材质、形制和技术等方面的发展来看，佛塔在都城空间中的地位已经大幅度提升。佛塔营造技术经过四百多年的实践与总结，得到较大发展。这极大地提升了佛塔艺术与审美，使其凭借高度、装饰等成为都城空间内的重要审美景观。针对北魏而言，平城时期在佛塔营建方面所积累的人才与技术，直接为洛阳佛塔艺术审美的突破奠定了基础，从而使得佛塔景观成为洛阳空间审美的重要标识。它们不仅重塑了洛阳都城空间审美，而且重构了洛阳都城审美意象。

二、"宝塔骈罗"的北魏洛阳

孝文帝迁都之后，北魏佛寺营建虽是"建寺未必立塔"或者说佛寺结构布局不再限于塔寺，但佛塔依然成了洛阳佛教兴盛的象征。从杨衒之在《洛阳伽蓝记·序》中所言的"宝塔骈罗"可知佛塔数量之多、空间分布之广；而"金刹与灵台比高"，则是通过佛塔与礼制建筑的比较，展现出佛塔的

---

① 〔北齐〕魏收：《魏书》，中华书局，2011年，第3037页。

② 傅熹年主编：《中国古代建筑史·第2卷》（第二版），中国建筑工业出版社，2009年，第201页。

高耸、壮丽。这是杨衒之基于宏观维度整体观照北魏洛阳所获得的审美印象，显然高耸入云的佛塔已经成为都城的视觉标识物。段义孚曾言："城市是一个地方，是一个出类拔萃的意义中心。它有许多高度可见的象征物。"[①]那么，在高度上远超楼、阁、台的佛塔，自然而然地成了北魏洛阳的都城象征物。因为佛塔向上、向高空无限延伸的建筑形态，在强调植根大地之上、追求安稳庄重为主的都城殿式建筑环境里，产生了难以估量的审美冲击力。它们高低错落有致，丰富了都城上空的天际构成形式，并且展示出一种向上的力、一种对天空无限的追求，既蕴含着对佛国净土的向往，又昭示着对世俗生存的精神性超越和对上天的敬畏。

关于北魏洛阳佛塔的数量，杨衒之并没有记载确切数字，只用"骈罗"加以形容，《魏书·释老志》也仅言"至于官私寺塔，其数甚众"[②]。但杨衒之不仅直接记述了二十座佛塔，同时又特别言明在尔朱荣发动"河阴之变"后，因居住在城西寿丘里的元氏皇室成员大都被诛杀，其府邸多被"舍宅为寺"，以致"列刹相望""宝塔高凌"。可见北魏洛阳佛塔数量已经大大超过了前朝，可谓达到了一个新的高峰。至于明确述及的二十座佛塔的分布，依据杨衒之明确记载建有佛塔的佛寺位置，以及在记述王典御寺佛塔时借助互文描写所言的"工逾昭仪"，可知它们的空间分布情况为，城内六座：永宁寺、长秋寺、瑶光寺、昭仪尼寺、胡统寺和太尉府前遗留佛塔；城东四座：明悬尼寺、灵应寺、秦太上君寺和平等寺；城南四座：景明寺、秦太上公寺（东寺、西寺各一座）和元悦在灵台基址上所建的佛塔；城西六座：冲觉寺、王典御寺、白马寺、宝光寺、融觉寺和大觉寺。杨衒之没有记述城北建有佛塔，可能与北魏宫城紧邻洛阳北城墙，佛塔作为高层建筑，不利于宫城防御有关。那么，整体来看，佛塔可以说是遍布北魏洛阳空间，

---

① ［美］段义孚著，王志标译：《空间与地方：经验的视角》，中国人民大学出版社，2017年，第143页。

② 〔北齐〕魏收：《魏书》，中华书局，2011年，第3043—3044页。

且因寿丘里舍宅立寺建塔的缘故，城西实际密度应当最大。从具体位置来看，无论城内还是城南的礼制建筑核心区域，均建有高级别、高规格的佛塔。这些佛塔主要是沿着宫城阊阖门—宣阳门—圆丘南北轴线分布，位居两侧：城内有当世最高的永宁寺浮图、太尉府前的浮图、胡统寺浮图，且都在铜驼大街的右侧；城南有高度仅次于永宁寺浮图的景明寺浮图、秦太上公东西二寺的浮图，且都在铜驼御道延长线的左侧。

显然，北魏洛阳所营造的“以南为尊”、彰显正统形象的核心礼制建筑空间，因最高统治者崇信佛教而被强势植入了佛塔所代表的佛教信仰空间。这表明，拓跋鲜卑南迁之后，虽然主动通过“以夏变夷”、推进华夏化进程而展现出“人的自觉”与“文的自觉”，但在精神信仰维度对礼乐精神、对中原农耕文化的自然神与祖先神信仰并非深度认同。他们虽进行了从西郊祭天到南郊祭天的祭祀体系转换，将北方草原游牧文化的信仰观念搁置，却为佛教信仰留下了足够的空间。在洛阳礼制建筑区域空间之内营建重要佛寺佛塔，足以看出佛教信仰在北魏的政治地位。为与自身所承载的政治价值、宗教价值相匹配，也为了能够与礼制建筑相媲美甚至超出礼制建筑，永宁寺佛塔、景明寺佛塔等成了礼制空间内令人瞩目的佛教建筑审美景观。与太庙、太社、太尉府等礼制建筑和官署建筑相比，很多佛塔都是高度远远超出它们，其中较低的胡统寺浮图、秦太上公寺浮图也都高“五十丈”，是人们仰观、进行高空审美的对象；它们的装饰奢侈华美，尽显皇家风范；同时，它们受营建者身份影响，在高度、形制与装饰等多个维度呈现出等级差异性。

表 2.1 《洛阳伽蓝记》所记佛塔简表

所在寺		具体位置	创建者	创建时间	高度	塔的描述
城中	永宁寺	宫前阊阖门南一里御道西	胡太后	熙平元年	中有九层浮图一所，架木为之，举高九十丈。有刹复高十丈，合去地一千尺。去京师百里，已遥见之	刹上有金宝瓶，容二十五石。宝瓶下有承露金盘三十重，周匝皆垂金铎。复有铁锁四道，引刹向浮图四角；锁上亦有金铎，铎大小如一石瓮子。浮图有九级，角角皆悬金铎，合上下有一百二十铎……
城中	长秋寺	西阳门内御道北一里，亦在延年里，即是晋中朝时金市处	刘腾		三层浮图一所	金盘灵刹，曜诸城内
城中	瑶光寺	阊阖城门御道北，东去千秋门二里	宣武帝		五层浮图一所，去地五十丈	仙掌凌虚，铎垂云表，作工之妙，埒美永宁

续表

所在寺		具体位置	创建者	创建时间	高度	塔的描述
城中	昭仪尼寺	东阳门内一里御道南	阉官等			
城中	胡统寺	永宁寺南一里许	胡太后从姑		五层	金刹高耸
城中		太尉府前	军人	东晋义熙十二年		砖浮图，形制甚古，犹未崩毁
城东	明悬尼寺	建春门外石桥南	彭城王元勰		三层	未加庄严
城东	灵应寺（太康寺）	崇义里	杜子休	正光初	三层	（复建）
城东	秦太上君寺	东阳门外二里御道北，晖文里	胡太后		五层	修刹入云，高门向街，佛事庄饰，等于永宁
城东	平等寺	青阳门外二里御道北，孝敬里	寺为广平王元怀舍宅所立；塔为平阳王元脩所立	永熙元年	五层	

续表

所在寺		具体位置	创建者	创建时间	高度	塔的描述
城南	景明寺	宣阳门外一里御道东	宣武皇帝立寺，胡太后立塔	寺景明年间立，塔正光年间立	七层浮图一所，去地百仞	邢子才碑文云“俯闻激电，旁属奔星”是也。妆饰华丽，侔于永宁。金盘宝铎，焕烂霞表
	秦太上公东西二寺	景明南一里	西寺，胡太后所立；东寺，皇姨（胡太后妹妹）所建		各有五层浮图一所，高五十丈	素采画工，比于景明
		秦太上公寺东（汉光武帝所立灵台基址）	汝南王元悦	正光中		复造砖浮图于灵台之上

续表

所在寺		具体位置	创建者	创建时间	高度	塔的描述
城西	冲觉寺	西明门外一里御道北	清河王元怿舍宅立寺；胡太后为其追福立塔	孝昌元年之后	五层	工作与瑶光寺相似
	王典御寺	西阳门外一里御道南宣忠寺东	阉官王桃汤		三层	门有三层浮屠一所，工逾昭仪。宦者招提，最为入室
	白马寺	西阳门外三里御道南	汉明帝			浮屠前，柰林蒲萄异于余处，枝叶繁衍，子实甚大
	宝光寺（晋石塔寺）	西阳门外御道北		晋	三层	以石为基，形制甚古，画工雕刻
	寿丘里诸寺	寿丘里	王侯第宅，多题为寺	武泰元年		列刹相望，祇洹郁起，宝塔高凌
	融觉寺	阊阖门外御道南	清河王元怿		五层	与冲觉寺齐等
	大觉寺	融觉寺西一里许	广平王元怀舍宅立寺；平阳王元脩造塔	永熙年中		砖浮图一所。是土石之工，穷精极丽

北魏洛阳之所以能够形成“宝塔骈罗”的审美景观，与以宣武帝、胡太后、元怀、元怿等代表的上层统治者佞佛直接相关。他们虽然主要基于祈福、追福等现实功利目的修建佛塔，但在客观上赋予了佛塔以政治美学的特征。陆威仪在论及北朝佛塔时明确认为：“佛塔所扮演的是和战国时期的高台一样的角色，皇家的威严和权势不言自明。”[①]北魏元氏皇室在洛阳修建的佛塔，可以说充分体现了他们汉化后对政治权威的追求，进而使得佛塔建筑景观审美中杂糅了儒家政治审美的威严与奢丽。当然，也正是元魏皇室成员、达官显贵的支持，为佛塔修建提供了所需要的大量人力、物力和财力。尤其是对于规格较高、设计精巧、装饰奢华的佛塔而言，更须仰仗高水平的建筑设计师与工匠。这对于一般民众所合力修建的佛寺或舍宅所立的佛寺而言是根本不可能的。如杜子休舍宅为“灵应寺”，是将所得晋代塔砖还原为砖塔，并且该塔应该在形制与装饰上无特色可记，更难以与新建佛塔相提并论，以致杨衒之仅记述此事而未作描写。再看他所重点描绘的永宁寺浮图，是由实际掌握北魏政权的胡太后所立；其他简笔记述的，瑶光寺浮图为宣武帝所立，景明寺浮图、秦太上君寺浮图、秦太上公西寺浮图和冲觉寺浮图等也为胡太后所立，王典御寺浮图为阉官王桃汤所立。这些佛塔修建者的政治身份，使他们能够调动国家资源进行营建，佛塔景观也因此被赋予了鲜明的政治美学意涵。

那么，骈比罗列的佛塔对北魏洛阳空间审美到底产生了什么样的冲击呢？依据佛塔景观的审美构成，主要有四：

第一，高空审美。从佛塔层级来看，有三级、五级、七级和九级等，具体高度除记述最高的永宁寺浮图达到了“百丈”“千尺”外，还有“百仞”高的景明寺浮图、“五十丈”高的瑶光寺浮图和秦太上公东西二寺浮图。姑且不论杨衒之所记佛塔高度是否真实确切，即便没有达到“百丈”“百

① ［美］陆威仪著，李磊译：《分裂的帝国：南北朝》，中信出版社，2016年，第104页。

仞”“五十丈”，它们的高度也理应远远超出了以亭台楼阁为主的建筑体系。如永宁寺浮图，登临之后能够“视宫内如掌中，临京师若家庭”[①]，足见它是洛阳城名副其实的最高建筑物。因此，高层佛塔的大量修建，让原本平淡无奇甚至枯燥乏味的洛阳都城上空出现了参差不同、造型别致的建筑景观，促使并吸引人们驻足仰观欣赏。芮沃寿在讨论“六世纪的中国”时，敏锐地发现了佛塔作为高层建筑对城市高空审美的激活效应。他指出：“佛教从最初在中国出现以来已有约 500 年，它此时已成为表现于社会生活各方面的一大特征。佛堂和寺院星罗棋布，寺庙和佛塔的轮廓给城市上空增添了生气。”[②]可以说，正是佛塔对高度的追求，引发了人们对城市高空的关注，激发了高空审美。

第二，形态之美。佛塔即便是汉化之后，也在造型方面带有鲜明的异域审美风格，或者准确地说它是文化融合所创生的一种新的建筑审美形式。南北朝时期，竞相兴建高塔蔚然成风，进一步推动了佛塔艺术设计水平的提升，从而促使佛塔在体量增加的同时依然呈现出优美的线条轮廓。它们的平面无论是方形、圆形、六边形，甚至如嵩岳寺塔所设计的十二边形，在逐层内缩的过程中，最终汇聚到塔刹的刹尖。塔身线条在向上聚集的过程中，彰显出一种向上的力，引领观者的视线向上无限延伸，直至沿着塔尖进入虚空。因此，塔身愈高，视觉形象就愈加修长，也就愈加能够通过高空审美激发人们的敬畏感、神圣感与崇高感。在杨衒之笔下，永宁浮图足以“下临云雨”，胡统寺浮图“金刹高耸”，秦太上君寺浮图“修刹入云”，景明寺浮图“俯闻激电，旁属奔星”，等等，它们高耸挺拔的外在形态，最终都是指向一个具有神圣性的空间，所彰显的是一种崇高之美。同时，以永宁寺浮图为代表的洛阳佛塔，装饰极为奢华，可谓穷极精丽。它们不

① 〔北魏〕杨衒之著，杨勇校笺：《洛阳伽蓝记校笺》，中华书局，2018 年，第 13 页。
② ［英］崔瑞德编，中国社会科学院历史研究所、西方汉学研究课题组译：《剑桥中国隋唐史》，中国社会科学出版社，1990 年，第 50 页。

仅意味着对佛教信仰的崇信，而且代表着皇家权力的威严，由此而彰显出一种壮丽重威之美。

第三，色彩之美。杨衒之在描述佛塔过程中对色彩审美关注较多，尤其是“金色”。佛塔装饰崇尚金色，既带有浓郁的佛教艺术审美风格，又契合于皇家政治威权审美的特质。王文进曾在转述杨圣立的观点时说：“中华民族向以青、赤、黄、白、黑为正色，并且符应着阴阳五行的思想，所以洛阳诸寺的装饰大都采用这几种颜色，如建中寺的‘朱门黄阁’、胡统寺的‘朱柱素壁’、景林寺的‘丹槛炫日’、景明寺的‘青台紫阁’等。至于西域的色彩，则是以金色为主，当时的寺院也大量运用这种色彩，如长秋寺的‘金盘灵刹’、建中寺的‘金华宝盖’、胡统寺的‘金刹高耸’等比比皆是。凡此皆可看出北魏当时佛寺这种交融着中原西域两种风格的色彩。”[①] 具体如：永宁寺浮图，有金宝瓶、承露金盘和金宝铎等，可谓金碧辉煌、耀眼夺目；景明寺浮图，“金盘宝铎，焕烂霞表”；长秋寺浮图，“金盘灵刹，曜诸城内”；等等。可以想见，金色的宝瓶、承露盘和宝铎等在阳光照射下闪闪发光、耀人双目，很容易造成一种视错觉，自然引人崇敬赞叹。

第四，声音之美。佛塔上悬挂的铎，不仅具有装饰作用，而且赋予了佛塔以灵动美。从杨衒之关于浮图装饰的描写可知，悬挂宝铎是当时佛塔装饰的通行选择，如永宁寺浮图九级“角角皆悬金铎，合上下有一百二十铎”，景明寺浮图有“金盘宝铎”，瑶光寺浮图有“铎垂云表”。同时，从杨衒之对其他佛塔的隐笔书写中，也可看出宝铎装饰的采用状况。如秦太上君寺“佛事庄饰，等于永宁”，秦太上公寺“素采画工，比于景明”，冲觉寺“工作与瑶光寺相似”，根据永宁寺浮图、景明寺浮图和瑶光寺浮图的装饰，相应看出这些佛塔也应装饰悬挂宝铎。当微风吹过时，声音清脆悦耳；当强风来袭时，声音铿锵有力。洛阳城内外多座佛塔的宝铎遥相呼应，

---

① 王文进编撰：《净土上的烽烟——洛阳伽蓝记》，海南出版社，1998 年，第 63—64 页。

在风的作用下演奏出动听的音乐。风声、铎音交互杂糅，飘荡于北魏洛阳上空，整座都城无异于上演了一场宝铎的音乐演奏会。宝铎音声，不仅让人对佛塔进一步产生敬畏之情，而且使得整座洛阳城展现出勃勃生机与繁华兴盛之象。概言之，佛塔景观从高空审美，到形态之美，再到色彩审美，最后到声音审美，立体式重塑了北魏洛阳都城空间审美。这些审美内容，虽因佛塔作为宗教建筑而带有一定的宗教艺术审美特质，但又展现出超越宗教艺术审美的维度。

三、壮制丽饰的永宁寺浮图

永宁寺，是北魏迁都洛阳时，在《都城制》中明确拟定要营建的佛寺。但直到迁都二十年后，也即在北魏孝明帝元诩熙平元年（516），才由宣武帝皇后、孝明帝母亲、灵太后胡氏主持兴建。《洛阳伽蓝记》中明确记载："永宁寺，熙平元年灵太后胡氏所立也。"[①] 但据《魏书》记载，永宁寺浮图兴建时间较晚：

> 太后（胡太后）父薨，百僚表请公除，太后不许。寻幸永宁寺，亲建刹于九级之基，僧尼士女赴者数万人。[②]
>
> 神龟元年(518)四月七日,步从所建佛像,发第至阊阖门四五里。八日，又立观像，晚乃肯坐。劳热增甚，因遂寝疾。灵太后亲侍药膳。十二日薨，年八十。[③]

由这两则史料可知，胡国珍死于518年，而胡太后是在她父亲死后才亲

① 〔北魏〕杨衒之著，杨勇校笺：《洛阳伽蓝记校笺》，中华书局，2018年，第11页。
② 〔北齐〕魏收：《魏书》，中华书局，2011年，第338页。
③ 〔北齐〕魏收：《魏书》，中华书局，2011年，第1834页。

自到永宁寺为浮图兴建奠基，那么，永宁寺浮图开始兴建时间便应是518年。胡太后或许有为其父胡国珍祈福的心愿在内，但也足以表明她对兴建永宁寺浮图的重视。另据崔光在神龟二年（519）八月的《谏灵太后登永宁寺九层佛图表》中所言："今虽容像未建，已为神明之宅。方加雕缋，饰丽丹青，人心所祗，锐观滋甚，登者既众，异怀若面。"[①]指永兴寺浮图主体工程耗时虽一年有余，但内部佛像塑造仍未完成，所谓"容像未建"；而"方加雕缋，饰丽丹青"，说明雕刻、绘画等装饰已经进行。同时，从中也可见出永宁寺浮图工程量之大、投入之巨、做工之精、水准之高。这使得永宁寺佛塔规格、等级超出了其他皇家佛寺佛塔，而成为北魏崇信佛教的标志，展现出较高的宗教地位与政治地位。

在宗教维度，杨衒之借来自西域的波斯僧人菩提达摩的赞誉，肯定了永宁寺佛图："自云年一百五十岁，历涉诸国，靡不周遍；而此寺精丽，阎浮所无也。极佛境界，亦未有此。口唱南无，合掌连日。"[②]进而言之，北魏洛阳不仅在政治维度是"正统"，而且在佛教信仰维度也居于"正统"，是"极佛境界"所在。在政治维度，杨衒之记载了北魏都洛期间与永宁寺关联的重大事件："建义元年（528），太原王尔朱荣总士马于此寺"[③]；"永安二年（529）五月，北海王元颢复入洛，在此寺聚兵"[④]；"永安三年（530），逆贼尔朱兆囚庄帝于寺"[⑤]；"永熙三年（534）二月，浮图为火所烧。……十月，而京师迁邺"[⑥]。永宁寺浮图在《洛阳伽蓝记》中俨然已经成为北魏政权兴废存亡的象征。

而永宁寺浮图之所以能够承载北魏所赋予它的宗教与政治功能，关键在

① 〔北齐〕魏收：《魏书》，中华书局，2011年，第1495页。
② 〔北魏〕杨衒之著，杨勇校笺：《洛阳伽蓝记校笺》，中华书局，2018年，第13页。
③ 〔北魏〕杨衒之著，杨勇校笺：《洛阳伽蓝记校笺》，中华书局，2018年，第13页。
④ 〔北魏〕杨衒之著，杨勇校笺：《洛阳伽蓝记校笺》，中华书局，2018年，第14页。
⑤ 〔北魏〕杨衒之著，杨勇校笺：《洛阳伽蓝记校笺》，中华书局，2018年，第15页。
⑥ 〔北魏〕杨衒之著，杨勇校笺：《洛阳伽蓝记校笺》，中华书局，2018年，第16—17页。

于它是当世佛塔建筑艺术最高水平的代表。为设计营造永宁寺浮图，北魏集中了当时一流的能工巧匠。杨衒之对此虽未作记述，但《魏书》《北齐书》等书中保存了一些相关史料，兹录于下：

> 志，字鸿道，博学有才干。年十余岁，便能属文。彪甚奇之，谓崔鸿曰："子宜与鸿道为'二鸿'于洛阳。"鸿遂与志交款往来。……志后稍迁符玺郎中、徐州平东府司马。以军功累转后军将军、中散大夫、辅国将军、永宁寺典作副将。[①]
>
> 世宗、肃宗时，豫州人柳俭、殿中将军关文备、郭安兴并机巧。洛中制永宁寺九层佛图，安兴为匠也。[②]
>
> 勒那漫提，天竺僧也，住元魏洛京永宁寺，善五明，工道术。时信州刺史綦毋怀文巧思多知，天情博识，每国家营宫室器械，无所不关，利益公私，一时之最。又敕令修理永宁寺，见提有异术，常送饷祇承，冀有闻见。[③]

由上可知：第一，李志为永宁寺典作副将。他被魏收赞誉为"博学有才干"，与史学大家、《十六国春秋》的作者、清河崔氏崔鸿齐名。所以，李志参与永宁寺营建，应当对永宁寺规制有所助益。第二，郭安兴为永宁寺浮图的建筑师。郭安兴与柳俭、关文备，都是宣武帝和孝明帝时期闻名北魏的一流工匠。魏收明确记述郭安兴为永宁寺浮图工匠，一方面见出永宁寺浮图在北魏当世的影响，另一方面则是对他工艺水平、艺术水准的赞誉。但史书并没有为郭安兴立传，目前仅《郭定兴墓志》有所述及："弟强弩将军，永宁、景明都将，名安兴，智出天然，妙感灵授，所为经建，世莫

① （北齐）魏收：《魏书》，中华书局，2011 年，第 1399 页。
② （北齐）魏收：《魏书》，中华书局，2011 年，第 1972 页。
③ （唐）道宣撰，郭绍林点校：《续高僧传》，中华书局，2014 年，第 977 页。

能传。”[①] 根据墓志记述，郭定兴乃是由郭安兴营葬的，所以墓志内容当真实可信。“永宁、景明都将”，即是说郭安兴负责景明寺与永宁寺的营建；“智出天然，妙感灵授，所为经建，世莫能传”，乃是称赞他营造设计得自然本真、妙夺天工，可谓冠绝当世。郭安兴之所以具有如此的建筑天赋与才能，可能与他出身建筑世家有关。据罗新、叶炜考证：“郭定兴墓志追溯其父祖世系，其曾祖郭珍为‘南来客’，似乎由南入北，证以‘声和馆邸’一语，疑是被俘入魏。北魏另外一个重要的建筑师蒋少游，就是于刘宋明帝初年淮北四州沦陷时，作为平齐户而进入平城的。郭珍可能也是如此。很有可能，郭安兴的建筑技能出于家传。”[②] 第三，綦母怀文为永宁浮图的维修负责人。据《北齐书·方伎传》记载：“綦母怀文，不知何郡人。以道术事高祖。……又造宿铁刀，其法烧生铁精以重柔铤，数宿则成刚。以柔铁为刀脊，浴以五牲之溺，淬以五牲之脂，斩甲过三十札。”[③] 可见，他善于铸造铁器，《续高僧传》说他“巧思多知，天情博识”[④]，善于营造宫室器械应当不虚。而永宁寺浮图，据杨衒之记述，刹顶曾被狂风所毁：“至孝昌二年（526），大风发屋拔树，刹上宝瓶，随风而落，入地丈余。复命工匠更铸新瓶。”[⑤] 那么，若由他负责维修永宁寺，便在情理之中。正是李志、郭安兴和綦母怀文等一流艺术家的参与，使永宁寺浮图展现出时代最高艺术水准，成就了中国佛塔艺术史上的辉煌。

令人痛惜的是，永宁寺浮图在北魏孝武帝永熙三年（534）就已经被火灾焚毁，化为灰烬，空留一座塔基。后人只能通过杨衒之的描述，借助审美想象来还原它的风貌。《洛阳伽蓝记》关于永宁寺浮图的描写，具体

---

① 罗新、叶炜：《新出魏晋南北朝墓志疏证》，中华书局，2005 年，第 95 页。

② 罗新、叶炜：《新出魏晋南北朝墓志疏证》，中华书局，2005 年，第 96 页。

③ 〔唐〕李百药：《北齐书》，中华书局，2013 年，第 679 页。又见《北史·艺术传》（〔唐〕李延寿：《北史》，中华书局，2013 年，第 2940 页），但都未记述綦母怀文修复永宁寺浮图一事。

④ 〔唐〕道宣撰，郭绍林点校：《续高僧传》，中华书局，2014 年，第 977 页。

⑤ 〔北魏〕杨衒之著，杨勇校笺：《洛阳伽蓝记校笺》，中华书局，2018 年，第 13 页。

如下：

> 中有九层浮图一所，架木为之，举高九十丈。有刹复高十丈，合去地一千尺。去京师百里，已遥见之。初，掘基至黄泉下，得金像三十躯，太后以为信法之征，是以营造过度也。刹上有金宝瓶，容二十五石。宝瓶下有承露金盘三十重，周匝皆垂金铎。复有铁锁四道，引刹向浮图四角；锁上亦有金铎，铎大小如一石瓮子。浮图有九级，角角皆悬金铎，合上下有一百二十铎。浮图有四面，面有三户六窗，户皆朱漆。扉上有五行金铃，其十二门二十四扇，合有五千四百枚。复有金环铺首。殚土木之功，穷造形之巧。佛事精妙，不可思议；绣柱金铺，骇人心目。至于高风永夜，宝铎和鸣，铿锵之声，闻及十余里。[①]

从佛塔的空间位置来看，永宁寺仍属于塔庙、以塔为主的佛寺结构布局，即佛塔在永宁寺中居于核心地位，礼拜佛塔即礼拜佛陀。所谓“中有九层浮图一所”，并非笼统地指永宁寺内建有九层浮图，而是强调浮图位于永宁寺的中心、中央位置。杨衒之采取先浮图，再佛殿，接着僧房楼观，最后为四门和院墙的叙述顺序，也即“先主后次”的顺序，以凸显浮图位于佛寺之“中央”、为佛寺之核心。这一记载与永宁寺旧址考古发掘结果是一致的：“今据钻探所知，该寺整体呈南北长的长方形，南北长 301 米、东西宽 212 米。方向北偏东 5 度”，“木塔塔基，位于寺内中部偏南处。为一整体呈正方形的夯土基址，由地下、地上两部分组成：地下部分为基础夯土，纵横各 100 米左右；地上部分为木塔基座，处于基础夯土的中心部位，纵横各 38 米余。如由木塔基座边缘起算，它南距寺院南门址约 92 米，西距寺院西门址约 72

① 〔北魏〕杨衒之著，杨勇校笺：《洛阳伽蓝记校笺》，中华书局，2018 年，第 11—12 页。

米，其与寺院东门址的距离，估计应与西门相同或近似”[①]。据此可推知李志、郭安兴等人在永宁寺规建过程中，是依据宫院建筑中轴线原则，或者说“择中而建”来选择浮图位置的。这既是继承以塔为中心的佛寺布局结构，又符合奉“中”为神圣方位的华夏民族文化心理。同时，永宁寺浮图居“中”而建，既与浮图所代表的佛教信仰神圣空间相契合，又与它作为皇家寺院浮图所承载的威权政治审美相契合。

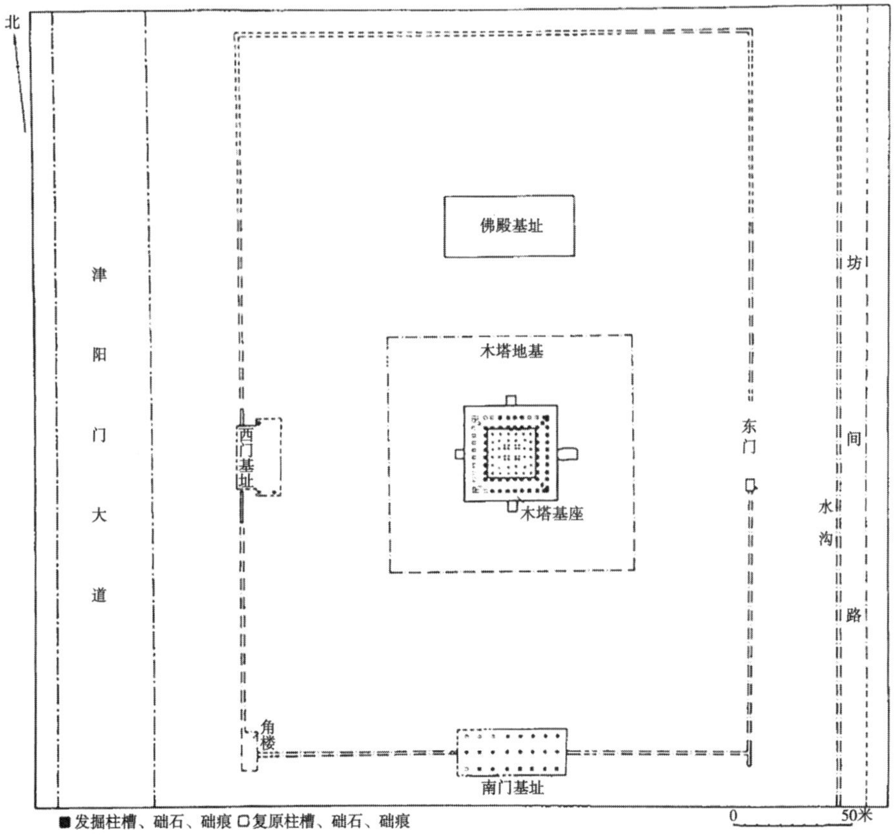

图 2-1 永宁寺遗址平面图[②]

① 中国社会科学院考古研究所：《北魏洛阳永宁寺》，中国大百科全书出版社，1996 年，第 6 页。
② 中国社会科学院考古研究所：《北魏洛阳永宁寺》，中国大百科全书出版社，1996 年，第 7 页。

从佛塔的高度来看，永宁寺九层木制浮图“举高九十丈”应指塔基和塔身，塔刹本身有“十丈”，合起来达到了百丈千尺。但此高度记载争议较大：郦道元在《水经注·谷水》中说：“水西有永宁寺，熙平中始创也，作九层浮图，浮图下基方十四丈，自金露槃下至地四十九丈，取法代都七级，而又高广之。”[①] 这与魏收所记载相一致：“肃宗熙平中，于城内太社西，起永宁寺。灵太后亲率百僚，表基立刹。佛图九层，高四十余丈，其诸费用，不可胜计。景明寺佛图，亦其亚也。”[②] 显然，郦道元、魏收与杨衒之的记载颇为悬殊。而古建筑学界根据永宁寺浮图基址发掘状况进行复原研究，所推断的塔高也不一致。如杨鸿勋在《关于北魏洛阳永宁寺塔复原草图的说明》一文里，认为：“四十九丈合 133.7 米；加塔刹总高按五十四丈许，则约为 147 米，是现存辽代应县木塔的 2.2 倍。按这个高度考察此塔遗址所反映的结构、构造情况，是有可能成立的。”[③] 王贵祥在《关于北魏洛阳永宁寺塔复原的再研究》一文中，则是推算认为：“塔刹约高 19.1 米，而刹基以下至塔基地面的高度为 133.67 米。如果再加上塔下高约 8 尺的二层台基高度，则全塔总高约为：152.77+（0.2728×8）=154.95（米）。如果联想到这是建造于一千五百年前北魏时期的木构建筑，这一高度应该真的可以算作是当时的世界奇迹吧！”[④] 陈明达曾指出：“此塔外观：下有阶基两层，塔身下层方 34.38 米，总高约 81.66 米。”[⑤] 另外，在河南省博物院关于永宁寺塔出土文物布展说明中，采用了约 140 米的说法。具体为：“永宁寺……寺中九层木塔，高约 140 米，是佛教传入中国后第一个鼎盛时期的重要标志。”结合考古复原研究来看，杨衒之所记的“百丈千尺”（约

① （北魏）郦道元著，陈桥驿校正：《水经注校正》，中华书局，2013 年，第 381 页。

② （北齐）魏收：《魏书》，中华书局，2011 年，第 3043—3044 页。

③ 杨鸿勋：《关于北魏洛阳永宁寺塔复原草图的说明》，《文物》1992 年第 9 期。

④ 王贵祥：《关于北魏洛阳永宁寺塔复原的再研究》，《建筑史》2013 年第 2 辑。

⑤ 陈明达：《中国古代木结构建筑技术（战国—北宋）》，文物出版社，1990 年，第 34—35 页。

273 米）应当具有文学夸张成分在内。

但无论是推断较低的“约 81.66 米”，还是较高的“154.95 米”，永宁寺浮图在 6 世纪前叶的北魏洛阳都是最高的高层建筑，相较于城内城外的其他建筑而言都具有压倒性的高度优势。由此，永宁寺浮图自然而然地成为北魏洛阳最受瞩目的高空审美景观。张法曾言：“在中国，高显建筑有两个功能：观看与被观看。被看是观者以下观上，得到的一种仰视的崇高，看是观者的登高临远，得到的是游目的遐思。”[①] 永宁寺浮图不仅具有高度，而且可以登临的结构设计，使它同时具有了两个审美维度的价值。作为审美对象的佛塔，可以遥见、远观，如杨衒之所说“去京师百里，已遥见之”，虽有夸张之嫌，至少在洛阳城郭之外能望见它是合乎情理的；也可以近看、近赏，如菩提达摩所见到的“金盘炫日，光照云表”，甚至赞美它是“极佛境界”。但无论是遥看还是近观，对于永宁寺浮图主要是自下而上的仰观。在仰观审美过程中，审美者对于高耸挺拔的佛塔而言是渺小的，所以当置身塔下仰望刹顶时，在佛塔宗教艺术氛围的作用下，敬畏感、神圣感和崇高感便会油然而生。作为高空审美平台的佛塔，永宁寺浮图为登临者提供了一个置身高空的审美视角，以观览洛阳景观或者说俯察整个洛阳城。《洛阳伽蓝记》中说：“装饰毕功，明帝与太后共登浮图；视宫内如掌中，临京师若家庭，以其目见宫中，禁人不听升。”[②] 胡太后、孝明帝登临永宁寺浮图，不仅视宫城如在目前，而且观京城尽收眼底，遂下令禁止攀登。但杨衒之本人还是和河南尹胡孝世一起登上永宁寺浮图，切身感受到了俯视云雨的体验，才相信登永宁寺浮图可以饱览京师。这就进一步增强了永宁寺浮图耸入云天的可信度。在该审美过程中，不管自上而下的景观俯察，还是身居高处的景观眺望，都淡化了佛塔景观审美的宗教性因素，从而走向了个体登临的审美遐想与精神超越。

---

① 张法：《询问佛境》，宗教文化出版社，2000 年，第 89 页。

② 〔北魏〕杨衒之著，杨勇校笺：《洛阳伽蓝记校笺》，中华书局，2018 年，第 13 页。

图 2-2 永宁寺塔复原透视图[①]

图 2-3 永宁寺塔立面复原图[②]

从佛塔形制来看，塔刹具有鲜明的异域审美风格。根据杨衒之的描述可知，永宁寺浮图塔刹上主要有金宝瓶、承露金盘、金铎等，它们都是源自佛教自身的建筑符号，使塔刹成为一个微缩版的窣堵坡。其中，三十重承露金盘不仅直接增加了塔刹的高度，而且表明佛塔等级之高。从杨衒之所记永宁寺浮图塔刹高十丈、塔身高九十丈的比例来看，塔刹的高度进一步强化了宝塔直指天空的向上的力，强化了宝塔修长的线条轮廓，也强化了宝塔高度带给仰望者的心理敬畏感。因为，佛塔在华夏化过程中，塔刹已经成为佛教宇宙观和佛国净土的象征。修刹入云的造型，则进一步凸显了佛塔审美的神圣性与崇高性。

① 杨鸿勋：《关于北魏洛阳永宁寺塔复原草图的说明》，《文物》1992 年第 9 期。

② 钟晓青：《北魏洛阳永宁寺塔复原探讨》，《文物》1998 年第 5 期。

从佛塔的装饰来看，如果说永宁寺浮图的结构和高度堪称“壮制”，那么它的装饰则是无与伦比的“丽饰”。永宁寺浮图是一座方形木塔，每面有三户六窗。每扇红漆门上都装有五行金铃，全塔共有十二个门户二十四扇门，合计有五千四百枚金铃。门上又有金环铺首。宝塔共高九层，角角都悬挂有金铎，上下共有一百二十个。塔刹三十层承露金盘周围也都悬有金铎，且有四条铁锁链将塔刹与佛塔四角连在一起；锁链上也挂有金铎，金铎大小如同石瓮。杨衒之给予刹顶和塔身金铎特别关注，足以见出他对宝塔铎声记忆之深刻。需要说明的是，由于版本差异，门上五行“金铃”或作“金钉”，若确为装饰性的“金钉”，姑且不论；若确为“金铃”，一百二十个金铎，本就足以发出悦耳之音，再加上五千四百枚金铃，可以想见宝塔之声音是多么震撼！杨衒之不仅直接描写了自己的感受，“至于高风永夜，宝铎和鸣，铿锵之声，闻及十余里”，而且借助菩提达摩进一步强调了宝塔带给人的声音感知，“宝铎含风，响出天外”。永宁寺浮图宝铎数量之多，在洛阳城内佛塔宝铎音声中可谓居于“主唱”地位，其他佛塔宝铎与之相和演奏，声势之壮观难以言喻。至于宝塔的木柱，从“绣柱”可知当是雕梁画栋。但杨衒之并未侧重介绍佛像、壁画、雕刻等内容，而是注重描述佛塔的造型设计，突出佛塔体量之大、设计之巧、装饰之精和绘事之美。所以，他对永宁寺浮图的总体审美评价是：“殚土木之功，穷造形之巧。佛事精妙，不可思议；绣柱金铺，骇人心目。”特别是色彩，朱红的门户和金色的宝铎最为瞩目，而朱红与金黄都被赋予了威权象征。永宁寺浮图刹顶的金色装饰，既是佛教艺术崇尚色彩的运用，又在中原文化色彩系统内代表着皇家威权，从而使得永宁寺浮图充分展现出国家最高级别寺院的“壮丽重威”。

永宁寺浮图，是北魏洛阳佛塔审美景观的典型代表，引领并推动了当时佛塔造型艺术的发展和佛塔景观审美，甚至扩展影响到了社会生活审美。杨衒之就直接以永宁寺浮图作为标准，来衡量判断其他佛寺浮图的装饰状况：如瑶光寺浮图“埒美永宁”，秦太上君寺“佛事庄饰，等于永宁”，景明寺浮图“妆饰华丽，侔于永宁”。不难见出，永宁寺浮图已经成为北魏当世佛塔艺术的模范，甚至成为石窟寺设计营造的模仿对象。对此，宿白结合相关考古材料指出：永宁寺作为北魏国寺，佛塔的佛龛、内匝礼拜回廊和木塔内中心柱等设计对当时石窟寺的设计布局产生了影响，并具体指出巩县第一窟、鸿庆寺第一窟布局与永宁寺塔基中心部分具有相似之处，“显然都不是偶然的巧合，可能都是模拟永宁寺”[①]。再如，李力在《北魏洛阳永宁寺塔塑像的艺术与时代特征》一文中，通过分析北魏元邵墓陶俑造型，指出“永宁寺塑像完成以后，迅速在都城洛阳扩展影响，并突破佛教艺术范畴而扩大到社会生活的不同领域”；通过分析以北齐墓葬的陶俑、壁画（如河北磁县北朝大墓）指出，“东魏至北齐时都城邺城地区墓葬中的随葬陶俑，直接承袭着北魏末年洛阳地区的造型风格，也就是依照永宁寺塔塑像所创制的新的样式”。[②] 在永宁寺浮图基址发掘出土的大量塑像残片，则是进一步证实了它既是多元审美融合的代表，又因此而成为当时审美风尚的引领者：

> 我们在塔基发掘简报中曾经指出，永宁寺出土的这批北魏晚期彩塑，“要比同时期的石窟造像更精美、更细腻、更生动”。它们造型优美，仪态庄重，虽不时流露出某些秀骨清像的遗韵，但在对人体形像特征的刻划和对塑像整体比例的把握方面，则显得更加准确完美。其形体修长但不过分夸张，身姿秀丽但不过分清瘦；面相多长圆形或方圆形，眉目清秀而不失浑厚；身段依然保持着传统的曲线美，体态却明显趋于丰满和圆润。衣纹刻划既无贴泥条式，也

---

① 宿白：《中国石窟寺研究》，生活·读书·新知三联书店，2019 年，第 204 页。

② 李力：《北魏洛阳永宁寺塔塑像的艺术与时代特征》，见巫鸿主编：《汉唐之间的宗教艺术与考古》，文物出版社，2000 年。

很少单独使用线刻纹，最为常见的，是雕塑而成的圆转、流畅之阶梯形衣褶，上加粗细有致的阴线纹；下摆也不再那样紧密、重叠、繁复，而变得简洁、明快且更趋自然。目睹这些泥塑像，让人感到它们与现实世界的华人更为接近，一种新的造像风格似乎正在孕育之中。[①]

这种从佛教建筑艺术出发的景观审美，之所以能够溢出宗教审美而走向纯粹艺术审美，关键就在于佛教建筑景观审美自身交织杂糅着认知、信仰崇拜和艺术审美。其中，艺术审美可以助推宗教信仰的神圣之美，但也可借助理性认知对信仰崇拜的超越而走向纯粹的艺术审美。杨衒之关于佛塔景观审美的书写便隐含着认知、信仰与审美的关系问题，即他在描绘永宁浮图景观、赞誉永宁浮图彰显佛教信仰“极佛境界”的同时，更多关注的却是永宁浮图作为艺术审美的价值及其带来的非宗教审美体验。

四、北魏洛阳佛塔景观的凸显

在高层佛塔建筑出现之前，中原文化高层建筑形式主要是楼、阁、台等。对此，刘敦桢指出：“在汉代以前，我们的高层建筑，只有楼、阁、台、阙，而无所谓的塔。文献里面也没有塔这个名称。到后来，印度的佛教经健陀罗（Gandhara）和西域诸国辗转东传，于是在佛教建筑中占重要位置的塔，才出现在中国。”[②] 也即作为随着佛教传播而由印度传入的一种新型高层建筑形式，佛塔只是丰富了高层建筑景观，而并没有取代楼、阁、台、城门等，并且佛塔也不是自东汉传入时便在高度上超出楼阁等建筑，

① 中国社会科学院考古研究所：《北魏洛阳永宁寺》，中国大百科全书出版社，1996 年，第 150 页。

② 刘敦桢：《中国之塔》，具体见《刘敦桢文集（四）》，中国建筑工业出版社，1992 年，第 1 页。

它的凸显经历了一个技术提升的过程。直到南北朝时期，随着佛塔建筑技术的提高，佛塔层级越来越多，佛塔作为高层建筑景观才逐渐凸显出来。“据文献记载，汉魏西晋时期，汉地尚未出现三层以上的佛塔，塔身体量也较后世佛塔为小。东晋十六国时，由于佛教的迅速流布，社会上投入佛教建筑活动的热情与财力也随之大增，佛塔的层数和体量开始有更大的发展。释道安南下襄阳造檀溪寺即‘建塔五层’，推测后赵时可能已出现五层佛塔（345 年前后）。此后，前秦长安、北魏平城相继出现了五层大塔。这时不仅层数增加，佛塔体量也较前期更为宏大。”① 到刘宋在建康建七层庄严寺塔和北魏在平城建七层永宁寺塔时，佛塔作为高层建筑的审美效应已经展现，只是由于佛塔数量有限和在都城空间布局中的地位没有得到强化，没有对都城空间审美形成根本性重构。而到 493 年之后，南朝建康与北魏洛阳的高层佛塔数量大幅增加，空间布局得到凸显，且在高度上成为都城标识，可谓对楼、阁、台等高层建筑形成压倒性高度优势，佛塔景观及审美才在对比中得到凸显。

首先，城门。都城城门按照礼制规制，属于城市城门的最高等级，北魏洛阳自然不会例外。杨衒之在序中有记载：“北面有二门：西头曰大夏门，汉曰夏门，魏晋曰大夏门，高祖因而不改。世宗尝造三层楼，去地二十丈。洛阳城门，楼皆两重，去地百尺，惟大夏门甍栋干云。”② 不管是两层的城门楼，还是依城而建的楼阁，以及高入云霄的大夏门，均是都城皇权的象征。

其次，高台建筑。《洛阳伽蓝记》中载述了多个高台和以台为基的建筑。城内华林园内留存下来的九华台和孝文帝于其上建的清凉殿；城南灵台，虽然基址已经坍塌，仍有五丈多高，汝南王元悦以此为基修建了一座砖塔；

---

① 傅熹年主编：《中国古代建筑史·第 2 卷》（第二版），中国建筑工业出版社，2009 年，第 200—201 页。

② 〔北魏〕杨衒之著，杨勇校笺：《洛阳伽蓝记校笺》，中华书局，2018 年，第 2—3 页。

城西洛阳大市南残留有东汉梁冀所造的皇女台，高五丈多，比丘道恒在宣武帝景明年间于皇女台基址上建造了灵仙寺。西游园内的凌云台，“《洛阳宫殿簿》曰：‘陵云台上壁，方十三丈，高九尺；楼方四丈，高五丈；栋去地十三丈五尺七寸五分也’”①。所以，孝文帝在其上建造了凉风观，登上凉风观远望，可以看到洛水一带。永宁寺发生大火的时候，孝武帝曾登上凌云台观察火情。同属西游园的灵芝钓台，是在碧海曲池中累木搭建的高台，有二十丈高，同样属于洛阳城内较高的台式建筑。

再次，高楼建筑。北魏洛阳保存下来的高楼有金墉城的“百尺楼”，而更具代表性是新建高楼。如清河王元怿所建的高楼：“西北有楼，出凌云台，俯临朝市，目极京师，古诗所谓：‘西北有高楼，上与浮云齐’者也。”②“出凌云台”，即高出凌云台，所以站在楼上可以俯瞰朝廷集市，看遍整个京城。而当时北魏经济状况较好，元氏皇室成员斗富成风，尤其是高阳王元雍、河间王元琛和章武王元融等，所以营建高楼者应不止元怿。杨衒之在描述寿丘里元氏皇室宅院建筑时明确提到了这一点：“于是帝族王侯，外戚公主，擅山海之富，居川林之饶，争修园宅，互相夸竞。崇门丰室，洞户连房，飞馆生风，重楼起雾。高台芳榭，家家而筑；花林曲池，园园而有。”③可见飞馆、重楼与高台代表的高层建筑在寿丘里应比比皆是。

最后，以华表、明堂为代表的礼制建筑。杨衒之明确记载了华表的高度与形制：“（洛水）南北两岸有华表，举高二十丈。华表上作凤凰似欲冲天势。”④他虽没有记载明堂高度，但明堂作为皇帝祭天享祖的重要礼制场所，定然要以规制和高度展示其庄严性、神圣性。根据考古发掘，汉魏洛阳明堂遗址晚期或者说第三期，为北魏明堂遗址：“台基整体平面呈

---

① 转引自〔南朝宋〕刘义庆撰，徐震堮著：《世说新语校笺》，中华书局，2001年，第385页。
② 〔北魏〕杨衒之著，杨勇校笺：《洛阳伽蓝记校笺》，中华书局，2018年，第175页。
③ 〔北魏〕杨衒之著，杨勇校笺：《洛阳伽蓝记校笺》，中华书局，2018年，第191页。
④ 〔北魏〕杨衒之著，杨勇校笺：《洛阳伽蓝记校笺》，中华书局，2018年，第154页。

圆形，主体为夯土筑成，周边原来镶包有石条。石条大部分无存，但包石沟槽保存基本完整。现残存的圆形夯土台基直径61.7—61.8米，复原镶包石条的完整圆形台基直径约为62.8米。”[①] 从基址直径长度可以看出，明堂规模十分宏大。

上述中原文化建筑体系的高层建筑，至多高二十余丈，难以与高层佛塔相提并论。如瑶光寺浮图和秦太上公二寺浮图五层，高五十丈；景明寺浮图七层，高百仞；永宁寺浮图九层，高百丈。其他还有很多五层浮图，如胡统寺浮图、秦太上君寺浮图、平等寺浮图、冲觉寺浮图和融觉寺浮图等，虽高度未必都达到五十丈，但从立塔者皇家身份来看，依次分别为胡太后从姑、胡太后、元脩、胡太后、元怿，可以推知它们应超过城门、楼、台等。正是在高度对比中的超出，自然而然地促生了北魏洛阳佛塔林立的高空景观。“中国古代建筑构图严谨，铺陈舒展，以横向线条展开层叠的序列节奏，形成变幻多端的空间艺术。但其中，却有突兀而出的竖向建筑直插上空，孤高耸天，打破了平缓的格局，成为几乎每一座城镇或风景胜地的重要标志，这就是塔。”[②] 北魏洛阳的殿、台、楼、阁等建筑，展现的是横向铺排、形制宏大和厚重威严。即便是最强调高度的高台式建筑，实际上追求的是整体性高度，以体量的宏大、壮观和视觉的压倒性来彰显威严、豪奢。佛塔作为单体建筑，也有塔基，而基台、基座旨在进一步增加塔身的高度。段义孚认为：“在建筑领域，重要的建筑物都建在台基之上。对于纪念碑而言，这样说也许永远正确，高大的纪念塔或者胜利纪念柱能够比低矮些的更令人肃然起敬。”[③] 佛塔正是凭借高耸直立的形态，将视线从地面引向高空甚

① 中国社会科学院考古研究所编著：《汉魏洛阳故城南郊礼制建筑遗址》，文物出版社，2010年，第91页。

② 王世仁：《塔的人情味》，具体见《当代中国建筑史家十书：王世仁中国建筑史论选集》，辽宁美术出版社，2012年。

③ [美]段义孚著，王志标译：《空间与地方：经验的视角》，中国人民大学出版社，2017年，第30页。

至走向无限，触发心理上的敬畏感与崇高感。

佛塔，之所以能在与华夏建筑体系融合过程中凸显出对高度的追求，并在高度上超出楼、阁、台等，关键在于形制上的创新，如永宁寺浮图代表的楼阁式佛塔。这种楼阁式佛塔，相较于印式佛塔，与佛殿、讲堂、僧房等建筑环境并不违和，且在形式上具有一种天然的契合性，从而在北魏洛阳建筑空间审美上展现出和谐价值。同时，塔刹的异域审美风格，又能够鲜明地彰显出其审美独特性。它不仅使佛塔作为“被观看”的高空审美对象凸显出来，而且使佛塔作为“观看”的高空审美平台凸显出来。因为，楼阁式佛塔的中空式结构设计，能够提供先前实心式佛塔所不具备的登临功能。在北魏洛阳，永宁寺浮图显然不是实心塔，而应是中空式的楼阁式塔。佛塔的垂直高度能够使人的观察视角、视野迅速得到调整，满足凭高远眺、俯察的需求，也即楼阁式佛塔在礼佛的功能之外又增加了娱人功能。这实则意味着佛塔宗教内涵的淡化、象征功能的减弱及审美功能的增强。诚如张法所指出的：“佛塔的观与被观，这两点都包含一种形而上的感触而与佛教的冥思体悟相汇通，而塔本身的性质，塔座壁上的雕刻，塔内各层中佛画和佛像都在把塔的感受引向佛国，但塔的看与被看，在建筑类型上，又是与亭、台、楼、阁的看与被看一样的。因此佛教的形而上感受会不知不觉地暗转向中国文化自身的宇宙人生感受。”[①] 这种美感上的转化与暗合，便促使“塔”式建筑的佛教意涵被淡化，从而进一步审美化、中国化。

当然，杨衒之还述及有灵台基址上新建的砖塔、灵应寺复建的砖塔和大觉寺新建的砖塔等。因此，难以考证北魏洛阳佛塔是实心塔居多还是空心塔居多，也难以知晓楼阁式佛塔占多大比例。但永宁寺浮图所代表的楼阁式塔，至少已经展现出塔式建筑审美功能强化的趋势。同时，佛塔在佛寺布局中从中心到边缘的位置变化，甚至独立营建在佛寺之外，也在审美

① 张法：《询问佛境》，宗教文化出版社，2000 年，第 89—90 页。

维度进一步凸显了佛塔的景观审美功能。如永宁寺九层佛塔位居佛寺中央；先建寺后建塔的景明寺、舍宅为寺后补建塔的冲觉寺等，佛塔当不在佛寺中央；王典御寺三层佛塔位于门口；灵台基址上的佛塔与太尉府前的佛塔都是独立的景观；还有很多佛寺，没有建塔。这种复杂的佛塔佛寺关系，表明北魏洛阳时期已经出现独立于佛寺的佛塔景观。

五、北魏洛阳佛塔景观的都城美学价值

关于“塔”的审美问题，李约瑟曾经用“风景”一词来形容：“塔是中国风景的一个重要特征。风景这个词是经过考虑而选用的，因为塔是来源于印度佛教的半外国式建筑，一般不得建造在城墙以内来和象征着天授御权的鼓楼和城门楼相争嵘。”[①] 显然，他说佛塔“一般不得建造在城墙以内”并不确切，佛塔自东汉至南北朝时期在都城圈内的位置演进，已经证明其很早便已经进入都城之内并且成为重要景观。而“风景”一词，却恰切地指出了无论是“佛塔”还是其他“塔”式建筑均可作为审美景观的特质。只是佛塔作为审美景观，在都城建筑审美体系中凸显出来并成为都城审美意象的重要构成，直到南北朝时期才得以达成。北魏洛阳佛塔景观，可谓充分彰显了佛塔景观重塑都城空间审美的美学史价值。

当然，佛塔景观在都城空间内的充盈，乃是南北朝时期都城审美的一个共同特征，并不限于北魏洛阳，南朝建康同样如此。据唐释法琳在《辩证论》中记载：“宋世合寺一千九百一十三所。译经二十三人二百一十部。名僧智士，郁若稻麻。宝刹金轮，森若竹苇。释教隆盛，笃信倍多。”[②] 尽管

---

① ［英］李约瑟著，汪受琪等译：《中国科学技术史》（第4卷第3分册），科学出版社，2008年，第158页。

② 转引自王贵祥：《东晋及南朝时期南方佛寺建筑概说》，《中国建筑史论汇刊》（第六辑），中国建筑工业出版社，2012年。

1913所是整个刘宋时期的佛寺数量，但都城建康应占据多数，从“宝刹金轮，森若竹苇”可知，建康都城空间内佛寺建塔者应当为数不少。到萧梁时期，由于梁武帝极力推崇佛教，加之与北魏洛阳的正统竞争，使得建康城内外营建了大量佛寺佛塔。著名的佛塔有枳园寺五层木塔、湘宫寺两座五层木塔、禅灵寺七层木塔、大爱敬寺七层木塔和同泰寺九层木塔等。以同泰寺佛塔为例，据《建康实录》记载：“帝（梁武帝）创同泰寺，……梁武普通中起，是吴之后苑，晋廷尉之地，迁于六门外，以其地为寺，兼开左右，营置四周池堑、浮图九层、大殿六所、小殿及堂十余所。……起寺十余年，一旦震火焚寺，唯余瑞仪柏殿，其余略尽，即更构造而作十二层塔，未就而侯景作乱，帝为贼幽馁而崩。”① 可见佛塔景观同样是建康都城空间审美的重要向度，高层佛塔景观并不限于北魏洛阳。但若就佛塔景观对都城空间的冲击而言，建康应当不及北魏洛阳。从佛塔数量来看，贺云翱指出：“据目前统计，在六朝都城约300座有名称可查的佛寺中，文献所录有佛塔的佛寺不过35座，约占全部佛寺的12%，与北魏洛阳的33%相比，北魏洛阳有佛塔的佛寺明显多于南朝建康。”② 从佛塔的位置来看，北魏洛阳永宁寺浮图是在都城规划时预留出的营建空间，足见佛教信仰在洛阳礼制正统空间内被孝文帝置于了较高地位。而萧梁建康，乃是因袭东晋以来建康规制布局，塔寺建设自然受到限制。如同泰寺九层浮图便是处于“吴之后苑”，其在建康都城空间中的地位显然不如北魏洛阳永宁寺浮图。正是基于此，北魏洛阳更能彰显佛塔景观对都城审美意象的重构作用。

在北魏都城南迁之前，洛阳作为东周、东汉、曹魏与西晋之都城，形成

---

① 〔唐〕许嵩撰，张忱石点校：《建康实录》，中华书局，1986年，第681页。

② 贺云翱：《六朝都城佛寺和佛塔的初步研究》，《东南文化》2010年第3期。根据注释，其中洛阳佛寺33%的比例，是根据萧默《敦煌建筑研究》（机械工业出版社，2003年，第38页）中所言：“《洛阳伽蓝记》共记录了洛阳近五十个佛寺，只有十五个寺有塔，其中十三座塔是立在新建寺中。”但实际上，杨衒之详细述及之佛寺仅四十四所，塔二十座；除去灵台基址所建之塔和太尉府前保留的塔，余有十八座。但寿丘里中寺塔林立，寺数不知，难以确切计算多大比例。

了“德政”“贯通人神”“礼乐政治”和“文化正统”象征的审美政治伦理意象。孝文帝迁都洛阳，正是为了发挥洛阳空间正统的文化优势和洛阳都城正统意象的心理优势。所以，他最初营建洛阳时，对佛寺建设在《都城制》中进行了明确规定。但随着宣武帝即位，以胡太后为代表的元氏皇室对佛教的极度推崇，使得洛阳城内外佛塔佛寺鳞次栉比。佛塔更是以其对楼、台等高层建筑的超出而令人瞩目。它们一方面被赞誉为“极佛境界”“佛国”的象征，另一方面则是重构了洛阳高空审美的景观。由此，北魏洛阳都城意象便被赋予了佛教信仰象征的内涵。如果说《洛阳伽蓝记》对洛阳佛塔景观的书写，从文学层面凝练涵养了洛阳都城意象的宗教性意涵，那么北齐邺南城、隋唐长安城等对北魏洛阳的借鉴复制，则是在现实层面承续了北魏洛阳的城市审美意象。当然，早在东汉时期洛阳都城圈内已经开始出现佛塔，并在曹魏、西晋时期有所增加，但直到北魏重建洛阳后，佛塔作为审美景观才真正在洛阳空间内确立并呈现出多元发展态势。也即佛塔景观是北魏洛阳与先前都城在审美景观、审美意象方面相区别的重要标识。

由于北魏洛阳都城模式为北齐邺南城、隋唐长安与洛阳等所继承，这使得佛塔景观也因此而理所当然地成为后世都城空间审美的重要内容。如在布局方面，佛塔在内城中营建甚至处于礼制建筑区域；在高度方面，后世都城均建有超出礼制建筑的佛塔，成为都城审美的重要标识。基于此，北魏洛阳对后世都城空间规划接纳佛塔景观，可谓是发挥了引领作用、模范作用。王宣宣根据史料统计得出唐长安可知佛塔数量为五十六座：“唐代长安城内有僧寺 93 座，尼寺 29 座，共计 122 座。就特定范围内而言，分布如此之多的佛教寺院算是非常密集。在 122 座佛教寺院之中，有 40 座寺庙存有佛塔，共计 56 座，占所有寺院的 33%。”[①] 综合来看，唐代长安城内肯定存在为数较多的佛塔景观，其中包括大慈恩寺五级浮图、清禅寺十一级浮

① 王宣宣：《唐代长安城内佛塔研究》，西北大学硕士学位论文，2014 年，第 16 页。

图和荐福寺十五级浮图等。以隋立禅定寺佛塔为例："隋初置宇文弢别馆于此坊，仁寿三年（603），为献后立为禅定寺。宇文愷以京城西有昆明池，地势微下，乃奏于此建木浮图。高三百卅尺。周匝百廿步。寺内复殿重廊，天下伽蓝之盛，莫与为比。"[①]《续高僧传》则是对该浮图描写说："及献后云崩，于京邑西南置禅定寺。架塔七层，骇临云际，殿堂高竦，房宇重深，周闾等宫阙，林圃如天苑，举国崇盛，莫有高者。"[②]隋唐长安城能够营建大量高层佛塔建筑，显然是受到了以北魏洛阳为代表的南北朝都城的影响。由此，尽管存在层级多少与高低、数量多寡、材质差异和形制多样等诸多不同，但佛塔作为都城空间审美景观重要构成的现象得到了有效延续，佛塔也相应成为唐长安、宋东京等后世都城意象的有机构成。

① 〔唐〕韦述撰，辛德勇辑校：《两京新记辑校》，中华书局，2020年，第135页。

② 〔唐〕道宣撰，郭绍林点校：《续高僧传》，中华书局，2014年，第666页。

第二节 北魏洛阳佛寺景观审美

“佛寺”，在梵语中为“伽蓝”“僧伽蓝”“毗诃罗”“招提”等。以“佛寺”称谓“伽蓝”，本身就已经蕴含了佛教建筑的中国化。关于称为“寺”的内涵，张法结合东汉洛阳白马寺的相关记述指出：“汉地佛教寺庙被称为‘寺’，源于印佛东来在汉地出现的第一座佛教建筑被取名为‘白马寺’。当时，‘寺’并非宗教建筑之称，而是政府机构的官署之名。围绕白马寺，有种种传说，从建筑成分讲，它有殿、有塔、有画，依照的是‘天竺旧状’，但用政府机构的名称去命名，不仅是以一种在汉文化中有尊贵含义的建筑概念去使佛庙一听上去就令人肃然起敬，更主要的是它在建筑形式上就接受了汉文化的礼制。”[①]“伽蓝”进入东汉洛阳之初，在命名上已经被赋予了政治建筑的意味，受到儒家政治美学的约束。对于佛寺建筑而言，便是其空间位置、整体规模、建筑形制、佛像塑造及装饰等，都呈现出鲜明的等级性与差异性。尤其是都城之内的佛寺，更须严格遵守儒家政治美学的基本规则，不能僭越相关礼制规定，进而在相互比较中凸显皇家寺院的威严、壮观与奢丽。换言之，佛寺建筑艺术一方面受到儒家政治美学的约束，另一方面也彰显出儒家政治美学的内容与地位。正是基于此，都城佛寺宗教信仰空间，虽对礼制空间形成巨大冲击，却能与之有机共存。

与佛寺名称汉化相伴随的，是佛寺布局、建筑形制、塑像等多维度的华夏化。鉴于《洛阳伽蓝记》中关于佛寺记载内容关涉布局颇多，这里主要讨论佛寺布局的华夏化及其对佛寺审美景观生成的影响。在佛寺结构布局

① 张法：《询问佛境》，宗教文化出版社，2000 年，第 148 页。

的演进过程中，佛寺并没有因为结合楼阁、亭台、园林和廊院等，而丧失自身作为宗教艺术的审美特质。因为佛寺中的塑像、壁画、藻井、经幢等组成的物体系和僧人主导的由诵经、讲经、超度等组成的佛事活动，所共同营造生成的佛教建筑空间气氛，决定了佛寺景观审美仍然保有佛教美学的特质。即便是那些舍宅而建的佛寺，在外观形态上与世俗化的府邸宅院等相似甚至是完全相同，但内在佛教物体系与佛事活动所生成的信仰空间气氛却足以使其审美价值发生转化。而具体到《洛阳伽蓝记》所记载的北魏洛阳佛寺布局而言，则集中体现为佛塔与佛殿关系的复杂状态：以佛塔为中心，以佛殿为辅；或佛塔、佛殿同为中心；或以佛殿为中心，以佛塔为辅；或以佛殿为中心，不再建佛塔；等等。可见，从“建寺即立塔”到“建寺未必有塔”的佛寺布局演进过程，实则是佛殿地位在佛寺布局中逐步提升的过程。佛寺布局塔殿关系的演变，自然促生出多样化的佛寺建筑景观和多元化的佛寺景观审美样态。

一、佛寺布局的演进及审美

从东汉洛阳白马寺的布局可知，佛寺建筑进入中原地区时是以佛塔为中心的。由此，佛寺在都城空间中的位置演进便与佛塔是一致的。也即，佛寺在都城空间内，同样经历了一个从“都城圈”外层进入内层、进入都城城墙之内的过程。这种以佛塔为中心的佛寺布局，随着佛教思想的传播，在空间维度，凭借着都城的引领效应而被其他地域的佛寺所效法、模仿；在时间维度，则是一直持续到北魏孝文帝迁都洛阳和南朝萧齐武帝时期。严耕望曾指出：“东汉末年佛教以首都洛阳为中心，其流布自洛阳、南阳以东豫、兖、青、徐，东南逾江至丹阳、会稽以及岭南缘南海地带，皆或多或少有些佛教信仰。”[①] 佛教信仰传播所到之处，就意味着佛寺所到之处，也是塔寺布局被复制之处。如《三国志·吴书·刘繇传》中所载：“笮融者，丹杨人，初聚众数百，往依徐州牧陶谦。谦使督广陵、彭城运漕，遂放纵擅杀，坐断三郡委输以自入。乃大起浮图祠，以铜为人，黄金涂身，衣以锦采，垂铜盘九重，下为重楼阁道，可容三千余人，悉课读佛经，令界内及旁郡人有好佛者听受道。”[②] 从“大起浮图祠”，“垂铜盘九重，下为重楼阁道”可知，笮融所立的“浮图祠”乃是以佛塔为中心的佛寺。它在布局上是佛塔居中，周围建有两层回廊，以供礼拜佛塔或举办佛事活动。

当然，自东汉明帝至北魏孝文帝迁都洛阳的四百多年间，佛寺以佛塔为中心、周围营建房屋、回廊等的布局结构并非一成不变，而是在坚持佛塔作为中心的同时，增加了佛殿、讲堂、禅室、僧房等建筑。以东晋时期释道安在襄阳所建的檀溪寺为例：

> 安以白马寺狭，乃更立寺，名曰檀溪，即清河张殷宅也。大富长者，并加赞助。建塔五层，起房四百。凉州刺史杨弘忠送铜万斤，拟为承露盘。安曰：“露盘已讫汰公营造，欲回此铜铸像，事可然乎？”忠欣而敬诺。于是众共抽舍，助成佛像。光相丈六，神好明著。……符坚遣使送外国金箔倚像，高七尺，又金坐像，结珠弥勒像，金缕绣像，织成像，各一张。每讲会法聚，辄罗列尊像，布置幢幡，珠佩迭晖，烟华乱发。[③]

从中可知，檀溪寺是在张殷宅院的基础上营建而成，虽是以五层佛塔为中心的布局，但应还有佛殿、讲堂和僧房等，所谓“讲会法聚”“罗列尊像”

---

① 严耕望：《魏晋南北朝佛教地理稿》，上海古籍出版社，2007 年，第 4 页。
② 〔晋〕陈寿撰，〔宋〕裴松之注：《三国志（第 2 版）》，中华书局，1982 年，第 1185 页。
③ 汤用彤：《校点高僧传（上）》，台北佛光文化事业有限公司，2001 年，第 303—304 页。

都需要专门的空间，说明其结构布局应已经发生变化。再如北魏平城所建佛寺的布局：“是岁（天兴元年）（398），始作五级佛图、耆阇崛山及须弥山殿，加以缋饰。别构讲堂、禅堂及沙门座，莫不严具焉。”[①] 这所佛寺延续了以佛塔为中心的布局。它因建“五级佛图”而被称为“五级大寺”，从称谓上直接表明了佛塔在寺中的核心地位。同时，它还建有须弥山殿、讲堂、禅堂及沙门座等，可见佛寺规模更为宏大、布局更为严整复杂。

佛寺布局之所以长时间内延续以佛塔为中心的主要布局形式，关键在于佛塔因珍藏佛骨、舍利而被视为佛陀涅槃的象征，相应地也就成为信众礼拜的对象。但随着西域僧人进入中土人数的增加，佛经翻译得到有力推动，佛教义理渐趋受到重视，这便为从礼拜佛塔走向礼拜佛像提供了理论基础。礼拜佛像，则导向了讲究定慧双修、注重佛教义理，从而为佛殿成为佛寺中心提供了理论支持。同时，佛寺布局演进还受到了政治、社会、自然地理等多种因素的影响。如城市市井佛寺与自然山林佛寺，便因自然条件限制而有一定差异。如据《校点高僧传·宋上定林寺昙摩蜜多》记载：

> 元嘉十年（西元四三三年）还都，止钟山定林下寺。蜜多天性凝靖，雅爱山水。以为钟山镇岳，埒美嵩华，常叹下寺基构，临涧低侧。于是乘高相地，揆卜山势。以元嘉十二年（西元四三五年）斩石刊木，营建上寺。士庶钦风，献奉稠叠。禅房殿宇，郁尔层构。于是息心之众，万里来集。讽诵肃邕，望风成化。[②]

上定林寺的兴建，本就是昙摩蜜多考察选择的钟山风景佳处，佛寺之佛殿、讲堂、禅房等亦是合于山色，但这里并没有提到起立佛塔。若就直

---

① 〔北齐〕魏收：《魏书》，中华书局，2011 年，第 3030 页。

② 汤用彤：《校点高僧传（上）》，台北佛光文化事业有限公司，2001 年，第 209 页。

接推动佛寺布局发生变革的因素来看，则是因为西晋之后政权更迭、战争频仍和胡族入主中原导致社会动荡，进而产生“舍宅为寺”的现象。“舍宅立寺”的方式，直接加速了华夏廊院建筑体系与佛教建筑的融合，促使佛寺打破以佛塔为中心的布局。如唐陆广微在《吴地记》中，记述华亭通玄寺，是东吴孙权吴夫人舍宅所建；《法苑珠林》卷二十一中记载，东晋永和二年（346），长沙太守江陵滕畯曾舍宅为寺；《景定建康志》卷四十二记载，东晋永和四年（348），谢尚舍宅营造了庄严寺；《景定建康志》卷十七记载有齐明僧绍在摄山舍宅兴建了栖霞寺；等等。这些佛寺，因原有府邸宅院结构的影响，有的没有空间增建佛塔，有的虽可以增建，但位置不再处于佛寺中央。《校点高僧传》中载有刘宋时期平陆令许桑舍宅为寺，明确记述说：“舍宅建刹，因名平陆寺。……跋摩共观加塔三层。”[①] 平陆寺虽补建了三层佛塔，却没有说明佛塔的位置。

若以北魏迁都洛阳和萧齐明帝为分界线来看佛寺布局，在 493 年之前，佛寺布局的佛塔中心模式仍占据主导地位，但因“舍宅为寺”的出现与发展，致使佛寺布局出现了多元化发展趋势，内蕴着从佛塔中心向佛殿中心的演进。而该时期佛寺以佛塔称谓或以营建佛塔作为标志，充分证实了佛塔中心佛寺布局的地位：北魏直接将佛寺称为“浮图”，如思远浮图、思燕浮图；南朝政权则将兴建佛寺称为“起立塔寺”“兴立塔寺”“兴造塔寺”。

佛寺建筑构成与布局的本土化演进，佛殿在佛寺布局中地位的提升，重楼、回廊、亭台等与佛教建筑的进一步结合，实质上就是佛寺景观的本土化进程。在以佛塔为中心的佛寺中，佛塔是佛寺景观的核心；在塔殿并重或者以殿为主、以塔为辅时，佛塔是佛寺景观的有机构成，佛殿、塑像等的景观价值得到提升；在以佛殿为主而无佛塔时，佛寺则自成景观。佛寺布局塔殿关系的演进，在审美维度便意味着佛寺景观审美侧重点的转换：

---

① 汤用彤：《校点高僧传（上）》，台北佛光文化事业有限公司，2001 年，第 204 页。

佛塔作为佛寺景观的代表，佛塔高度自会引发强烈的视觉冲击和心理震撼；佛殿作为佛寺景观的代表，则更为强调佛寺结构整体布局所生成的空间审美氛围，强调佛像的审美标识作用。深言之，佛塔中心布局与佛殿中心布局两类佛寺景观，审美观照内容不同：前者重在佛塔，后者重在佛像；审美活动激发方式不同：前者重在佛塔的视觉审美感知，后者重在佛寺审美氛围的身体感知；审美心理感受不同：前者是一种强烈的心理冲击，后者乃是一种渐进式的体验感知。当然，它们最终指向的都是宗教艺术审美的庄严、神圣。北魏洛阳，作为南北朝时期佛寺最为集聚的空间，充分展现了佛寺布局演进所呈现的多元审美样态。

二、“招提栉比”的北魏洛阳

北魏迁都之后，洛阳空间内的佛寺，与之前相比，可以用“激增”一词来形容。西晋洛阳，据《洛阳伽蓝记》《魏书》记述，仅有塔寺四十二所。西晋灭亡之后，北方长期陷于战乱之中。洛阳作为兵家必争之地，更是频遭战火蹂躏。同时，它也丧失了佛教传播中心的地位，相应地所拥有的佛寺数量也大幅减少。据王贵祥的《十六国时期北方寺院并道安行状中所历佛寺》①一表统计显示，有史料可查者仅阳平寺（寺内有塔）和洛阳东寺两所。而另据《洛阳伽蓝记·序》所述可知，北魏迁都之初，城西有一所“王南寺”：“迁京之始，宫阙未就，高祖住在金墉城。城西有王南寺，高祖数诣寺沙门论议。”②再加上《洛阳伽蓝记》正文中所记载的城西石塔寺（被改建为宝光寺），共有四所。相较之下，北魏都洛期间，仅京师之内就有佛寺一千三百六十七所：

---

① 王贵祥：《中国汉传佛教建筑史》，清华大学出版社，2016年，第30—35页。

② 〔北魏〕杨衒之著，杨勇校笺：《洛阳伽蓝记校笺》，中华书局，2018年，第2页。

寺有一千三百六十七所。天平元年，迁都邺城，洛阳余寺四百二十一所。北邙山上有冯王寺、齐献武王寺。京东石关有元领军寺、刘长秋寺。嵩高中有闲居寺、栖禅寺、嵩阳寺、道场寺。上有中顶寺，东有升道寺。京南关口有石窟寺、灵岩寺。京西瀍涧有白马寺、照乐寺。如此之寺，既郭外，不在数限，亦详载之。①

从数量来看，北魏洛阳佛寺的兴建速度令人叹为观止。就分布密度而言，如果按杨衒之所记二百二十个里坊，平均每个里坊有六所佛寺还多。杨衒之记述了一个比较典型的城东建阳里：“璎珞寺，在建春门外御道北，所谓建阳里也。即中朝时白社地，董威辇所居处。里内有璎珞、慈善、晖和、通览、晖玄、宗圣、魏昌、熙平、崇真、因果等十寺。”②

若与南朝萧梁佛教传播鼎盛时期的建康相比，北魏洛阳佛寺数量要超出六百所左右。据唐释道宣在《续高僧传》中记载：“梁高端拱御历，膺奉护持……当斯时也，天下无事，家国会昌，风化所覃，被于荒服。钟山帝里，宝刹相临，都邑名寺，七百余所。”③加之萧梁建康佛寺有前代佛寺延续在内，而北魏洛阳佛寺主要是新建而成，所以就对都城空间的影响来看，北魏洛阳更能体现佛寺空间的冲击力。

也正是基于佛寺数量之多、分布之密，杨衒之用“招提栉比，宝塔骈罗”来形容洛阳空间内星罗棋布的佛寺。事实上，北魏在迁都之初并未大规模兴建佛寺，而是在重塑洛阳正统的前提下对佛寺营建有所限制。对此，前已述及《都城制》规定城内仅立永宁寺、郭内仅立一所尼寺，其余佛寺均建在郭外，不再赘述。关于佛寺营建对《都城制》的突破，自宣武帝景明初年便已经开始，致使宣武帝专门下旨禁止：“逮景明之初，微有犯禁。

---

① 〔北魏〕杨衒之著，杨勇校笺：《洛阳伽蓝记校笺》，中华书局，2018年，第259页。
② 〔北魏〕杨衒之著，杨勇校笺：《洛阳伽蓝记校笺》，中华书局，2018年，第80页。
③ 〔唐〕道宣撰，郭绍林点校：《续高僧传》，中华书局，2014年，第547页。

故世宗仰修先志，爰发明旨，城内不造立浮图、僧尼寺舍，亦欲绝其希觊。”[①]但从杨衒之的记述可知，宣武帝本人都没有遵守“城内不造立浮图”的规定，而在城内营建瑶光寺，并立有五层佛塔。关于佛寺营建的兴盛，到孝明帝初年已经十分突出。任城王元澄在神龟元年（518）给孝明帝上表时曾言：“臣以才劣，诚忝工务，奉遵成规，裁量是总。所以披寻旧旨，研究图格，辄遣府司马陆昶、属崔孝芬，都城之中及郭邑之内检括寺舍，数乘五百，空地表刹，未立塔宇，不在其数。”[②]从元澄主导进行的佛寺统计结果“数乘五百”可知，北魏洛阳此时佛寺数量已经大幅增加，并且还有大量待建佛寺。

北魏洛阳鳞次栉比的佛寺，显然不可能全部写入《洛阳伽蓝记》。诚如杨衒之本人所言：“然寺数最多，不可遍写，今之所录，止大伽蓝；其中小者，取其详世谛事，因而出之。”[③]也即，《洛阳伽蓝记》所记主要是大伽蓝。所述及中、小规模的伽蓝，或建筑奇特，或发生有奇闻异事，或发生有历史事件，或与文学艺术相关。同时，从《洛阳伽蓝记》所书写的空间范围和文末所言的“如此之寺，既郭外，不在数限”可知，外郭城以外的佛寺并不在书写范围之内。因此，尽管嵩山上的闲居寺、栖禅寺与嵩阳寺等代表的山林佛寺和洛阳城南的石窟寺等，也在洛阳都城圈之内，却并没有被纳入记述范围。这也就注定了《洛阳伽蓝记》记载的都是城市市井的佛寺布局。

至于杨衒之具体述及了多少佛寺，由于统计标准的差异，所得出的结果并不相同。傅熹年在《北魏洛阳佛寺兴立简况表（据《洛阳伽蓝记》整理）》[④]中列出五十五所佛寺，金大珍根据《洛阳伽蓝记》所载寺名统计出

① 〔北齐〕魏收：《魏书》，中华书局，2011 年，第 3044 页。

② 〔北齐〕魏收：《魏书》，中华书局，2011 年，第 3045 页。

③ 〔北魏〕杨衒之著，杨勇校笺：《洛阳伽蓝记校笺》，中华书局，2018 年，第 1 页。

④ 傅熹年主编：《中国古代建筑史·第二卷》（第二版），中国建筑工业出版社，2009 年，第 180—183 页。

六十六所佛寺[①]。原因在于：前者没有计入建阳里“十寺”中的慈善、晖和、通觉、晖玄、宗圣、熙平、崇真、因果等八所佛寺，也没有计算比丘惠凝复活奇事讲述所提及的“城东有宝明寺，城内有般若寺，城西有融觉、禅林、灵觉三寺”[②]；同时，将秦太上公东西二寺作为一寺，又将太尉府前的砖浮图和灵台基址所建浮图作为佛寺列入。后者则是将秦太上公东西二寺分开计算，且没有统计两座单独的浮图，还遗漏了城南的招福寺、龙华寺和归正寺。必须指出的是，两者都没有统计的佛寺有《洛阳伽蓝记·序》中所提及的“城西王南寺”、在《城南·报德寺》中述及的“承光寺”、在《城北·凝玄寺》中述及的“崇立寺”。

综合两个统计，将秦太上公东寺与西寺记作二寺，将太尉府前砖浮图和灵台基址砖浮图计算在内，再加上王南寺、承光寺、崇立寺，杨衒之述及的洛阳京师佛寺有七十四所。另外，他在景宁寺下记述有杨椿一门“普泰中，为尔朱世隆所诛，后舍宅为建中寺”[③]，但不知与城内尔朱世隆所立的“建中寺”有何关联，故没有计算在内。由于杨衒之没有确切指出承光寺、崇立寺的位置，按城市空间划分，其余七十二所分布如下：城内十四所，城东二十二所，城南十七所，城西十七所，城北二所。只从有名称可考的佛寺空间分布来看，城东居多。但如前所言，“河阴之役”直接导致在洛阳城西空间内佛寺数量猛增，延酤以西、张方沟以东、洛水以北、邙山以南的区域内，佛塔林立、佛寺骈罗。因此，洛阳城西应为佛寺最多、最密之处。

北魏洛阳棋布星陈的佛寺，不仅挤压了普通民众的居住空间，而且对都城礼制空间形成了强大冲击。佛教寺庙空间的迅猛增加，俨然成为北魏洛阳空间最为显著的特征。陆威仪认为：“平城最初只是中国边界上的一个‘帐

---

① ［韩］金大珍：《北魏洛阳城市风貌研究：以〈洛阳伽蓝记〉为中心》，中国社会科学出版社，2016年，第56—59页。

② 〔北魏〕杨衒之著，杨勇校笺：《洛阳伽蓝记校笺》，中华书局，2018年，第82页。

③ 〔北魏〕杨衒之著，杨勇校笺：《洛阳伽蓝记校笺》，中华书局，2018年，第119页。

篷城'，即便精巧的皇宫在这里建成，它依然远离商路，也不是重要的朝圣中心。只有当 493 年北魏将它的都城迁到洛阳以后，佛教寺庙才成为城市布局中最重要的特征之一，既是一般信众虔诚跪拜的对象，也是精英身份的一种象征。”[①] 佛寺在洛阳空间内的激增，既因其占用大量人力、物力、财力导致礼制建筑难以完善，又因其侵占里坊空间、进入礼制空间而直接影响礼乐制度的完善，从而在当时就引发关注与反对。任城王元澄早在神龟元年（518）冬便上书《奏禁私造僧寺》，明确指出佛寺在洛阳空间充盈的状况：

> 自迁都已来，年逾二纪，寺夺民居，三分且一。高祖立制，非徒欲使缁素殊途，抑亦防微深虑。世宗述之，亦不锢禁营福，当在杜塞未萌。今之僧寺，无处不有。或比满城邑之中，或连溢屠沽之肆，或三五少僧，共为一寺。梵唱屠音，连檐接响，像塔缠于腥臊，性灵没于嗜欲，真伪混居，往来纷杂。[②]

这是元澄、陆昶、崔孝芬对洛阳佛寺调查统计的结果。从中可知，在北魏定都洛阳二十多年间，有三分之一的民居空间被转为佛寺空间，导致佛寺“无处不有”。不仅“比满城邑”，而且“连溢屠沽之肆”，屠宰牲畜和卖酒的市场也有佛寺。更有甚者，三五个小和尚，都能够共立一座佛寺。元澄认为，塔刹林立背后潜藏的是佛教信仰的真假难辨，佛像、佛塔象征的神圣之地混杂着杀戮、腥臊之气，超然尘世之外的清修场所被世俗欲望所掩盖。但这种混杂的现象却在客观上导致佛寺空间在洛阳的极度拓展，进而改变了都城空间形态和建筑景观样态。从微观上看，其“坐北朝南”

---

① ［美］陆威仪著，李磊译：《分裂的帝国：南北朝》，中信出版社，2016 年，第 104 页。

② 〔北齐〕魏收：《魏书》，中华书局，2011 年，第 3045 页。

的布局，虽成就了佛寺庄严与建筑景观，却冲击了洛阳规划严整的里坊制："若灵像既成，不可移撤，请依今敕，如旧不禁，悉令坊内行止，不听毁坊开门，以妨里内通巷。"[①] 可见，在佛寺布局结构落实过程中，因为开寺门而导致坊墙拆毁的现象大量出现。这不仅影响了北魏洛阳的社会治安管理，而且影响了里坊布局规整的审美效应。从宏观上看，佛寺的大量涌现，直接造成了对礼制建筑的遮掩。如北魏国寺永宁寺，不仅是微缩版的太极殿宫院，而且九级佛塔更加令人瞩目。除宫城外，太社、太庙、明堂等礼制建筑，俨然被淹没在了佛寺景观之中。不止如此，佛寺建筑所建位置，也打破了礼制建筑空间的专属性，如城内铜驼大街两侧所建的永宁寺、景林寺与胡统寺，太学旁边的报德寺等。可见，政治因素推动了佛寺景观的充盈，反过来佛寺景观极大地冲击了礼乐政治制度及设施的建设与完善，进而重构了洛阳空间景观审美样态。

三、洛阳佛寺景观布局的多样化

如果从佛寺布局演进的维度来看，北魏洛阳的佛寺布局十分多样，展现出敞开性、丰富性的特征。杨衒之在《洛阳伽蓝记》中虽然是选取部分佛寺加以记述，却没有模式化地讲述每所佛寺的建筑布局、佛殿、塑像、园林与植被等内容，而是在紧扣每所佛寺建筑特色、历史掌故、奇闻异事等的同时，展现出洛阳佛寺复杂多样的布局状况。在杨衒之所述及的七十四所佛寺中，除去仅提及名称和没有记载布局状况的佛寺，据粗略统计，可大致判断出布局状况的有十九所（具体参见表2.2 《洛阳伽蓝记》所载佛寺布局简表）。其中，以佛塔为主、佛殿为辅的佛寺，有永宁寺、瑶光寺、秦太上君寺和融觉寺，且都是新建佛寺；以佛塔为主的佛寺，有新建的长秋寺和胡统寺，

① 〔北齐〕魏收：《魏书》，中华书局，2011年，第3046页。

表 2.2 《洛阳伽蓝记》所载佛寺布局简表

<table>
<tr><th>佛寺</th><th>布局描述</th><th>建立形式</th><th>布局</th></tr>
<tr><td>永宁寺</td><td>中有九层浮图一所……浮图北有佛殿一所，形如太极殿。……僧房楼观，一千余间……寺院墙皆施短椽，以瓦覆之，若今宫墙也。四面各开一门。</td><td>胡太后立</td><td rowspan="4">塔主殿辅</td></tr>
<tr><td>瑶光寺</td><td>有五层浮图一所，去地五十丈。仙掌凌虚，铎垂云表，作工之妙，埒美永宁。讲殿尼房，五百余间，绮疏连亘……</td><td>宣武帝立</td></tr>
<tr><td>秦太上君寺</td><td>中有五层浮图一所，修刹入云，高门向街，佛事庄饰，等于永宁。诵室禅堂，周流重叠，花林芳草，遍满阶墀。</td><td>胡太后立</td></tr>
<tr><td>融觉寺</td><td>有五层浮图一所，与冲觉寺齐等。佛殿僧房，充溢一里。</td><td>元怿立</td></tr>
<tr><td>长秋寺</td><td>中有三层浮图一所，金盘灵刹，曜诸城内。</td><td>刘腾立</td><td rowspan="3">以塔为主</td></tr>
<tr><td>胡统寺</td><td>宝塔五重，金刹高耸，洞房周匝，对户交疏，朱柱素壁，甚为佳丽。</td><td>太后从姑立</td></tr>
<tr><td>宝光寺</td><td>有三层浮图一所，以石为基，形制甚古，画工雕刻。</td><td></td></tr>
<tr><td>平等寺</td><td>堂宇宏美，林木萧森，平台复道，独显当世。寺门外金像一躯……永熙元年，平阳王入纂大业，始造五层塔一所。</td><td>元怀舍宅所立</td><td rowspan="2">殿主塔辅</td></tr>
<tr><td>景明寺</td><td>其寺东西南北方五百步。前望嵩山、少室，却负帝城……山悬堂观，一千余间。复殿重房，交疏对溜，青台紫阁，浮道相通……至正光年中，太后始造七层浮图一所，去地百仞。</td><td>宣武帝立</td></tr>
</table>

续表

佛寺	布局描述	建立形式	布局
冲觉寺	第宅丰大，逾于高阳。西北有楼……楼下有儒林馆、延宾堂，形制并如清暑殿……为文献追福，建五层浮图一所，工作与瑶光寺相似也。	元怿舍宅所立	殿主塔辅
大觉寺	所居之堂，上置七佛，林池飞阁，比之景明。……永熙年中，平阳王即位，造砖浮图一所。是土石之工，穷精极丽。	元怀舍宅所立	
建中寺	以前厅为佛殿，后堂为讲室。金花宝盖，遍满其中。	尔朱世隆立（刘腾宅）	以殿为主
景乐寺	有佛殿一所，像辇在焉。雕刻巧妙，冠绝一时。堂庑周环，曲房连接。轻条拂户，花蕊被庭。	元怿立	
愿会寺	佛堂前生桑树一株，直上五尺……	王翊舍宅所立	
景林寺	讲殿叠起，房庑连属，丹槛炫日，绣桷迎风，实为胜地。寺西有园……中有禅房一所，内置祇洹精舍；形制虽小，巧构难比。		
高阳王寺	居止第宅，匹于帝宫。白殿丹槛，窈窕连亘，飞檐反宇，轇轕周通。	舍宅为寺	
法云寺	佛殿僧房，皆为胡饰。丹素炫彩，金玉垂辉。	昙摩罗立	
昭仪尼寺	寺有一佛二菩萨，塑工精绝，京师所无也。……堂前有酒树面木。	阉官等立	可能以佛殿为主
王典御寺	门有三层浮屠一所，工逾昭仪。	王桃汤立	

由晋石塔寺改名而来的宝光寺；以佛殿为主、佛塔为辅的佛寺，有舍宅而建的平等寺、冲觉寺和大觉寺，新建的景明寺，且佛塔都是补建的；以佛殿为主的佛寺，有舍宅而立的建中寺、愿会寺和高阳王寺，新建的景乐寺和法云寺，以及没有明确是舍宅所立还是新建的景林寺。另有阉官所立的昭仪尼寺和王典御寺，前者明确记述有“一佛二菩萨”的塑像，应当为佛殿塑像，但建有佛塔，故可能为以佛殿为主、以佛塔为辅；后者“门有三层浮屠一所”，关键在于“门”的理解，作“门口、门外”解，自然以佛殿为主，若作“当门”解，可能是佛塔、佛殿并重，可能是以佛塔为主、以佛殿为辅，也可能是以佛殿为主、以佛塔为辅。综合可知：

第一，佛塔的主导地位正在让渡给佛殿。北魏洛阳时期的佛寺布局，恰值从佛塔为主转向以佛殿为主的关键时期。关于佛塔的华夏化演进历程，刘敦桢曾概括指出：“古代印度之寺，皆以塔为中心。塔之周围，罗列禅堂、静室、僧房、庖厨、浴室、厕圊之属，视后世以佛殿为寺之中心者，截然异途。我国初期之寺，大部袭用印度之制，以塔为寺之主要建筑物。故汉、魏籍典，盛称浮屠而不称寺，盖以塔为寺之代表也。东晋以后，渐重佛殿，置本尊像于殿中，以供祈祷膜拜之用，于是佛殿遂代塔而为寺之重心。其余法堂、讲堂、禅堂、食堂之类，依次排列于佛殿之前后，其配置之法，纯为我国均衡对称之方式，非复印度旧观矣。”[①]从北魏洛阳确切可知的佛寺布局来看，以佛塔为中心而无佛殿的佛寺，长秋寺应是代表，但这种布局结构显然已经不大被采用。多数佛寺都建有佛殿，无论佛殿地位如何，都共同体现了佛寺建筑布局的华夏化。只是佛殿中心的佛寺布局，在北魏洛阳尚未占据主导性地位。

永宁寺，作为北魏的国家级佛寺，采取的便是“塔主殿辅”的布局模式。

---

① 刘敦桢：《佛教对于中国建筑之影响》，具体见：《刘敦桢文集（一）》，中国建筑工业出版社，1982年，第5页。

楼阁式的佛塔位于佛寺中央位置、九层高的规制和皇家装饰等，都表明其在寺中的核心性地位。同时，佛殿虽位于佛寺中轴线上，但位于佛塔之后（参见前引《永宁寺遗址平面图》），处于附属地位。即便如此，永宁寺的建筑布局也直接表明了佛殿地位的极大提升。永宁寺佛殿是以宫城主殿、象征政权中心的太极殿为模板兴建的，足以见出佛殿规格、等级之高。常青曾结合永宁寺考古情况指出：“永宁寺塔的考古发掘资料具有重大的意义。首先，在寺院中心设塔，塔后设大殿的做法，取代了以往的一塔独秀局面，表明了佛殿的地位正在上升。”[①] 刘敦桢则通过与日本现存佛寺的对比指出：

> （永宁寺）总体平面，为廊庑围成之塔院。但塔后置殿，此与汉末徐州浮图祠仅有塔无殿不同，而与日本现存之四天王寺近似。四天王寺建于公元六世纪末，属日本飞鸟时期，亦即中国南北朝式建筑输入时期。以该寺平面与永宁寺相较，可谓出乎一辙。但由内置释像之佛殿出现，表明原来佛寺中仅以塔为单一膜拜对象的格局发生改变。即塔已由寺中唯我独尊的地位下降，而逐渐让位于后来居上的佛殿了。[②]

由宣武帝兴建于景明年间（500—503）、位于城南的景明寺，是永宁寺兴建之前规格最高的佛寺。它的占地面积超过一个“里坊”，位于宣阳门外一里、铜驼大街御道东侧，为城南形胜之地。这座仅亚于永宁寺的国家级寺院，规模十分宏大，仅壮丽的堂观就有一千多间，佛殿重重叠叠、僧房交错，绮窗相接，台阁由空中回廊连通，显然是一座多重院落相套而成的佛寺。所谓：“山悬堂观，一千余间。复殿重房，交疏对霤，青台紫阁，

① 常青：《中国古塔的艺术历程》，陕西人民美术出版社，1998 年，第 49 页。
② 刘敦桢主编：《中国古代建筑史》，载《刘敦桢文集（四）》，中国建筑工业出版社，1992 年，第 272 页。

浮道相通……”[①] 同时，景明寺还有三处富有生机、景色别致的池沼水景，进一步丰富了它的景观。但这座佛寺开始并没有营建佛塔，也即，景明寺最初是一座以佛殿为中心的国寺，它的佛塔是在建寺后二十年左右，即孝明帝正光年间（520—525），才由胡太后主持补建一所高“百仞”的七层浮图。显然，景明寺应是以佛殿为中心的佛寺，即便补建浮图之后，也理应无法改变以佛殿为主的格局。

从北魏洛阳的高等级佛寺布局来看，建寺未必建塔的现象已经很多，佛寺布局呈现出以佛殿为中心的发展趋势。王毅认为：“寺院布局由以塔为中心，逐渐演变为以佛殿为中心，从建筑史的角度来看，应该说是中国殷周以来纵深式多重庭院布局强大影响的结果；从宇宙观和民族心理的角度来看，则显然是华夏文化重现世而轻天国的结果。”[②] 从美学维度来看，则是佛塔的宗教价值淡化与审美价值提升，佛寺景观整体向华夏化审美演进的结果。

第二，“舍宅为寺”推动了佛寺布局由以塔为主向以殿为主的转进。在北魏洛阳舍宅所建佛寺中，舍宅形式并不完全相同：景宁寺为杨椿分宅而建；建中寺是尔朱世隆以刘腾宅为基础所立；平等寺、冲觉寺等，则是为追福、祈福等舍宅而建。受原有府邸大多为前厅、后堂布局结构的影响，所建佛寺也大都是将前厅改为佛殿、将后堂改为讲堂，从而将建筑的居住功能转为宗教功能。刘敦桢在论及北魏洛阳的“舍宅为寺”现象时指出：

> 由于财力物力及技术条件所限，并非所有寺庙均建有塔，特别是中、小佛寺更加如此。此外，当时又常有舍宅为寺的，由于原来的宅邸格局已定，往往无法再建梵塔，而是采用改前厅为佛殿，后堂为佛堂的权宜方式。从而出现了一种新的佛寺平面，它打破了汉

---

① 〔北魏〕杨衒之著，杨勇校笺：《洛阳伽蓝记校笺》，中华书局，2018 年，第 133 页。

② 王毅：《园林与中国文化》，上海人民出版社，1990 年，第 105 页。

以来一统的外来佛寺布局，并为后来佛寺的中国化奠定了基石。[①]

杨衒之记述最清楚的是建中寺："以前厅为佛殿，后堂为讲室。金花宝盖，遍满其中。"[②] 显然，建中寺的布局直接承袭了刘腾府邸的布局。这种舍宅所建佛寺沿用原有宅院建筑布局的形式，便使得中原宫苑府邸的建筑布局直接被佛寺所借用。如刘敦桢所指出的，这些佛寺大都没有补建佛塔，尤其是下层人士舍宅所立规模较小的佛寺，根本没有财力、物力来支持佛塔修建；同时，有些中小规模的佛寺，由于原宅院空间限制，也无处修建佛塔。舍宅立寺并增建佛塔的，主要是元氏皇室成员、达官显贵等。而即便是部分舍宅所立佛寺补建佛塔，也主要是为了发挥祈福功能，目的并不在于作为佛寺中心或者说作为礼佛的主要对象。但增建的佛塔却发挥了有效提升佛寺景观的功能，以元怀舍宅所立的大觉寺为例：大觉寺的佛殿是由厅堂改作而成，受《长阿含经》关于七佛的论述影响，安置七尊佛像。这表明佛经的翻译传播直接影响了礼拜佛像的形式，推动佛像塑造艺术的发展。大觉寺的园林、池沼与楼阁，能够与宣武帝兴建的景明寺相媲美，可以想见其设计之自然巧妙。北魏孝武帝元脩曾为大觉寺增建砖浮图："永熙年中（532—534），平阳王即位，造砖浮图一所。是土石之工，穷精极丽。"[③] 这座砖塔应是在元怀宅院的空闲处所建，不会改变原有的建筑布局，并且营造的目的在于为元怀祈福而不是作为主要佛事礼拜的对象。砖塔"土石之工，穷精极丽"，巧夺天工、尽精巧华丽之能事，定然成为大觉寺一处新的景观。简言之，"宅"的布局决定了由其而来的佛寺必须以佛殿为中心，从而推动了佛寺景观布局由以佛塔为主转向以佛殿为主，佛寺建筑氛围在

① 刘敦桢主编：《中国古代建筑史》，载《刘敦桢文集（四）》，中国建筑工业出版社，1992 年，第 272 页。

② 〔北魏〕杨衒之著，杨勇校笺：《洛阳伽蓝记校笺》，中华书局，2018 年，第 42 页。

③ 〔北魏〕杨衒之著，杨勇校笺：《洛阳伽蓝记校笺》，中华书局，2018 年，第 212 页。

佛寺景观审美中的作用被凸显出来。至于那些补建的佛塔，则是凭借自身的形制在舍宅所立佛寺景观中发挥“点睛”式的提升作用和审美聚集效应。

第三，以佛殿为主的佛寺布局的多样化。由于新建佛寺之立寺者地位的高低、对佛教义理理解的深浅、建寺空间的大小等具有诸多差异，和舍宅为寺之原有府邸宅院形制和规模的不同，从而共同促使以佛殿为中心的佛寺布局展现出多样性。如景乐寺，这所由孝文帝的儿子、宣武帝的弟弟、太傅文献王元怿所立的佛寺，在空间位置上十分显赫：位于阊阖门前御道铜驼街东侧、与永宁寺位置相当、紧邻司徒府，只是在规模上却难以与永宁寺相提并论。杨衒之记载说：“有佛殿一所，像辇在焉。雕刻巧妙，冠绝一时。堂庑周环，曲房连接。”[①] 由此可知，景乐寺的布局乃是以佛殿为中心，周围环以“堂庑”，房间幽深且相互连接。显然，景乐寺布局与初传以塔为中心的佛寺布局高度相似，只是以佛殿代替了处于中央的佛塔。处于中央的佛殿，相应地会在建筑形制、佛像塑造、佛殿装饰等方面有更高要求。景乐寺佛殿内“雕刻巧妙，冠绝一时”的载乘佛像的辇车，便足以凸显它作为皇家寺院的地位。景林寺则属于以佛殿为中心的多重廊院式布局。杨衒之明确记述它“讲殿叠起，房庑连属”[②]，可见景林寺内佛殿、讲堂重叠，四周房屋回廊相互连接。同时，景林寺西建有一园，表明该寺有主院和侧院或者说旁院之分，且其中另建有禅房，通过独特的园林设计在喧闹的都市中别开天地。至于舍宅所立又补建佛塔的佛寺，如同前述景明寺，仍然是以佛殿为主，所补建的佛塔并不会改变佛寺的结构布局。再以元怿舍宅所立的冲觉寺为例，其宅院本就规模宏大、空间广阔，且模仿宫城建筑营建有儒林馆、延宾堂以及高楼建筑等。那么，改为佛寺后，其厅堂自然转变为佛殿、讲堂等。再如胡太后在冲觉寺营建五层佛塔，目的十分明确，

---

① 〔北魏〕杨衒之著，杨勇校笺：《洛阳伽蓝记校笺》，中华书局，2018 年，第 53 页。
② 〔北魏〕杨衒之著，杨勇校笺：《洛阳伽蓝记校笺》，中华书局，2018 年，第 63 页。

在于“为文献追福”，并非是将其作为佛寺的核心礼拜对象。

那么，从景乐寺、景林寺的布局可知，以佛殿为主而无佛塔的寺院景观，更巧妙地将佛教建筑元素融进了华夏建筑之中，而华夏建筑中的殿、堂、廊、庑、台、阁、池等在佛寺中的作用进一步提升。至于冲觉寺、高阳王寺等为代表的舍宅而建的佛寺，原本属于王侯府邸，仿照宫院而建，实质上就是将佛教塑像、装饰等植入多重院落而成为佛寺。即便是补建佛塔，也难以改变华夏建筑艺术的主导性地位。这都是佛寺景观进一步华夏化的体现。

佛寺数量短时期内在北魏洛阳空间的猛增，加速了佛教审美观念与中原文化审美观念在建筑艺术中的深度碰撞、交流与融汇。针对杨衒之在《洛阳伽蓝记》中所保存的相关佛寺建筑史料来看，佛寺布局是“塔主无殿”“塔主殿辅”“殿主塔辅”还是“殿主无塔”的变化，乃是内隐其中的一条重要美学线索。正是佛塔与佛殿在佛寺中关系的演进变奏，使得北魏洛阳佛寺景观在“争写天上之姿，竞摹山中之影”过程中能够错落有致、多姿多彩。可以说，佛寺景观的凸显，为北魏洛阳审美意象的生成烙上了鲜明的佛教审美观念印记。

四、洛阳佛寺景观审美的礼制向度

北魏以宣武帝、胡太后等为代表的统治阶层对佛教信仰的崇信，极大地强化了政治因素与佛教传播之间的内在关联。具体到佛寺景观而言，政治因素在推动佛教建筑广布的同时，有力促进了中原文化审美观念与佛教审美观念的融合，赋予了佛教建筑以鲜明的儒家政治美学特征。也即，北魏洛阳佛教建筑，充分体现了对儒家政治美学规则的遵从。结合《洛阳伽蓝记》的记述可知，北魏洛阳佛寺从规建布局原则，到佛塔高度、佛殿形制、寺门规格、建筑装饰与色彩等，再到佛殿内塑像的结构，可谓都渗透着礼制美学的影响。最为典型的代表，自然是杨衒之浓墨重彩书写的永宁寺。关于永宁寺浮图高度、颜色、装饰对审美政治规则的遵循，前文已作具体分析，不再赘述。这里仅讨论杨衒之关于永宁寺佛殿、寺门与寺墙等的记述：

> 浮图北有佛殿一所，形如太极殿。中有丈八金像一躯，中长金像十躯，绣珠像三躯，金织成像五躯，玉像二躯。作功奇巧，冠于当世。僧房楼观，一千余间，雕梁粉壁，青璅绮疏，难得而言。栝柏松椿，扶疏檐霤；藂竹香草，布护阶墀。是以常景碑云："须弥宝殿，兜率净宫，莫尚于斯也。"外国所献经像，皆在此寺。寺院墙皆施短椽，以瓦覆之，若今宫墙也。四面各开一门。南门楼三重，通三阁道，去地二十丈，形制似今端门。图以云气，画彩仙灵，绮钱青锁，辉赫丽华。拱门有四力士，四狮子。饰以金银，加之珠玉，庄严焕炳，世所未闻。东西两门，亦皆如之；所可异者，唯楼二重。北门一道不施屋，似乌头门。四门外树以青槐，亘以绿水，京邑行人，多庇其下。路断飞尘，不由弇云之润；清风送凉，岂籍合欢之发？[①]

---

① 〔北魏〕杨衒之著，杨勇校笺：《洛阳伽蓝记校笺》，中华书局，2018年，第12页。文中的"通三阁道"的"阁"字，是杨勇依据《三宝记》《内典录》所补，但该句各版本有差异，值得商榷。范祥雍采用"通三道"，并在校注时指出："《三宝记》《内典录·三下》有阁字。此二句《续僧传》作：'正南三门，楼开三道三重。'《释教录》作：'正楼三门，门楼开三道三重。'"（〔北魏〕杨衒之撰，范祥雍校注：《洛阳伽蓝记校注》，上海古籍出版社，2009年，第3页）；周祖谟在校释中据《内典录》补"阁"字，为"通三阁道"（〔北魏〕杨衒之撰，周祖谟校释：《洛阳伽蓝记校释》，中华书局，2013年，第6页）；尚荣所使用版本为"通三阁道"，故解释为"通往三条阁道"（尚荣译注：《洛阳伽蓝记》，中华书局，2018年，第23—24页）；曹虹采用"通三道"的本文，却解释为"可通三条阁道"（曹虹释译：《洛阳伽蓝记》，东方出版社，2020年，第45页）。永宁寺作为北魏最高等级的佛寺，南门作为正门、山门，有三条通道，即分为"空门""无相门""无作门"，可能更合乎佛教规制。另外，南门是仿效太极殿宫院"端门"而建，"端门"作为北魏宫城正殿太极殿宫院的南门、正门，应与宫城正门阊阖门相对，也分为三个门道。如此，与《续高僧传》《释教录》的记述是相符的。另据永宁寺遗址考古发掘报告，南门"整体作东西长的长方形，东西长45.5米、南北宽19.1米"（中国社会科学院考古研究所：《北魏洛阳永宁寺》，中国大百科全书出版社，1996年，第9页）。由于门楼基址被毁严重，报告没有进一步指出有几条通道。但根据东西长度来看，分为三个门道是合理的。基于此，下文将"通三阁道"译为"有三个通道"，也即是赞同此句为"通三道"，并无"阁"字。

这段描写，将永宁寺规建中佛教建筑审美与华夏建筑审美的融合淋漓尽致地展现了出来，主要内容如下：

第一，华夏建筑布局审美原则的运用。尽管永宁寺布局延续了印度佛寺佛塔位居中央的整体布局，但佛殿的营建却不仅仅是将中原建筑形式植入佛寺空间，而且将华夏建筑布局审美原则植入了佛寺布局。这些审美原则包括：

（1）中轴线原则。即永宁寺南门楼、佛塔、佛殿与北门位于寺院的中轴线之上，而中轴线两侧的僧房楼观、东西二门对称地分布两侧。由此，将寺院建筑统合成为一个整体，在庄严肃穆的气氛中进一步凸显中央佛塔所代表的佛国宇宙。这也为永宁寺遗址考古发掘所证实："它在整体上，犹如一座规整的长方形院落。南门（山门）、木塔、佛殿，可能还有北门等主要建筑，自南至北依次安排在纵贯寺院的中轴线上；寺院的东、西二门，则严格按照左右对称的原则布置。整个建筑群布局谨严，庄严肃穆，主次分明，错落有致。木塔雄踞寺院中部，四门与其直对，前方及左右两侧空旷开阔，后有大型佛殿相配，更显出它的主体地位。这显然是一种以佛塔为主、以佛殿为辅的寺院建筑格局。这种建筑格局，具有强烈的时代气息。"[①] 同时，由于永宁寺整体建筑规制是仿效太极殿宫院，这种中轴线设计原则的运用，也可以说是从宫城建筑设计原则借用而来，以营造威严、庄重、神圣的气氛。换言之，永宁寺布局体现的实则是"宫庙原则"，梁思成对此曾有深度论述：

> 我国寺庙建筑，无论在平面上、布置上或殿屋之结构上，与宫殿住宅等素无显异之区别。盖均以一正两厢，前朝后寝，缀以廊屋为其基本之配置方式也，其设计以前后中轴线为主干，而对左右交轴线，则往往忽略。交轴线之于中轴线，无自身之观点立场，完全

① 中国社会科学院考古研究所：《北魏洛阳永宁寺》，中国大百科全书出版社，1996 年，第 7—8 页。

> 处于附属地位，为中国建筑特征之一。故宫殿寺庙，规模之大者，胥在中轴线上增加庭院进数，其平面成为前后极长而东西狭小之状。其左右若有所增进，则往往另加中轴线一道与原有中轴线平行。而两者之间，并无图案上之关系，可各不相关焉。[①]

(2) 虚实原则。在永宁寺遗址考古发掘中，并没有发现杨衒之所言的一千余间僧房楼观的基址，仅就佛塔、佛殿与四座寺门的主要建筑分布来看，充分发挥了虚实结合的审美原则。在佛寺中轴线上，通过建筑高度差异、建筑间距设置、植物种植等形成高低节奏、虚实结合的布局：南门楼三重，高二十丈；与佛塔之间没有建筑物，为虚空；佛塔九层，高百丈；佛塔与佛殿之间没有建筑物，为虚空；佛殿虽未明确记载高度，也应高大巍峨；佛殿与佛寺北门之间也没有记述建筑物，为虚空；北门形似乌头门，则最低。正是通过虚实的结合、高低的变化，在布局上形成一种节奏感；同时，也通过建筑物的高低对比、树木花草的衬托，在空间感知上形成一种心理震撼。这两者的内在有机结合，有力推动了永宁寺作为皇家佛寺审美崇高感的生成。

(3) 中心布局原则。永宁寺对"中"的审美理想的落实，既体现在佛塔、佛殿的位置选择上，又体现在佛殿内的佛像布局上。在永宁寺佛殿内共有二十一尊佛像，"中有丈八金像一躯"，应理解为丈八金佛像位于佛殿中央，而不是其中有一尊丈八金像，至于是"一佛二菩萨"或"一佛二菩萨二弟子"等模式不可推知；同时，从其他佛像的高度、用材来看，也难以与"丈八金像"相比。据此，佛殿佛像应是以"丈八金像"为中心或者说中央的布局结构，其他佛像位居左右两侧。这种布局形式，与宫城正殿太极殿的布局结构相仿，即皇帝位居中央、文武大臣位居两侧，可谓体现了一种鲜明的礼制等级秩序。

① 梁思成：《中国建筑史》，百花文艺出版社，1998 年，第 311 页。

整体来看，永宁寺在布局时运用了中轴线原则、虚实原则和中心布局原则等华夏建筑审美原则，从而塑造出一个国家最高等级的礼佛空间。换言之，永宁寺运用华夏建筑审美原则进行布局，凸显强化了对佛教信仰的虔诚与敬畏。

第二，华夏礼制建筑造型的直接借用。如果说永宁寺平面布局的审美原则是一种暗写，那么，对宫城建筑形制的模仿可谓是一种明写。永宁寺佛殿，仿建于宫城正殿太极殿。“太极殿乃宫中正殿，由此可以想见此佛殿该是何等雄伟壮丽！惜因遗址保存太差，无由恢复原貌，然其规模必大于寺院南门则是可以肯定的。如按南门的开间、进深标准估计，佛殿或为面阔九间、进深三间的大型建筑。”[①] 可见，佛殿的外在形制足以展现北魏国寺佛殿的崇高地位。同时，太极殿不仅是宫城、洛阳都城的核心，而且被视为是“天下”的核心，并与紫微垣相对应，具有一种哲学上的象征意义。与其相对应，永宁寺佛殿的营建，也应被赋予了一种宗教哲学的象征意义，既是地上佛国中心的象征，又与佛教天国中心相应。

至于永宁寺院墙，乃是仿自于宫墙，上加短木椽，再用瓦覆盖。佛寺以南门为正门，展示出坐北朝南的佛寺布局。而南门仿制于太极殿宫院的正门端门。杨衒之记述说它是三层门楼，有三个通道，高达二十丈，十分壮丽。佛寺东西两门如同南门，只是门楼改为两层。佛寺北门为乌头门。所谓“乌头门”，也是一种等级的象征，是华表与坊门的结合形式。除形制模仿太极殿宫院之外，在建筑装饰上同样如此。如“青璅绮疏”，意谓装饰有青色花纹或者镂刻有绮纹的宫室门窗；“檐霤”，是房檐下用以接水的长木槽，属于宫中建筑装饰；“绮钱青锁”，则是镂刻上钱纹与锁文，并施以青色，这也是宫中建筑装饰所用。简言之，永宁寺建筑从形制到装饰均以北魏宫城太极殿宫院建筑为模仿对象，可谓是佛教建筑与宫院建筑结合的典型案例。

---

① 中国社会科学院考古研究所：《北魏洛阳永宁寺》，中国大百科全书出版社，1996 年，第 13 页。

永宁寺仿照太极殿宫院营建，凸显国家佛寺地位的同时，也为元氏皇室和达官显贵营建其他佛寺时遵从儒家政治美学原则提供了典范。由此，在北魏洛阳佛寺景观体系中，虽然佛寺景观布局有差异，但从佛塔高度、佛殿规制、佛像形制和寺门营造等便可直接判断出佛寺的等级高低，佛寺景观整体上呈现出一种秩序感。景明寺，作为宣武帝所立佛寺，在永宁寺兴建之前应为北魏洛阳佛寺的代表。虽然杨衒之没有具体描述景明寺的佛殿，但从景明寺与永宁寺的都将都是郭安兴可知，它也理应遵从华夏建筑审美原则。这从对景明寺的整体性描述中可以见出，如“复殿重房，交疏对霤，青台紫阁，浮道相通”，无论是宏大的佛殿楼观建筑，还是装饰有花纹的门窗和屋檐下用以接水的木霤，以及空中连接楼阁的通道，都是宫城建筑的规制。

如果说永宁寺、景明寺等新建佛寺是在仿效宫城建筑规制过程中，接受并呈现出礼乐政治审美，那么，舍宅而建的佛寺则是直接承续了原府邸所具有的礼制审美因素。高阳王寺，是高阳王元雍在“河阴之变”中被尔朱荣杀害后舍宅所建的佛寺。作为王公府邸，原本就“居止第宅，匹于帝宫。白殿丹槛，窈窕连亘，飞檐反宇，轇轕周通”，仅从与皇宫相匹敌的宅邸就可见出，高阳王寺级别之高。清河王元怿舍宅而立的冲觉寺，原本“第宅丰大，逾于高阳”，并且仿照华林园的清暑殿建有儒林馆、延宾堂；河间寺，原本是比高阳王更为豪奢的河间王元琛府邸，他“造文柏堂，形如徽音殿……造迎风馆于后园，窗户之上，列钱青琐，玉凤衔铃，金龙吐佩”①，显然这都成为佛寺地位的标识。而尔朱世隆在阉官司空刘腾宅邸所立的建中寺，佛殿犹如宫城后宫的宣光殿，寺门则如乾明门。这是因为，刘腾宅“屋宇奢侈，梁栋逾制，……博敞弘丽，诸王莫及也”②。可见，北魏洛阳宅邸建

① 〔北魏〕杨衒之著，杨勇校笺：《洛阳伽蓝记校笺》，中华书局，2018 年，第 191 页。
② 〔北魏〕杨衒之著，杨勇校笺：《洛阳伽蓝记校笺》，中华书局，2018 年，第 42 页。

筑与佛寺在规格上都有逾越礼制之处。但整体来看，舍宅为寺也推动了礼制美学原则对佛寺景观的植入与规范。

第三，佛教原有艺术形式的礼制化。永宁寺中最为典型的佛教本有建筑符号便是佛塔。这座高达“百丈”的佛塔，虽汲取了华夏建筑的楼阁形式，但塔刹的“窣堵坡”形制乃是源于印度佛塔，是一种异域建筑审美形式。因此，佛塔成为了永宁寺的重要标识，当人们远远地遥望它时，便可知那是北魏国寺所在。永宁寺浮图不仅可以作为独立审美景观，而且与佛殿、僧房楼观、门楼等一起形成永宁寺佛寺审美景观。它统摄着永宁寺的建筑景观，在永宁寺佛寺景观审美氛围生成过程中发挥着主导性作用，是永宁寺景观审美意象的核心内容。而这座佛塔的层级、高度和装饰等均为北魏洛阳佛塔的最高等级。先看层级与高度：永宁寺浮图，胡太后营建，九层、百丈；景明寺浮图，也为胡太后所建，七层、百仞；瑶光寺浮图，宣武帝营建，五层、五十丈；秦太上公西寺浮图，胡太后营建，五层、五十丈；秦太上公东寺浮图，胡太后妹妹营建，五层、五十丈等。再看装饰：景明寺浮图“妆饰华丽，侔于永宁”；瑶光寺浮图“仙掌凌虚，铎垂云表，作工之妙，埒美永宁”；秦太上公东西二寺浮图“素采画工，比于景明”。显然，佛寺级别直接限定了佛塔的层级、高度与装饰，也即佛塔审美融入了礼制审美原则。

佛教塑像，也是彰显礼制因素对宗教艺术审美影响的重要形式。永宁寺最雄伟的佛像为“丈八金像”，足见其奇伟精巧。同时，杨衒之特别指出“外国所献经像”都在永宁寺，暗指永宁寺佛像形态各异、数量众多。仅永宁寺佛殿之内就有二十一尊，这些佛像显然主导并营造生成了佛殿的礼佛气氛。对此，喜仁龙曾言：“佛像本身蕴含着宗教意义，它是一种存在或者说氛围，而非公式化的概念。人们可以通过佛像生动而略含微笑的面部表情感受到，也可以通过平缓克制的线条节奏以及表现自制与自信的平衡姿势中联想到，但却不能用言语描述，它已然超越了理性的界定。”[①] 关于其他佛寺佛殿的佛像情况，《洛阳伽蓝记》并没有充分关注，所述及的元怀舍宅所立的大觉寺佛殿有七尊佛像，阉官等立的昭仪尼寺佛殿佛像为一佛二菩萨。可见，佛殿佛像审美也展现出对礼制规定的遵循。永宁寺虽然是以佛塔为中心，但从佛殿礼制规格之高可知，它也是北魏皇室礼佛的重要空间。

除佛塔、佛像外，永宁寺的力士塑像、狮子等也彰显出礼制美学的特质。杨衒之特地描写永宁寺正门之外的四力士和四狮子，显然也是为凸显其作为国家级佛寺的级别与庄严。力士，即佛教中所说的金刚力士，神情威严肃穆。杨勇在注释中指出金刚力士是护法之神，《仁王经》中有金刚吼菩萨、龙王吼菩萨、无畏十力吼菩萨、雷电吼菩萨和无量力吼菩萨等五大力士菩萨。狮子，在佛教中本就是佛寺的守护者。从以金银珠玉装饰力士和狮子形成庄严灿烂的形象，也可窥见永宁寺的壮丽。由此，永宁寺的正门，便呈现出佛教塑像与宫门式建筑的有机融合，共同营造出永宁寺壮丽庄严的审美形象。

梁思成在论及古代建筑文献记载内容差异时，说过一段十分精彩且深刻的话：“古之政治尚典章制度，至儒教兴盛，尤重礼仪。故先秦两汉传记所载建筑，率重其名称方位，部署规制，鲜涉殿堂之结构。嗣后建筑之见于史籍者，多见于五行志及礼仪志中。记宫苑寺观亦皆详其平面部署制度，而略其立面形状及结构。均足以证明政治、宗法、风俗、礼仪、佛道、风水等中国思想精神之寄托于建筑平面之……分布上者，固尤深于其他单位构成之因素也。结构所产生立体形貌之感人处，则多见于文章诗赋之赞颂中。中国诗画之意境，与建筑艺术显有密切之关系，但此艺术之旨趣，固未尝如规制部署等第等之为史家所重也。”[②]《洛阳伽蓝记》可谓是兼而有之，既记

---

① [瑞典]喜仁龙撰，栾晓敏、邱丽媛译：《5—14世纪中国雕塑》，广东人民出版社，2019年，第6页。
② 梁思成：《中国建筑史》，百花文艺出版社，1998年，第19页。

载了北魏洛阳及其内部建筑的平面布局状况，内在蕴含着都城规划、建筑设计的哲学思想、政治伦理秩序和审美追求等，又对很多具体建筑进行细致描绘，展现时代艺术之成就，进而将其内蕴之思想精神彰显出来。这一点，在杨衒之关于永宁寺景观的记述中得到了充分体现：一方面，以具体建筑位置展现佛寺平面布局，从而揭示其中潜藏的礼制美学精神；另一方面，书写浮图、南门等的“立体形貌”，直观展现北魏洛阳建筑艺术的辉煌成就，从而形象地呈现当时的政治、宗教、文化与审美等诸多内容。

五、都城佛寺景观凸显的美学价值

佛寺作为外来建筑审美形式，虽在东汉时期已经进入洛阳都城圈，但并未对东汉洛阳的都城文化产生巨大影响，同时也没有成为重塑都城审美的景观。佛寺建筑重构都城空间及审美，当始于南北朝时期。究其原因，在于南北朝时期佛教思想的兴盛，推动了佛寺建筑在都城之内的充盈，进而重构了都城景观及审美。佛寺建筑之所以能够成其为审美景观，在于它作为外来艺术形式的异质性，在于它与中原文化艺术融合的本土性，更在于它作为一种新兴空间的“半公共性”[①]。佛寺建筑空间也由此成为了可观赏、可游览、可体悟的审美景观。鉴于此，结合北魏洛阳佛寺景观的特性与功能，南北朝时期都城佛寺景观凸显的美学价值，简言之有三：

首先，佛寺作为建筑审美景观，丰富了都城空间审美。尽管佛寺自传入之始便已开启本土化的历程，但仍然保留有浓郁的异域审美风格。南北政

---

① 陆威仪说：“北魏重建的都城洛阳，其城市结构在汉末传统的基础上进行了进一步的改变，包括有长方形的城市布局，有城墙，在城北或城中心有一个很大的宫殿区，有网格状的街道以及不同的区别。城市分成两部分，包括仅限官员活动的政治区域和由政府管理的市场与居民区。新都与旧都很大的不同在于新都有大量的佛寺。……在帝制中国晚期，行会、茶馆和戏园子扮演了同样的角色，但寺庙是最早出现的联结政治领域和私人生活领域的半公共空间。”参见：[美]陆威仪著，李磊译：《分裂的帝国：南北朝》，中信出版社，2016 年，第 101—102 页。

权竞相起立塔寺以示崇信佛教的行为，导致在都城内外涌现出大量的佛寺建筑景观。宋元嘉十二年（435），萧摹之就上奏宋文帝刘义隆说："佛化被于中国，已历四代，形像塔寺，所在千数，进可以击心，退足以招劝。而自顷以来，情敬浮末，不以精诚为至，更以奢竞为重。旧宇颓弛，曾莫之修，而各务造新，以相姱尚。甲第显宅，于兹殆尽，材竹铜彩，糜损无极，无关神祇，有累人事。"[①]佛寺建设追逐奢华壮丽之风，自然促使佛寺营造水平得到大幅提升。从杨衒之关于北魏洛阳佛寺景观的评价用语，如"博敞弘丽"（建中寺）、"甚为佳丽"（胡统寺）、"独显当世"（平等寺）和"制饰甚美"（景宁寺）等等，便足以见出佛寺景观之审美效应。甚至说，《洛阳伽蓝记》关于北魏洛阳佛寺景观的书写，并非重在宣扬佛塔、佛寺和佛像等的宗教意义，而是重在记载其政治价值、文化价值、艺术价值和审美价值等。

具体到佛寺景观为都城空间审美带来的新变而言，可进一步作如下区分：就佛塔景观审美来看，作为佛寺的建筑标识物，鳞次栉比的高塔，彻底重塑了洛阳城的高空审美，使其变得灵动且富有生机；同时，"在洛阳城上空，黑或褐色为主色的素面或莲花纹面板、筒瓦覆盖建筑物顶，同样主色的兽面纹或莲花纹瓦当在殿堂屋宇前沿排成一线"[②]，这种黑色或褐色的缺乏生机的建筑色调，因佛塔对金色的使用而被打破，从而使洛阳高空色彩变得既庄严又活泼。就佛寺景观审美来看，佛塔与佛殿关系变奏演进中所形成的不同布局、不同规模、不同等级的佛寺，显得错落有致且富有秩序感；同时，不同的装饰风格，使得佛寺在庄严极丽中富有变化，如由西域乌场国胡沙门昙摩罗所立的法云寺"工制甚精"，"佛殿僧房，皆为胡饰。

---

① 〔梁〕沈约：《宋书》，中华书局，2015年，第2386页。

② ［韩］金大珍：《北魏洛阳城市风貌研究：以〈洛阳伽蓝记〉为中心》，中国社会科学出版社，2016年，第69页。

丹素炫彩，金玉垂辉”[①]。就佛像景观审美来看，礼拜佛塔向礼拜佛像的演进、佛殿在佛寺中地位的提升，促进了佛像塑造艺术的发展。北魏洛阳佛像塑造材质与方法多种多样，如永宁寺佛像便有金像、绣珠像、金织成像和玉像等；佛像还有本土塑像与外来塑像之分，永宁寺中便有大量的“外国所献经像”，应为不同的审美风格；法云寺则是“西域所赍舍利骨及佛牙经像皆在此寺”，可能为犍陀罗风格的造像；佛像本身依据佛经不同，所摹写的塑像形态也各异，有佛、菩萨、力士等。只是在佛寺建筑景观审美中，包含有浓郁的宗教信仰色彩，使其激发的美感更多是敬畏感、神圣感与崇高感。

需要提及的是，佛寺建筑空间审美，还包含有绘画艺术审美。杨衒之对此虽着墨不多，但亦有所述及。他在序中所言的“竞摹山中之影”，便是指以摹写绘制佛陀雪山苦行六年的形象，代指佛寺中借助画像和壁画来讲述佛陀故事。但正文里，他仅在城西法云寺中，明确提到这所西域装饰风格的佛寺，“摹写真容，似丈六之见鹿苑；神光壮丽，若金刚之在双林”[②]，也即绘有释迦牟尼佛在鹿野苑说法和金刚法身在沙罗树前涅槃的形象。

其次，佛寺作为审美书写对象，丰富了都城文学审美。在日常审美活动中，将佛寺作为建筑景观欣赏始于何时，已经难以确考。而将佛寺作为审美书写的对象，是随着佛教的兴盛、佛寺的广建而逐渐出现的。上文曾述及前秦时期苻融作有《浮图赋》，而关于书写佛寺建筑的诗歌，陈自力在梳理南北朝诗的基础上得出结论说：“佛寺题咏诗产生于刘宋南齐之际，而盛行于南朝梁陈两代，就其内容构成而言，可分为两类：一类是既言佛理，又写景物，一类是不涉佛理，只写景物；佛教的盛极一时，佛寺的大量兴建以及佛寺景观审美意识的自觉，是南北朝佛寺题咏诗产生与发展的重要条件；佛寺题咏诗的出现，标志着佛寺从此作为审美观照对象进入了古典

① 〔北魏〕杨衒之著，杨勇校笺：《洛阳伽蓝记校笺》，中华书局，2018 年，第 188 页。
② 〔北魏〕杨衒之著，杨勇校笺：《洛阳伽蓝记校笺》，中华书局，2018 年，第 188 页。

诗歌的表现领域。”[①]他指出这些诗的作者以南朝为主，包括谢灵运、萧纲、萧衍、庾肩吾、刘孝先等，北朝仅卢思道以及由南入北后的王褒、庾信。尽管这些佛寺题咏诗真正书写佛寺建筑景观的并不多见，但依然表明了佛寺建筑确已成为文学审美的书写对象。以颇具代表性的庾信《奉和同泰寺浮屠》为例：

> 岧岧凌太清，照殿比东京。长影临双阙，高层出九城。栱积行云碍，幡摇度鸟惊。凤飞如始泊，莲合似初生。轮重对月满，铎韵拟鸾声。画水流全住，图云色半轻。露晚盘犹滴，珠朝火更明。虽连博望苑，还接银沙城。天香下桂殿，仙梵入伊笙。庶闻八解乐，方遣六尘情。[②]

这是庾信与王训、庾肩吾、王台卿唱和梁简文帝萧纲《幸同泰寺浮屠》诗所作。同泰寺浮屠，据《建康实录》记载：“梁武普通中起，是吴之后苑，晋廷尉之地，迁于六门外，以其地为寺，兼开左右，营置四周池堑，浮屠九层、大殿六所、小殿及堂十余所。宫各像日月之形，禅窟禅房山林之内，东西般若台各三层，筑山构陇，亘在西北，栢殿在其中。东南有璇玑殿，殿外积石种树为山，有盖天仪，激水随滴而转。”[③]同泰寺是梁之国寺，建筑规模、规格为最高，可谓建康城佛教建筑景观的代表。同泰寺浮屠如同北魏洛阳永宁寺佛塔一样，高九层，应为当时建康最高之建筑。从《奉和同泰寺浮屠》的内容可知，庾信描写的重点在于塔的高度和塔刹的结构。该座佛塔在高度上要远超宫城正门的双阙，可谓高耸入云，以至飞鸟被刹顶的风幡所惊吓。关于塔刹，庾信以文学笔法描述了它的结构，所谓“凤飞如始泊，莲合似

① 陈自力：《南北朝佛寺题咏诗初探》，《南开学报》2003 年第 2 期。
② [北周]庾信撰，〔清〕倪璠注，许逸民校点：《庾子山集注》，中华书局，2011 年，第 219—220 页。
③ 〔唐〕许嵩撰，张忱石点校：《建康实录》，中华书局，1986 年，第 681 页。

初生。轮重对月满，铎韵拟鸾声”，可见塔刹之上装有凤鸟、仰莲、相轮、仰月、飞幡和宝铎。在风的作用下，不仅有飞幡飘动，更有宝铎鸣响。庾信由塔刹的象征性联想到了佛国“银沙城”，并化用佛经中关于“八解”“六尘”的说法，以示超凡脱俗之道。但有趣的是，他还将佛塔关联到道教的神仙信仰，如“天香下桂殿”中的桂殿，即为神仙居住的昆明池中的建筑，“仙梵入伊笙”乃是出于《神仙传》王子晋吹笙游伊洛的典故。

事实上，北魏洛阳佛寺景观审美，同样也有着丰富的文学书写。杨衒之在《城西·宝光寺》中记述了京师文人雅士在良辰美景之时，结伴游玩此寺并在花圃题诗抒情；在《城北·凝玄寺》也记载有文士游赏佛寺景观并题赋五言诗：“王公卿士，来游观，为五言者，不可胜数。”[①]可见，北魏洛阳佛寺景观不仅是日常生活审美对象，而且是文学审美书写的内容。遗憾的是，这些诗没有得到保存，但《洛阳伽蓝记》本身关于北魏洛阳佛寺景观的散文书写不应当被忽视，这足以代表北朝关于佛寺景观书写的文学成就。尽管北朝佛寺诗歌书写的成就无法与南朝相提并论，但同样是佛寺建筑景观进入文学审美书写潮流的一个明证。自南北朝共同开启佛寺景观审美与书写之后，到唐代书写佛寺的诗歌已蔚为大观，仅唐都长安慈恩寺相关的诗歌就多达 91 首[②]。

最后，佛寺作为艺术展示空间，丰富了都城生活审美。佛寺在改变都城空间形态的同时，凭借自身的“半公共性”直接提升了都城空间的开放度。陆威仪在论及南北朝时期城市佛寺时，特别强调佛寺“作为半公共空间”对中国城市规划带来的影响：“许多寺庙的大殿渐渐向公众开放，这也体现出中国城市空间结构的一个重大创新。”[③]正是佛寺建筑空间的开放性，使得佛寺成为佛塔建造艺术、佛像造像艺术、音乐艺术以及民间艺术等的

---

① （北魏）杨衒之著，杨勇校笺：《洛阳伽蓝记校笺》，中华书局，2018 年，第 223 页。
② 参见罗婉宁：《唐朝慈恩寺诗研究》，中国石油大学硕士学位论文，2019 年。
③ [美]陆威仪：《分裂的帝国：南北朝》，李磊译，中信出版社，2016 年，第 101 页。

展示空间。以城内景乐寺的艺术表演为例：

> 有佛殿一所，像辇在焉。雕刻巧妙，冠绝一时。堂庑周环，曲房连接。轻条拂户，花蕊被庭。至于六斋，常设女乐。歌声绕梁，舞袖徐转；丝管寥亮，谐妙入神。……后汝南王悦复修之。悦是文献之弟。召诸音乐，逞伎寺内。奇禽怪兽，舞抃殿庭。飞空幻惑，世所未睹。异端奇术，总萃其中。剥驴投井，植枣种瓜，须臾之间皆得食。士女观者，目乱睛迷。自建义已后，京师频有大兵，此戏遂隐也。[①]

其中，有精巧的雕刻艺术（“像辇”），出神入化的魔术表演（“奇禽怪兽，舞抃殿庭。飞空幻惑，世所未睹”），而最为突出的当为音乐舞蹈艺术。重大佛事活动时的“女乐”，“歌声绕梁，舞袖徐转；丝管寥亮，谐妙入神”，演唱、舞蹈、乐器伴奏和谐，美妙入神。后来，在元悦的主导下更是将各种不同的音乐形式、代表性的音乐舞蹈艺人汇集在景乐寺，所谓“召诸音乐，逞伎寺内”，简直将佛寺变为了音乐表演大厅。而佛寺音乐艺术表演并不止于景乐寺，如城西王典御寺：“至于六斋，常击鼓歌舞也。”[②]尤为值得注意的是，杨衒之在长秋寺中虽然没有述及音乐，却两次将其他佛寺的音乐与长秋寺作比较：城内昭仪尼寺，“伎乐之盛，与刘腾相比”[③]；城东宗圣寺，“妙伎杂乐，亚于刘腾。城东士女，多来此寺观看也”[④]，足见长秋寺音乐舞蹈艺术水平之高。概言之，佛寺空间的开放性与艺术活动，直接丰富了北魏洛阳的日常审美活动。并且，这种影响因佛事活动的敞开性而

---

① 〔北魏〕杨衒之著，杨勇校笺：《洛阳伽蓝记校笺》，中华书局，2018 年，第 53 页。
② 〔北魏〕杨衒之著，杨勇校笺：《洛阳伽蓝记校笺》，中华书局，2018 年，第 183 页。
③ 〔北魏〕杨衒之著，杨勇校笺：《洛阳伽蓝记校笺》，中华书局，2018 年，第 55 页。
④ 〔北魏〕杨衒之著，杨勇校笺：《洛阳伽蓝记校笺》，中华书局，2018 年，第 81 页。

进一步突破了佛寺空间的局限，扩展到整个都城洛阳，在洛阳形成一种“集体狂欢”。杨衒之在《洛阳伽蓝记》内多次记述的佛教行像活动便是如此，兹将相关描写录入如下：

作六牙白象负释迦在虚空中。庄严佛事，悉用金玉，作工之异，难可具陈。四月四日，此像常出，辟邪、师子导引其前。吞刀吐火，腾骧一面。彩幢上索，诡谲不常。奇伎异服，冠于都市。像停之处，观者如堵。迭相践跃，常有死人。①

寺有一佛二菩萨，塑工精绝，京师所无也。四月七日常出诣景明。景明三像，恒出迎之。伎乐之盛，与刘腾相比。②

有像一躯，举高三丈八尺；端严殊特，相好毕备，士庶瞻仰，目不暂瞬。此像一出，市井皆空，炎光辉赫，独绝世表。妙伎杂乐，亚于刘腾。城东士女，多来此寺观看也。③

有金像辇，去地三丈，施宝盖，四面垂金铃七宝珠，飞天伎乐，望之云表。作工甚精，难可扬搉。像出之日，常诏羽林一百人举此像。丝竹杂伎，皆由旨给。④

时世好崇福，四月七日，京师诸像，皆来此寺。尚书祠部曹录像凡有一千余躯。至八日，以次入宣阳门，向阊阖宫前受皇帝散花。

---

① 〔北魏〕杨衒之著，杨勇校笺：《洛阳伽蓝记校笺》，中华书局，2018 年，第 46 页。
② 〔北魏〕杨衒之著，杨勇校笺：《洛阳伽蓝记校笺》，中华书局，2018 年，第 55 页。
③ 〔北魏〕杨衒之著，杨勇校笺：《洛阳伽蓝记校笺》，中华书局，2018 年，第 81 页。
④ 〔北魏〕杨衒之著，杨勇校笺：《洛阳伽蓝记校笺》，中华书局，2018 年，第 87 页。

于时金花映日，宝盖浮云，旛幢若林，香烟似雾。梵乐法音，聒动天地。百戏腾骧，所在骈比。名僧德众，负锡为群。信徒法侣，持花成薮。车骑填咽，繁衍相倾。时有西域胡沙门见此，唱言佛国。[①]

由上述五则材料可知，行像活动是一场上至皇帝、下到平民百姓都参与其中的、轰动整个洛阳的重大礼佛活动。在行像活动前一日，即四月七日，各个佛寺精巧、奇绝、庄严、相好的佛像，提前集中到景明寺，共有一千多尊，规模何其宏大，令人叹为观止！行像活动本身，就是一场塑像艺术的“嘉年华”！四月八日当天，行像活动举行时，不仅香气充溢、梵音袅袅，而且有百戏表演。活动从景明寺开始，来自一百多个国家的僧人，不同民族、不同身份、不同年龄的信众，各级官员等，汇成一支巨大的人流队伍，浩浩荡荡，沿铜驼大街御道往北，经宣阳门，经过长达三里的铜驼大街，行至宫城阊阖门前，依次接受皇帝散花礼佛仪式，巡游都城。整个洛阳，俨然都成了佛教信仰空间，以致西域僧人“唱言佛国”。金大珍在论及佛寺功能时曾言：“在寺院形制中国化的同时，佛教的一切也进入中国人观念和生活，成为中国人思想、生活的内容和方式。对于洛阳城人而言，佛教是一种宗教信仰，也是一种政治方式，更是一种生活方式。”[②] 就美学维度而言，佛事活动对雕塑、音乐、舞蹈等多种艺术形式的运用，诗化、审美化了北魏洛阳生存空间。

① 〔北魏〕杨衒之著，杨勇校笺：《洛阳伽蓝记校笺》，中华书局，2018 年，第 133—134 页。
② ［韩］金大珍：《北魏洛阳城市风貌研究：以〈洛阳伽蓝记〉为中心》，中国社会科学出版社，2016 年，第 119 页。

第三节　北魏洛阳佛寺园林景观审美

华夏园林艺术与佛寺建筑的融合，要晚于楼、阁等建筑形式。因为早期的佛寺是以佛塔为中心，四周直接建设廊庑、阁道等，并没有更多的空间用来营造园林。但有些都城圈中的佛寺，本就是建在皇家苑囿之中，这使得苑囿本身具有了一定的佛寺园林性质。如前凉时期在姑臧所建的佛寺："（天锡）三年（365），姑臧北山杨树生松叶，西苑牝鹿生角，东苑铜佛生毛。"①北魏平城时期："高祖践位，显祖移御北苑崇光宫，览习玄籍。建鹿野佛图于苑中之西山，去崇光右十里，岩房禅堂，禅僧居其中焉。"②当然，也可以说这些建在都城周边苑囿中的佛寺，具有山林佛寺的性质。而山林佛寺选址是以风景优美作为重要标准的，如东晋慧远在庐山所建的东林寺：

> 桓（伊）乃为远复于山东更立房殿，即东林是也。远创造精舍，洞尽山美。却负香炉之峰。傍带瀑布之壑。仍石垒基，即松栽构。清泉环阶，白云满室。复于寺内别置禅林，森树烟凝，石筵苔合。凡在瞻履，皆神清而气肃焉。③

除将佛寺建在苑囿之中外，开凿石窟寺选址时也是要求环境青山、绿水、茂林。那么，为何要将佛寺建于苑囿或风景秀丽的山林呢？刘慧达曾在《北

---

① 〔北魏〕崔鸿撰，〔清〕汤球辑补，聂溦萌、罗新、华喆点校：《十六国春秋辑补》，中华书局，2020 年，第 847 页。

② 〔北齐〕魏收：《魏书》，中华书局，2011 年，第 3038 页。

③ 汤用彤：《校点高僧传（上）》，台北佛光文化事业有限公司，2001 年，第 352—353 页。

魏石窟与禅》一文中，引述《坐禅三昧经》《禅秘要法经》《观佛三昧海经》等经文，说明佛教禅修本就是选择在景色怡人之处，并根据这些经文明确指出“修禅定的人应当住在郊外山林静处”①。以该文从《付法藏因缘传》所引的经文为例：“于是迦叶即辞如来，往耆阇崛山宾钵罗窟。其山多有流泉浴池，树林蓊郁，华果茂盛，百兽游集，吉鸟翔鸣，金银琉璃罗布其地，迦叶在斯，经行禅思。宣畅妙法，度诸众生。”②可见，佛经内理想的佛寺就处于绿水青山之中。在佛寺建筑本土化过程中，当城邑佛寺无法满足理想佛寺对自然环境的要求时，与园林艺术结合以美化佛寺环境便成为理所当然的选择。换言之，佛经对理想佛寺处于优美自然环境的描述，为佛寺本土化过程中与园林艺术融合提供了理论支撑。

园林与佛寺建筑的融合，实则意味着佛寺布局的改变。当然，园林进入城邑佛寺之中，是在佛寺布局演进过程中逐步达成的。当佛寺布局打破以佛塔为中心、周环房庑的模式时，园林才具有了进入其中的可能。从前述佛寺布局的演进可知，“舍宅为寺”是促使园林进入佛寺的重要现实成因。东吴孙权吴夫人舍宅所建的通玄寺、释道安以清河张殷宅为基础在襄阳建造的檀溪寺、谢尚舍宅营造的庄严寺等，倘若这些宅邸中原本建有私家园林，那么相应地便转化成为佛寺的组成部分。以东晋王坦之“舍园立寺”为例：

> 释慧受，安乐人。晋兴宁中，来游京师。蔬食苦行，常修福业。尝行过王坦之园，夜辄梦于园中立寺。如此数过。受欲就王乞立一间屋处，未敢发言。且向守园客松期说之。……王大喜，即以许焉。

---

① 刘慧达：《北魏石窟与禅》，参见宿白：《中国石窟寺研究》，生活·读书·新知三联书店，2019年，第437页。

② 转引自刘慧达：《北魏石窟与禅》，参见宿白：《中国石窟寺研究》，生活·读书·新知三联书店，2019年，第437页。

> 初立一小屋，……竖立为刹，架以一层。道俗竞集，咸叹神异。坦之即舍园为寺，以受本乡为名，号曰安乐寺。东有丹阳尹王雅宅，西有东燕太守刘鬬宅，南有豫章太守范宁宅，并施以成寺。后有沙门道靖、道敬等，更加修饰，于今崇丽焉。[①]

建康安乐寺，最初是因释慧受请求，王坦之将自家所造园林舍于他而建。因此规模不大，仅有一间房、一座单层佛塔。又因王雅、刘鬬和范宁舍宅扩建，使其规模不断壮大。后来在道靖、道敬等的主持下，对寺院不断进行建设、修饰，终于使其成为了一座壮丽的佛寺。安乐寺本就始于王坦之的私家园林，若王雅、刘鬬和范宁的宅院也有私家园林，那么，园林便自然而然地成为了安乐寺的有机组成部分。

园林纳入佛寺的另一重要成因，是新建佛寺规模的扩展。皇帝、皇室成员、达官显贵等统治阶层对佛教的崇信，为新建佛寺营造园林提供了巨大的财力、物力与人力支持。同时，达官显贵、文人名士与佛教高僧的交往，则促使中原园林审美观念融进新建佛寺园林之中。当然，新建佛寺园林在设计时必须契合佛教审美观念，使得佛教思想借助佛寺园林影响到园林艺术的发展。袁守愚在梳理园林概念演进时指出："魏晋南北朝佛教的兴盛，促进了园林概念向审美的转变。一方面，名僧名士交往，使造园和园林活动在审美情趣和内涵上不断深化；另一方面，佛经的汉译，赋予了以'园林'为代表的一批语词审美含义，并随着佛教的兴盛而广为流传。"[②] 正是园林在现实维度具有美化佛寺、营造禅修之境的作用，促进了新建佛寺园林的发展。

概言之，城邑市井佛寺园林主要包括自建园林和在"舍宅为寺"过程中由私家园林转化而来的园林两类。对此，杨衒之在《洛阳伽蓝记》中均有

① 汤用彤：《校点高僧传（下）》，台北佛光文化事业有限公司，2001 年，第 301 页。
② 袁守愚：《中国园林概念史研究：先秦至魏晋南北朝》，天津大学博士学位论文，2014 年，第 190 页。

记述，不仅展现了佛教思想对园林艺术、对自然审美的影响，而且展现了“舍宅为寺”所赋予佛寺园林的世俗性，进而在整体上呈现出北朝佛寺园林的演进状况和审美精神。

一、“想同岩谷”的新建佛寺园林

佛寺作为宗教空间，实质上是对佛教宇宙观的一种象征。虽然佛教建筑在传入之际便与华夏建筑体系相交融，但佛寺依然是佛教信仰空间，彰显佛教精神，象征佛国宇宙。在佛寺营建过程中，借助园林来复现佛国佛寺的自然环境便成为一种选择。由此，佛寺园林成为佛教自然观的重要体现。

北魏洛阳佛寺规建，受到了北朝佛教重涅槃思想的影响。孝文帝时期，北方修习《涅槃经》的僧侣及信徒已经很多。《魏书·释老志》中记述孝文帝崇尚《成实论》，并以鸠摩罗什的再传弟子道登为师，实际上道登不止擅长《成实论》：“道登为孝文之师，善《涅槃》《法华》及《成实》《胜鬘》，孝文重之，常与谈论（《释老志》及《灵征志》。《南齐书》四十五《遥昌传》）。”[①] 宣武帝也精通佛教义理，《魏书》中记载他经常讲授经论，如《维摩诘经》，并与名僧大德讨论经义。汤用彤说，宣武帝时期“魏土佛法盛行者为《地论》《毗昙》《涅槃》以及禅法、净土等”[②]。北魏皇室对佛教涅槃思想的喜好，自然而然地影响到了洛阳的佛经翻译与修习。这从杨衒之所记载的名僧和佛经翻译情况中可以窥得一斑：

> 天竺国胡沙门菩提流支见而礼之，号为菩萨。流支解佛义知名，西土诸夷，号为罗汉。晓魏言及隶书，翻《十地》《楞伽》及诸经

① 汤用彤：《汉魏两晋南北朝佛教史》，上海人民出版社，2015 年，第 353 页。

② 汤用彤：《汉魏两晋南北朝佛教史》，上海人民出版社，2015 年，第 598 页。

论二十三部。虽石室之写金言，草堂之传真教，不能过也。[1]

正是大乘佛教思想的盛行，对禅法的推崇，使得北朝的自然审美观念在佛学的影响下发生了转变。很多僧人在佛教思想的引导下主动栖居山林，如北魏洛阳时期在嵩山营建了闲居寺、嵩阳寺等著名佛寺。其中，就有孝文帝为佛陀禅师（《魏书·释老志》中记载为菩提拔陀）所建的少林寺："（佛陀禅师）性爱幽栖，林谷是托，屡往嵩岳，高谢人世。有敕就少室山为之造寺，今之少林是也，帝用居处。四海息心之俦闻风响会者，众恒数百，笃课出要，成济极焉。"[2] 而自然山林之所以受到佛教僧人青睐，就在于佛教思想中强调万法皆真如，众生平等，自然无情而有性，得性即是涅槃。自然物本身就有佛性，就有万法，直面自然、体悟自然同样可以悟得真如。余开亮在论及六朝佛教对山水审美的影响时，认为："般若学主张山水是佛的化身，要求人以佛理去观照山水，这种观照有一种'格物'的味道，还说不上是顿悟。而涅槃学则要求人在山水中顿悟佛理。不管是哪种方式，都是强调要从山水达到对佛的体认。"[3] 加之北朝本就玄风薄弱，没有像南朝一样形成"玄对山水"的审美观念，所以佛教自然观更为深刻地影响了自然审美观念，促使自然物所承载的"神性观念""伦理观念""悟道观念"等得到荡涤，进而呈现出自身独立的审美价值。由此，园林作为一种人造的景观，开始以"自然"作为最高的审美标准。城邑市井的佛寺园林，便以营造清幽雅致的禅修之境作为旨归。景林寺园林可谓其中的代表：

景林寺，在开阳门内御道东。讲殿叠起，房庑连属，丹楹炫日，

① 〔北魏〕杨衒之著，杨勇校笺：《洛阳伽蓝记校笺》，中华书局，2018 年，第 210 页。
② 〔唐〕道宣著，郭绍林点校：《续高僧传》，中华书局，2014 年，第 564 页。
③ 余开亮：《六朝园林美学》，重庆出版社，2007 年，第 214 页。

> 绣桷迎风，实为胜地。寺西有园，多饶奇果。春鸟秋蝉，鸣声相续。中有禅房一所，内置祇洹精舍；形制虽小，巧构难比。加以禅阁虚静，隐室凝邃，嘉树夹牖，芳杜匝阶，虽云朝市，想同岩谷。净行之僧，绳坐其内，餐风服道，结跏数息。①

杨衒之这里通过寥寥数笔、一百余字，便书写出了景林寺园林景观的禅意与美感，并展现了佛寺园林空间意境营造的主要内容，堪称典范。景林寺不仅是一座园林式佛寺，而且建有单独的园林。由于《洛阳伽蓝记》中没有明确记载景林寺的建立者，仅从佛寺以佛殿为主的布局、庭院式的结构、装饰的效果和卢景裕撰写铭文来看，应为显贵之士专门建立。从园林景观来看，景林寺建筑有殿、堂、庑、阁、房和隐室等，辅之以红色堂柱和五彩画椽，尽显佛寺庄严华美；种植有奇异的果树、稀有的林木、名贵的花草，在佛寺中营造出幽静之境；春鸟秋蝉，则是衬托出佛寺的生机。而梵乐法音香气，佛像壁画与祇洹精舍，使得景林寺园林生成一种静修的气氛。所以，杨衒之特别描写了清净的禅房，幽深的隐室，嘉树掩映的门窗，杜若送香的台阶，结跏趺坐、静虑深修的禅僧，俨然一片佛国净土。“虽云朝市，想同岩谷”，既精准地概括了景林寺园林景观所营造的禅境之美，又深刻地表达了都城佛寺园林营建的审美追求，即在喧闹的市井之中别开一片深山般的清幽之境。

对于园林而言，营造清幽之境，常常是高木成林、修竹成片。这从洛阳新建佛寺园林植被之丰富中足以见出：胡太后兴建的秦太上君寺，“诵室禅堂，周流重叠，花林芳草，遍满阶墀”②，周环的诵室禅堂将喧闹的市井间离开来，林木花草遍布展现出佛寺的秀美清幽；百官们兴建的正始寺，

---

① 〔北魏〕杨衒之著，杨勇校笺：《洛阳伽蓝记校笺》，中华书局，2018 年，第 63 页。

② 〔北魏〕杨衒之著，杨勇校笺：《洛阳伽蓝记校笺》，中华书局，2018 年，第 94 页。

“檐宇精净，美于景林。众僧房前，高林对牖，青松绿柽，连枝交映”[①]，建筑精巧简洁超过景林寺，高大的树林、交织的枝条凸显出寺院的清净；西域僧人昙摩罗所建的法云寺，“伽蓝之内，花果蔚茂，芳草蔓合，嘉木被庭”[②]，花草繁密、果木茂盛、芳草滋蔓、嘉木满庭，虽是西域装饰风格的佛寺，却完全融进了中原园林之中；宣武帝为安置异国僧人所建的永明寺，“庭列修竹，檐拂高松，奇花异草，骈阗阶砌”[③]，可见庭院之内修竹成林，松树高峻挺拔，奇异花草罗列；贾璨所立的凝玄寺，“房庑精丽，竹柏成林，实是净行息心之所也”[④]，房屋精美宏丽，竹林柏林交错，确为禅修静虑之所在。概言之，这些佛寺园林或者说园林式佛寺，充分借助嘉木、修竹、奇花、香草、异果等植物的环境营造作用，从而在权力倾轧、物欲横流、嘈杂喧闹的都市中成功营造出一个个优美的禅修空间。

佛寺园林超越性的一面，展现出与士人造园的共通性。南北朝时期，僧人与士人的交游也充分说明了这一点。南朝著名的有康僧渊与王导、庾亮等人，释慧远与刘遗民、雷次宗、宗炳、陶渊明、谢灵运等人。北魏洛阳时期同样出现了士人崇奉佛法、与僧人交往的情况。如《洛阳伽蓝记》中所记的孟仲晖：“时有奉朝请孟仲晖者，武威人也。父宾，金城太守。晖志性聪明，学兼释氏，四谛之义，穷其旨归。恒来造第，与沙门论议，时号为玄宗先生。”[⑤]再如崔光，杨衒之记述他曾施财与其他官员共同兴建了正始寺，《魏书·崔光传》则记载他“崇信佛法，礼拜读诵，老而逾甚，终日怡怡，未曾恚忿。曾于门下省昼坐读经，有鸽飞集膝前，遂入于怀，缘臂上肩，久之乃去。道俗赞咏诗颂者数十人。每为沙门朝贵请讲《维

① 〔北魏〕杨衒之著，杨勇校笺：《洛阳伽蓝记校笺》，中华书局，2018年，第99页。
② 〔北魏〕杨衒之著，杨勇校笺：《洛阳伽蓝记校笺》，中华书局，2018年，第188页。
③ 〔北魏〕杨衒之著，杨勇校笺：《洛阳伽蓝记校笺》，中华书局，2018年，第214页。
④ 〔北魏〕杨衒之著，杨勇校笺：《洛阳伽蓝记校笺》，中华书局，2018年，第223页。
⑤ 〔北魏〕杨衒之著，杨勇校笺：《洛阳伽蓝记校笺》，中华书局，2018年，第214页。

摩》《十地经》，听者常数百人，即为二经义疏三十余卷”[1]。士人与僧人的交往，使得佛寺园林与士人园林在审美观念上出现了交融，展现出对清幽雅致之境的共同审美追求。北魏洛阳时期著名的案例就是由南入北的隐士冯亮：

> 少博览诸书，又笃好佛理。……亮性清净，至洛，隐居崧高，感英之德，以时展勤。……不敢还山，遂寓居景明寺。……亮既雅爱山水，又兼巧思，结架岩林，甚得栖游之适，颇以此闻。世宗给其工力，令与沙门统僧暹、河南尹甄琛等，周视崧高形胜之处，遂造闲居佛寺。林泉既奇，营制又美，曲尽山居之妙。[2]

冯亮崇奉佛学，虽未出家为僧，但有较高的佛学造诣，宣武帝就想让他侍讲《十地》诸经。同时，从“兼巧思”可知，他具有相当的设计能力，堪称巧匠。也正是凭借自身的巧思能力，冯亮能够“结架岩林”，遍览嵩山风光，栖居山水之间。他与僧暹、甄琛等共同营建的闲居寺，明确经过选址，“周视崧高”，在此基础上最终选择“形胜之处”。所谓“形胜”，应是“林泉”奇绝，嵩高佳处；“营制又美”，则指佛寺建筑之美轮美奂。而在林泉雅致之境营建精美绝伦的佛寺，才能“曲尽山居之妙”，幽居山林体悟自然之真。由此，可以推想冯亮选择寓居在景明寺，当知景明寺园林可以媲美闲居寺：

> 前望嵩山、少室，却负帝城。青林垂影，绿水为文，形胜之地，爽垲独美。山悬堂观，一千余间。复殿重房，交疏对溜，青台紫阁，

---

① 〔北齐〕魏收：《魏书》，中华书局，2011 年，第 1499 页。
② 〔北齐〕魏收：《魏书》，中华书局，2011 年，第 1931 页。

> 浮道相通。虽外有四时，而内无寒暑。房檐之外，皆是山池。竹松兰芷，垂列堦墀，含风团露，流香吐馥。……寺有三池，萑蒲菱藕，水物生焉。或黄甲紫鳞，出没于蘩藻；或青凫白雁，浮沉于绿水。䃅硙舂簸，皆用水功。伽蓝之妙，最得称首。[①]

从选址可知，景明寺是坐北朝南的布局，前瞻嵩山、少室山，背依洛阳城，周围林木青翠、树影婆娑，流水碧绿、层层涟漪。所以杨衒之说“形胜之地，爽垲独美”，赞叹这里环境优美，高朗清爽，风景独好。从建筑描述可知，景明寺穷精极丽，且设计巧妙，以至外有四季轮转而内无寒暑之分。从景观构成可知，景明寺颇富山林池沼之美，独有三处水池；竹松兰芷遍植，更使得寺内清香无比。杨衒之用“伽蓝之妙，最得称首”来赞誉景明寺，足见其精妙绝美。据此，冯亮之所以选择景明寺，正在于佛寺园林景观之优美。

尽管这些都城新建佛寺的园林契合“宴坐林下”以修定慧的佛经要义，但因佛寺兴建者或为北魏帝王，或为皇室成员，或为高官大臣，使得包括园林在内的佛寺建筑呈现出庄严华美、壮丽重威的审美风格。同时，园林受佛寺本身等级的限制，也受到了礼制美学的束缚。如瑶光寺园林，之所以“有五层浮图一所，去地五十丈。仙掌凌虚，铎垂云表，作工之妙，埒美永宁。讲殿尼房，五百余间，绮疏连亘，户牖相通，珍木香草，不可胜言。牛筋狗骨之木，鸡头鸭脚之草，亦悉备焉”[②]，就在于其是宣武帝所立，并且孝文帝皇后冯氏、宣武皇后高氏、孝明皇后胡氏等先后在寺内居住。再如永宁寺，虽是以佛塔为主、以佛殿为辅、周环僧房楼观的布局，没有景明寺园林之妙，但寺内依然是栝柏松椿、蘩竹香草，周围有青槐绿水环绕，

---

① 〔北魏〕杨衒之著，杨勇校笺：《洛阳伽蓝记校笺》，中华书局，2018 年，第 133 页。

② 〔北魏〕杨衒之著，杨勇校笺：《洛阳伽蓝记校笺》，中华书局，2018 年，第 48—49 页。

如在园林之中。

新建佛寺园林的世俗性还在于它的附属功能。它的半公共空间属性，使其肩负了园林游玩娱乐休闲之功能，如城西宝光寺园林：“园中有一海，号咸池。葭菼被岸，菱荷覆水，青松翠竹，罗生其旁。京邑士子，至于良辰美日，休沐告归，征友命朋，来游此寺。雷车接轸，羽盖成阴。或置酒林泉，题诗花圃，折藕浮瓜，以为兴适。”[①] 这座在晋石塔寺基础上兴建的佛寺，简直成了一座公共园林。而热闹非凡的游乐场景，尽管有助于佛教信仰的传播，却与佛寺园林自身追求的清修之间存在着一种超越与世俗的审美冲突。同时，北魏洛阳新建佛寺园林还具有一定的经济属性。杨衒之在记述中多次提到了佛寺园林的果树种植问题：

> 报德寺，高祖孝文皇帝所立也。为冯太后追福。在开阳门外三里。……周回有园，珍果出焉。有大谷含消梨，重六斤，从树著地，尽化为水。世人云：“报德之梨，承光之柰。”承光寺亦多果木，柰味甚美，冠于京师。[②]

> 龙华寺，广陵王所立也。追圣寺，北海王所立也。并在报德寺之东。法事僧房，比秦太上公。京师寺皆种杂果，而此三寺，园林茂盛，莫之与争。[③]

> （白马寺）浮屠前柰林蒲萄，异于余处，枝叶繁衍，子实甚大。柰林实重七斤，蒲萄实伟于枣，味并殊美，冠于中京。帝至熟时，常诣取之。或复赐官人，官人得之，转饷亲戚，以为奇味。得者不

① 〔北魏〕杨衒之著，杨勇校笺：《洛阳伽蓝记校笺》，中华书局，2018 年，第 187 页。
② 〔北魏〕杨衒之著，杨勇校笺：《洛阳伽蓝记校笺》，中华书局，2018 年，第 144 页。
③ 〔北魏〕杨衒之著，杨勇校笺：《洛阳伽蓝记校笺》，中华书局，2018 年，第 153 页。

敢辄食，乃历数家。京师语曰："白马甜榴，一实直牛。"[①]

从"京师寺皆种杂果"的表述，和前述景林寺"寺西有园，多饶奇果"，法云寺"伽蓝之内，花果蔚茂"，宝光寺"果菜葱青"，以及报德寺、承光寺、龙华寺、追圣寺等，可知主要是新建佛寺园林种植果木。显然，"想同岩谷"的审美追求只是就新建佛寺园林景观的感知而言，但新兴佛寺依托政治权力兴建、地处都邑之中和吸引更多信众等因素，使其在根本上难以摆脱世俗性的维度。

二、富贵奢丽的"舍宅"佛寺园林

与新建佛寺园林在规建之际便已营造清幽静修之境不同，"舍宅为寺"过程中由私家园林转化而来的佛寺园林，原本具有自身的审美特质。因此，这类佛寺园林，便面临着审美感知、审美风格和审美追求的转化问题，或者说如何向私家园林注入佛教自然审美观念的问题。如前所述，北魏洛阳舍宅所立佛寺所占比重很大，尤其是在尔朱荣发动"河阴之变"以后，城西寿丘里因舍宅为寺而塔刹林立。杨衒之记载："（建义元年四月）（528）十三日，召百官赴驾，至者尽诛之。王公卿士及诸朝臣死者二千余人"[②]；关于元氏皇室具体死难成员，《魏书·孝庄帝纪》记载较细："荣以兵权在己，遂有异志，乃害灵太后及幼主，次害无上王劭、始平王子正，又害丞相高阳王雍、司空公元钦、仪同三司元恒芝、仪同三司东平王略、广平王悌、常山王卲、北平王超、任城王彝、赵郡王毓、中山王叔仁、齐郡王

---

① 〔北魏〕杨衒之著，杨勇校笺：《洛阳伽蓝记校笺》，中华书局，2018 年，第 184 页。

② 〔北魏〕杨衒之著，杨勇校笺：《洛阳伽蓝记校笺》，中华书局，2018 年，第 14 页。

温，公卿已下二千余人。”[1]元氏皇室成员被杀之后，他们的府邸大都被直接舍弃转立为佛寺：“经河阴之役，诸元歼尽，王侯第宅，多题为寺。”[2]这不仅直接增加了洛阳西郊的佛寺数量，而且相应增加了佛寺园林的数量。因为在宣武帝、孝明帝时期，政治社会相对稳定，北魏洛阳经济较为发达，元氏皇室出现严重的腐化现象，相互攀比斗富之风盛行，元氏皇室成员的府邸大都营建有富贵奢丽的私家园林：“于是帝族王侯，外戚公主，擅山海之富，居川林之饶，争修园宅，互相夸竞。”[3]

正是由于“互相夸竞”，元氏皇室成员营建的私家园林，大部分都呈现出鲜明的“富贵园”特征：府门高大，房间宽阔，门户洞开，房间相连；馆阁高耸，若有风生，重楼林立，如入雾中；高台美榭，家家兴筑；异花成圃，嘉木成林，池沼弯曲，园园均有。可见，豪奢是这些王侯显贵私家园林的一个基本特征。同时，这些私家园林又因能工巧匠的设计，效仿华林园、西游园等，而展现出园林艺术崇尚自然本真之美的追求。正是基于此，富贵豪奢的私家园林虽不会因为府邸大门悬挂寺名、前厅改为佛殿、后厅改作讲堂等，随即拥有并呈现佛寺园林的审美精神，但却具有向佛寺园林审美转化的基础与可能。事实上，从杨衒之的记述可知，元氏皇室成员是既兴建佛寺又舍宅立寺，如元怿新建有景乐寺、融觉寺，并舍宅建立了冲觉寺。这就使得王侯显贵的私家园林与他们新建佛寺的园林，既在规模大小、壮丽程度等审美维度上具有一致性，又在对自然审美的追求上具有共通性。至于私家园林对自然审美的追求，可从张伦私家园林对“有若自然”之美的追求见出：

---

① 〔北齐〕魏收：《魏书》，中华书局，2011年，第256页。但《魏书·尔朱荣传》中记载数字不同：“因纵兵乱害，王公卿士皆敛手就戮，死者千三百余人。”参见〔北齐〕魏收：《魏书》，中华书局，2011年，第1648页。

② 〔北魏〕杨衒之著，杨勇校笺：《洛阳伽蓝记校笺》，中华书局，2018年，第192页。

③ 〔北魏〕杨衒之著，杨勇校笺：《洛阳伽蓝记校笺》，中华书局，2018年，第191页。

惟伦最为豪侈，斋宇光丽，服玩精奇，车马出入，逾于邦君。园林山池之美，诸王莫及。伦造景阳山，有若自然。其中重岩复岭，嵚崟相属，深蹊洞壑，逦迤连接。高林巨树，足使日月蔽亏；悬葛垂萝，能令风烟出入。崎岖石路，似壅而通；峥嵘涧道，盘纡复直。是以山情野兴之士，游以忘归。①

这是杨衒之关于司农张伦私家园林的书写。“斋宇光丽”，是指府邸房屋的光鲜亮丽，强调建筑之奢华；“服玩精奇”，是指收藏的服饰古玩、奇珍异宝，旨在凸显生活之奢侈。据此，张伦私家园林也理应是豪奢精丽，杨衒之却并没有直陈，而是以庭园、树木、假山和池水之美超出元氏皇室成员的私家园林进行暗写。他直接赞誉的是张伦私家园林对自然天成之美的追求，尤其所营造的景阳山“有若自然”。它的岩岭重叠，高大险峻；深溪洞谷，曲折连绵；高林巨木，遮天蔽日；葛萝悬垂，风烟缥缈；石路崎岖，似堵实通；涧道深隐，曲折达直。杨衒之以区区五十二个字，便将景阳山妙合自然之美呈现了出来。同时，景阳山虽名为“山”，现实中也不会真的很宏壮。因为按照北魏洛阳“方三百步为一里”的里坊制，加上昭德里还住有尚书仆射游肇、御史尉李彪、七兵尚书崔休和幽州刺史常景，假使李彪与常景因俭朴而府邸不大，张伦府邸虽豪华奢侈，但在面积上也不会过大。据此可知景阳山叠山理水的造园艺术水平极高。并且，它“有若自然”的真实性，得到了游赏者的验证：“山情野兴之士，游以忘归。”喜爱山野情趣的人士，能在景阳山流连忘返，足见其已经化去了人工痕迹，达到了“天工”之美。加之前述宫城皇家园林华林园追求“有似自然”，可知对自然而然之美的追求已经成为北魏洛阳时期皇家园林、私家园林和佛寺园林的共同追求。

① 〔北魏〕杨衒之著，杨勇校笺：《洛阳伽蓝记校笺》，中华书局，2018年，第99页。

舍宅所立佛寺中的私家园林，因富贵、奢华与壮丽而呈现出鲜明礼制美学特质。高阳王元雍被尔朱荣杀害后，舍宅建立的高阳王寺，实际上就是原本可与皇宫相匹敌的殿堂建筑，转变成为了壮制华丽的佛殿、讲堂与僧房；其“竹林鱼池，侔于禁苑，芳草如积，珍木连阴”[①]，能够与华林园、西游园相媲美，可见其植竹、艺草、栽木应富有“野致”，理水、叠石合于天然。再看元怿和元琛立寺所舍的私家园林：

> 冲觉寺，太傅清河王怿舍宅所立也。……是以熙平、神龟之际，势倾人主，第宅丰大，逾于高阳。西北有楼，出凌云台，俯临朝市，目极京师，古诗所谓“西北有高楼，上与浮云齐”者也。楼下有儒林馆、延宾堂，形制并如清暑殿。土山钓台，冠于当世。斜峰入牖，曲沼环堂。树响飞嘤，阶丛花药。[②]

> 而河间王琛最为豪首，常与高阳争衡。造文柏堂，形如徽音殿。置玉井金罐，以五色缋为绳。……造迎风馆于后园，窗户之上，列钱青琐，玉凤衔铃，金龙吐佩。素柰朱李，枝条入檐，伎女楼上，坐而摘食。……四月初八日，京师士女，多至河间寺。观其廊庑绮丽，无不叹息。以为蓬莱仙室，亦不是过。入其后园，见沟渎蹇产，石磴嶕峣，朱荷出池，绿萍浮水，飞梁跨阁，高树出云，咸皆唧唧；虽梁王兔苑，想之不如也。[③]

无论是元怿还是元琛的府邸，都充分展现了元氏汉化之后在生活方面的豪奢追求，完全摒弃了平城时期所承续的尚俭质朴之风。他们府邸的建筑，

---

① 〔北魏〕杨衒之著，杨勇校笺：《洛阳伽蓝记校笺》，中华书局，2018 年，第 166 页。

② 〔北魏〕杨衒之著，杨勇校笺：《洛阳伽蓝记校笺》，中华书局，2018 年，第 175 页。

③ 〔北魏〕杨衒之著，杨勇校笺：《洛阳伽蓝记校笺》，中华书局，2018 年，第 191—192 页。

形制与装饰均是对宫城建筑的模仿，从而展现出一种奢丽之风；园林中佳石堆叠，池沼生趣，珍木成林，奇卉飘香，高台飞阁，生风飘雾，由此营造出一种自然之美。另外，从杨衒之用“梁王兔苑”作比可知，北魏元氏皇室成员的私家园林依然具有汉代私家园林的宏大遗风，因此也与南朝私家园林的精巧、素朴、自然等形成鲜明对比。

那么，这些在造园之初便已经注定其宏大、奢丽风格的私家园林，在府邸转为佛寺之后，何以呈现出与新建佛寺园林一致的审美精神，杨衒之并没有进行针对性的记述。但他却提供了一条重要的线索，即园林物体系构成的改变——佛塔的补建。在冲觉寺，胡太后“为文献追福，建五层浮图一所，工作与瑶光寺相似也”[①]。而瑶光寺“有五层浮图一所，去地五十丈。仙掌凌虚，铎垂云表，作工之妙，埒美永宁”[②]，据此可知，冲觉寺所补建的浮图，也应有五十丈高，在佛塔造型、土木营造、佛事装饰等方面应具有庄严华美的特征。再如元怀舍宅所立的大觉寺：

> 大觉寺，广平王怀舍宅也。在融觉寺西一里许。北瞻芒岭，南眺洛汭，东望宫阙，西顾旗亭；神皋显敞，实为胜地。是以温子升碑云：“面水背山，左朝右市。”是也。怀所居之堂，上置七佛，林池飞阁，比之景明。至于春风动树，则兰开紫叶；秋霜降草，则菊吐黄花。名僧大德，寂以遣烦。永熙年中，平阳王即位，造砖浮图一所。是土石之工，穷精极丽。[③]

在《洛阳伽蓝记》中，被杨衒之赞誉为“胜地”的佛寺，仅有景林寺、景明寺与大觉寺三座，足见元怀住宅选址慎重，占据自然地利之优。从大

① 〔北魏〕杨衒之著，杨勇校笺：《洛阳伽蓝记校笺》，中华书局，2018 年，第 175 页。
② 〔北魏〕杨衒之著，杨勇校笺：《洛阳伽蓝记校笺》，中华书局，2018 年，第 48 页。
③ 〔北魏〕杨衒之著，杨勇校笺：《洛阳伽蓝记校笺》，中华书局，2018 年，第 212 页。

觉寺“面水背山，左朝右市”的环境可知，它是一座风景优美的园林式佛寺。从“林池飞阁，比之景明”可知，大觉寺同样具有皇家寺院的壮丽威严，寺内应仿建有宫城建筑，而园林营造也应颇得自然之妙，清幽无比。这可从高僧大德选择来大觉寺进行禅修、避开俗世烦扰见出，即“名僧大德，寂以遣烦”。那么，从私家园林来看，相较于元雍、元琛等，元怀虽同样追求奢华，却更为注重追求自然之美。在舍宅立寺之后，如同冲觉寺一样，大觉寺也补建了佛塔。但补建佛塔并非为改变私家园林的审美风格，其主观目的在于“追福”。而佛塔作为佛教信仰的建筑标识物，却客观上直接标示出府邸向佛寺的转变。加之府邸原有布局结构完善，佛塔补建需要相当的空间，厅堂所在院落一般难以实施，因此，建在园林之中的可能性较大。进而言之，佛塔在客观上便改变了私家园林的物体系结构，凭借着高耸的建筑形式成为私家园林乃至整座府邸审美风格的统摄中心，从视觉维度形成审美感知的转变，并以此带来审美心理的调适、注入佛寺园林的审美精神。

当然，并非所有佛寺都补建佛塔，特别在北魏洛阳佛殿地位上升、佛塔逐渐淡出佛寺而审美化发展的演进过程中，舍宅所立佛寺补建佛塔者并不占据主导地位。这些没有补建佛塔的私家园林，与补建佛塔的私家园林一样，因佛事活动过程中的梵乐法音、僧人在园林中的禅修、小型精舍的置入等增加了佛教审美元素，重构了审美氛围，最终促使它们在审美精神维度向佛寺园林转进。除此之外，发生在这些佛寺中的灵异事件，也会使包括园林在内的整个佛寺审美氛围发生改变。王肃的儿子王翊舍宅所立的愿会寺：“佛堂前生桑树一株，直上五尺，枝条横绕，柯叶傍布，形如羽盖；复高五尺，又然。凡为五重，每重叶椹各异，京师道俗，谓之神桑。观者成市，施者甚众。帝闻而恶之，以为惑众，命给事中黄门侍郎元纪伐杀之。

其日云雾晦冥，下斧之处，血流至地。见者莫不悲泣。”[①]显然，这棵神桑使整个愿会寺带上了一种神秘色彩。再如元怀舍宅所立的平等寺：“堂宇宏美，林木萧森，平台复道，独显当世。寺门外金像一躯，高二丈八尺，相好端严，常有神验，国之吉凶，先炳祥异。”[②]该佛像在孝昌三年（527）十二月两目垂泪，次年，尔朱荣入洛发动了“河阴之变”；永安二年（529）三月，佛像再次垂泪，五月北海王元颢入洛；永安三年（530）七月，佛像再次悲泣，十二月孝庄帝被尔朱兆所擒，崩于晋阳；永熙三年（534）二月，佛像低头复举，十月京师迁往邺城。该尊佛像的灵验，使平等寺笼罩着一种神秘氛围。另外，永熙元年（532），平等寺也曾补建五层佛塔。这座五层佛塔无疑使“堂宇宏美，林木萧森”的平等寺及其园林的宗教审美气氛得到进一步强化。

通过上述内容可知，北魏洛阳发生的“舍宅为寺”现象，使得私家园林与佛寺园林之间产生较为复杂的审美关联。在此过程中，私家园林尤其是王公大臣的私家园林所展现出来的富贵、奢华、铺排、喧闹的审美风格，在向佛寺园林转进中得到了荡涤；所蕴含的对自然本真之美的追求，向清净幽深之境转化的可能，则是在佛寺园林审美转化中得到了凸显，从而进一步强化了佛教自然审美观念的影响。可以说，私家园林向佛寺园林的审美转化，具体展现了北魏洛阳中原文化自然审美观念、佛教自然审美观念、由南方传入北方的自然审美观念及北方草原自然审美观念之间的多元融合。如若仅仅以佛寺园林或私家园林来概括北魏洛阳的园林状况，便难以厘清文化审美观念融合对于造园艺术的影响。

---

① 〔北魏〕杨衒之著，杨勇校笺：《洛阳伽蓝记校笺》，中华书局，2018年，第56页。

② 〔北魏〕杨衒之著，杨勇校笺：《洛阳伽蓝记校笺》，中华书局，2018年，第107页。

三、洛阳佛寺园林的美学史价值

无论是新建佛寺所设计建设的园林，还是舍宅所立佛寺中原来就有的私家园林，在根本上都属于城市中的自然，实质上展现的是身在城市者内心对山水林木田园的眷恋、渴望和希冀。尤为值得关注的是，北魏洛阳的佛寺园林、私家园林和皇家园林，均追求园林艺术审美的“有若自然”。“有若自然”，是造园技艺的审美评价标准，是园林艺术的审美理想，更是对自然本真之美的追求。这种园林审美观念的生成，既展现了北魏洛阳园林对汉魏晋园林的承续，如宏大与壮丽的审美风格，又展现了佛教自然审美观念、江南园林审美观念的影响，如任情于自然本身的审美追求。正是基于此，北魏洛阳佛寺园林在城市生活审美、南北园林审美异同和南北园林审美观念合流三个方面展现出重要的美学史价值。

首先，佛寺园林的半公共空间属性推动了日常生活审美的提升。在古代园林体系中，皇家园林属于禁苑，私家园林归属个人，都不具有面向社会的公共属性。佛寺园林，因佛寺受宗教戒律限制和政治因素影响，也非完全开放。就前者而言，如元怿所立的景乐寺：“以是尼寺，丈夫不得入。得往观者，以为至天堂。及文献王薨，寺禁稍宽，百姓出入，无复限碍。”[①]就后者而言，则是因为佛教与政治的结盟直接赋予了佛寺以鲜明的等级性，佛教传播依托政治支持，释道安就直言“不依国主，则法事难立。又教化之体，宜令广布”[②]，而皇权政治则是通过佛寺级别展现出礼制差异，如永宁寺、景明寺便不是随意出入游览之地。但佛寺园林作为宗教建筑的有机构成，为了吸引信众又必须展现出一定的开放性，从而成为一种重要的城市半公共

① 〔北魏〕杨衒之著，杨勇校笺：《洛阳伽蓝记校笺》，中华书局，2018 年，第 53 页。

② 汤用彤：《校点高僧传（上）》，台北佛光文化事业有限公司，2001 年，第 302 页。

空间。它们既是宗教活动的道场，又兼具世俗化的游园功能，成为怡情养性、愉悦性情的具有公共属性的生存空间。特别是在古代城市中，宗教信仰大型公开活动，往往会吸引百戏、杂技、音乐舞蹈等表演，并与游园交织在一起，从而混杂一种世俗化娱乐审美活动的属性。

在北魏洛阳，舍宅所立的佛寺，直接打破了王公大臣私人府邸和园林的封闭性，普通百姓得以进入观赏游览。如前面所引河间寺的记述，作为河间王元琛的府邸，显然是私人的、封闭性的。而在舍宅为寺之后，四月初八行像之日，众多京师士女到河间寺进行观光游览：观赏它的楼阁廊房，其绮丽程度无不赞叹，认为蓬莱神仙居所也不过如此；游览它的园林，只见沟渎蜿蜒曲折，石磴陡峭高耸；红荷婷立池塘，绿萍漂浮水面；凌空桥梁跨越楼阁，高耸嘉树直入云霄，无不啧啧称奇叹服，赞其即使是梁王的兔苑也难以相比。

佛寺空间还是一些民间艺术演出汇聚之地，如元悦在景乐寺召集伎乐和表演人员举行大型演出："奇禽怪兽"之舞，齐集殿堂之前；空中飞舞的幻术，世所罕见；惊险奇异的魔术，汇聚于此。幻术中有肢解驴马，画地为井，种枣种瓜，顷刻可食。男女老少，眼花缭乱，神魂颠倒。另外，佛寺的钟声、宝铎声甚至梵乐法音，以及园林中所产的奇珍美味的水果，都对洛阳都城日常生活具有一定的调节与间离作用，佛寺因种植大量的珍木奇花，本身就改变了洛阳的城市景观。加之佛寺注重周围环境的绿化，从而在黄土夯筑的坊墙包围中发挥出色彩调节和景观美化作用。可见，佛寺园林从生活环境美化，到日常生活节奏与饮食，再到休闲娱乐、精神生活，都具有审美提升作用。

其次，佛寺园林的审美风格彰显了南北园林审美的异同。美学上"南北"之分野问题的真正浮现，正是在南北朝时期。其中，园林艺术审美的异同便是重要体现之一。南朝园林艺术，是晋室南迁之后，在承续曹魏、西晋洛阳造园技术的基础上，充分发挥江南山水地理优势而形成发展起来的。这为江南佛寺园林的发展提供了技术基础。大批中原士人的南迁，也将魏晋玄学之风带到了江南，“玄对山水”使得自然成为荡涤性情、超越形神的重要途径，进而促进了对园林和对自然的亲近。而士人与僧人的交往，使得士人园林影响了佛寺园林的营造，也推动了“玄对山水”向“佛对山水”的演进，直至对自然山水本真之美的发现与追求。北朝园林艺术，在哲学观念上未受到魏晋玄学的充分洗礼，在造园观念上仍然展现出对汉魏晋造园艺术的延续，在自然审美观念上则是受到多元文化影响。因此，包括佛寺园林在内的南北园林审美呈现出不同的特征，如吴功正提出：“园林建筑及其构造，南北有异，北方壮丽，南方秀美。”[①]余开亮认为：“北朝园林的宏巨带来的园林建制结果就是在平面布局上较为工整，显得敦实而厚重。而南朝园林的小巧带来的园林建制结果就是在平面上较为自由活泼，显得精巧而通透。这种建制一直影响到明清时期南北方园林的特色。”[②]当然，这只是就南北园林整体审美风格而言，南朝园林也不乏壮丽者，如梁武帝所立的同泰寺：“敕于同泰寺大殿东北起殿三间两厦，施七宝帐座，以安瑞像。又造金铜菩萨二躯。筑山穿池，奇树怪石，飞桥栏槛，夹殿两阶。又施铜镬一双，各容三十斛。三面重阁，宛转玲珑。”[③]作为萧梁最高等级的佛寺，充分彰显出皇家寺院园林的壮制丽饰、穷精极丽。

北魏洛阳园林，无论是皇家园林还是皇帝、太后与王公所立佛寺的园林及王公们的私家园林，都追求规模宏大、装饰奢丽的审美风格。这既与拓跋鲜卑所浸染的北方草原游牧文化审美追求豪放有关，更与北魏文化建设以对魏晋中原文化的复古为旨归有关。可以看到，汉魏晋园林宏丽壮伟的

---

① 吴功正：《六朝园林》，南京出版社，1992 年，第 192 页。

② 余开亮：《六朝园林美学》，重庆出版社，2007 年，第 257 页。

③ 〔唐〕释道世撰，周叔迦、苏晋仁校注：《法苑珠林校注》，中华书局，2003 年，第 461 页。

风格，在北魏洛阳园林营建中得到了有效延续。以石崇的金谷园为例，他在《金谷诗序》和《思归引序》中有直接描述：

> 有别庐在河南县界金谷涧中，去城十里，或高或下，有清泉茂林、众果竹柏、药草之属，金田十顷、羊二百口，鸡猪鹅鸭之类，莫不毕备。又有水碓、鱼池、土窟，其为娱目欢心之物备矣。[①]

> 晚节更乐放逸，笃好林薮；遂肥遁于河阳别业。其制宅也，却阻长堤，前临清渠，百木几于万株，流水周于舍下。有观阁池沼，多养鱼鸟。[②]

从石崇本人的描述可知，金谷园原址距离北魏洛阳城很近，其规模巨大，建制宏丽，楼阁奢华，嘉木极丰，水景秀美，是当之无愧的"富贵园"典型。北魏洛阳园林显然具有金谷园的审美风格，元怀、元怿、元雍、元琛、元彧和张伦等所建的私家园林都属于富贵园。以元琛为例，他直接将自己与石崇比较：

> 琛常语人云："晋室石崇，乃是庶姓，犹能雉头狐掖，画卵雕薪；况我大魏天王，不为华侈！"造迎风馆于后园，窗户之上，列钱青琐，玉凤衔铃，金龙吐佩。素柰朱李，枝条入檐，伎女楼上，坐而摘食。琛常会宗室，陈诸宝器，金瓶银瓮百余口，瓯檠盘盒称是。自余酒器，有水精钵、玛瑙杯、琉璃碗、赤玉卮数十枚。作工奇妙，中土所无，皆从西域而来。又陈女乐及诸名马。……琛忽谓

① 〔清〕严可均辑：《全晋文》，商务印书馆，2006年，第335页。
② 〔梁〕萧统编，〔唐〕李善注：《文选》，上海古籍出版社，2013年，第2041页。

章武王融曰：“不恨我不见石崇，恨石崇不见我！”[①]

从元琛极度奢华的生活可知，以他为代表的北魏元氏皇室成员所营建的佛寺园林和私家园林，追求奢华壮丽乃是常态。以杨衒之颇为赞赏的临淮王元彧为例：“彧性爱林泉，又重宾客。至于春风扇扬，花树如锦，晨食南馆，夜游后园，僚寀成群，俊民满席。丝桐发响，羽觞流行，诗赋并陈，清言乍起，莫不领其玄奥，忘其褊郄焉。是以入彧室者，谓登仙也。”[②]元彧颇有才学，通晓典籍，是元氏皇室中才华出众、博学多识的代表，且与汉族士人交往密切。仅从以“仙居”作比其房室、南馆和后园等，就足以见出元彧府邸规模之大、私家园林之奢华壮丽。据此，北魏洛阳佛寺园林宏丽壮伟也就在情理之中。但佛寺园林终归是佛教建筑的有机组成部分，尤其是新建佛寺园林，旨在营建禅修、静修之境，以清幽雅致为追求。据此可见，尽管南北佛教思想侧重不同，南重般若，北重涅槃，在自然审美观念方面却是一致的，即追求自然本真之美。换言之，“有若自然”是南北园林的共同追求。

最后，佛寺园林展现了南北审美观念的合流。如前所述，佛寺园林是在佛教建筑本土化过程中逐渐形成的，或者说它本身就是佛教思想与中原文化相互融合的产物。这可谓是南朝园林与北朝园林共通的思想文化基础，所以二者都以“有若自然”为共同审美追求，但在园林规模、建筑规制与装饰风格上有显著差异。从北魏洛阳新建佛寺园林景观营造来看，重在花草竹木的种植和理水为景，经营方式展现出从粗放、豪放向精细、细致的转进，不再是单纯地仿效而是转向提炼。这与造园技术自身的演进有关，也与南朝园林的影响有关。前已述及北魏洛阳华林园的重要营造者茹皓为江南人，

---

① 〔北魏〕杨衒之著，杨勇校笺：《洛阳伽蓝记校笺》，中华书局，2018 年，第 191—192 页。

② 〔北魏〕杨衒之著，杨勇校笺：《洛阳伽蓝记校笺》，中华书局，2018 年，第 189 页。

他将南朝园林营造技术与审美风格融入华林园之中，使得华林园花草树木富有“野致”“有似自然”。佛寺园林的营造，同样也受到了南朝园林审美的影响。

北魏洛阳时期，齐梁政权的更迭及内部政治斗争，导致一部分士人由南入北，进入北魏洛阳；同时，在南北政权交战过程中，北魏俘获了一些南朝士人。这些由南入北者为南朝审美观念的北传提供了可能与通道。在园林审美方面，最具代表性的当属冯亮。他不但有在江南生活的经历，而且寄情山水、兼具巧思，在嵩山设计建造了闲居寺。在造闲居寺之前，他长时间寓居在景明寺，与洛阳僧人交往颇多，可能会对佛寺营造园林产生影响。在《洛阳伽蓝记》所载佛寺中，王肃兴建的正觉寺和王翊舍宅所立的愿会寺，属于由南入北者所建。其中，王翊为王肃从子，二人作为琅邪王氏后人，在江南生活时对园林营建应当熟悉。遗憾的是，杨衒之仅在愿会寺中述及其佛堂前植有高大的桑树，没有记述具体园林情况；在正觉寺中，并没有对佛寺本身进行记载。但根据王肃任尚书令和王翊任中书侍郎的身份，新建的正觉寺与舍宅所立的愿会寺都应有或大或小的具有江南风格的园林。当然，这只是根据史料作出的一种推测。即便如此，基于北魏洛阳佛寺园林、皇家园林以及嵩山山林佛寺的审美演进，可知园林审美也是南北审美合流的重要方面，在宏丽壮伟中不失精巧雅致、在富贵奢丽中谋求清幽自然，成为北方园林审美的发展趋势与追求。

第三章

—— * ——

《洛阳伽蓝记》与北魏洛阳文学审美

《洛阳伽蓝记》的文学史价值，既在于它自身就是一部经典文学作品，又在于它保存了北魏洛阳时期的珍贵文学史料。进而言之，若从城市与文学的关系来看，北魏孝文帝基于西晋之洛阳丘墟重新规建洛阳，达成光宅中原、定鼎嵩洛的目标，一方面推动了文学在北朝的勃兴，另一方面也直接为北朝文学提供了书写对象。《洛阳伽蓝记》正是得益于北魏迁都洛阳对文学发展的推动，而成为北朝文学成就的代表性作品；同时，又因对北魏洛阳的全景式书写，多维度保存并呈现了文学勃兴的状况。可以说，无论是考察北魏都城洛阳对文学发展的作用，还是梳理北朝文学自北魏孝文帝迁都洛阳以后的发展状况，《洛阳伽蓝记》都是必须着重考察的文献。遗憾的是，尽管对北魏迁都洛阳之后北朝文学勃兴的关注由来已久，但对《洛阳伽蓝记》作为文学勃兴成就的代表和其对文学勃兴的呈现并没有给予充分重视。

魏收的《魏书》，可谓是最早关注到北魏洛阳与北朝文学勃兴具有内在关联的历史文献。作为曾经在北魏洛阳出仕为官、被誉为“北朝三才”之一的魏收，在《魏书·文苑传序》中，明确肯定了北朝文学是自北魏孝文帝开始勃兴的：“永嘉之后，天下分崩，夷狄交驰，文章殄灭。昭成、太祖之世，南收燕赵，网罗俊乂。逮高祖驭天，锐情文学，盖以颉颃汉彻，掩踔曹丕，气韵高艳，才藻独构。衣冠仰止，咸慕新风。肃宗历位，文雅大盛，学者如牛毛，成者如麟角，孔子曰：‘才难，不其然乎？’”[①] 在此，魏收准确地指出了自西晋永嘉之乱至北魏的文学发展状况，认为北魏因为孝文帝“锐

① 〔北齐〕魏收：《魏书》，中华书局，2011 年，第 1869 页。

情文学”而取得了甚至可以与汉代、曹魏相媲美的文学成就；他认为孝文帝推行礼乐教化、重塑正统，赢得了汉族士人的认同，即“衣冠仰止”，同时汲取了南朝文学新风，所谓“咸慕新风”。但魏收也清醒地看到，即便经历宣武帝元恪到孝明帝元诩，北魏文学达到“文雅大盛”，而真正有所成就者很少。显然，他所认为的北魏文学勃兴主要是在拓跋氏自平城迁都洛阳之后，也即看到了迁都对文学发展的推动作用。到唐李延寿撰写《北史》时，可以说是基本继承了魏收的这一历史论断，只是进行了补充性的论述：

> 及太和在运，锐情文学，固以颉颃汉彻，跨蹑曹丕，气韵高远，艳藻独构。衣冠仰止，咸慕新风，律调颇殊，曲度遂改。辞罕泉源，言多胸臆，润古雕今，有所未遇。是故雅言丽则之奇，绮合绣联之美，眇历岁年，未闻独得。既而陈郡袁翻、河内常景，晚拔畴类，稍革其风。及明皇御历，文雅大盛，学者如牛毛，成者如麟角。孔子曰："才难。"不其然也？于时陈郡袁翻、翻弟跃、河东裴敬宪、弟庄伯、庄伯族弟伯茂、范阳卢观、弟仲宣、顿丘李谐、勃海高肃、河间邢臧、赵国李骞，雕琢琼瑶，刻削杞梓，并为龙光，俱称鸿翼。乐安孙彦举、济阴温子升，并自孤寒，郁然特起。咸能综采繁缛，兴属清华。比于建安之徐、陈、应、刘，元康之潘、张、左、束，各一时也。①

如果说《魏书》在评述概览北魏文学时没有述及《洛阳伽蓝记》，重要因素之一在于杨衒之创作《洛阳伽蓝记》是在北魏灭亡之后，那么，《北史》作为对北朝历史的整体性书写，理应在评述北朝文学时关涉到《洛阳伽蓝

---

① 〔唐〕李延寿：《北史》，中华书局，2013 年，第 2779 页。

记》。事实上，李延寿并未述及杨衒之和《洛阳伽蓝记》，这便与《洛阳伽蓝记》的文体含混有关。从李延寿所列文学代表人物的时代来看，与魏收一样，着重肯定的是北魏迁都洛阳之后的文学发展成就，以隐在的方式肯定了北魏洛阳对文学勃兴的作用。魏收、李延寿虽然都基于南北文学比较，作出了“学者如牛毛，成者如麟角”的判断，但也都忽视了其积极的一面。对此，曹道衡在针对魏收所述进行评价时，明确指出：“由于缺乏传统的凭借和参照，即使在北朝后期，文学创作已初步兴起之后，还是很难和南朝相抗衡。这一点，北齐魏收在《魏书·文苑传序》中就丝毫不否认这事实，他认为在北魏之末，尽管‘文雅大盛’，仍是‘学者如牛毛，成者如麟角’。不过，数量和质量之间总是有着辩证的关系，从事文学创作的人多起来，又有了像洛阳和后来的邺城这样的文化中心，也就使文学发展和提高的条件大为改善。”[①]可见，曹道衡在评价中已经从城市或者说从都城维度关注到了北魏洛阳对文学发展的作用。只是受限于研究理论与问题导向，他并没有对此展开深度论述。

近年来，随着北朝文学研究的深入、文学研究城市视角的引入，北魏洛阳在北朝文学发展中的作用得到了关注。其中，尤为值得注意的是蔡丹君的《从乡里到都城：历史与空间变迁视野中的十六国北朝文学》。其中，她专设“魏末乡里士人群体在洛阳的文学活动”一章，考察北魏迁都洛阳之后，士人因从乡间坞堡进入都城洛阳，生存空间、生存方式的不同导致他们在文学观念、文学发展模式、文学内容等多个方面发生改变，从而在整体上影响了北魏文学的发展。如她在此章开门见山指出：“自太和十九年（495）文武百官入居洛阳，至永熙三年（534）新立的孝静帝被迫迁都邺城，北魏政权在洛阳建都的时间，近四十年。这四十年中，文教的兴盛主要是在高祖孝文、世宗宣武、肃宗孝明三代。而这之后由于内乱连绵，文学发展开

① 曹道衡：《南朝文学与北朝文学研究》，江苏古籍出版社，1998年，第5页。

始一蹶不振，正是‘自孝昌之后，天下多务，世人竞以吏工取达，文学大衰’。过去对于洛阳迁都对文学的影响，基本上只有一个观点，那就是迁都这一政治举动，促进了北魏后期的文学繁荣，即产生了更多的文学家和作品。这个观点其实是不用证明的，它已经在史书中呈现得十分真切了，例如文人及其文学作品数量的增加和艺术水平的提高等等现象是极为突出的。”[①] 不难看出，蔡丹君将北魏文学勃兴的时间明确限定在了迁都洛阳之后，并看到了仅仅从政治与文学之间的关系维度考察迁都洛阳对文学发展作用的局限性。据此，她从北魏末期乡里士人生存空间变化的维度切入，别开生面地深度讨论了北魏的文学勃兴问题。但也正是由于蔡丹君考察的重点在于从“乡里”到“都城”的空间变化，限制了她对洛阳作为北魏都城、作为城市本身在文学勃兴中的作用。由此，《洛阳伽蓝记》作为书写北魏洛阳、保存北魏文学发展史料的作品，并没有受到蔡丹君的充分关注，她主要引述了与邢子才、姜质相关的两则材料。

但是，这并不意味着对《洛阳伽蓝记》全方位书写、全景式再现北魏洛阳文学史价值的否定，只是发掘与呈现《洛阳伽蓝记》的文学史价值，需要调整文学史观、引入新的理论视角和调动更宽泛的历史文献与考古资料。基于此，我们将通过《洛阳伽蓝记》获得还原北魏洛阳文学审美历史面貌的可能，进而呈现都城与文学之间的互动性关联，呈现拓跋鲜卑因华夏化对中原文学审美观念的认同，呈现中原传统文化与草原文化、以佛教为代表的外来文化及南朝文化在文学维度的深度融合。

---

① 蔡丹君：《从乡里到都城：历史与空间变迁视野中的十六国北朝文学》，生活·读书·新知三联书店，2019 年，第 221 页。

第一节 文学史范式调整与《洛阳伽蓝记》的再发现

《洛阳伽蓝记》的文学史价值，包括两个方面：作为文学作品的价值与作为文学史料的价值。但无论是从文学作品还是从文学史料维度认识、发掘《洛阳伽蓝记》的价值，都直接受到文学史研究范式的束缚，也即受到文学理论与文学史观的双重制约。因为，文学史乃是基于文学理论对历史进行文学维度的梳理，或者说文学史乃是文学理论向历史的自然延伸。在梳理或延伸过程中，秉持什么样的历史观念，直接影响着文学史料范围划定、作家作品历史地位、价值评价与文学发展史规律总结等，进而影响文学史呈现出什么样态。具体到《洛阳伽蓝记》这一特殊文本，要认识和呈现它在文学维度的价值，首要的问题在于它能否被视为文学作品及视为何种形式的文学作品；其次，在将它纳入文学史研究范围的基础上，还须面对作为北朝文学作品评价的困境问题。

一、文学理论革新与《洛阳伽蓝记》价值重识

在文学理论中，文学观念，即如何认识与界定“文学”，是制约文学史书写的关键与基点所在。中国现代文学理论关于文学的界定，或准确地说，中国文学史研究所持有的“文学观念”，并不是中国土生土长的文学观念，而是深受西方影响甚至说是从西方移植、借鉴而来的文学观念。这便造成了中国文学史书写对古代文学本相的误读，也即基于现代文学观念建构的中国古代文学史与中国古代文学本身存在着错位。当然，古代文学观念自

身并非始终如一、一成不变，也存在一个发展演变的过程。

结合《洛阳伽蓝记》来看，在文笔不分，诗赋表议书记等均被视为文学的宽泛观念下，也没有受到重视，杨衒之在《魏书》《北齐书》等史书中无传可查，《洛阳伽蓝记》被隋费长房《历代三宝记》、唐释道宣《大唐内典录》与释道世《法苑珠林》列入释家类；被唐魏徵等在《隋书》中列入史部地理类；到宋代，它部分具有小说性质的内容受到关注，促使它在小说维度的文学价值得到重视，如《太平广记》便从《洛阳伽蓝记》中选录了十六则不同类别的内容：赵逸（“异人”），沙门宝公（“异僧”），光明寺（“释证”），洛阳金像（“征应”），崔光、李崇（“廉俭”），洛子渊（“神”），邢鸾（“鬼”），梁氏（“精怪”），高显洛（“铭记”），五重桑（“草木”），宋云（“龙”），孙严（“狐”），于阗、乌苌和汉槃陁国（“蛮夷”）；《绀珠集》选录了“三三横两两纵”“怀砖之俗”等五则；《类说》则在《绀珠集》的基础上增加了“画卵雕薪”“雁臣”等七则，共十二则。虽然这三部类书所选具体篇目不同，但都是以小说或者笔记小说作为标准的。到明代，梅鼎祚编纂的《释文纪》在卷三十二中选录了《洛阳伽蓝记序》。而《释文纪》选录的标准，诚如《四库全书·释文纪提要》中所言：“又其时，文士以藻丽相高，即缁流亦具词采，故大抵吐属娴雅，论说亦皆根据经典，尤不类唐以后诸方语录，徒以俚语掉弄机锋，即论其文章亦不失为斐然可观也。”[①] 可见，梅鼎祚是基于散文角度的文学价值评估，而选录杨衒之所作的《洛阳伽蓝记·序》。至于《四库全书》中关于《洛阳伽蓝记》的评价，如前文所引述的“体例绝为明晰，其文秾丽秀逸，烦而不厌，可与郦道元《水经注》肩随”，显然是进一步明确强调了《洛阳伽蓝记》全书在语言、叙述等方面所具有的文学审美价值。可以见出，伴随着古代文学观念的演进，《洛阳伽蓝记》在文学作品维度的价值认知也呈现出拓展与深化，但

---

① 〔清〕永瑢，纪昀等纂修：《（文渊阁）四库全书》第1400册，台湾商务印书馆，1986年，第169页。

整体上主要集中在小说方面。而《洛阳伽蓝记》作为文学史料的价值，主要体现在传统诗文注里，如宋代的《东坡诗集注》和清代的《庾子山集》《李太白集注》《杜诗详注》等，都征引有它所载述的史料。

相较于古代文学观念，深受西方影响的现代文学观念，尽管在文体划分、文学标准、审美特质等方面有较大差异，但关于《洛阳伽蓝记》文学价值的认知，既有继承又有突破。如关于它小说价值的发掘，周建江的《北朝文学史》可谓代表。而它散文方面的价值，则是在现代文学观念影响下得到重视，宗白华高度认可它的“写景文”价值，游国恩等编写的《中国文学史》认为它整体上可视为是散文文体，曹道衡认为它是有价值的历史散文。范祥雍则是给出了一个更为现代的文体认知：“单就这部书的文学价值来说，我们已说过这部书本身就是一种历史文学，可算第一流的文学作品，现在不妨把它作为游记小说来读，作为特写或报告文学来读。”[①] 尽管文体认知不同，但足以说明《洛阳伽蓝记》文学价值发掘的深化与拓展。当然，还必须看到一种悬置文体划分的处理方式，即不对《洛阳伽蓝记》进行文体归属分类，而是充分认同它所具有的地理、历史与文学有机融为一体的特性，以此为基础来讨论它的文学价值。王文进的《净土上的烽烟》便是如此。

事实上，《洛阳伽蓝记》缘起于杨衒之的恋地情结，属于恋地书写，是从地理出发向历史、宗教、政治、文学等多元敞开的人文书写，文学属性本就是它的固有特质。所以，很难用单一的小说、散文、游记等文体形式来对它进行文学文体划分，与其纠结于《洛阳伽蓝记》属于何种文体，不如突破文学观念的紧箍咒而将其视为一种独特文体的文学作品。如果说将《洛阳伽蓝记》划入小说、散文等文体，是要从相应文体维度考察它所具

① 范祥雍：《〈洛阳伽蓝记〉校注序》，参见：〔北魏〕杨衒之著，范祥雍校注：《洛阳伽蓝记校注》，上海古籍出版社，2009年，第18页。

有的价值，那么，这种方式在呈现某个维度价值的同时，不仅遮蔽了其他维度的价值，而且遮蔽了对其整体文学价值的发掘。有鉴于《洛阳伽蓝记》在文体、叙事、语言等方面文学价值的研究已取得很多成果，要进一步拓展它的文学价值必须引入新的理论视角。综合《洛阳伽蓝记》相关研究成果，可以见出基于文学书写对象类型划分，而引入相应的文学理论是进行突破的方向所在。简言有三：

关于城市文学理论。《洛阳伽蓝记》的名称其实已经直接表明自身是书写城市的文本，是关于特定历史时期之特定地理空间书写的文本。显然，在重时间轻空间的传统文学史研究范式中，无论是否将它视为文学文本，在阐释时都存在着研究范式理论与研究对象属性之间错位的问题。在古代文学史研究中引入城市视角，是随着对西方空间理论、人文地理学等的接受而逐渐受到关注的，如方志远的《明代城市与市民文学》（2004），葛永海的《古代小说与城市文化研究》（2004），陈燕妮的博士论文《城市与文学——以唐代洛阳建筑景观与唐诗关系为中心》（苏州大学，2009），王柳芳的博士论文《城市与文学：以两汉魏晋南北朝为考察对象》（苏州大学，2011），周晓琳、刘玉平合著的《中国古代城市文学史》（2014），刘海霞的博士论文《中国古代城市笔记研究》（上海师范大学，2014）等。诚如周晓琳、刘玉平所言："一个多世纪以来，中国古代文学的研究视角之所以没有发生根本性变化，主要原因在于我们民族的时间意识和历史意识高度发达，而空间意识和宇宙意识相对薄弱。"[①] 城市视角，实质上就是从空间维度展现中国文学的另一个面相。但从现有研究成果来看，空间要成为古代文学整体观照的维度，尚有待深化。具体到《洛阳伽蓝记》，即便是明确从城市文学维度进行研究，对它作为地理著作或者说"非文学文本"的定位，仍然极大地束缚了对它文学价值的发掘。可见，文学观念革新与

① 周晓琳、刘玉平：《中国古代城市文学史》，人民出版社，2014 年，第 3 页。

文学理论新成果引入必须有机结合起来，才能为古代文学史研究范式的调整提供可能。

关于丘墟文学理论。《洛阳伽蓝记》虽然是书写北魏洛阳，但就书写缘起、审美激发的动因来看，却是由北魏洛阳丘墟引起的。基于此，它可以被视为一个丘墟文学文本。而这，与它作为城市文学作品的定位并不矛盾。因为，北魏洛阳丘墟作为都城丘墟，属于一种特殊城市形态，在此意义上它依然可被视为城市文学作品。从丘墟文学视角进行考察，可以有效解释《洛阳伽蓝记》在整体上何以被视为文学作品的问题；可以与南朝丘墟书写形成比较研究，从而彰显北朝文学在丘墟书写方面的成就；可以从丘墟书写维度切入，对它重新进行文学史价值评估与历史定位。当然，关于丘墟文学的研究尚处于初始阶段，有待进一步讨论和深化。但就理论有效性而言，丘墟文学理论为《洛阳伽蓝记》文学价值的发掘提供了新的可能。

关于园林文学理论。与城市文学理论、丘墟文学理论着眼于整体定位不同，园林文学视角则是着眼于北魏洛阳局部空间的书写。因为杨衒之着重描绘了北魏洛阳的大量园林，即以景明寺为代表的寺院园林，以华林园为代表的皇家园林，以元彧宅、张伦宅等为代表的私家园林。这也是宗白华从“写景文”维度高度褒扬《洛阳伽蓝记》的原因所在。需要说明的是，尽管很多研究将《洛阳伽蓝记》视为散文作品，但主要是从历史散文切入，旨在强调它所具有的历史价值，写景散文视角的关注并不够。而在魏晋南北朝园林艺术及审美研究中，又主要是将它作为园林史料加以使用，并不从文学维度切入。因此，明确引入园林文学维度，从写景散文切入，可以进一步深化现代文体划分，将《洛阳伽蓝记》视为文学作品的研究，还可以从中发掘北魏洛阳时期的自然审美观念。

二、文学史观革新与《洛阳伽蓝记》价值重估

《洛阳伽蓝记》的文学价值，虽然在文学史研究领域得到了进一步认同与深化，但并不能掩盖文学史书写过程中依然对它着笔不多，甚至是遮蔽、漠视的状况。如田晓菲在《剑桥中国文学史》中撰写《从东晋到初唐》时，仅作了如下叙述："六世纪前半叶一部很有意思的作品是杨衒之的《洛阳伽蓝记》。杨衒之是魏朝一个小官，关于他的生平我们知之甚少，不过可以确定的是，他在当时不是一位有名的作家。547 年，在途经沦为废墟的洛阳时，他记述了这座城市曾经辉煌一时的佛教寺庙，对这一北魏旧都的没落表示深切的悼念。"[①] 值得肯定的是，她从文学维度关注到了《洛阳伽蓝记》，但遗憾的是并没有深度触及它的文学价值所在。再如《哥伦比亚中国文学史》，该书仅在佛教文学中讲述僧侣旅行时，述及《洛阳伽蓝记》，认为"这部作品本身是描写洛阳建筑的一部旷世之作"[②]，但在散文及小说文体历史梳理中并没有从相应的角度加以评价。王文进在谈及《洛阳伽蓝记》的文学价值没有得到深度认识、阐发和准确评价时，曾言："《洛阳伽蓝记》令人着迷的是，杨衒之将这一切统统熔铸成一种前所未有的文体，使得北朝文学奇迹似的矗立起一座奇峰。为着这一部作品，文学史家在排列六朝文学的位置时，极可能要有一番调整了。"[③] 要达成这种调整，在突破文学观念，引入丘墟文学、城市文学、园林文学等理论成果的基础上，还必须打破传统的文学史观。

---

① ［美］孙康宜，［美］宇文所安主编，刘倩等译：《剑桥中国文学史（上卷）》，生活·读书·新知三联书店，2013 年，第 320 页。

② ［美］梅维恒主编，马小悟、张治、刘文楠译：《哥伦比亚中国文学史》，新星出版社，2016 年，第 179 页。

③ 王文进编撰：《净土上的烽烟——洛阳伽蓝记》，海南出版社，1998 年，第 152 页。

文学史观的调整，不仅关涉《洛阳伽蓝记》的文学史评价，更关乎对整个北朝文学的认知。对此，王美秀曾言："北朝文学巨作《洛阳伽蓝记》的研究，长久以来一直都有一些难以突破的困境，这些困境其实也是一般北朝文学研究的共同困难，诸如：史料缺乏、作品散落、文学成就难以定位等。这些困难互为因果、相互牵连，而归根结底，总是因为北朝文学不受重视的缘故。"① 具体到文学史研究中存在的现象：或直接漠视北朝文学，认为北朝文学无足轻重甚至没有文学；或是重南而轻北，认为北朝文学成就远不如南朝文学；或者认为北朝文学是在南朝文学影响下产生的，是南朝文学的附庸等。王美秀认为这些现象形成的主要原因在于"汉族本位的观念"。实际上，这种汉民族正统史观由来已久，在传统历史书写中长期存在，即便是现代以来的文学史书写也依然受其潜在影响。对此，王美秀指出，尽管现代文学史写作取得了很大进展，"但是，文学史撰作时的汉族本位观念，以及与此互相关涉的相关思考却一仍旧往，未见有新思维、新突破；取舍的标准也依旧代代沿袭，不见有所改变。北朝文学的地位在这种新瓶旧酒的思维之下，在千年不变的标准之下，自然只能继续留在'补白'的地位"②。

可以说，王美秀在论述北朝文学史书写时对文学史研究范式的思考③，准确地抓住了传统文学史观念中汉民族正统史观的影响。北朝文学因为是在胡族政权统治下而取得的成就，不属于华夏正统，所以被有意无意地忽视或者贬低。因此，必须树立一种整体性文学史观，从中华民族整体性的高度考察汉民族与少数民族的文学。特别是在南北朝时期，从北方草原南迁进入中原地区的匈奴、鲜卑、羯、氐、羌等游牧民族，虽华夏化程度或深或浅，但在文化上与南朝文化是"一体二分"，并无本质不同。北魏从

① 王美秀：《历史·空间·身分：洛阳伽蓝记的文化论述》，里仁书局，2007年，第2页。
② 王美秀：《历史·空间·身分：洛阳伽蓝记的文化论述》，里仁书局，2007年，第12页。
③ 具体可参见，王美秀《历史·空间·身分：洛阳伽蓝记的文化论述》第一章第一节"文学史的再思考：文学史中的北朝文学"。

平城迁都洛阳之后，文学勃兴发展充分证实了洛阳地区拓跋鲜卑汉化程度之高。也正是北方草原文化的注入，使得北朝文学形成了与南朝文学不同的审美特质，并在南北文学合流中催生了唐代文学的繁荣。对此，曹道衡曾明确指出："评价一个时代的作品不应把眼光局限在某些技巧方面，更应该看到北朝文学的清刚之气，确曾影响到盛唐诗人。因此探讨南北文风的异同及其融合过程，显然颇有必要"[①]，"从历史发展的长河来看，恐怕就不能这样简单地看待。由于南方文学发展到后来，过分强调个人的'适性'，不免陷于狭小的生活天地，从而导致题材的过分狭窄和风格的偏于纤弱。如果不是经过南北文风的互相融合，引进北人的刚健清新之风，那么像唐代诗歌的繁荣，也是很难出现的"[②]。可见，如若在文学史研究中不能清醒地摒除汉民族正统史观的影响，不仅无法真正进入北朝文学发展历史本身，而且会影响唐代文学研究的深化。那么，当北朝文学受到充分重视时，《洛阳伽蓝记》作为北朝文学的代表性作品，自然会获得较为客观的文学史书写。

当然，在北朝文学史及《洛阳伽蓝记》研究中，除突破汉民族正统史观影响之外，传统文学史观的调整还须突破启蒙进步史观并建构整体性的历史观念。所谓启蒙进步史观，即受西方启蒙主义历史观念影响，一味强调历史自身的进步性、发展性。自近代以来，启蒙史观可谓对中国历史研究产生了深远影响。具体到文学史研究中，便是强调文学的进步创新，而反对文学的复古模仿。这在呈现中国文学文体演变、形式发展、审美自觉等发展性内容的同时，也遮蔽了那些复古性内容、特殊性内容的价值。

在晋永嘉之乱、衣冠南渡之后，自五胡十六国至北魏孝文帝迁都洛阳的漫长时间内，北朝文学实际上是陷入了停滞甚至倒退之中。即便是北魏迁

---

① 曹道衡：《南朝文学与北朝文学研究》，江苏古籍出版社，1998 年，第 7 页。

② 曹道衡：《南朝文学与北朝文学研究》，江苏古籍出版社，1998 年，第 234 页。

洛之后，受整个文化建设复古主义的影响，文学在审美方面主要以质朴、清新为主，且缺乏代表性作家、作品。相较之下，东晋南朝文学取得了巨大成就，涌现出以陶渊明、谢灵运、颜延之、鲍照等为代表的作家。因此，在文学史书写至魏晋南北朝时，便形成了以东晋南朝接续曹魏西晋的叙述方式，或悬置北朝、避而不谈；或讲述南风北渐，选取由南入北的庾信、颜之推等人；或重南而轻北，将整个北朝文学浓缩在温子升、邢子才与魏收“北地三才”及郦道元的《水经注》上，简要讲述。究其根本原因，便在于北朝文学难以纳入进步价值观下的文学发展史。针对《洛阳伽蓝记》而言，这部文体含混、体例独特，从人文地理书写出发的文学作品，因缺乏同类作品的比较，更是难以对它进行定位、评价。尤其是在城市文学、丘墟文学、园林文学等视角没有引入文学史研究的情况下，诗赋线索将其排除在外，小说线索则是重在回溯至南朝的志人志怪、唐传奇而漠视它的内容。基于此，《洛阳伽蓝记》的文学价值，在传统文学史观影响下被遮蔽也就在情理之中。换言之，受文学史观、文学理论的束缚，文学史研究者难以将《洛阳伽蓝记》纳入叙述范围并对它进行历史价值评估。

所谓整体性文学史观念，就是要形成汉胡一体、城乡一体、中心与边缘一体的观念。建构汉胡一体的文学史观念，要求在书写汉民族文学史的同时，看到少数民族文学的独特性、胡汉融合对文学发展的推动性。现有的中国文学史，可以说基本上属于汉民族文学史，没有给予少数民族文学以应有之关注。建构城乡一体的文学史观念，即看到在中国农耕文明基底下，城市尤其是都城在文学、艺术与审美发展中的引导性、聚集性作用，看到城市文学与乡村文学的共通互补。在传统文学史观中，往往强调山水田园作品而忽视城市书写，造成了对城市文学史的遮蔽。建构中心与边缘一体的观念，则是要求打破中原中心论、正统中心论的影响，看到不同地域的文学发展，如北方草原地区、巴蜀地区、吴越地区等。据此，北朝文学便可突破胡族政权统治下的文学的局限，突破南北朝文学书写以南朝建康为中心的局限。

进而言之，《洛阳伽蓝记》作为一部北朝胡族统治区域的文学作品，一部关于北魏都城洛阳的文学作品，便获得了进入文学史研究领域的基础与可能。

在文学史范式调整中，突破文学观念束缚，引入城市文学、丘墟文学、园林文学等相关文学理论，将从文学维度整体上推动拓展、深化《洛阳伽蓝记》的价值呈现；基于《洛阳伽蓝记》合本子注的书写体例特征，从地理出发向历史、宗教、政治、文化、艺术与美学等多元敞开的文学书写方式，有助于充分发掘《洛阳伽蓝记》所潜藏的文学史料价值；文学史观的调整与重建，则是要基于中华民族多元一体的文学史视角，城市在农耕文明发展中的引领性作用，历史自身发展的非同一性，来重新认识《洛阳伽蓝记》的文学史价值。一方面，通过对《洛阳伽蓝记》所载录的北魏洛阳文学史料的详尽梳理与细读，并有效调动相关文学作品、历史文献、考古发掘资料等，最大限度地还原北魏洛阳文学的本真面貌，甚至是重回北魏洛阳文学的历史原境，进而借助对北魏洛阳文学原生环境下文人心态、文学生态与文体形态等的考察，以期呈现北魏洛阳审美观念新维度。另一方面，则是引入丘墟文学理论，从杨衒之全方位书写北魏洛阳的审美动因切入，发掘《洛阳伽蓝记》作为丘墟文学作品的审美价值，进而将其置于中国丘墟文学书写作品史中，重估其文学史价值。

第二节 从《洛阳伽蓝记》看北魏洛阳与文学勃兴的关联

如果从都城空间与文学的关系来看，前者可以为文学发展奠定坚实的物质基础、文化基础和人才基础，并可成为文学书写的对象；而后者则可借助书写都城而营造出都城审美意象，丰富都城的文化内涵，载录都城的历史与风貌。北魏都城洛阳与北魏文学勃兴之间的内在关联，为此提供了十分鲜明的例证：就宏观生存空间而言，是从平城所代表的农牧混合空间迁移进入洛阳代表的中原农耕空间，由此，北方草原游牧文化得以强势植入中原农耕文化，同时推动了佛教文化在中原地区的传播，为北魏文学勃兴奠定了文化基础；就洛阳空间整体而言，北魏从平城到洛阳的转换实则意味着“用夏变夷”的主动推进，以洛阳空间重塑文化正统与政权合法性，赢得汉族士人的认同，吸引人才从坞堡向都城聚集，为北魏文学勃兴奠定了人才基础；就洛阳内部空间而言，里坊制和佛寺公共空间为士人雅聚、切磋文学创作、相互学习等提供了可能，为北魏文学勃兴奠定了交流基础；就洛阳空间作为文学书写对象而言，政治空间、伦理空间与信仰空间的交错杂糅，建筑空间的富丽堂皇，生活空间的繁富多样等，为北魏文学勃兴奠定了素材基础。《洛阳伽蓝记》不仅本身就是书写北魏洛阳的文学作品，而且在史料维度载录了北魏洛阳与文学勃兴的内在关联。

一、迁都洛阳对拓跋鲜卑深度认同中原文学审美的推动

在北魏建都平城的近百年时间里，拓跋氏通过战争方式强迫大量汉族人

口迁入平城，并征召清河崔氏、范阳卢氏等士族为官，推进了以儒道思想为主体的中原文化在平城地区的传播；同时，通过建立永宁寺、开凿武州塞石窟（即云冈石窟）等加速了佛教思想在平城的传播；加上拓跋鲜卑自身所代表的北方草原游牧文化，这三种文化形态便在平城空间内发生碰撞与融合。但由于拓跋鲜卑所代表的草原民族，仍主要以游牧生产生存方式为主，文化融合在达到一定程度之后便难以继续深入。从相关史料可知，孝文帝本人对于平城华夏化进程的阻碍有着清醒的认知："国家兴自北土，徙居平城，虽富有四海，文轨未一，此间用武之地，非可文治，移风易俗，信为甚难。"[①] 所谓"文轨未一"，便是指平城文化建设相对滞后，难以与北魏政权统治相匹配；"此间用武之地"，则是指平城适宜于北魏对北方草原和中原进行军事控制；"非可文治，移风易俗，信为甚难"，更是直接言明在平城推进华夏化，施行以文治国，推行礼乐教化，面对的阻力、障碍甚大。正是基于此，为了以夏变夷、推行文治，孝文帝极力主张都城南迁。诚如逯耀东在论及孝文帝之所以从平城迁都的原因时所言："北魏前期的首都平城，是拓跋氏部族从草原文化过渡到农业文化的象征，所以这座都城的规制，和当时其他文物典章制度一样，也是'稍僭华典，胡风国俗，杂相糅乱'的。这座都城的建构，除采用某些中原文化的特质外，同时也保存了许多草原文化的色彩。因此，这座都城对于北魏建国百年后，企图将两种不同文化混合后的形态作一次彻底调整与重组的孝文帝来说，的确是一种有形的阻碍。"[②]

在定都洛阳之后，孝文帝再次谈及将拓跋鲜卑迁入中原的原因时，进一步明确表明了施行礼乐教化、以夏变夷的立场："北人每言北人何用知书，朕闻此，深用怃然。今知书者甚众，岂皆圣人。朕自行礼九年，置官三载，

---

① 〔北齐〕魏收：《魏书》，中华书局，2011 年，第 464 页。

② 逯耀东：《从平城到洛阳：拓跋魏文化转变的历程》，中华书局，2006 年，第 129 页。

正欲开导兆人，致之礼教。朕为天子，何假中原，欲令卿等子孙，博见多知。若永居恒北，值不好文主，卿等子孙，不免面墙也。”[①] 孝文帝用“北人”的称谓来指代留北的拓跋鲜卑，俨然已经把自己以及迁入洛阳的胡族视为华夏，完全漠视两者在血统上的相同。而“开导兆人，致之礼教”，则是强调推行礼乐教化，谋求拓跋鲜卑的华夏化。他还强调，如果留守平城，“永居恒北”，由于礼乐教化难以深度推行，结果很可能是一直处于野蛮状态。

孝文帝在洛阳极力推行穿汉服、说汉话、改汉姓和与汉族通婚等系列革新政策，并在拓跋贵族中强化儒家教育。据《魏书·任城王澄传》记载：“高祖曰：‘营国之本，礼教为先。朕离京邑以来，礼教为日新以不？’澄对曰：‘臣谓日新。’高祖曰：‘朕昨入城，见车上妇人冠帽而著小襦袄者，若为如此，尚书何为不察？’澄曰：‘著犹少于不著者。’高祖曰：‘深可怪也！任城意欲令全著乎？一言可以丧邦者，斯之谓欤？可命史官书之。’”[②] 从这一史料细节足以见出，孝文帝推行礼乐教化的决心和力度。正是得益于此，中原农耕审美文化与北方草原游牧审美文化走向深度融合。这种文化融合最为深刻的体现，便是拓跋鲜卑汉化过程中对中原文学审美的接受与认同。尤其是拓跋皇室成员在汉化过程中涌现出一批雅好文学者，直接推动甚至是引领了文学在洛阳的勃兴，同时也将草原审美的刚健、激越、清新的审美精神注入到了文学之中。诚如田晓菲所说：“孝文帝的汉化改革，则标志了文学的复兴。……孝文帝带给北方文学更根本的变化在于朝廷对文化事业的积极兴趣。”[③] 相较于平城，孝文帝之所以能够在洛阳通过主动华夏化而开启文学勃兴之路，主要成因在于：

第一，生存方式的转变。拓跋鲜卑从平城南迁至河洛地区，不仅直接意

---

① 〔北齐〕魏收：《魏书》，中华书局，2011 年，第 550 页。

② 〔北齐〕魏收：《魏书》，中华书局，2011 年，第 469—470 页。

③ [美]孙康宜，[美]宇文所安主编，刘倩等译：《剑桥中国文学史（上卷）》，生活·读书·新知三联书店，2013 年，第 318 页。

味着生存环境从辽阔草原到条块农田的改变，而且决定了生存方式从最初的游牧，经平城时期的农牧混合，最终实现了向农耕的彻底性转变；居住方式则是由最初的逐水草而居，到定居与游居结合，最终到定居的彻底性转变。当然，并非所有南迁胡族都能适应在洛阳的生活，以至出现了一批特殊的“雁臣”：“北夷酋长遣子入侍者，常秋来春去，避中国之热，时人谓之雁臣。”[①]而元氏皇室中的代表便是孝文帝的长子元恂，因不适应洛阳夏季的炎热天气而要求返回代北平城地区。同时，由于要保障洛阳的生活资料供应，都城南迁促使游牧分界线出现南移，并导致在中原传统农耕地区出现了以河阳牧苑为代表的牧场牧苑，以满足胡族骑马及饮食需求，缓解他们对北方草原风光和生活方式的眷恋之情。

正是从自然环境到生产方式，再到生存方式的转变，注定了迁洛之拓跋鲜卑会逐渐融入农耕文化之中。辅之以礼乐教化，使得元氏皇室中出现了元彧、元略等一批深受儒学教化、博览群书和喜爱文学者。何德章将此现象称为鲜卑贵族的“文士化”：“孝文迁洛，主旨在于文治，鲜卑族上层的士族化，亦不过是其文治政策的一种手段，而鲜卑族上层的文士化，更是所谓‘胡人士族’得以成立的关键。”[②]从文学维度来看，孝文帝、元澄等元氏皇室成员从事文学创作，直接带动了文学创作的发展；孝文帝、宣武帝等对文学的重视，在政治方面为文学勃兴提供了宽松的环境，激发了士人从事文学创作的热情；元澄、元彧等招揽文士、组织文学雅聚活动，则推动了洛阳的文学交流。

第二，文化环境的改变。虽然说平城与洛阳的文化构成都包括中原文化、佛教文化、草原文化和南朝文化，但几种文化类型所具有的地位、所发挥的作用是不同的。李凭在述及平城文化时说：“从长安、洛阳流散到各地

---

① 〔北魏〕杨衒之著，杨勇校笺：《洛阳伽蓝记校笺》，中华书局，2018 年，第 155 页。

② 何德章：《北魏迁洛后鲜卑贵族的文士化》，《魏晋南北朝隋唐史资料》，2003 年。

的传统文化经过一番曲折的途径以后，又从河北、江左、河西等地区汇拢起来，在北魏都城平城撞击到一起。正是在这样的大背景之下，出现了大同盆地辉煌的一页；也是在这样的大背景之下，出现了北魏平城时代；还是在这样的大背景之下，出现了文明太后主持的大规模的太和改制运动。”[①]而这些不同区域的中原文化形态，事实上早已融入“胡”文化、“蛮夷”文化：“河北的文明中含有匈奴、羯和鲜卑族慕容部的文化因素，江左的文明受到了蛮、越文化因素的影响，而河西的文明则不仅有氐、羌而且还有鲜卑秃发等部的文化因素。”[②]那么，加上拓跋鲜卑所代表的北方草原游牧文化，可见平城文化中具有政治优势的草原文化应占据着主导地位。

以儒道为主的中原文化，虽然在拓跋魏政权中发挥着重要作用，但礼乐教化却长期没有得到足够重视。如北魏和平六年（465），刁雍上《兴礼乐表》，就是基于当时礼乐不兴的现状。而《魏书·礼志》中则直言：“自永嘉扰攘，神州芜秽，礼坏乐崩，人神歼殄。太祖南定燕赵，日不暇给，仍世征伐，务恢疆宇。虽马上治之，未遑制作，至于经国轨仪，互举其大，但事多粗略，且兼阙遗。高祖稽古，率由旧则，斟酌前王，择其令典，朝章国范，焕乎复振。”[③]从礼乐教化不兴的史实可知，在孝文帝之前平城的汉化程度并不高。而拓跋鲜卑所代表的北方草原游牧文化，属于崇尚“质朴”与武功的文化形态，本身注定了他们不会重视文学。加之平城生产生存方式与自然环境的限制，经济并不发达，鲜卑勋贵对汉化充满敌意，如一批汉族士人因崔浩“国史案”而遭株连或杀害。在此背景下，文学创作长期处于低谷状态便成为必然。

在迁都之后，洛阳空间的文化环境发生了较大改变，因为孝文帝南迁的目的就在于将北魏政权塑造成为华夏正统，在文化建设上采取复古政策，

---

① 李凭：《北魏平城时代（第三版）》，上海古籍出版社，2014年，第408页。

② 李凭：《北魏平城时代（第三版）》，上海古籍出版社，2014年，第408—409页。

③ （北齐）魏收：《魏书》，中华书局，2011年，第2733页。

使得中原文化占据了主导地位；北方草原游牧文化，随着拓跋鲜卑南迁而强势植入中原，但地位已经极度下降，并逐步融入到了中原文化之中；佛教文化的影响力显著增强，洛阳俨然已经成为“佛国”；南朝文化则是因南北文化交流的加强，从城市规建、礼乐制度建设、文学艺术风格和生活习俗等方面影响洛阳，南北审美文化合流由此逐渐强化。这在孝文帝所推行的文化改革措施中已经得到了充分证明。以与中原士族通婚为例，改姓元的拓跋皇室率先与中原大家士族进行联姻，如荥阳郑氏、清河崔氏、太原王氏与范阳卢氏等留北大家士族，借此以提高胡族勋贵的社会文化地位。逯耀东认为：“中原士族的闺秀下嫁，同时也将中国的文化传统、生活方式、伦理观念带进拓跋氏部族的家庭，对加速拓跋氏部族的草原文化向农业文化转变，有不可磨灭的贡献和影响。自迁都之后，拓跋氏家族和中原士族通婚的情形渐渐普遍，到北魏后期，拓跋氏宗室里‘文雅从容’之士也越来越多，到了隋唐之后，除姓氏之外，已无法再从他们身上嗅到一丝的草原气息了。”[①] 但在北魏洛阳，草原文化的地位虽相较平城已经严重下降，却并非完全消失。除前面所述及的鲜卑妇女仍穿胡服外，胡族祭祀也有所留存：“（胡太）后幸嵩高山，夫人、九嫔、公主已下从者数百人，升于顶中。废诸淫祀，而胡天神不在其列。”[②]

至于佛教文化的传播，洛阳佛寺最多时有1367所，而平城仅有百所佛寺，“自兴光至此，京城内寺新旧且百所，僧尼二千余人”[③]，规模可谓相差甚远。佛寺增加催生出大量寺院园林，由于寺院园林具有城市公共园林的性质，从而为文士游玩聚会提供了场所；佛寺增加催生出大量佛教造像，而造像铭、造像题记等也具有一定的文学性。同时，佛经翻译也取得了巨大成就，汤用彤指出：“元魏孝文帝于太和十八年（494）迁都洛阳。其后宣武帝、

---

① 逯耀东：《从平城到洛阳：拓跋魏文化转变的历程》，中华书局，2006年，第18页。

② 〔北齐〕魏收：《魏书》，中华书局，2011年，第338页。

③ 〔北齐〕魏收：《魏书》，中华书局，2011年，第3039页。

孝明帝及胡太后均奉佛法，洛阳译经之盛，前代所无。而永宁寺译场之壮丽，世未曾有（详《洛阳伽蓝记》）。当时译经之僧人，为昙摩流支、法场、菩提流支、勒那摩提、佛陀扇多、瞿昙般若流支（乃婆罗门人）等六人。”[①] 而佛教故事可为文学创作提供素材，佛教经文可为文学创作提供思想，在客观上都有助于文学的发展。最直接的例证就是《洛阳伽蓝记》，它不仅是关于洛阳寺院建筑的文学作品，而且是关于佛教故事的“小说性”作品。

南朝文化对北魏洛阳的影响，比对平城的影响力度大。因为平城在南朝人心目中属于蛮夷之地、苦寒之地，由南入北者的数量不多。洛阳则是魏晋旧都，且与江左距离更近，不仅方便南北之间相互派遣使者进行官方交流，而且吸引了很多在南朝政治斗争中的失败者、逃亡者。北魏在洛阳城南设置归正里、金陵馆以安置由南入北者，而从归正里在民间被称为“吴人坊”、洛阳小市被称为“鱼鳖市”等可知，由南入北者当不在少数，著名代表人物包括被孝文帝奉为座上宾的王肃、齐明帝萧鸾的儿子萧宝夤等。无论是官方互聘来使、接纳政治逃亡者还是民间商贸往来，都把南朝融入江南地域文化的中原文化带到了洛阳，为洛阳文化环境注入了南朝文化元素，也为北魏文士学习南方文学提供了机会。如葛晓音指出：“南北互通使者，特别是南人投北，对北魏诗歌的影响最为直接。当时投北的南人虽在南朝并不以诗著称，但到北方后，为风云之气和怀乡之情所激，所作的诗多能胜北人一筹。”[②] 可见，北魏洛阳南北文化交流的文化环境，乃是北魏文学勃兴的一个重要影响因素。

另外，洛阳的物质文化环境也是不可忽视的因素。尽管魏晋洛阳城到北魏时期仍处于丘墟状态，但作为都城旧址，还是保留了一些未被损毁的建筑和建筑基址等，如凌云台、张方桥、晋石塔寺（北魏宝光寺）、国子学

① 汤用彤：《汉魏两晋南北朝佛教史》，上海人民出版社，2015 年，第 280 页。
② 葛晓音：《八代诗史（修订本）》，中华书局，2012 年，第 261 页。

堂和石经二十五碑等。可以说，魏晋洛阳丘墟仍然承载着中原文化的底蕴和精神，这是北魏平城所不具有的。北魏洛阳由于是以魏晋洛阳旧址为基础进行的重建、改建与扩建，本身就意味着对中原文化的承续。中原建筑文化所内在包孕的精神，通过对生存空间的区隔与划分，以一种潜在的规训方式规范人们的生存行为，从而奠定了拓跋鲜卑汉化的物质基础。如果说这是在宽泛意义上影响了文学在北魏洛阳的勃兴，那么，附着在董卓宅、苏秦冢等之上的奇闻，则直接为文学创作提供了素材。

第三，塑造正统的需要。日本史学家川本芳昭认为："孝文帝断然推行多项改革，还有另外一个出于个人的原因，即他在保持作为鲜卑人的意识的同时，又逐渐产生了远远超出鲜卑意识之上的阶级意识——作为中华皇帝的意识。"①姑且不论孝文帝自身鲜卑意识强还是华夏身份意识强的问题，他确实展现出了对"中华皇帝"的追求。基于此，定鼎嵩洛、重塑正统必然成为他的目标。事实上，拓跋鲜卑的汉化并非始于洛阳，平城时期汉化程度已经在逐步提升。孝文帝亲政之后，在平城增加南郊祭祀、改土德为水德、建明堂与太庙等，都是为塑造正统而做出的努力。都城南迁，本身就是为了在空间上占据正统象征的洛阳，以宣示北魏政权的正统性与合法性，并在都城规建、礼制建设等方面进一步强化华夏标准。而文学，或者说诗，乃是北魏塑造正统形象的有机内容和重要方式。

田晓菲认为，在五六世纪的北朝文学中，"诗赋所履行的社会职能与其在南方一样：朋友之间互相以诗歌赠答；朝臣在皇室公宴和出游时应诏赋诗；在值得纪念的重大场合，臣下向君主献颂表示庆祝；等等"②。实际上，相较于从汉魏文学自然延续发展而来的南朝文学，北朝文学的绵延与勃兴

---

① ［日］川本芳昭，余晓潮译：《中华的崩溃与扩大：魏晋南北朝》，广西师范大学出版社，2014年，第221页。

② ［美］孙康宜，［美］宇文所安主编，刘倩等译：《剑桥中国文学史（上卷）》，生活·读书·新知三联书店，2013年，第316页。

实则有着更为深刻的社会与美学内涵。因为诗，在中国传统文化中，是一个比文学更为宽泛的概念，也承担着更为复杂和重要的社会价值。对此，张法曾指出："诗在中国传统文化中应有三个面相，首先，是一种文学；其次，是语言的精致化；第三，诗贯穿于文化的一切方面。后两种面相（特别是诗贯穿于文化的一种方面）在中国进入现代进程以来，接受了西方关于诗的定义之后，而被遮蔽了。几千年来，中国的帝王、文武官员、学者、僧人及各色人等都要作诗，并非为成为文学家而作诗，而为中国文化本身对于诗赋有特定的文化内蕴，就是诗乃是人之为人的一种显现方式。"[①] 孝文帝所代表的元氏皇室成员，组织文学雅聚活动、吟诗作赋等，可谓是对自身作为华夏正统的一种标榜。换言之，对于拓跋鲜卑而言，赋诗是衡量和评判他们华夏化程度的一个重要标准，是衡量和评判他们从"夷"向"夏"转换的一个重要标尺。

以孝文帝本人为例，《魏书·高祖纪》中说："雅好读书，手不释卷。《五经》之义，览之便讲，学不师受，探其精奥。史传百家，无不该涉。善谈《庄》《老》，尤精释义。才藻富赡，好为文章，诗赋铭颂，任兴而作。有大文笔，马上口授，及其成也，不改一字。自太和十年（486）已后诏册，皆帝之文也。自余文章，百有余篇。"[②] 他不仅吟诵《诗经》及曹植的诗等，而且自己写诗。魏收在《魏书》中载录了多则孝文帝与文学相关的史料，详录如下：

（太和十三年秋七月）（489）丙寅，幸灵泉池，与群臣御龙舟，赋诗而罢。[③]

高祖曰："行礼已毕，欲令宗室各言其志，可率赋诗。"特令

① 张法：《如何理解中国传统文化中的"诗"》《学术月刊》，2013 年第 12 期。
② 〔北齐〕魏收：《魏书》，中华书局，2011 年，第 187 页。
③ 〔北齐〕魏收：《魏书》，中华书局，2011 年，第 165 页。

澄为七言连韵，与高祖往复赌赛，遂至极欢，际夜乃罢。[①]

高祖至北邙，遂幸洪池，命澄侍升龙舟，因赋诗以序怀。[②]

后从征至悬瓠，以笃疾还京。驾饯之汝渍，赋诗而别。车驾还洛，引见王公侍臣于清徽堂。……高祖曰："光景垂落，朕同宗则有载考之义，卿等将出无远，何得默尔，不示德音。"即命黄门侍郎崔光、郭祚，通直郎邢峦、崔休等赋诗言志。烛至，公卿辞退。李冲再拜上千万岁寿。高祖曰："卿向以烛至致辞，复献千万之寿，朕报卿以《南山》之诗。"高祖曰："烛至辞退，庶姓之礼；在夜载考，宗族之义。卿等且还，朕与诸王宗室，欲成此夜饮。"[③]

禧将还州，高祖亲饯之，赋诗叙意，加禧都督冀、相、兖、东兖、南豫、东荆六州诸军事。[④]

高祖与侍臣升金墉城，顾见堂后梧桐、竹曰："凤皇非梧桐不栖，非竹实不食，今梧桐、竹并茂，讵能降凤乎？"勰对曰："凤皇应德而来，岂竹、梧桐能降？"高祖曰："何以言之？"勰曰："昔在虞舜，凤皇来仪；周之兴也，鹜鹭鸣于岐山。未闻降桐食竹。"高祖笑曰："朕亦未望降之也。"后宴侍臣于清徽堂。日晏，移于流化池芳林之下。高祖曰："向宴之始，君臣肃然，及将末也，觞情始畅，而流景将颓，竟不尽适。恋恋余光，故重引卿等。"因仰

---

① 〔北齐〕魏收：《魏书》，中华书局，2011年，第464页。
② 〔北齐〕魏收：《魏书》，中华书局，2011年，第465页。
③ 〔北齐〕魏收：《魏书》，中华书局，2011年，第467—468页。
④ 〔北齐〕魏收：《魏书》，中华书局，2011年，第534页。

观桐叶之茂，曰：“‘其桐其椅，其实离离，恺悌君子，莫不令仪。’今林下诸贤，足敷歌咏。”遂令黄门侍郎崔光读暮春群臣应诏诗。至勰诗，高祖仍为之改一字，曰：“昔祁奚举子，天下谓之至公，今见勰诗，始知中令之举非私也。”勰对曰：“臣露此拙，方见圣朝之私，赖蒙神笔赐刊，得有令誉。”高祖曰：“虽琢一字，犹是玉之本体。”勰曰：“臣闻《诗》三百，一言可蔽。今陛下赐刊一字，足以价等连城。”①

后幸代都，次于上党之铜鞮山。路旁有大松树十数根。时高祖进伞，遂行而赋诗，令人示勰曰：“吾始作此诗，虽不七步，亦不言远。汝可作之，比至吾所，令就之也。”时勰去帝十余步，遂且行且作，未至帝所而就。诗曰：“问松林，松林经几冬？山川何如昔，风云与古同。”②

高祖饯桢于华林都亭。诏曰：“从祖南安，既之蕃任，将旷违千里，豫怀惘恋。然今者之集，虽曰分歧，实为曲宴，并可赋诗申意。射者可以观德，不能赋诗者，可听射也。当使武士弯弓，文人下笔。”高祖送桢于阶下，流涕而别。③

（太和）十八年（494），除使持节、都督吴越楚彭城诸军事、大将军，固辞，诏不许，又赐布千匹。及发，高祖亲饯之，命百僚赋诗赠勰，又以其《文集》一部赐勰。高祖因以所制文笔示之，谓勰曰：“时契胜残，事钟文业，虽则不学，欲罢不能。脱思一见，

① 〔北齐〕魏收：《魏书》，中华书局，2011年，第571—572页。
② 〔北齐〕魏收：《魏书》，中华书局，2011年，第572页。
③ 〔北齐〕魏收：《魏书》，中华书局，2011年，第494页。

故以相示。虽无足味，聊复为笑耳。”①

从征沔汉，高祖飨侍臣于悬瓠方丈竹堂，道昭与兄懿俱侍坐焉。乐作酒酣，高祖乃歌曰：“白日光天无不曜，江左一隅独未照。”彭城王勰续歌曰：“愿从圣明兮登衡会，万国驰诚混江外。”郑懿歌曰：“云雷大振兮天门辟，率土来宾一正历。”邢峦歌曰：“舜舞干戚兮天下归，文德远被莫不思。”道昭歌曰：“皇风一鼓兮九地匝，戴日依天清六合。”高祖又歌曰：“遵彼汝坟兮昔化贞，未若今日道风明。”宋弁歌曰：“文王政教兮晖江沼，宁如大化光四表。”高祖谓道昭曰：“自比迁务虽猥，与诸才俊不废咏缀，遂命邢峦总集叙记。②

从以上所列十则史料可以见出：首先，孝文帝非常喜欢赋诗、写诗；其次，孝文帝曾有《文集》；再次，孝文帝对诗的语言十分讲究；最后，孝文帝比较重视能诗善文的人才。由于孝文帝创作的诗歌传世不多，虽难以准确评价其诗歌水平，但仍可见出他的文学才能。以《悬瓠方丈竹堂飨侍臣联句诗》为例，有论者认为：该诗“二句一用韵，二句一换韵，韵脚较严，由于换韵的原因，音节和谐，读起来朗朗上口，胜于《柏梁台诗》。《悬瓠方丈竹堂飨侍臣联句诗》运用了《诗经》《尚书》中的典故，显得典雅庄重，是孝文帝元宏学习汉文化的结果”③。除诗之外，孝文帝撰写的诏书、祭文等也都展现了他的文学才华，如《报卢渊议亲伐江南诏》《吊殷比干墓文》《祭恒岳文》和《祭嵩高山文》等。如果说能诗善文是孝文帝学习中原文化的直接表现，那么，这背后还潜藏着多维度的深层价值：从《魏书》

---

① 〔北齐〕魏收：《魏书》，中华书局，2011 年，第 1310 页。
② 〔北齐〕魏收：《魏书》，中华书局，2011 年，第 1240 页。
③ 柏俊才：《孝文帝与北魏后期多民族文学的繁荣》，《民族文学研究》2016 年第 5 期。

书写的角度而言，之所以多次述及孝文帝赋诗，乃是从诗在华夏文明中的独特地位切入，以佐证孝文帝虽出身于拓跋鲜卑或者说虽为夷狄，但在文化维度已经完全华夏化，能够作为华夏正统的代表，可谓是以一种隐在叙述来肯定北魏政权的正统性、合法性；从孝文帝本人来看，赋诗作文可以视为是一种必备的帝王素养，进而言之则是一种获取华夏正统身份的方式，是一种对中原文化审美精神的深度认同；从北魏文学的发展来看，孝文帝代表着北魏政权对文学的重视与肯定，不仅在以拓跋鲜卑为代表的胡族中具有榜样作用，引发更多胡族人士在汉化过程中进行效仿，而且能激发汉族文士对文学创作的热情，最终诱导并推动文学在洛阳空间的勃兴。

二、北魏洛阳为文学勃兴与审美提升奠定了坚实基础

北魏以洛阳为都城，前后仅四十一年。在这一较短时期内，洛阳为什么能够从丘墟转变成一个繁华的人文荟萃之地呢？进而言之，北朝文学为什么能够从长期处于低谷状态转进到勃兴状态呢？显然，这是一个十分复杂的问题，生存方式转变、文化环境转变和塑造正统需要等只是文学勃兴的宏观背景。至于具体动因，在文学史研究领域已经早有述及。对此，曹道衡曾指出："北朝文学的情况与此（指南朝后期文学——笔者注）不同，它是在经历'十六国'和北魏初年的'冬眠'状态中苏醒过来，渐渐地在洛阳形成一个文化中心，文人们得到了'以文会友'的机会，又得到了南方文学的借鉴。在以洛阳这个政治文化中心形成以后，文人们对书籍的需求也易于满足。"[①] 这里，已经关注到了北魏洛阳作为政治文化中心，对文人的聚集作用，使他们能够走出坞堡汇聚到都城；关注到了南北政权使节交流、由南入北者等对南方文学传入的推动，洛阳文人对南方文学的学习

① 曹道衡：《南朝文学与北朝文学研究》，江苏古籍出版社，1998 年，第 271 页。

借鉴；关注到了书籍数量的增加、文人阅读书籍的可能。遗憾的是，曹道衡并没有从洛阳作为都城的视角，作出进一步的研究论述。那么，北魏洛阳为文学勃兴提供了哪些维度的深度支撑呢？

首先，北魏洛阳对北方文士心态的转变。孝文帝迁都洛阳之后主动进行华夏化的改革，使拓跋鲜卑在“人的自觉”与“文的自觉”两个方面都取得了显著成效，从而使自身被汉族士人接受并认同为华夏的代表，洛阳也被汉族士人接受并认同为华夏正统的象征。葛晓音曾言：“北魏开国到灭亡约经一百四十八年，文教的兴盛时期主要在高祖孝文、世宗宣武、肃宗孝明三代。”[①] 也即主要是指洛阳期间，具体当指从孝文帝正式迁洛（495）到孝明帝驾崩（528）的三十三年间。正是这一时期北魏政权对正统的塑造，使长期生存在胡族政权统治下的汉族文士心态发生了巨大转变。以曾在北魏为官、在洛阳生活的杨衒之为例，曹虹认为：“作者在叙事时对某些字眼的选用，明显地是含有正名分之义的。这也可谓是对《春秋》笔法或大义微言的继承。书中称西晋为‘中朝’‘晋中朝’，表示北魏直承西晋正统；称北魏为‘皇魏’‘我魏’，记外国僧人来洛阳为‘适兹乐土’（卷四永明寺条）、通汉语为‘晓魏言’（卷四法云寺条）等，都表明以北魏为本位、为中心的意识。”[②] 显然，在杨衒之看来，北魏乃是华夏正统所在。并且，这一观念并非杨衒之的一己之念，可谓是北方汉族文士的普遍性心态。可以说，北魏洛阳对正统形象的成功塑造，吸引了身居乡野坞堡的汉族士人主动向都城汇聚。

其次，北魏洛阳文学生态的改善。如果说孝文帝、宣武帝等在洛阳重视礼乐教化、重视文士和举办文学活动等，为在洛阳营造良好的文学生态环境提供了制度、人才和社会等方面的支撑，那么，洛阳都城空间则为文学

① 葛晓音：《八代诗史（修订本）》，中华书局，2012 年，第 260 页。
② 曹虹释译：《洛阳伽蓝记》，东方出版社，2020 年，第 314—315 页。

生态的改善提供了物质基础。而北魏文学生态环境的优化，最为集中的体现在于文学交游活动的数量增加和质量提升上。相较于士人散居在乡野坞堡，主要限于家族内部的学习、传承，交流活动严重匮乏，极大地限制了相互之间的切磋、学习和提升。当大量士人走向洛阳，汇聚在元氏皇室成员、达官显贵周围时，便获得了经常通过雅聚进行文学交流的机会。如《洛阳伽蓝记》特地记述了清河王元怿对文人雅士的招揽，临淮王元彧举行的文学聚会活动等。就文学交流的物质基础来看，作为"半公共空间"的佛寺，为文学聚会活动提供了场所。如杨衒之对文人雅士到城西宝光寺和城北凝玄寺游玩、聚会并赋诗的活动进行了专门记载。同时，北魏洛阳施行三重城制，并强化"以南为尊"的都城空间布局建设，有力推动了都城南郊洛水、伊水以及都城周边风景优美之地的开发。这些地方也是文人聚会的重要场所。据《魏书·李骞传》记载，李骞在被免官之后，曾写诗《赠亲友》给卢元明、魏收等人。在该诗中，他直接描写了文人在洛阳周边游玩交游的场景：

> 幽栖多暇日，总驾萃荒坰。南瞻带宫雉，北睇拒畦瀛。流火时将末，悬炭渐云轻。寒风率已厉，秋水寂无声。层阴蔽长野，冻雨暗穷汀。侣浴浮还没，孤飞息且惊。三褫俄终岁，一丸曾未营。闲居同洛涘，归身款武城。稍旅原思藋，坐梦尹勤荆。监河爱斗水，苏子惜余明。益州达友趣，廷尉辩交情。岂若忻蓬荜，收志偶沉冥。①

从诗中可知，李骞、卢元明、魏收等人可能多次在闲暇时间组织交游活动：有对都城内建筑景观的欣赏，有对郊外荒野之处的探寻，还有在洛水边的嬉戏玩耍等。这些活动不仅有助于士人们之间增进友谊，而且有助于相互切磋诗文技艺。正是洛阳文学生态的改善，使得北魏洛阳时期的文学

---

① 〔北齐〕魏收：《魏书》，中华书局，2011年，第840—841页。

作品数量增多，诗、赋、表、颂、铭等都大量增加；文学作品质量得到提高，如郦道元的《水经注》、常景的《汭颂》和温子升的诗等；出现了一批颇具代表性的文学人物，如常景、温子升、魏收等。

再次，北魏洛阳文体形态的丰富。随着心态的转变，士人们愿意进入北魏政权之中，从而以昂扬的姿态聚集到都城洛阳，进而形成一种昂扬的精神风貌；进入洛阳之后，他们积极参加文学雅聚活动、进行文学交流与学习。文学生态的优化，反映在文学创作方面便是北魏洛阳文学文体形态的丰富。就是除诗、铭文、表、奏等之外，出现了以《水经注》为代表的散文、地记文学，以《庭山赋》《蝇赋》等为代表的俗赋。杨衒之显然关注到了洛阳文体形态的发展，特地在描写司农张伦私家园林之美时，全文载录了姜质的《庭山赋》。

最后，北魏洛阳对文学审美提升的促进。北魏将都城南迁至洛阳，有力促进了南北之间的文化交流，这使得留北士人在洛阳能够接触并学习到南朝优秀的文学作品。对此，葛晓音以刘昶的《断句诗》、萧综的《听钟鸣》和《悲落叶》、王肃的《悲平城》等为例进行了具体分析，并指出元勰的《问松林》、祖莹的《悲彭城》都受到了《悲平城》的影响："王肃先曾仕于南齐，孝文帝时奔魏，元勰羡慕永明体的声情之美，曾作《问松林》以效仿王肃的《悲平城》。祖莹的《悲彭城》显然也是模仿王肃之作，只是他生性机敏，学得较快而已。"[①] 显然，通过学习由南入北士人的作品以及从南朝传入洛阳的书籍，提升了北魏士人的文学创作水平。虽然南北文学整体审美特征有显著差异，如李延寿在《北史》中明确指出："暨永明、天监之际，太和、天保之间，洛阳、江左，文雅尤盛，彼此好尚，互有异同。江左宫商发越，贵于清绮；河朔词义贞刚，重乎气质。气质则理胜其词，清绮则文过其意。理深者便于时用，文华者宜于咏歌。此其南

---

① 葛晓音：《八代诗史（修订本）》，中华书局，2012 年，第 262 页。

北词人得失之大较也。若能掇彼清音，简兹累句，各去所短，合其两长，则文质彬彬，尽美尽善矣。”[①]但审美合流的趋势其实早在北魏洛阳时期便已经开始。换言之，南北文学审美在洛阳都城空间内的合流，也是推动北魏文学勃兴的重要因素。

三、北魏洛阳为文学审美提供了丰富的书写内容

孝文帝迁都洛阳作为重大政治事件，从政治、思想、文化与社会等多个维度推动了文学勃兴，这些因素的作用集中体现在北魏洛阳文士心态、文学生态、文体形态和文学审美等多个方面。但若具体到文学作品的内容而言，北魏洛阳本身作为一个承载儒家政治审美理想的生存空间，还为文学勃兴提供了丰富多样的书写对象和书写内容。尽管北朝文学作品传世数量较少，且与南朝文学作品相比大都质量不高，但依然在文学维度呈现了关于人地（空间）审美关系的书写，也即以文学方式书写了洛阳空间的生存状况。

第一，北魏洛阳建筑。在北朝传世文学作品中，杨衒之的《洛阳伽蓝记》毫无疑问是书写北魏洛阳最为杰出的作品。它虽然受到南朝文学作品的影响，但就写景散文维度来看，并不比南朝作品逊色。当然，北魏书写洛阳建筑的作品并不止《洛阳伽蓝记》，如阳固曾撰有《南都赋》。据《魏书·阳固传》所载：“固乃作《南、北二都赋》，称恒代田渔声乐侈靡之事，节以中京礼仪之式，因以讽谏。辞多不载。”[②]魏收虽然没有具体载录这篇作品，但从阳固作《南都赋》与《北都赋》来看，应是仿照班固《两都赋》、张衡《两京赋》和左思《三都赋》而作。这里的北都、恒代是指平城，南都、中京则是指洛阳。这两篇赋是因宣武帝崇信佛教、外戚专权，阳固进行讽谏而作。

① 〔唐〕李延寿：《北史》，中华书局，2013 年，第 2781—2782 页。
② 〔北齐〕魏收：《魏书》，中华书局，2011 年，第 1604 页。

再如温子升的《从驾幸金墉城诗》：

> 兹城实佳丽，飞甍自相并。胶葛拥行风，岧峣闷流景。御沟属清洛，驰道通丹屏。湛淡水成文，参差树交影。长门久已闭，离宫一何静。细草缘玉阶，高枝荫桐井。微微夕渚暗，肃肃暮风冷。神行扬翠旗，天临肃清警。伊臣从下列，逢恩信多幸。康衢虽已泰，弱力将安骋。[①]

金墉城在北魏洛阳相当于一座别宫，迁都初期，孝文帝曾长期在此居住，因而在曹魏、西晋金墉城的基础上进行了增建，十分壮丽。郦道元的《水经注》、杨衒之的《洛阳伽蓝记》对金墉城都有直接记述，可以与温子升的诗对读参证。如温子升先以“佳丽”对金墉城的建筑之美进行整体概括，紧接着便书写高大雄伟、纵横交错的楼阁建筑相应对，恰与杨衒之所言的北魏在金墉城上下作“重楼飞阁”相一致；而他所书写的水景，则应是郦道元笔下的绿水池。

北魏士人除运用赋、诗、散文等文体书写洛阳建筑景观之美外，还有关于佛教建筑的碑文值得关注。对此，杨衒之在《洛阳伽蓝记》中多次述及：常景曾为北魏国寺永宁寺撰写碑文，如他赞扬说：“须弥宝殿，兜率净宫，莫尚于斯也。”[②]在城南景明寺中，胡太后增建七层佛塔之后，专门命邢子才撰写碑文，其中说：“俯闻激电，旁属奔星。”[③]另外，杨衒之还提到温子升为大觉寺撰写碑文、魏收为平等寺撰写碑文。尽管常景、邢子才撰写的碑文只留下只鳞片爪，但从这只言片语中依然可以见出洛阳文士对佛寺建筑进行了极富想象力的审美描写。甚至于说，佛寺碑文应是北魏洛阳文

① 逯钦立辑校：《先秦汉魏晋南北朝诗》，中华书局，2008年，第2221页。
② 〔北魏〕杨衒之著，杨勇校笺：《洛阳伽蓝记校笺》，中华书局，2018年，第12页。
③ 〔北魏〕杨衒之著，杨勇校笺：《洛阳伽蓝记校笺》，中华书局，2018年，第133页。

学创作的重要形式，即鳞次栉比的佛寺建筑为文学提供了书写对象。

第二，北魏洛阳文人雅聚活动。士人们从乡野坞堡进入都城洛阳之后，或因同乡之情、或因同僚之谊、或因同好之趣等形成了密切关联。由此，他们或围绕元氏皇室成员、或跟随某达官显贵、或追随文坛代表人物、或邀约私交甚密的朋友，举行各式各样的雅聚活动。如前文所引《魏书》中与孝文帝相关的文学史料，便有他与彭城王元勰、黄门侍郎崔光在金墉城赋诗切磋的记载。当然，杨衒之在《洛阳伽蓝记》中记述了元彧组织清谈、饮酒、赋诗的雅聚活动，以及士人游览佛寺园林赋诗行乐的活动等。除此之外，还有一些北魏文学作品写到了洛阳的雅聚活动。如袁翻在被任命为平阳太守离开洛阳之后，所写的《思归赋》通过地理环境对比，展现了对洛阳生活的怀恋：

> 尔乃临峻壑，坐层阿。北眺羊肠诘屈，南望龙门嵯峨。叠千重以耸翠，横万里而扬波。远狎鼯与麏麚，走鳐鳖及龟鼍。彼暧然兮巩洛，此邈矣兮关河。心郁郁兮徒伤，思摇摇兮空满。思故人兮不见，神翻覆兮魂断。……愿生还于洛滨，荷天地之厚德。[①]

袁翻这篇抒情赋辞采华美，深受骚体赋、汉赋和南朝写景赋的影响。这里姑且不论该赋在北朝文学中的成就，仅就内容来看，深切表达了袁翻对都城洛阳的思恋："南望龙门嵯峨""彼暧然兮巩洛""愿生还于洛滨"，直抒胸臆，毫无遮掩。袁翻认为，洛阳是礼乐文明的中心，而平阳则是野蛮之地，难以教化，并借龙门山、洛水等来表达对洛阳生活的怀恋，抒发回归洛阳的渴望。但袁翻并没有具体描述他在洛阳生活交游的状况，而李谐的《述身赋》与李骞的《释情赋》都有具体的描写：

---

① 〔北齐〕魏收：《魏书》，中华书局，2011年，第1540—1541页。

威北畅而武戢，鼎南迁而文焕。异人相趋于绛阙，鸿生接武于儒馆。总群雅而同归，果方员而殊贯。伊滥吹之所从，初窃服于宰旅。奉盛王之高义，游兔园而容与。缀鸿鹭之末行，连英髦之茂序。……座有清谈之客，门交好事之车。或林嬉于月夜，或水宴于景斜。肆雕章之腴旨，咀文艺之英华。羞绿芰与丹藕，荐朱李及甘瓜。虽惭洛水之名致，有类金谷之喧哗。聊自足于所好，岂留连于或号。思炯戒而自反，勖身名于所蹈。奉哲后之渊猷，赞崇麾于华奥。①

李谐的《述身赋》与庾信的《哀江南赋》、颜之推的《观我生赋》都是结合个体人生经历、书写社会历史的史诗性赋作。不同之处在于，庾信、颜之推都是从南入北的士人，而李谐是留北士人，因而可以更加直观地见出北朝文学的勃兴。从所摘引内容可知，李谐肯定了北魏迁都洛阳所带来的文教效果，即“鼎南迁而文焕”。正是在礼乐教化的推动下，洛阳出现了士人聚集、文学勃兴的状况。他在这里以十分欢快的心情描写了洛阳生活中的文士交游状况：雅聚清谈，饮酒赋诗，赏月戏水，观景尝果，无比欢快。文士交游甚至是洛水的一道风景，如同石崇金谷园雅聚般热闹非凡。再看李骞的《释情赋》，虽重在抒发感情，但其中也描写了洛阳士人之间的交游：

及勾芒御节，姑洗之首，散迟迟于丽日，发依依于弱柳。鸟间关以呼庭，花芬披而落牖。听乃越于笙簧，望有逾于新妇。袭成服以逍遥，愿良辰而聊厚。乃席垅而踞石，遂啸俦而命偶。同浴沂之五六，似禊洛之八九。或促膝以持肩，或援笙而鼓缶。宾奉万年之

① 〔北齐〕魏收：《魏书》，中华书局，2011 年，第 1457—1458 页。

觞，主报千金之寿。各笑语而卒获，传礼仪于不朽。斯盖先民之所乐，而余心之所守也。[1]

在此，李骞描写了阳春三月、风和日丽之时，士人们一起到洛水边踏春游玩的景象。他们在一起或高声长啸，或吹笙击缶，或赋诗作对，甚至有孔颜之乐。可见，李骞笔下的文人群体交游生活，同样展现了洛阳文学勃兴的状况。蔡丹君在论及《释情赋》时认为："赋中同样提到了洛阳城中的文人群体生活，而李骞的写作初衷，并不是为了描写个人在这种都城生活中的体验，而是着眼于还原这座城市当时的繁华。文中提到的'各笑语而卒获，传礼义于不朽'就是指当时的礼乐制度改革之人才，对洛阳礼乐文化的重建工作。"[2] 深言之，洛阳凭借都城地位吸引士人走出坞堡而聚集于城市空间，使士人雅聚不仅成为文学勃兴的成因与标志，而且成为了文学书写的有机内容。

第三，北魏洛阳日常生活感知。文学作为描写人与地方空间关系、抒发人地情感的重要方式，必然会关涉到日常生存经验对情感的生成问题。从生存空间维度来看，北魏洛阳不仅具有塑造正统的象征价值，而且凭借着富有匠心的规划营造出一个令士人们向往的现实生存环境，彰显生存的实用价值。在洛阳生存境遇中，士人们获得了全新的日常生活感知经验，进而将其书写进入文学作品之中。当然，雅聚活动也是他们日常生活的重要组成部分。而除此之外，还有很多关于洛阳具体物质生存环境感知经验的书写，如关于佛塔宝铎声音、佛寺诵经声音、音乐演奏声音等的听觉审美感知经验；关于奶酪、牛羊肉、鱼肉、茶、水果等的味觉审美经验；关于佛塔、佛寺、园林、礼制建筑等的视觉审美经验。

---

① 〔北齐〕魏收：《魏书》，中华书局，2011 年，第 839 页。

② 蔡丹君：《从乡里到都城：历史与空间变迁视野中的十六国北朝文学》，生活·读书·新知三联书店，2019 年，第 260 页。

依前文在述及洛阳佛塔宝铎声音时所言，杨衒之对北魏洛阳的钟声有着十分独特的情感。他不仅在序中强调“钟声罕闻”，而且在正文中着重描写了永宁寺浮图金铎、金铃等发出的声音，称其在有风的夜晚能够传十几里远，不再赘述。就其他文学作品而言，杨衒之记述了从南入北的萧综关于佛寺钟声的书写，也即《听钟鸣》：

> 龙华寺，宿卫羽林、虎贲等所立也。在建春门外阳渠南。寺南有租场。阳渠北有建阳里，里有土台，高三丈，上作二精舍。赵逸云：“此台是中朝旗亭也。上有二层楼，悬鼓，击之以罢市。”有钟一口，撞之闻五十里。太后以钟声远闻，遂移在宫内，置凝闲堂前，讲内典沙门打为时节。初，萧衍子豫章王综来降，闻此钟声，以为奇异，遂造听钟歌三首，行传于世。[①]

杨衒之虽然没有具体描写钟的形状、大小，但从“撞之闻五十里”的声音效果来看，它应当是一口形制巨大的器物。正是因为钟的声音洪亮悠长，被胡太后下令移置到凝闲堂，专门为僧人讲经使用：“胡太后置钟于此堂。”[②]萧综在归降北魏后，听闻此钟声音，认为十分奇异独特，创作了《听钟鸣》。按理此时萧梁建康同样是一座佛寺广布的都城，萧综对钟声肯定不会陌生。他在洛阳却对此钟声感知印象深刻，或许是此奇异钟声激发了他的忧思之情。但杨衒之没有具体记述该诗，而传世版本存在较大差异，仅以《梁书》所载内容为例：

> 听钟鸣，当知在帝城。参差定难数，历乱百愁生。去声悬窈窕，

① 〔北魏〕杨衒之著，杨勇校笺：《洛阳伽蓝记校笺》，中华书局，2018年，第77页。
② 〔清〕徐松辑，高敏点校：《河南志》，中华书局，2012年，第83页。

来响急徘徊。谁怜传漏子，辛苦建章台。

听钟鸣，听听非一所。怀瑾握瑜空掷去，攀松折桂谁相许。昔朋旧爱各东西，譬如落叶不更齐。漂漂孤雁何所栖，依依别鹤夜半啼。

听钟鸣，听此何穷极。二十有余年，淹留在京域。窥明镜，罢容色，云悲海思徒掩抑。[①]

无论《听钟鸣》的真实内容如何，关于洛阳钟声的日常生活感知经验都是萧综撰写该诗的审美动因所在。进而言之，北魏洛阳对文学勃兴的影响是全方位的，从日常生存感知经验，到文学人才汇聚、各种文学交流活动，再到礼乐教化、正统塑造等，从都城维度为文学勃兴提供了人才基础、书写内容和文化环境等支持。这种勃兴不仅体现在温子升、邢子才、魏收“北地三才”的出现，诗赋散文审美品格的提升，而且体现在对北朝文学刚健质朴审美风格形成的推动上。

① 〔唐〕姚思廉：《梁书》，中华书局，2016 年，第 824—825 页。逯钦立根据《艺文类聚》《文苑英华》和《诗纪》辑录如下：历历听钟鸣，当知在帝城。西树隐落月，东窗见晓星。雾露朏朏未分明，乌啼哑哑已流声。惊客思，动客情，客思郁纵横。翩翩孤雁何所栖，依依别鹤半夜啼。今岁行已暮，雨雪向凄凄。飞蓬旦夕起，杨柳尚翻低。气郁结，涕滂沱。愁思无所托。强作听钟歌。（逯钦立辑校：《先秦汉魏晋南北朝诗》，中华书局，2008 年，第 2213 页。）

第三节 从《洛阳伽蓝记》看北魏洛阳文学的三个维度

如果说《洛阳伽蓝记》是以隐在的方式保存了北魏洛阳与文学勃兴关系的史料，需要深度发掘方能呈现出来，那么，它关于北魏洛阳文坛重要人物的生平事迹、文学活动和文学作品三个方面的记载，则是作为全景式再现北魏洛阳的有机组成部分直接铺陈开来的。这些关于北魏洛阳文学发展状况的文学史料，对研究北朝文学史甚至是重估北朝文学的中国文学史地位具有重要而独特的价值。当然，《洛阳伽蓝记》的文学史料价值并不局限于此。若从诗文用典考证的角度来看，在《洛阳伽蓝记》流传过程中已经起到了文学史料作用。宋王十朋在《东坡诗集注》中多次引用《洛阳伽蓝记》，如卷十四中解释《次韵晁无咎学士相迎》里“独看红药倾白堕”一句的“白堕”时，便用杨衒之所记述的“河东人刘白堕善能酿酒”加以说明；明杨慎在《升庵集》卷五十六里解释“驱雁”时，便引述杨衒之的“北风驱雁”加以阐释；清王琦在《李太白集注》中解释《鲁郡尧祠送窦明府薄华还西京（时久病初起作）》中的“绿珠楼下花满园”时，引用杨衒之关于“绿珠楼”的记述加以阐发。这里，无意于梳理《洛阳伽蓝记》在古代诗文注笺阐释中的史料价值，而是重点关注它对北魏洛阳文坛状况史料保存的价值。

一、文学人物事迹

杨衒之在《洛阳伽蓝记》里记述了二百多个人物，包括皇帝及元氏皇族成员、外戚、百官、中外僧侣、使臣、艺人和普通庶民等。当然，并非所有人物都得到了充分描写，也并非所有人物都与北魏洛阳文学勃兴有密切关联。基于杨衒之记述的详略，依据相关人物与文学的关联性、有无传世作品和在北朝文学史上的地位三条标准，选取部分代表性人物的记述与正史载述进行比较，从生平事迹维度呈现《洛阳伽蓝记》的文学史料价值。

（一）孝文帝元宏

从根本上来说，孝文帝决定迁都洛阳，推动拓跋鲜卑的华夏化和塑造北魏政权正统形象，是洛阳文学勃兴的深层政治动因所在。就文学勃兴而言，孝文帝乃是北魏文学在洛阳时期获得发展提升的推动者、引领者。他对于诗赋的态度，无论是出于个人对中原文学艺术的热爱，还是基于塑造北魏政权合法性的需要，都从正面推动了北魏政权对汉族文士的重视、对文学的重视，为文学勃兴提供了良好的政治环境。同时，孝文帝对礼乐教化的倡导与重视，尤其是对元氏皇族儒家教育的强化，加速了以元氏为代表的拓跋鲜卑的汉化，并在皇室成员中培养出了一批博学善文者，进而推动了北魏文学的发展和中原文化在胡族政权下的承续。杨衒之虽然没有正面直接记述孝文帝的文学才能，但仍然保存了几则与文学相关的史料：

> 时王公卿士，常迎驾于新门。高祖谓御史中尉李彪曰："曹植诗云，'谒帝承明庐'。此门宜以'承明'为称。"遂名之。[1]

> 开阳门御道东，有汉国子学堂。堂前有三种字石经二十五碑，表里刻之；写《春秋》《尚书》二部，作篆、科斗、隶三种字，汉右中郎将蔡邕笔之遗迹也。犹有十八碑，余皆残毁。复有石碑四十八枚，亦表里隶书，写《周易》《尚书》《公羊》《礼记》四

① 〔北魏〕杨衒之著，杨勇校笺：《洛阳伽蓝记校笺》，中华书局，2018年，第2页。

> 部。又《赞学碑》一所，并在堂前。魏文帝作《典论》六碑，至太和十七年，犹有四存。高祖题为劝学里。[①]

> 经数年以后，肃与高祖殿会，食羊肉酪粥甚多。高祖怪之，谓肃曰："卿中国之味也。羊肉何如鱼羹？茗饮何如酪浆？"肃对曰："羊者是陆产之最，鱼者乃水族之长。所好不同，并各称珍。以味言之，甚是优劣。羊比齐鲁大邦，鱼比邾莒小国。唯茗不中，与酪作奴。"高祖大笑，因举酒曰："三三横，两两纵，谁能辨之赐金钟。"御史中尉李彪曰："沽酒老妪瓮注瓨，屠儿割肉与秤同。"尚书右丞甄琛曰："吴人浮水自云工，妓儿掷绳在虚空。"彭城王勰曰："臣始解此是习字。"高祖即以金钟赐彪。朝廷服彪聪明有智，甄琛和之亦速。[②]

这三则记述，可与前引《魏书》中孝文帝相关文学史料相补充：关于"承明门"的命名，可知孝文帝非常熟悉曹植的文学作品，可以佐证《魏书》关于他喜好读书的记述；同时，这也是孝文帝参与洛阳城建筑命名的史料，既体现了他对"承明庐"典故的熟悉，又展现了他关于洛阳的政治审美理想。关于"劝学里"的命名，更为直接地体现了孝文帝对儒家思想的重视，对学习中原文化的强调，而这是洛阳空间内胡汉民族融合的重要基础所在，也是洛阳正统塑造的重要内容所在。关于孝文帝赐宴，与王肃谈论南北饮食差异，认为南北习俗不同，进而以"习"字作为谜底与群臣进行猜字赋诗的游戏，表面看来是孝文帝对汉字的熟悉，实则是他对中原文化审美观念深度认同的表现。而相关史料也可佐证这一判断，如太和十九年（495），

① 〔北魏〕杨衒之著，杨勇校笺：《洛阳伽蓝记校笺》，中华书局，2018年，第144页。
② 〔北魏〕杨衒之著，杨勇校笺：《洛阳伽蓝记校笺》，中华书局，2018年，第145页。

孝文帝在洛阳实行语言改革："六月己亥，诏不得以北俗之语言于朝廷，若有违者，免所居官。"[①]语言的改变，不仅意味着胡汉民族之间日常交流障碍的破除，更根本的在于对语言文字所承载的思想、文化、审美等观念的接受与认同，有助于推进民族与文化的深度融合。孝文帝本人不仅能说汉语，而且能诗善文，充分说明他在华夏化过程中有了新的生命情调与审美追求，确立了新的世界观。北魏洛阳时期文学走向勃兴，正是得益于孝文帝本人对中原文化的热爱、对文学的推崇，进而从中获得了强大的政治支持、坚实的人才基础和良好的社会环境。

（二）常景

常景，曾长期在洛阳为官，是北魏时期文人的重要代表，且为礼乐制度的建设与完善作出了较大贡献。杨衒之多次述及常景，并为他撰写小传，足见他在当时文坛中的地位与在文学方面取得的成就。具体如下：

是以常景碑云："须弥宝殿，兜率净宫，莫尚于斯也。"[②]

诏中书舍人常景为寺碑文。景字永昌，河内人也。敏学博通，知名海内。太和十九年（495）为高祖所器，拔为律博士，刑法疑狱，多访于景。正始初，诏刊律令，永作通式。敕景共治书侍御史高僧裕、羽林监王元龟、尚书郎祖莹、员外散骑侍郎李琰之等撰集其事。又诏太师彭城王勰、青州刺史刘芳入预其议。景讨正科条，商榷古今，甚有伦序，见行于世，今律二十篇是也。又共芳造洛阳宫殿门阁之名，经途里邑之号。出除长安令，时人比之潘岳。其后历位中

① 〔北齐〕魏收：《魏书》，中华书局，2011年，第177页。
② 〔北魏〕杨衒之著，杨勇校笺：《洛阳伽蓝记校笺》，中华书局，2018年，第12页。

书舍人、黄门侍郎、秘书监、幽州刺史、仪同三司，学徒以为荣焉。景入参近侍，出为侯牧，屋室贫俭，事等农家；唯有经史，盈车满架。所著文集数百余篇，给事封暐伯作序行于世。[①]

敬义里南有昭德里，里内有尚书仆射游肇、御史中尉李彪、七兵尚书崔休、幽州刺史常景、司农张伦等五宅。彪、景出自儒生，居室俭素。[②]

宣阳门外四里至洛水，上作浮桥，所谓永桥也。神龟中，常景为《汭颂》……[③]（杨衒之所录全文，见下文）

正光元年，蠕蠕主郁久闾阿那肱来朝，执事者莫知所处。中书舍人常景议云："咸宁中，单于来朝，晋世处之王公、特进之下，可班那肱蕃王、仪同之间。"朝廷从其议。[④]

杨衒之关于常景的载述内容非常丰富，其生平事迹可与《魏书·常景传》相互参证：常景为律博士、参与律令的制定；"屋室贫俭，事等农家；唯有经史，盈车满架"，则与魏收所述相一致："景自少及老，恒居事任。清俭自守，不营产业，至于衣食，取济而已。耽好经史，爱玩文词，若遇新异之书，殷勤求访，或复质买，不问价之贵贱，必以得为期。友人刁整……遂与卫将军羊深矜其所乏，乃率刁双、司马彦邕、李谐、毕祖彦、

① 〔北魏〕杨衒之著，杨勇校笺：《洛阳伽蓝记校笺》，中华书局，2018 年，第 12—13 页。
② 〔北魏〕杨衒之著，杨勇校笺：《洛阳伽蓝记校笺》，中华书局，2018 年，第 99 页。
③ 〔北魏〕杨衒之著，杨勇校笺：《洛阳伽蓝记校笺》，中华书局，2018 年，第 154 页。
④ 〔北魏〕杨衒之著，杨勇校笺：《洛阳伽蓝记校笺》，中华书局，2018 年，第 155 页。

毕义显等各出钱千文而为买马焉。”[①] 同时，关于常景为永宁寺撰写碑文、参与洛阳城建筑的命名、写有《汭颂》和封暐伯为常景文集作序等，则可补充史书之不足。当然，《魏书》所载常景的文学创作史料，也有《洛阳伽蓝记》所未述及的，如关于自然审美的创作：“乃令景出塞，经瓮山，临瀚海，宣敕勒众而返。景经涉山水，怅然怀古，乃拟刘琨《扶风歌》十二首。”[②] 据此，常景的文学成就依托有限的史料和传世作品，便可获得大致完整的判断。遗憾的是，在北朝文学史写作中，常景的文学成就与贡献并未得到充分关注。

（三）温子升

温子升，是“北地三才”之一。杨衒之虽然没有为温子升撰写简洁的小传，却有四次述及他，从而通过具体事件展现出与《魏书》《北史》所载不同的形象：

> 时黄门侍郎杨宽在帝侧，不晓怀砖之义，私问舍人温子升。子升曰：“闻至尊兄彭城王作青州刺史，问其宾客从至青州者，云：‘齐土之民，风俗浅薄，虚论高谈，专在荣利。太守初欲入境，百姓皆怀砖叩首，以美其意；及其代下还家，以砖击之。’言其向背速于反掌。是以京师谣语曰：‘狱中无系囚，舍内无青州；假令家道恶，腹中不怀愁。’怀砖之义，起于此也。”[③]

> 乃敕子才与散骑常侍温子升撰《麟趾新制》十五篇，省府以之

① 〔北齐〕魏收：《魏书》，中华书局，2011 年，第 1805—1806 页。
② 〔北齐〕魏收：《魏书》，中华书局，2011 年，第 1804 页。
③ 〔北魏〕杨衒之著，杨勇校笺：《洛阳伽蓝记校笺》，中华书局，2018 年，第 94 页。

决疑，州郡用为治本。①

> 永安末，庄帝谋煞尔朱荣，恐事不果，请计于徽。徽曰："以生太子为辞，荣必入朝，因以毙之。"庄帝曰："后怀孕未十月，今始九月，可尔已不？"徽曰："妇人产子，有延月者，有少月者，不足为怪。"帝纳其谋。遂唱生太子。遣徽驰诏，至太原王第，告云"皇储诞育"。值荣与上党王天穆博戏，徽脱荣帽，欢舞盘旋。徽素大度量，喜怒不形于色；兼内外欢叫，荣遂信之。与穆并入朝。庄帝闻荣来，不觉失色。中书舍人温子升曰："陛下色变！"帝连索酒饮之，然后行事。②

> 大觉寺……永熙年中（532—534），平阳王即位，造砖浮图一所。是土石之工，穷精极丽。诏中书舍人温子升以为文也。③

在这四则材料中："怀砖"一例，可见出温子升的博学多才；与邢子才一起撰写《麟趾新制》，可补史书记载之不足，亦可见出温子升的法制才能；在庄帝翦除尔朱荣的重大事件中，杨衒之专门述及温子升的镇定、冷静，足见他谋略过人；撰写大觉寺碑文，则是正面述及温子升的文学才华。王文进在从历史维度讨论杨衒之关于温子升的记述时，曾言："综合这四件事情，杨衒之为我们描绘了一位有文采、能担当大事的彬彬君子。最后温子升又在东魏时期参加一次推翻高氏霸权的行动，失败致死，实可谓之忠贞之士。可是这样的一位才子，到了魏收的笔下，却被评论为'事故之际，好预其间，所以终致祸败'的闲客。由魏收对温子升这段评语，可以看出《魏

---

① 〔北魏〕杨衒之著，杨勇校笺：《洛阳伽蓝记校笺》，中华书局，2018 年，第 134 页。
② 〔北魏〕杨衒之著，杨勇校笺：《洛阳伽蓝记校笺》，中华书局，2018 年，第 179 页。
③ 〔北魏〕杨衒之著，杨勇校笺：《洛阳伽蓝记校笺》，中华书局，2018 年，第 212 页。

书》的立场有极偏失的地方。”[①] 而从文学维度来看，杨衒之的记述有助于更为全面地了解温子升的生平，进而更好地理解他的作品。

（四）邢子才

邢子才，也即邢卲。据《北史·邢卲传》所言：“与济阴温子升为文士之冠，世论谓之温、邢。巨鹿魏收虽天才艳发，而年事在二人之后，故子升死后，方称邢、魏焉。”[②] 可见“北地三才”之说，应是从“温、邢”，到“邢、魏”，而后三人并称。这里需要指出的是，尽管魏收的生活时段靠后，但他文学才能的展露始于北魏洛阳时期，杨衒之在城东平等寺中就曾记述身为中书侍郎的魏收，参与撰写碑文一事。至于邢卲，其传虽在《北齐书》《北史》，但他在北魏洛阳时期已经是文坛重要代表：“自孝明之后，文雅大盛，卲雕虫之美，独步当时，每一文初出，京师为之纸贵，读诵俄遍远近。”[③] 从杨衒之为邢子才撰写小传，可见出他对邢子才的推崇：

> 黄门侍郎邢子才为赦文，叙述庄帝枉煞太原王之状。[④]

> 至正光年中（520—525），太后始造七层浮图一所，去地百仞。是以邢子才《碑文》云：“俯闻激电，旁属奔星”是也。……至永熙年中（532—534），始诏国子祭酒邢子才为寺碑文。子才，河间人也。志性通敏，风情雅润，下帷覃思，温故知新。文宗学府，跨班马而孤上；英规胜范，凌许郭而独高。是以衣冠之士，辐辏其门；怀道之宾，去来满室。升其堂者，若登孔氏之门；沾其赏者，犹听

① 王文进编撰：《净土上的烽烟——洛阳伽蓝记》，海南出版社，1998 年，第 73—74 页。
② （唐）李延寿：《北史》，中华书局，2013 年，1592 页。
③ （唐）李延寿：《北史》，中华书局，2013 年，1589 页。
④ （北魏）杨衒之著，杨勇校笺：《洛阳伽蓝记校笺》，中华书局，2018 年，第 108—109 页。

> 东吴之句。籍甚当时，声驰遐迩。正光末解褐，为世宗挽郎、奉朝请，寻进中书侍郎、黄门。子才洽闻博见，无所不通，军国制度，罔不访及。自王室不靖，虎门业废，后迁国子祭酒，谟训上庠。子才罚惰赏勤，专心劝诱，青领之生，竞怀雅术，洙泗之风，兹焉复盛。永熙年末，以母老辞，帝不许之。子才恪请恳至，涕泪俱下，帝乃许之。诏以光禄大夫归养私庭。所在之处，给事力五人，岁一朝，以备顾问。王侯祖道，若汉朝之送二疏。暨皇居徙邺，民讼殷繁，前格后诏，自相与夺，法吏疑狱，簿领成山。乃敕子才与散骑常侍温子升撰《麟趾新制》十五篇，省府以之决疑，州郡用为治本。武定中，除骠骑大将军、西兖州刺史。为政清静，吏民安之。后征为中书令。时戎马在郊，朝廷多事，国礼朝仪，咸自子才出。所制诗、赋、诏、策、章表、碑颂、赞记五百篇，皆传于世。邻国钦其模楷，朝野以为美谈也。[1]

“文宗学府，跨班马而孤上；英规胜范，凌许郭而独高”，是杨衒之盛赞邢子才的文章学问胜过司马迁、班固，道德风范超过许劭、郭泰。其中虽有虚夸之嫌疑，但在一流士人匮乏的北魏，文学才华出众的邢子才确为翘楚。并且，邢子才在洛阳士人交流方面发挥着核心领导者的作用，可谓是北魏文坛领袖：“衣冠之士，辐辏其门；怀道之宾，去来满室。升其堂者，若登孔氏之门；沾其赏者，犹听东吴之句”；在洛阳礼乐教化推行方面，他则是发挥着教导者的作用：“罚惰赏勤，专心劝诱，青领之生，竞怀雅术，洙泗之风，兹焉复盛”。在拓跋鲜卑迁洛之后，儒家礼乐教化的推行，不仅关涉胡族汉化，而且关涉北魏正统塑造、中原文化的传承发展，正是以邢子才为代表的文士，实际推动了礼乐教化的施行。而这一点在史书中并未得到凸显，由此也可见

---

① 〔北魏〕杨衒之著，杨勇校笺：《洛阳伽蓝记校笺》，中华书局，2018 年，第 133—134 页。

出杨衒之对礼乐教化的重视、对北魏洛阳作为正统的认同。

（五）卢景裕

卢白头，据《魏书·卢景裕传》记载："卢景裕，字仲儒，小字白头，范阳涿人也"，"少聪敏，专经为学。居拒马河，将一老婢作食，妻子不自随从。又避地大宁山，不营世事，居无所业，惟在注解"，"先是景裕注《周易》《尚书》《孝经》《论语》《礼记》《老子》，其《毛诗》《春秋左氏》未讫"，"景裕虽不聚徒教授，所注《易》大行于世。又好释氏，通其大义。天竺胡沙门道悕每论诸经论，辄托景裕为之序"[①]。《魏书》《北史》都重在他的经学成就，没有涉及文学创作，而杨衒之则是明确记述他曾为景林寺撰写碑文：

> 有石铭一所，国子博士卢白头为其文。白头一字景裕，范阳人也。性爱恬静，丘园放敖，学极六经，说通百氏。普泰初，起家为国子博士，虽在朱门，以注述为事。注《周易》行之于世也。[②]

虽然在卢景裕的名与字上存在差异，但杨衒之关于他性格、学识、经学成就等的简要记述，与史书记载是一致的。综合可知，卢景裕作为经学代表人物，对佛教思想也有较深造诣。这表明在北魏洛阳时期，以儒道为主的中原思想文化与佛教思想的融合渐趋深入。

综合《洛阳伽蓝记》所保存的关于常景、温子升、邢子才与卢景裕等的生平事迹史料来看：他们撰写的佛寺碑文，虽仅得见其吉光片羽，却可窥见佛寺建筑为文学创作提供的新内容、新向度，以及文学书写对佛

---

① 〔北齐〕魏收：《魏书》，中华书局，2011年，第1859—1860页。

② 〔北魏〕杨衒之著，杨勇校笺：《洛阳伽蓝记校笺》，中华书局，2018年，第63页。

寺审美意象的建构，彰显出佛教审美观念与中原审美观念的融合；参与北魏洛阳政治制度、法律制度、礼乐制度等的建设，推动了北魏政权的正统塑造，同时也从政治维度推动了拓跋鲜卑的汉化、中原文化与草原文化的融合；取得的文学成就，展现了多元文化审美观念融合所生成的昂扬、刚健、质朴的北朝审美特质，也展现了南北文学审美在洛阳出现的审美合流状况。

二、文学活动记载

北魏洛阳，就其作为都城空间对文学活动的影响而言，主要有三：其一，以元氏皇室为代表的拓跋鲜卑权贵，通过接受中原文化教育，培育了一批雅好文学者，进而改变了对文士及文学的态度，使得他们成为了文学活动的倡导者、组织者，加强了不同地域文人在洛阳空间内的交流；其二，因统治阶层极度推崇佛教，北魏洛阳内外广布佛寺，使得具有公共园林性质的佛寺园林，成为了文人雅士游玩交流聚会的重要场所；其三，北魏洛阳正统形象的塑造，赢得了汉族士人的心理认同，使得他们走出乡野坞堡而向都城聚集，在生存及文学创作上从坞堡的封闭状态过渡到都城的开放状态。不难看出，汉族士人向都城的汇聚，为北魏洛阳文学活动的展开提供了坚实的人才基础。蔡丹君总结北魏末年洛阳的文学活动时认为："这四十年间（指北魏建都洛阳的时间——笔者注），从乡里私学中培养起来的士人，逐渐向这里集中。分布在各地乡里社会中的文学士人来到洛阳，形成了以不同纽带联结的文人群体。他们或是礼乐改革的参与者，或是担任了聘使、著作郎、史官等职务，或是依附鲜卑贵族尤其是元氏诸王成为幕僚门客。那些汉化程度不断加深的鲜卑贵族，在洛阳城内实际上充任了文学群体召集人的角色。从乡里社会聚集到洛阳的文人，也往往有自发性的聚合，互相提携帮助，形成了乡里士人内部的文人群体。”[①] 可以说，相较于平城，在这些因素的综合影响下，洛阳的文学活动显著增加。这在推动北魏文学水平提升的同时，也以文学形式推动了多元审美观念的交融。从杨衒之任职奉朝请可知，他曾在北魏洛阳为官生活，理应熟悉甚至参加过洛阳的文学活动。因此，他在对北魏洛阳繁华时期全景再现时，载录保存了元氏皇室成员和一般士人举行雅聚、游园等文学活动的史料。

在北魏洛阳，由元氏皇室倡导组织的文学活动，显然占据着主导性地位。在整体生存环境改变的影响下、在孝文帝汉化措施的推动下，他们汉化程度迅速提升，从而在元氏皇室内出现了一批具有文学才能的人。孝文帝元宏、孝明帝元诩、节闵帝元恭等都曾主导并参与文学活动。如《北史·薛孝通传》便记载了元恭因元翙献酒肴而与大臣举行酒宴并赋诗的活动：

> 普泰二年（532）正月乙酉，中书舍人元翙献酒肴，帝因与元翌及孝通等宴，兼奏弦管，命翙吹笛，帝亦亲以和之。因使元翌等嘲，以酒为韵。孝通曰："既逢尧舜君，愿上万年寿。"帝曰："平生好玄默，慚为万国首。"帝曰："卿所谓寿，岂容徒然！"便命酌酒赐孝通，仍命更嘲，不得中绝。孝通即竖忠为韵。帝曰："卿不忘忠臣之心。"翙曰："圣主临万机，享世永无穷。"孝通曰："岂唯被草木，方亦及昆虫。"翌曰："朝贤既济济，野苗又芃芃。"帝曰："君臣体鱼水，书轨一华戎。"孝通曰："微臣信庆渥，何以答华嵩？"[②]

可见，这次宴饮赋诗活动是由元恭主导的，主要参与者元恭、元翙、元

---

① 蔡丹君：《从乡里到都城：历史与空间变迁视野中的十六国北朝文学》，生活·读书·新知三联书店，2019年，第221页。

② 〔唐〕李延寿：《北史》，中华书局，2013年，1334—1335页。

翌虽具有拓跋鲜卑血统却已经完全汉化。姑且不论联诗之艺术水平高低，赋诗本身足以表明他们的汉化程度和对中原文化艺术的审美认同。事实上，在元氏皇室成员中确有一批文化素养较高、喜爱文学者，如果结合《魏书》《北齐书》《北史》和北朝出土墓志等史料，可以梳理出一份很长的名单：元枯、元孟辉、元秀、元斌、元顺、元湛、元子正、元飏等。如《元湛墓志》记述元湛："爱山水，玩园池，奇花异果，莫不集之。嘉辰节庆，光风冏月，必延王孙，命公子，曲宴竹林，赋诗畅志。性笃学，元好文藻，善笔迹，遍长诗咏。祖孝武，爱谢庄，博读经史，朋旧名之书海。"[①]在《洛阳伽蓝记》中，杨衒之着重记述了元怿和元彧两人主导的文学活动。

元怿，虽无文学作品传世，但从《洛阳伽蓝记》《魏书》和《元怿墓志》的记述来看，他具有较高的文学素养，聚集了一批文士，且经常举行文学雅聚活动：

> 怿，亲王之中，最有名行，世宗爱之，特隆诸弟。延昌四年，世宗崩，怿与高阳王雍、广平王怀，并受遗诏，辅翼孝明。时帝始年六岁，太后代总万机，以怿名德茂亲，体道居正，事无大小，多咨询之。……怿爱宾客，重文藻，海内才子，莫不辐辏。府僚臣佐，并选隽民。至于清晨明景，骋望南台，珍羞具设，琴笙并奏，芳醴盈罍，嘉宾满席。使梁王愧兔园之游，陈思惭雀台之燕。[②]

杨衒之的记述，主要涉及元怿的政治地位、宅邸建筑和宾客交往三个方面。作为孝文帝元宏的第四子、宣武帝元恪宠信的弟弟，元怿受元恪委托辅佐孝明帝元诩，获得了至高的政治地位，为他招揽人才、聚集人才提供

---

① 赵超：《汉魏南北朝墓志汇编》，天津古籍出版社，2008年，第239页。

② 〔北魏〕杨衒之著，杨勇校笺：《洛阳伽蓝记校笺》，中华书局，2018年，第175页。

了政治基础和物质基础。元怿凭借特殊的政治地位，营建了规模宏大的住宅，有高度超过凌云台的楼阁，有与清暑殿形制相仿的儒林馆、延宾堂，还有“冠于当世”的假山、钓台。并且，元怿本人喜欢招揽宾客，尤其重视有文学才华的人，所以“海内才子，莫不辐辏”。在此，杨衒之还特地描写了元怿与幕僚们清晨在美景中举行宴会的景象，且认为超过了汉梁孝王兔园之游、曹植铜雀台之宴。魏收则是明确记述了元怿有文才，善于清谈，为他能够招揽人才提供了个人才能的注脚：

> 清河王怿，字宣仁。幼而敏惠，美姿貌，高祖爱之。彭城王勰甚器异之，并曰：“此儿风神外伟，黄中内润，若天假之年，比《二南》矣。”博涉经史，兼综群言，有文才，善谈理，宽仁容裕，喜怒不形于色。[①]

《魏书》虽注重记载了与元怿有关的政治事件，但从这不足百字的概述中仍可略知元怿的形象。由“博涉经史，兼综群言，有文才，善谈理”的史评，可知元怿本人具有相当的学识，在文化上已经华夏化。这恰可说明，元怿招揽大量文士并非单凭政治地位，而是具有一定的个人修养，最起码他个人喜好文学。这也可从他的墓志中见出：

> 生而雅有奇表，文皇特所钟爱。幼而聪悟，慧性自然。内明外朗之美，生知徇齐之妙，固以拟叡高阳，同徽子晋。年方齠龀，便学通诸经。强识博闻，一见不忘。百氏无遗，群言毕览。文华绮赡，下笔成章。升高睹物，在兴而作。虽食时之敏，七步之精，未之过也。……世宗之在东宫，特加友异，每与王谈玄剖义，日晏忘疲。

① 〔北齐〕魏收：《魏书》，中华书局，2011 年，第 591 页。

王仪容美丽，端严若神，风流之盛，独绝当时。温恭淑慎，动合规矩。言为世则，行成师表。澹然以天地为心，愔怒不形于色。[1]

可见，相较于《洛阳伽蓝记》《魏书·元怿传》，《元怿墓志》在记述元怿形象姣好、聪慧过人、博学多才的同时，指出他“文华绮赡，下笔成章。升高睹物，在兴而作”，即具有文学创作之才能。而他还能与精通佛经的宣武帝元恪“谈玄剖义”，则说明他的确在中原文化和佛教思想方面有所体悟。进而言之，以孝文帝为代表的元氏皇室，促进并代表了草原文化与中原文化、以佛教思想为代表的外来文化的融合。当然，墓志大都具有溢美浮夸之倾向，《元怿墓志》也不会例外。但经与《魏书》《洛阳伽蓝记》的相互参证可知，元怿的确对当时的文人交往、文学活动的加强发挥了积极作用。

如果说元怿对文学活动的倡导、组织，是从他招揽才士、组织宴会中推断出来的，那么元彧对当时文学活动的参与，杨衒之则是进行了详细记述：

彧博通典籍，辨慧清悟，风仪详审，容止可观。至三元肇庆，万国齐珍，金蝉曜首，宝玉鸣腰，负荷执笏，逶迤复道，观者忘疲，莫不叹服。彧性爱林泉，又重宾客。至于春风扇扬，花树如锦，晨食南馆，夜游后园，僚寀成群，俊民满席。丝桐发响，羽觞流行，诗赋并陈，清言乍起，莫不领其玄奥，忘其褊郄焉。是以入彧室者，谓登仙也。荆州秀才张裴常[2]为五言，有清拔之句，云：“异林花共色，别树鸟同声。”彧以蛟龙锦赐之。亦有得绯紬绯绫者。唯河东裴子明为诗不工，罚酒一石。子明八斗而醉眠，时人譬之山涛。

① 赵超：《汉魏南北朝墓志汇编》，天津古籍出版社，2008年，第172页。

② 逯钦立在《先秦汉魏晋南北朝诗》中收录时，将“张裴”录为“张裴裳”；范祥雍《洛阳伽蓝记校注》亦采用“张斐裳”；周祖谟《洛阳伽蓝记校释》录为“张斐”，“裳”则为“常”；杨勇则是采用“张裴”，而“裳”为常。

及尔朱兆入京师，或为乱兵所害，朝野痛惜焉。[①]

不难见出，在杨衒之看来元彧及其身边的文士是具有魏晋名士之风的。元彧博通典籍，聪慧能辨，风神闲雅。在元旦庆贺大典上，甚至出现了围观以睹他风神之美的现象，进一步烘托出元彧之风采。而他天性喜爱林泉，敬重宾客。这使得元彧周围聚集了很多俊才贤士，或欣赏音乐，或雅聚宴饮，或咏诗作赋，或清谈时起。张裴因诗句“异林花共色，别树鸟同声”而获赐蛟龙锦，裴子明因作诗不工而被罚酒一石，是杨衒之对以元彧为主导的文学活动的细节记述。文人雅聚过程中创作才能的切磋，无疑是有助于进入都城的文人开阔视野、提升文学审美创作能力的。而杨衒之所言与《魏书·元彧传》的记载是一致的：

或少有才学，时誉甚美。[②]

会尔朱荣入洛，杀害元氏。彧抚膺恸哭，遂奔萧衍。衍遣其舍人陈建孙迎接，并观彧为人。建孙还报，称彧风神闲俊。[③]

彧美风韵，善进止，衣冠之下，雅有容则。博览群书，不为章句。所著文藻虽多亡失，犹有传于世者。[④]

可见，元彧自幼便富有才干学识，在当时受到很高的赞誉。当元彧因尔朱之乱南奔投梁时，萧梁的陈建孙夸赞他“风神闲俊”，足以见出杨衒之赞

---

① 〔北魏〕杨衒之著，杨勇校笺：《洛阳伽蓝记校笺》，中华书局，2018 年，第 189 页。
② 〔北齐〕魏收：《魏书》，中华书局，2011 年，第 419 页。
③ 〔北齐〕魏收：《魏书》，中华书局，2011 年，第 420 页。
④ 〔北齐〕魏收：《魏书》，中华书局，2011 年，第 422 页。

其“风仪详审，容止可观”并非虚辞。当然，魏收称赞元彧具有风神韵致、举止优雅有度，也与杨衒之、陈建孙的评价相吻合。至于元彧撰写诗文，则是杨衒之所未述及的。而《元彧墓志》则是与杨衒之、魏收的记述都有吻合之处：

> 王风神闲旷，道置自远，辞彩润彻，无辈当时，出入承明，逶迤复道，光华振鹭，领袖群龙。东阁晨开，西园夕宴，孙枝激响，芳醴徐行，涌泉时注，悬何不竭。[①]

显然，“风神闲旷”是指元彧的风度之美，“辞彩润彻”是指他的文辞优美，“领袖群龙”便是指他身边聚集很多俊才。而更让人感叹的是，在元彧的墓志铭中，特地写了他与宾客宴饮之事，从而佐证了杨衒之记述的真实可信。也正是以元恭、元怿、元彧为代表的北魏皇室成员，不仅自身具有相当的文学才能，而且喜爱文学、重视文士，组织并参与文学活动，有力推动了文学在北魏洛阳的发展。如当时文坛领袖人物邢子才便曾参与北海王元昕的宴饮雅聚：“尝与右北平阳固、河东裴伯茂、从兄罘、河南陆道晖等至北海王昕舍宿饮，相与赋诗，凡数十首，皆在主人奴处。旦日奴行，诸人求诗不得，邵皆为诵之。诸人有不认诗者，奴还得本，不误一字。”[②]需要强调的是，他们所参与的文学活动并不拘泥于宴饮雅聚，据《魏书·元熙传》载：

> 熙既蕃王之贵，加有文学，好奇爱异，交结伟俊，风气甚高，名美当世，先达后进，多造其门。始熙之镇邺也，知友才学之士袁翻、李琰、李神俊、王诵兄弟、裴敬宪等咸饯于河梁，赋诗告别。

---

① 赵超：《汉魏南北朝墓志汇编》，天津古籍出版社，2008 年，第 504 页。
② 〔唐〕李延寿：《北史》，中华书局，2013 年，1588 页。

及熙将死，复与知故书曰："……昔李斯忆上蔡黄犬，陆机想华亭鹤唳，岂不以恍惚无际，一去不还者乎？今欲对秋月，临春风，藉芳草，荫花树，广召名胜，赋诗洛滨，其可得乎？凡百君子，各敬尔宜，为国为身，善勖名节，立功立事，为身而已，吾何言哉！"时人怜之。[1]

如同元怿、元彧一样，元熙具有藩王的政治地位，喜爱文学并具有创作才能，加之主动结交才俊，使他身边也聚集了一批具有才学之人。当元熙告别洛阳去镇守邺城时，袁翻、李琰、李神俊、王诵兄弟、裴敬宪等送别元熙的形式是河梁赋诗，这实则就是一种送别的文学活动。并且，这种赋诗送别的活动在北魏洛阳时期应当比较流行，如据《魏书·裴敬宪传》记载："（裴敬宪）工隶草，解音律，五言之作，独擅于时。名声甚重，后进共宗慕之。中山王将之部，朝贤送于河梁，赋诗言别，皆以敬宪为最。其文不能赡逸，而有清丽之美。"[2] 同时，从元熙在临死前写给故交的书信中，怀恋与那些贤能之士"赋诗洛滨"的美好生活场景，可知文人共同游览山水、赋诗畅怀，也是当时重要的文学活动形式。

杨衒之除记述元怿、元彧主导的文学活动外，还关注到了寺庙园林聚会游玩赋诗的活动。对此，前文均有所述及，主要是城西的宝光寺和城北的凝玄寺。宝光寺，也即晋之石塔寺。该寺存续至北魏洛阳期间，仍能吸引大批士人游玩，足见其园林设计之美。其实，杨衒之并没有详尽描述宝光寺的整体建制，仅用寥寥数笔直接描绘咸池的景观，可见咸池应是宝光寺内最能动人之处。凝玄寺，原本是阉官济州刺史贾璨的住宅，在他母亲死后舍宅为寺。相较于宝光寺，杨衒之并没有具体述及凝玄寺的园林景观，

① 〔北齐〕魏收：《魏书》，中华书局，2011年，第504—505页。
② 〔北齐〕魏收：《魏书》，中华书局，2011年，第1870—1871页。

仅仅用了“地形高显，下临城阙，房庑精丽，竹柏成林”十六个字。而两个寺院园林之美，却都可通过游人之多衬托出来：游览宝光寺的洛阳士子之多，从“雷车接轸，羽盖成阴”可见；观光凝玄寺的王公卿士之众，则从“为五言者，不可胜数”得知。那么，“题诗花圃”与“为五言”作为因游览而触动情感的文学创作活动，更是内在肯定了宝光寺、凝玄寺的园林设计之美。同时，这类文学活动也反映出游园是北魏洛阳文士群体的交流方式，反映出北魏洛阳的文学活动相当普遍。正是大量士人在北魏洛阳空间内的聚集、交流、切磋，为文学在洛阳的勃兴奠定了坚实基础。

需要补充说明的是，除前面所述的文学活动类型外，北魏洛阳各类典礼性活动中也常常包含有文学活动内容。如据《魏书·常景传》记载：“正光初，除龙骧将军、中散大夫，舍人如故。时肃宗行讲学之礼于国子寺，司徒崔光执经，敕景与董绍、张彻、冯元兴、王延业、郑伯猷等俱为录义。事毕，又行释奠之礼，并诏百官作释奠诗，时以景作为美。”[①] 另《北史·王遵业传》：“及光为孝明讲《孝经》，遵业预讲，延业录义，并应诏作《释奠侍宴诗》。”[②] 由这两则史料可知，孝明帝元诩到国子寺，是由崔光讲解《孝经》，而后举行祭拜先圣先师的释奠礼，以表示北魏政权对儒家思想的推崇、对礼乐教化的重视。在典礼结束后，还进行了宴饮赋诗的活动，常景、王遵业等均奉诏作了《释奠侍宴诗》。

整体而言，在政治力量的推动下，北魏洛阳时期的文学活动，不仅标志着北魏文学的勃兴，而且本身就是文学发展的推动力。同时，在北朝多元民族、多元文化冲突融合的背景下，北魏洛阳文学活动的意义超出了文学本身：作为不同群体参与的创作活动，实则意味着不同审美文化审美表达的碰撞与交流，以文学创作切磋的形式切实推动了多元审美文化的融

---

① 〔北齐〕魏收：《魏书》，中华书局，2011 年，第 1803 页。

② 〔唐〕李延寿：《北史》，中华书局，2013 年，第 1291 页。

合；作为一种特殊的生存活动方式，文学活动在丰富日常生活、推动日常生活审美化时提升了日常生活的精神维度。甚至可以说，文学活动，推动了北魏洛阳从政治空间逐步向审美空间演进，丰富了北魏洛阳的生存空间维度。

三、文学作品载入

杨衒之采用“合本子注”的特殊体例撰写《洛阳伽蓝记》，使他能够以摘引和全文录入两种方式保存了当时的一些文学作品。这些作品的作者身份多样，有孝庄帝元子攸，有北朝文学的代表性作家温子升、邢子才，有未被文学史足够重视的常景，还有祖莹、张裴和普通文士姜质等；作品文体多样，有五言诗，有文，有颂，有赋，有寺院碑铭，还有杂歌谣辞；有的被后世其他类书收录，有的则仅在《洛阳伽蓝记》中得到保存。因此，就文学文献的角度来看，《洛阳伽蓝记》在载录文学作品方面展现出重要的文学史价值。

关于杨衒之摘引的文学作品，前文已有所述及：常景永宁寺碑文中的“须弥宝殿，兜率净宫，莫尚于斯也”；温子升大觉寺碑文中的“面水背山，左朝右市”；邢子才景明寺碑文中的“俯闻激电，旁属奔星”；荆州秀才张裴的“异林花共色，别树鸟同声”等。因此，这里不再赘述，而主要讨论他全文录入和未述及的内容。

（一）祖莹《代元颢致庄帝书》

永安二年（529）五月，北海王元颢复入洛，在此寺聚兵。颢，庄帝从兄也。孝昌末镇汲郡，闻尔朱荣入洛阳，遂南奔萧衍；是年入洛，庄帝北巡。颢登皇帝位，改年曰建武元年。颢与庄帝书曰：

"大道既隐，天下匪公，祸福不追，与能义绝。朕犹庶几五帝，无取六军，正以糠秕万乘，锱铢大宝，非贪皇帝之尊，岂图六合之富？直以尔朱荣往岁入洛，顺而勤王，终为魏贼；逆刃加于君亲，锋镝肆于卿宰。元氏少长，殆欲无遗。已有陈恒盗齐之心，非无六卿分晋之计。但以四海横流，欲篡未可，暂树君臣，假相拜置；害卿兄弟，独夫介立，遵养待时，臣节讵久？朕睹此心寒，远投江表，泣请梁朝，誓在复耻。风行建业，电赴三川。正欲问罪于尔朱，出卿于桎梏，恤深怨于骨肉，解苍生于倒悬。谓卿明眸击节，躬来见我，共叙哀辛，同讨凶羯。不意驾入成皋，便尔北渡。虽迫于凶手，势不自由；或贰生素怀，弃剑猜我。闻之永叹，抚衿而失。何者，朕之于卿，兄弟非远，连枝分叶，兴灭相依，假有内阋，外犹御侮；况我与卿，睦厚偏笃，其于急难，凡今莫如。弃亲即雠，义将焉据也。且尔朱荣不臣之迹，暴于旁午，谋魏社稷，愚智同见。卿乃明白，疑于必然；托命豺狼，委身虎口，弃亲助贼，兄弟寻戈。假获民地，本是荣物；若克城邑，绝非卿有；徒危宗国，以广寇仇。快贼莽之心，假卞庄之利；有识之士，咸为惭之。今家国隆替，在卿与我。若天道助顺，誓兹义举，则皇魏宗社，与运无穷；傥天不厌乱，胡羯未殄，鸱鸣狼噬，荐食河北；在荣为福，于卿为祸。岂伊异人？尺书道意，卿宜三复。义利是图，富贵可保，徇人非虑；终不食言，自相鱼肉。善择元吉，勿贻后悔。"此黄门郎祖莹之词也。[①]

祖莹，据《魏书·祖莹传》载："莹年八岁，能诵《诗》《书》，十二，为中书学生。好学耽书，以昼继夜，父母恐其成疾，禁之不能止，常密于灰中藏火，驱逐僮仆，父母寝睡之后，燃火读书，以衣被蔽塞窗户，

---

① 〔北魏〕杨衒之著，杨勇校笺：《洛阳伽蓝记校笺》，中华书局，2018年，第14—15页。

恐漏光明，为家人所觉。由是声誉甚盛，内外亲属呼为‘圣小儿’。尤好属文，中书监高允每叹曰：‘此子才器，非诸生所及，终当远至。’”[①]“莹以文学见重，常语人云：‘文章须自出机杼，成一家风骨，何能共人同生活也。’盖讥世人好偷窃他文，以为己用。而莹之笔札，亦无乏天才，但不能均调，玉石兼有，制裁之体，减于袁、常焉。性爽侠，有节气，士有穷厄，以命归之，必见存拯，时亦以此多之。其文集行于世。”[②] 这篇《代元颢致庄帝书》是祖莹为数不多的传世作品之一，但从魏收的记载来看，他是北魏洛阳文坛的重要代表。虽然这篇文章并非文采斐然，但与先前质木无文的北朝文学作品相比，“在行文上也都反映了用典增多、骈俪强化、风格渐趋繁缛的倾向”[③]。同时，在叙事方面，这篇文章清晰地讲述了 529 年因尔朱荣入洛造成的北魏政局动荡的真实情况，表达了对尔朱荣将会危及北魏政权存亡的预判。或许正是基于文辞与史实两个方面的原因，杨衒之全文选录了祖莹的文章。

（二）孝庄帝元子攸《临终诗》

长广王都晋阳，遣颍川王尔朱兆举兵向京师。子恭军失利，兆自雷陂涉渡，擒庄帝于式乾殿。……锁帝于寺门楼上。时十二月，帝患寒，随兆乞头巾，兆不与。遂囚帝还晋阳，缢于三级寺。帝临崩礼佛，愿不为国王。又作五言曰：“权去生道促，忧来死路长。怀恨出国门，含悲入鬼乡。隧门一时闭，幽庭岂复光？思鸟吟青松，哀风吹白杨。昔来闻死苦，何言身自当！”至太昌元年冬，始迎梓宫赴京师，葬帝靖陵。所作五言诗，即为挽歌词。朝野闻之，莫不

---

① 〔北齐〕魏收：《魏书》，中华书局，2011 年，第 1798—1799 页。

② 〔北齐〕魏收：《魏书》，中华书局，2011 年，第 1800 页。

③ 吴先宁：《北朝文化特质与文学进程》，东方出版社，1997 年，第 149 页。

> 悲恸，百姓观者，悉皆掩涕而已。[①]

在《魏书·敬宗孝庄帝纪》中，魏收并没有充分关注元子攸的文学才能，也没有收录《临终诗》。杨衒之引用孝庄帝的《临终诗》，既直接证实了他的文学才华，又表明了北魏元氏皇室的汉化程度。由于杨衒之充分交代了这首诗的写作背景，加上元子攸并没有使用典故，所以它并不难理解。全诗主要运用白描的手法，描写作为帝王失去权力之后的现实遭遇和即将失去生命的悲伤心情。“权去生道促，忧来死路长”，是指他被尔朱兆囚禁在永宁寺门楼上，遭遇病痛折磨而得不到一点照料，感叹生命不会长久；“怀恨出国门，含悲入鬼乡”，是指他在愤恨中被囚禁着离开洛阳，转移到了尔朱氏势力根基强大的晋阳；“隧门一时闭，幽庭岂复光？思鸟吟青松，哀风吹白杨”，则是他对死亡之后场景的想象。这八句虽然没有严格讲究平仄押韵，但可谓对偶工整。最后的“昔来闻死苦，何言身自当”，虽影响了整首诗的格调，却也直白地流露了孝庄帝临死前的悲慨之情。另外，《临终诗》也展现了元子攸的死亡观念已经完全是中原文化的观念，没有了北方草原文化的印迹。这与他出生于洛阳、一直接受中原文化的教育有关，也说明了南迁胡族随着在洛阳生活时间的推移而逐步走向彻底汉化。

（三）姜质《庭山赋》[②]

> 惟伦最为豪侈，斋宇光丽，服玩精奇，车马出入，逾于邦君。园林山池之美，诸王莫及。伦造景阳山，有若自然。其中重岩复岭，

① 〔北魏〕杨衒之著，杨勇校笺：《洛阳伽蓝记校笺》，中华书局，2018 年，第 16 页。

② 《庭山赋》，很多版本为《亭山赋》。杨勇在注中解释说：“庭，各本作‘亭’。《河南志》作‘庭’。今按赋云：‘庭起半丘半壑，听以目达心想。’又云：‘庭为仁智之田，故能种此石山。’此宜作‘庭’为是也。”引自〔北魏〕杨衒之著，杨勇校笺：《洛阳伽蓝记校笺》，中华书局，2018 年，第 103 页。

嵚崟相属，深蹊洞壑，逦迤连接。高林巨树，足使日月蔽亏；悬葛垂萝，能令风烟出入。崎岖石路，似壅而通；峥嵘涧道，盘纡复直。是以山情野兴之士，游以忘归。天水人姜质，志性疏诞，麻衣葛巾，有逸民之操，见偏爱之，如不能已，遂造《庭山赋》行传于世。其辞曰："夫偏重者，爱昔先民之由朴由纯，然则纯朴之体，与造化而梁津，濠上之客，柱下之史，悟无为以明心，托自然以图志，辄以山水为富，不以章甫为贵。任性浮沈，若淡兮无味。今司农张氏，实踵其人，巨量焕于物表，夭矫洞达其真，青松未胜其洁，白玉不比其珍。心托空而栖有，情入古以如新。既不专流荡，又不偏华尚，卜居动静之间，不以山水为忘。庭起半丘半壑，听以目达心想。进不入声荣，退不为隐放。尔乃决石通泉，拔岭岩前。斜与危云等并，危与曲栋相连。下天津之高雾，纳沧海之远烟。纤列之状如一古，崩剥之势似千年。若乃绝岭悬坡，蹭蹬蹉跎，泉水纡徐如浪峭，山石高下复危多。五寻百拔，十步千过，则知巫山弗及，未审蓬莱如何。其中烟花雾草，或倾或倒。霜幹风枝，半耸半垂；玉叶金茎，散满阶墀。然目之绮，裂鼻之馨，既共阳春等茂，复与白雪齐清。或言神明之骨，阴阳之精，天地未觉生此，异人焉识其名？羽徒纷泊，色杂苍黄，绿头紫颊，好翠连芳。白鹳生于异县，丹足出自他乡。皆远来以臻此，藉水木以翱翔。不忆春于沙漠，遂忘秋于高阳。非斯人之感至，何候鸟之迷方。岂下俗之所务，实神怪之异趣。能造者其必诗，敢往者无不赋。或就饶风之地，或入多云之处。□菊岭与梅岑，随春秋之所悟。远为神仙所赏，近为朝士所知。求解脱于服佩，预参次于山陲。子英游鱼于玉质，王乔系鹄于松枝。方丈不足以妙□，咏歌此处态多奇。嗣宗闻之动魄，叔夜听此惊魂。恨不能钻地一出，醉此山门。别有王孙公子，逊遁容仪，思山念水，命驾相随，逢岑爱曲，值石陵欹。庭为仁智之田，故能种此石山。

森罗兮草木，长育兮风烟。孤松既能却老，半石亦可留年。若不坐卧兮于其侧，春夏兮其游陟。白骨兮徒自朽，方寸兮何所忆？"①

姜质于史无传，仅《魏书·成淹传》中提及："子霄，字景鸾。亦学涉，好为文咏，但词彩不伦，率多鄙俗。与河东姜质等朋游相好，诗赋间起。知音之士，共所嗤笑；闾巷浅识，颂讽成群，乃至大行于世。"②而从杨衒之的记述可知，姜质是天水人，"志性疏诞，麻衣葛巾，有逸民之操"。《庭山赋》创作的现实基础，便是北魏迁都洛阳之后，伴随着经济发展，达官贵族在洛阳兴建了很多构思巧妙且建造奢华的私家园林。但从姜质关于张伦私家园林的描写与杨衒之对景阳山描绘的对比来看，《庭山赋》的艺术水准并不高。那么，杨衒之全文录入《庭山赋》的原因与价值便是一个值得思考的问题。

从《庭山赋》的语言来看，它属于俗赋。曹道衡曾指出："北朝文人在辞赋方面的又一贡献，也许是在俗赋方面。……北朝人在这方面作过些努力，如《洛阳伽蓝记》卷二所载姜质《庭山赋》，因为半雅半俗，很不调和，因此颇受后来评论者非议。"③相较于曹植的《蝙蝠赋》和《鹞雀赋》、左思的《白发赋》、卢元明的《剧鼠赋》、元顺的《蝇赋》等，姜质《庭山赋》书写的对象是园林，指向的是自然山水审美，是对俗赋书写对象的拓展。从北魏文学的发展状况来看，表、奏、书、议等政治性实用文体居多，所以周建成在《北朝文学史》中认为《庭山赋》与郑道昭的《天柱山铭》两篇写山水景观审美的文章，是北朝文学进步、文学自由的标志，"于北魏文学特别重要，因为北魏向来是强调传统政治的，山水之趣常常被放在边远之处"④。

① 〔北魏〕杨衒之著，杨勇校笺：《洛阳伽蓝记校笺》，中华书局，2018年，第99—100页。

② 〔北齐〕魏收：《魏书》，中华书局，2011年，第1755页。

③ 曹道衡：《南朝文学与北朝文学研究》，江苏古籍出版社，1998年，第207—208页。

④ 周建江：《北朝文学史》，中国社会科学出版社，1997年，第109页。

从《庭山赋》的具体内容来看，大致包括园林建造与老庄审美旨趣的关系、园林假山花草树木之美、园林游览审美效应三个部分，但真正用来描写园林景观本身的笔墨所占比重并不高。在建造缘由部分，姜质从老庄道家哲学谈起，“悟无为以明心，托自然以图志”，强调无为、追求自然本真。于是，贵山水而轻官服，建造园林成为明志的象征。这不仅说明姜质受到了道家思想的影响，而且表明在北魏洛阳强调儒家思想又崇尚佛教思想的背景下，道家思想依然有很大的影响力。在景观描写部分，姜质描述了珍石名木、奇花异草及祥瑞之鸟，但他在其中夹杂了过多的想象与夸张。在审美效应部分，姜质一方面试图借用历史典故、传说等写园林之美，另一方面却使用通俗的语言进行描述。如“嗣宗闻之动魄，叔夜听此惊魂。恨不能钻地一出，醉此山门”，使整篇赋雅俗杂糅、不伦不类。

（四）谢氏《赠王肃诗》与陈留长公主《代答诗》

> 肃在江南之日，聘谢氏女为妻，及至京师，复尚公主。其后谢氏入道为尼，亦来奔肃。见肃尚主，谢作五言诗以赠之。其诗曰：“本为箔上蚕，今作机上丝。得路逐胜去，颇忆缠绵时。”公主代肃答谢云：“针是贯线物，目中恒任丝。得帛缝新去，何能纳故时？”肃甚有愧谢之色，遂造正觉寺以憩之。[①]

王肃作为由南入北士人的代表，受到了孝文帝元宏的欣赏与器重，以至于能够“复尚公主”，娶陈留长公主为妻。《魏书・王肃传》记载有此事，但没有记述王肃在南齐时的妻子陈郡谢庄之女到洛阳，更没有记载这两首诗。结合杨衒之记述的背景，《赠王肃诗》和《代答诗》并不难理解。谢

① 〔北魏〕杨衒之著，杨勇校笺：《洛阳伽蓝记校笺》，中华书局，2018 年，第 144—145 页。

氏本意是想让王肃念及旧情，能够收留她，而陈留长公主则委婉拒绝。但在意思的表达上，谢氏与陈留长公主的问答都很巧妙。同时，《赠王肃诗》反映了由南入北者对北魏文学的影响，展现了南北文化的交流与融合；《代答诗》则反映了当时洛阳五言诗创作的流行，更借助元氏女性的文学素养展现了南迁拓跋鲜卑的汉化程度，凸显了草原文化审美与中原文化审美的融合。或许，这便是杨衒之记述这两首诗的用意所在。

（五）常景的《洛汭颂》

> 宣阳门外四里至洛水，上作浮桥，所谓永桥也。神龟中，常景为《汭颂》，其辞曰："浩浩大川，泱泱清洛，导源熊耳，控流巨壑。纳谷吐伊，贯周淹亳。近达河宗，远朝海若。兆唯洛食，实曰土中。上应张柳，下据河嵩。寒暑攸叶，日月载融。帝世光宅，函夏同风。前临少室，却负太行。制岩东邑，峭峘西疆。四险之地，六达之庄。恃德则固，失道则亡。详观古列，考见《丘》《坟》。乃禅乃革，或质或文。周余九裂，汉季三分。魏风衰晚，晋景雕曛。天地发辉，图书受命。皇建有极，神功无竞。魏箓仰天，玄符握镜。玺运会昌，龙图受命。乃睠书轨，永怀宝定。敷兹景迹，流美洪谟。袭我冠冕，正我神枢。水陆兼会，周郑交衢。爰勒洛汭，敢告中区。"[①]

《魏书·常景传》记载："既而萧综降附，徐州清复，遣景兼尚书，持节驰与行台、都督观机部分。景经洛汭，乃作铭焉。"[②] 或许是基于此，严可均在辑录此文时，以《洛桥铭》[③] 为题。曹道衡、刘跃进在《南北朝文学

---

① 〔北魏〕杨衒之著，杨勇校笺：《洛阳伽蓝记校笺》，中华书局，2018 年，第 154 页。
② 〔北齐〕魏收：《魏书》，中华书局，2011 年，第 1804 页。
③ 〔清〕严可均辑：《全后魏文》，商务印书馆，2006 年，第 320 页。

编年史》中指出："观其原文有颂功德意。今当从《魏书》。"[①] 常景的确在《洛汭颂》中称颂北魏政权顺应天命、施行德政，展现出对北魏政权正统性的认同，而这种颂扬和认同是建立在对位于"天下之中"、富有神圣性的洛阳地理空间占有基础之上的。常景由颂扬洛水开篇，"浩浩大川，泱泱清洛"，然后转入对洛水发源地与流经区域的叙述，从而引出"成周"也即洛阳地理空间的描写："兆唯洛食，实曰土中"，即洛阳作为"地中"乃是吉兆所在；"上映张柳，下据河嵩"，从天人感应的维度指出洛阳相应于天上之张、柳二星宿，在地上则占据黄河与嵩山要地，实则是强调洛阳位于"岳域"之内。并且，洛阳"寒暑攸叶，日月载融"，寒暑协调，日月相融，自然气候条件较好。所以，这里成了帝王建都之地，成了华夏文明的核心。接下来，常景具体描述了洛阳的地理环境："前临少室，却负太行。制岩东邑，峭峘西疆。四险之地，六达之庄。"但他并不是强调作为都城的地理优势，而是强调"德政"："恃德则固，失道则亡。"基于这一判断，常景从地理空间的论述转入了历史时间的论证。"乃禅乃革，或质或文"，即综观历史，王朝以禅让或革命的方式完成更迭，建立的制度或重质或重文。而"周余九裂，汉季三分。魏风衰晚，晋景雕曛"，则是强调了建都洛阳之王朝必须"恃德""得道"。以上这些论证，都旨在说明北魏政权以洛阳为都的合法性，赞颂北魏以洛阳为都是顺应天命、得道民心，"魏篆仰天，玄符握镜"。同时，常景也称颂了北魏洛阳所达到的成就："袭我冠冕，正我神枢。水陆兼会，周郑交衢。"可以说，《洛汭颂》展现了北魏洛阳在北方汉族士人心目中的形象，也展现了北方汉族士人对拓跋政权的认同。杨衒之全文载录《洛汭颂》，可以认为是以间接方式说明北魏洛阳的正统性，与《洛阳伽蓝记》其他文学内容表达的主题是一致的。进而言之，拓跋氏迁都洛阳之后，通过主动性的汉化措施，学习中原文化，无论是在制度、生活方面，还是在

① 曹道衡、刘跃进：《南北朝文学编年史》，人民文学出版社，2000 年，第 448 页。

心态、精神与审美方面，都高度华夏化，达成了“人的自觉”与“文的自觉”，所以能够实现对政权正统性的塑造，赢得北方汉族士人的认同。

（六）杂歌谣辞

洛阳城东北有上商里，殷之顽民所居处也。高祖名闻义里。迁京之始，朝士住其中，迭相讥刺，竟皆去之。唯有造瓦者止其内，京师瓦器出焉。世人歌曰：“洛城东北上商里，殷之顽民昔所止；今日百姓造瓮子，人皆弃去住者耻。”①

永安三年（530）中，尔朱兆入洛阳，纵兵大掠，时有秀容胡骑数十人入寺婬秽，自此后颇获讥讪。京师语曰：“洛阳女儿急作髻，瑶光寺尼夺作婿。”②

河东人刘白堕善能酿酒，季夏六月，时暑赫晞，以甖贮酒，暴于日中，经一旬，其酒不动。饮之香美而醉，经月不醒。京师朝贵，多出郡登藩，远相饷馈，逾于千里。以其远至，号曰“鹤觞”，亦名“骑驴酒”。永熙年中，南青州刺史毛鸿宾赍酒之藩，逢路贼，盗饮之即醉，皆被擒获。因复命“擒奸酒”。游侠语曰：“不畏张弓拔刀，唯畏白堕春醪。”③

琛为秦州刺史，诸羌外叛，屡讨之不降。琛令朝云假为贫妪吹篪而乞。诸羌闻之，悉皆流涕。迭相谓曰：“何为弃坟井，在山谷

① （北魏）杨衒之著，杨勇校笺：《洛阳伽蓝记校笺》，中华书局，2018年，第223页。
② （北魏）杨衒之著，杨勇校笺：《洛阳伽蓝记校笺》，中华书局，2018年，第49页。
③ （北魏）杨衒之著，杨勇校笺：《洛阳伽蓝记校笺》，中华书局，2018年，第190页。

为寇也！”即相率归降。秦民语曰：“快马健儿，不如老妪吹篪。”[①]

除上述四则外，还有前文已经引述的，如温子升在解释青齐地区“怀砖”之义时所引用的京师谣辞：“狱中无系囚，舍内无青州；假令家道恶，腹中不怀愁”；称赞伊水、洛水之鱼味道鲜美的京师谣辞：“洛鲤伊鲂，贵于牛羊”；赞美白马寺园林所产水果奇异味美的京师谣辞：“白马甜榴，一实直牛”。整体来看，这些杂歌谣辞关涉的内容十分宽泛：有加剧洛阳走向衰败的政治事件（尔朱兆入洛），有展现洛阳发展的上商里瓦器、“白堕春醪”，有体现洛阳物产情况的“洛鲤伊鲂”和“白马甜榴”，有表明洛阳艺术发展水平的“朝云吹篪”，还有展现人性复杂多变的“怀砖之俗”。它们的载录，凸显了《洛阳伽蓝记》的文学史价值，如“怀砖之俗”“朝云吹篪”被摘出作为笔记小说，“白堕春醪”成为诗歌意象。同时，杨衒之也借助杂歌谣辞表达了对政治事件的评价和对北魏洛阳生存空间的多维度感知。

概言之，《洛阳伽蓝记》载录的文学作品，佐证了杨衒之在全景式再现北魏洛阳的过程中对文学艺术的关注，或者说对精神审美的关注。特别是在北朝文学作品传世较少的情况下，这些文学作品对重识北魏洛阳时期文学的发展、文化融合对文学的影响、南北文学审美的合流以及洛阳对北朝文学勃兴的助推作用等提供了重要文献支撑。由此，《洛阳伽蓝记》在北朝文学史研究中的史料价值才能得以凸显出来。

---

① 〔北魏〕杨衒之著，杨勇校笺：《洛阳伽蓝记校笺》，中华书局，2018 年，第 191 页。

第四章

—— * ——

《洛阳伽蓝记》与北魏洛阳审美意象

在杨衒之撰写《洛阳伽蓝记》时，实质上存在着三个维度的洛阳：曾经所居所住的盛世繁华之洛阳，所观所览的残毁丘墟之洛阳，所记所写的镜花水月之洛阳。繁华洛阳已经湮没在历史尘埃之中，丘墟洛阳作为残酷现实也正在走进历史，唯有意象洛阳的书写方能重现那往昔的盛世繁华。其中，丘墟洛阳是激发杨衒之关于繁华洛阳记忆的现实碰触点，也是激励杨衒之诉诸文学方式书写意象洛阳的现实动因。就丘墟本身而言，不仅是回忆，也是遗忘。杨衒之显然清醒地看到了丘墟洛阳所蕴含的价值矛盾：一方面，丘墟本身就意味着进一步的毁灭，北魏洛阳将会被个体、被历史在不同程度上遗忘，并且伴随着丘墟残毁程度的加剧而被进一步遗忘直至消隐；另一方面，丘墟是触发对北魏洛阳回忆的基石，它在直接遮蔽部分内容的同时又彰显着北魏洛阳的辉煌，进而促使关于繁华洛阳回忆的绵延和诉诸文字媒介书写以对抗遗忘而进入历史的永恒。我们关于《洛阳伽蓝记》的阅读，便是杨衒之通过个体关于北魏盛世繁华洛阳记忆的书写、对抗历史年轮以铭记一代名都取得成功的见证。

阿莱达·阿斯曼曾言："地点本身可以成为回忆的主体，成为回忆的载体，甚至可能拥有一种超出于人的记忆之外的记忆。"[①] 那么，北魏洛阳对于杨衒之而言，便是他回忆的主要对象，也是他回忆的载体，但丘墟洛阳所保留的内容定然有超出个体能力的东西。因此，杨衒之关于北魏洛阳记忆的全面程度、深刻程度、提炼程度等，以及他的个体记忆在

① ［德］阿莱达·阿斯曼著，潘璐译：《回忆空间：文化记忆的形式和变迁》，北京大学出版社，2020 年，第 344 页。

多大程度被激发、被书写，直接影响着对盛世繁华洛阳的还原程度、再现程度。事实上，确如宇文所安认为的："记忆者同被记忆者之间也有这样的鸿沟：回忆永远是向被回忆的东西靠近，时间在两者之间横有鸿沟，总有东西忘掉，总有东西记不完整。回忆同样永远是从属的、后起的。文学的力量就在于有这样的鸿沟和面纱存在，它们既让我们靠近，与此同时，又不让我们接近。"[①] 杨衒之与北魏洛阳之间，无疑也是如此。丘墟洛阳所激发的杨衒之个体的洛阳记忆，乃是他离开故都十余年间所积淀存留下来的记忆。进而，杨衒之所书写的洛阳，也就是他所居、所见、所感的个体化的洛阳。因此，在撰写《洛阳伽蓝记》过程中，杨衒之便将他对故国故都之赞、之恋、之伤、之悲、之叹的复杂情感融进了记忆之中；同时，也将他对故国故都政治、宗教、文化、艺术、社会和经济等的所察、所想、所思化入其中。杨衒之关于北魏洛阳特定空间个体记忆与关于北魏洛阳时期历史记忆的杂糅，使他对洛阳的书写远远溢出个体情感而富有历史的纵深与价值。

那么，杨衒之在面对丘墟洛阳时，何以选择将关于洛阳的记忆转化成为一种文学化的审美表达？刘成纪认为："自《诗》《骚》始，中国诗文史中充斥着大量此类的诗篇，如忆昔、远游、悼亡、伤逝，故人、故园、故乡、故国，几乎一切过往均会成为诱发诗情记忆的对象。至于形成这种现象的原因，如上文所言，传统中国宗教基础薄弱，缺乏一种超时空的彼岸给人带来精神和情感引领，这使诗人更倾向于在时间的过去一极寻求心理慰藉和价值归依。"[②]《洛阳伽蓝记》显然也属于这类作品，只是作为一种特殊类型的怀古。杨衒之在个体生命历程中回忆与书写北魏洛阳从繁华到丘墟的转变历程，并试图重现盛世繁华的洛阳，或者说以文字书写空间来对抗

---

① [美]宇文所安著，郑学勤译：《追忆：中国古典文学中的往事再现》，生活·读书·新知三联书店，2004年，第2页。

② 刘成纪：《中国古典美学中的时间、历史和记忆》，《北京大学学报》2020年第4期。

空间形态在时间绵延中的消亡，实质上是一种自然性时间与人文性历史的融合。正是杨衒之的历史意识，使他超越了个体的恋地情结，而走向了历史本身。于是，通览《洛阳伽蓝记》，我们可以看到两个维度的洛阳审美意象：一个是杨衒之借助营构洛阳审美意象所重现的繁华洛阳之美，另一个则是杨衒之目睹遍观且激发他营构洛阳审美意象的丘墟洛阳之美。

第一节　《洛阳伽蓝记》与繁华洛阳审美还原

杨衒之在《洛阳伽蓝记·序》中对于个人能力与书写对象之间能否匹配的问题，直言："余才非著述，多有遗漏，后之君子，详其阙焉。"[①]这里有自谦的成分，但也应是他的肺腑之言。杨衒之唯恐受个人视角、文才、兴趣和思想等的局限，难以再现故都的昔日辉煌，合乎情理。由于北魏洛阳原真状态已别无他考，因此也就无从知晓杨衒之究竟在多大程度上书写并呈现了洛阳鼎盛时期的状况。但从《洛阳伽蓝记》的全方位、全景式记述可知，北魏洛阳规模宏大、布局规整、建筑奢丽、经济发达、民族多样、文化多元，确为一座宏丽壮伟、繁荣昌盛的都城。阅读《洛阳伽蓝记》，如同穿越时空隧道，跟着杨衒之一起游览北魏洛阳：览壮制都城，观梻比招提，赏骈罗宝塔，游奢丽宅园，惊莫测政治，听奇闻逸事，体多姿生活，慨起伏人生，叹历史兴衰，并且这不是源自文学虚构，而是基于杨衒之对洛阳这一特定地方、特定空间的客观记述。他以"伽蓝"为叙述主题与线索，并以其地理空间定位为叙事展开基点，从而具有了洛阳地理书写的客观性。由此，《洛阳伽蓝记》不仅可与《水经注》《魏书》以及《河南志》等文献相互佐证，而且能与汉魏洛阳故城考古发掘相互验证。同时，杨衒之清醒的历史意识，确保了所载内容的真实性。尽管叙述中不乏文学笔法和个人情感，但不仅无损于历史的真实性，而且使北魏洛阳更加生动、更加鲜活、更加立体。杨衒之作为繁华洛阳的亲历者，重返洛阳、置身洛阳丘墟之中时，在恋地情结的激发下会不由自主地产生完形心理，对断壁残垣、破庙残塔

---

① 〔北魏〕杨衒之著，杨勇校笺：《洛阳伽蓝记校笺》，中华书局，2018年，第1—2页。

等进行重新赋形。正是他以所居所住的盛世繁华洛阳为审美对象和创作蓝本，才最终成就了《洛阳伽蓝记》中营构出的盛世繁华洛阳的文学审美意象。我们便据此获得了对他所居住所体观的繁华胜地洛阳进行还原的可能。

一、杨衒之审美回望的个体记忆基础

从《洛阳伽蓝记》关于杨衒之本人的记述，与河南尹胡孝世一起登临永宁寺浮图，永安年间任职奉朝请、在华林园向孝庄帝和群臣解释苗茨碑，确切可知他在 528 年至 530 年间曾生活于洛阳，但具体生活多长时间不详，何时从奉朝请被选任外调、离开京师也不详。但即便从永熙三年（534）十月迁都邺城前离开算起，到东魏孝静帝武定五年（547）因公务重返洛阳，杨衒之离开洛阳也已经有十三年左右。迁邺之时，洛阳城便已经遭到破坏，可见杨衒之应是在此之前离开的。换言之，他离开洛阳时，北魏政权虽然已经岌岌可危，风雨飘摇，但洛阳作为都城的地位并没有改变，仍然是位居“天下之中”的，在“岳域”之内、与“天宫”相应的，集都城规划之大成并有格局创新的以及可被王城营建复制的宏伟壮丽都城。

如果说杨衒之在离开之前，有充足的时间去熟悉洛阳自然地理和建筑空间分布状况，去游览大大小小的佛寺和交游王公大臣以及游览他们的府邸宅院，去发掘发生在不同佛寺、不同里坊、不同市井的奇闻逸事，去观赏三个市场的“难得之货”和品尝洛阳富饶的物产美味，去聆听佛寺的梵乐法音、宝铎铿锵和钟鼓之声……这使他和洛阳这个特定空间、特定地方产生了深厚的情感，并在离开之后慢慢积淀为对北魏洛阳的恋地情结。但恋地情结只是为杨衒之书写故都提供了坚实的基础，并不意味着必然会形成他对故都的书写。换言之，杨衒之由于身在洛阳生存空间之中，日常生存的熟知并不一定能够让他形成对洛阳的审美把握。当他长时间离开之后，便在空间和时间两个维度强化了与洛阳的距离感。就空间距离来看，杨衒之离开都城洛阳，便意味着是到京师之外的州、郡、县任职。相较于王都而言，这些地方无疑是远离了中心，在某种意义上甚至可以用“城市”与“乡村”作比。也即，杨衒之的离开使他获得了一种“乡村”视角，在“城乡”审美对比的落差中深化了对洛阳都城之美的认知。就时间距离来看，杨衒之离开的时间越长，洛阳生存经验的积淀越纯粹，在时间推移中逐渐淡忘世俗琐碎繁杂的内容而留存下更美好、更典型、更深刻的内容。在空间距离和时间距离的双重作用下，杨衒之与洛阳之间的心理距离得到强化，使他能够形成对洛阳的审美观照与回忆。由此，杨衒之远离洛阳凸显出了城市与乡野审美冲突达成和解的新路径，即不再仅仅限于身在城市而心怀田园，身在乡野而心向城市的审美维度同样可行。

在杨衒之重返洛阳之前，北魏已经分裂为东魏、西魏，洛阳也早已不再是都城，取而代之的是邺城与长安。但洛阳作为正统象征的空间优势，使其成为了东魏、西魏之间相互征讨的军事地带，多次遭到战争的毁坏蹂躏。身为东魏官员的杨衒之，应当知晓洛阳地区的战事，但却没有机会目睹洛阳从宏伟壮丽之都城沦为残毁破败丘墟之后的景象。因此，杨衒之记忆之中的洛阳，依然是壮制丽饰之洛阳，繁华胜地之洛阳，正统象征之洛阳。所以，当离开十余年后的杨衒之重返曾经生活过、依然深爱着的故都洛阳时，面对“城郭崩毁，宫室倾覆。寺观灰烬，庙塔丘墟。墙被蒿艾，巷罗荆棘”“钟声罕闻”的丘墟洛阳时，内心定然是充满震惊的。作为一名东魏官员，他遍览丘墟洛阳破败之状时，相对于洛阳，看似成为了一位旁观者，实则内心中埋藏的深情已经被激发出来。于是，杨衒之在丘墟洛阳景象和氛围的作用下，在现实丘墟洛阳与心中繁华洛阳强烈的对比中，形成了对故国故都的审美回望。

这种审美回望，一方面受丘墟物体系构成的限制、丘墟环境氛围浸染力强弱的影响，另一方面则是受审美者个体原有生存经验的制约。杨衒之在丘墟洛阳中不仅可以看到故都故园被毁，而且能够感受到个体记忆的悬空和时间流逝对故都空间的摧毁。因此，丘墟洛阳审美环境在激发他恋地情结的同时，也唤醒了他关于洛阳生活期间的深层记忆，让它们在丘墟气氛的作用下清晰地浮现出来。但杨衒之因历史理性意识的作用，并没有肆意书写个体的生存记忆。仅述及两处：在永宁寺塔庙丘墟中，特别是目睹浮图焚毁后残存的塔基，想起与胡孝世登临浮图，俯瞰京师全貌和远望田园山水；在华林园丘墟中苗茨碑处，想起自己在孝庄帝和百官面前解释何谓"苗茨"。从中可知，杨衒之这两次亲身经历，分别是震撼心灵的审美体验和才华尽显、人生得意的场景，是他居洛期间关于个人留下的最深刻的记忆。很显然，这两处丘墟是具有记忆激发功能的，尚未被极度毁坏甚至化作虚无。如同阿莱达·阿斯曼所说："虽然地点之中并不拥有内在的记忆，但是它们对于文化回忆空间的建构却具有重要的意义。不仅因为它们能够通过把回忆固定在某一地点的土地之上，使其得到固定和证实，它们还体现了一种持久的延续，这种持久性比起个人的和甚至以人造物为具体形态的时代的文化的短暂回忆来说都更加长久。"[①] 恰是诸如永宁寺浮图塔基、苗茨碑处之类的丘墟，具有固化和承载记忆的功能，杨衒之才获得了对故都审美回望、回忆的可能。

实际上，丘墟构成物所承载的记忆，既有个体记忆又有社会记忆。个体记忆与社会记忆具有交叉重合性，因为个体并不是脱离社会存在的，而是处于一个社会网络之中的个体。个体记忆不仅本身具有社会印记，而且可以在相关政治、社会、文化等内容的补充下，成为个体对社会历史的记忆。杨衒之作为北魏士人代表，在洛阳生存期间所形成的记忆，通过他对洛阳历史、宗教、文化等方面的知识，早已在历史高度、内涵深度和范围广度等方面得到有效拓展，跃升为关于洛阳生存空间全方位呈现的社会记忆。

① ［德］阿莱达·阿斯曼著，潘璐译：《回忆空间：文化记忆的形式和变迁》，北京大学出版社，2020年，第344页。

《洛阳伽蓝记》，也因此展现出了北魏洛阳的多元文化融合与文化生态。在个体记忆向社会记忆提升的过程中，杨衒之超越了个体恋地情结的局限，超越了特定时间与空间的局限，以特殊的怀古形式走向了历史本身。

就《洛阳伽蓝记》的书写来看，杨衒之虽是基于个体记忆，但并没有局限于个体记忆。他重点书写的是与社会记忆交叉重叠的部分，将个体记忆的书写转变成为洛阳空间历史的书写，特别是关于社会重大政治历史事件、社会现象、文化现象和自然人文地理等的内容，足以弥补宏大历史叙事的不足，让历史生动鲜活起来。《洛阳伽蓝记》能被称为“拓跋别史”、被作为历史史料使用，便是得益于杨衒之对个体记忆的超越、对社会记忆的书写。他所书写的社会记忆内容，也并未限定在某一个维度，而是对繁华洛阳空间的全景式再现。当然，繁华洛阳的部分内容会受限于丘墟洛阳的激发能力，也会受限于个体记忆的遗忘、选择与沉淀。但由于杨衒之恋地情结的深挚浓郁，他对繁华洛阳空间状况十分熟稔，个体记忆与社会记忆很容易被丘墟氛围激发出来，从而成就了他对繁华洛阳空间审美意象的营构。

二、杨衒之塑造洛阳正统的审美选择

虽然杨衒之说自己撰写《洛阳伽蓝记》是为了载述佛寺，但实际上他只是托名佛寺而已。对此，前文已有论述，吴若準就明确认为，杨衒之是感慨洛阳盛衰之变，抒发《麦秀》《黍离》之悲，假借佛寺之名来记载故都洛阳。那么，他书写再现繁华洛阳的目的究竟何在？只为抒发凭吊故都之情、感叹历史兴衰之变吗？又为什么选择假借记述“伽蓝”？换言之，杨衒之身居洛阳时，洛阳生存空间为他提供了哪些深得他认同的东西？他在重返洛阳、面对丘墟景象时，最关注的内容或者说关注的核心是什么？这两者之间的互动性关联显然直接影响了杨衒之对繁华洛阳意象的营构。

作为一位有着清醒历史意识的士人，杨衒之选择以记述佛寺为名再现繁华洛阳，其实有着更为深刻的时代成因。自晋永嘉衣冠士族南迁开始，以匈奴、鲜卑、羯、氐、羌为主的北方胡族政权都必须直面“夷夏”问题。在北魏统一北方之后，夷夏问题的复杂性主要在三个方面展现出来：南北政权之间的“正统之争”，胡汉民族之间的胡化与汉化，佛教思想与儒道思想的冲突融合。随着北魏国力的增长，“正统之争”在夷夏问题中越来越重要，相应地带动了胡化与汉化的问题。孝文帝将北魏都城从平城南迁至洛阳，在南北正统之争的问题上充分发挥了洛阳作为天下之中的自然地理区位优势；同时，在洛阳城市规建方面，充分利用了“王都的可复制性”，汲取汉魏晋洛阳、南方的建康、曹魏邺城、河西姑臧以及平城等的优长，尽可能将《周礼》中的都城理想落实到洛阳营建之中，由此得到上天的支持。同时，在洛阳进行系列文化改革推动胡族汉化，并在拓跋贵族中推行儒家思想教育，通过胡族汉化、“以夏变夷”来缓解胡汉矛盾、加速胡汉融合，还以黄帝为祖先、借助祖先认同融入华夏。这种以华夏自居所展现的“人的自觉”和“以夏变夷”所展现的“文的自觉”，又推动了洛阳正统的塑造。至于儒道思想与佛教思想的融合，孝文帝、宣武帝等既熟知儒道思想，又深通佛教思想。这体现在洛阳生存空间方面，便是洛阳城的规建遵循了儒家审美政治理想，同时又在礼制空间内兴建了大量的佛寺。佛寺虽为宗教空间，但同样受到礼制美学的约束。概言之，洛阳之于生活在北方胡族政权统治下的汉族士人而言，俨然已经成为天下“正朔”所在，是礼乐教化的象征、德政的象征、正统的象征。可以说，汉族士人地位的提升，胡汉民族在洛阳空间的深度融合，使北魏政权赢得了留北士人的心理认同，将他们从乡野坞堡中吸引到繁华胜地洛阳。杨衒之在洛阳出任奉朝请，即便是仅为“第五品下”的职位，也应对北魏洛阳空间的胡汉民族融合、多元文化融合深有体会。从《洛阳伽蓝记》中对北魏政权正统的维护，更可见出杨衒之对洛阳政治、文化地位的认同。因此，对杨衒之而言，丘墟洛阳不仅代表着北魏政权的覆灭，而且标志着洛阳正统象征的丧失。

在北魏分裂为东魏、西魏之后，无论是东魏邺城还是西魏长安，相较于北魏洛阳，都难以与萧梁建康争夺正统地位。针对杨衒之所在的东魏而言，邺城虽在曹魏、后赵、冉魏、前燕时期被作为都城，但显然没有洛阳在正统竞争方面的地理区位优势、文化优势和心理认同优势。在邺城营建方面：“邺都的建筑合理地利用了自然环境和地理条件，其工程主要是两部分：一是北城的重建；一是南城的扩建。这两项工程于天平二年（535）同时开工。……邺南城及新宫的建筑始于东魏天平二年，至武定五年（547）主体工程基本完成。高澄于是年九月请‘罢营构之官’。但宫殿建筑并未停止，直到北齐武平六年（575），即北齐灭亡的前两年，高纬还在邺造偃武、修文殿和大宝林寺，前后工期持续了四十多年。”[①] 邺南城虽然仿效洛阳规制，但在杨衒之 547 年重返洛阳时，邺都之奢华壮丽程度应仍难以与北魏洛阳相比。

在胡汉关系方面，则是由于控制政权的高欢一族的鲜卑化，使得胡汉冲突加剧。如缪钺就从政治维度指出：“东魏北齐一方面承继洛阳政府之高度汉化，一方面又有六镇鲜卑之反汉化力量，冰炭同器，岂能相容？鲜卑跋扈放纵，不守纪纲，以统治者自居，轻视中华朝士；汉人则以为欲澄清政治，非用汉人除鲜卑不可，杜弼所谓‘鲜卑车马客，治国须用中国人’。”[②] 但在汉族士人与鲜卑贵族的政治冲突中，前者则一直是失败的一方。与鲜卑贵族在政治上的专权相一致，文化维度出现了胡风强劲的现象。如高欢申令三军常用鲜卑语。整体来看，都城迁邺之后，无论是“人的自觉”还是“文的自觉”都出现了一定的回潮。这应是杨衒之凭吊北魏洛阳的另一现实动因。

综合言之，杨衒之关注北魏洛阳的核心在于它作为“正统”象征的政治

① 牛润珍：《古都邺城研究：中世纪东亚都城制度探源》，中华书局，2015 年，第 157 页。

② 缪钺著，缪元朗编：《读史存稿（增订本）》，北京大学出版社，2017 年，第 247 页。

价值、文化价值和审美价值。但他却是以“伽蓝”为线索，并没有直接记述北魏洛阳如何塑造正统。相较而言，北魏洛阳与先前之东汉、曹魏、西晋洛阳，曹魏邺城，北魏平城等最为明显的差异，就在于佛寺在都城空间内的充盈。星罗棋布的佛寺，不仅直接改变了都城的空间样态，而且从政治、经济、信仰、文学艺术、日常生活和审美景观等维度对洛阳空间内的生存产生了深刻影响。杨衒之假借佛寺之名，可谓准确把握住了北魏洛阳与诸多都城的差异，也是对南北朝中后期都城特点的呈现。同时，佛寺在进入都城空间之后，已经在本土化过程中接受了儒家政治美学的制约。在佛塔层级与装饰、佛殿形制、佛寺规模、佛寺园林等多个方面，都展现出宗教与政治的结盟。反过来，通过仿效太极殿宫院营建的永宁寺以及仿建宫内建筑的景明寺、高阳王寺、河间寺和冲觉寺等，则可窥得洛阳宫城的壮制、奢丽与威严。深言之，杨衒之是通过佛寺的宏壮来写洛阳都城的宏壮，通过佛寺的奢丽来写洛阳都城的奢丽，通过佛寺的“佛国”地位来写洛阳都城的正统地位。正是通过星罗棋布的佛寺、鳞次栉比的佛塔，杨衒之书写出了北魏洛阳的繁华，进而彰显出北魏洛阳的审美政治价值。

三、杨衒之所见繁华洛阳的空间形态

北魏洛阳，作为一个特定时间之内的特定生存空间，如同古代其他都城一样，在营建之初作为巨大的“人造物”本就具有“艺术性”，同时又内蕴着深刻的哲学思想观念。或者说，它同样也是哲学思想观念的空间呈现样态，是一个“哲学性的文本”。虽然北魏洛阳没有重新经过占卜相地，实则是因为直接以东汉、曹魏、西晋洛阳作为基址，达成对以“中”为核心的“哲学性的文本”的“承续”：“岳域之中”，临近嵩山；“天下之中”，上天护佑；“地域之中”，择中建都；背山面水，形胜之地。杨衒之虽没有直接论述，但他的叙述顺序表明了对洛阳整体空间的哲学认知：城门记述从东面北头的“建春门”开始，按照顺时针，依次东面三门、南面四门、西面四门和北面二门；佛寺记述，则遵循城内、城东、城南、城西和城北的整体顺序，可见都是以宫城作为潜在的叙述中心，凸显出对都城“中”的哲学思想的认同。并且，在具体区域佛寺记述顺序中，城内与城南都是以中轴线铜驼大街的重要佛寺作为起点，城东、城西与城内则是以城门顺序为参照，这应是杨衒之为突出南北中轴线作出的调整。据此可见，杨衒之虽置身繁华洛阳之中，并没有沉浸在对洛阳自然环境、各式建筑、世俗生活和人文状况等的直接感知中，而是对洛阳空间有着更为深刻的认知。

第一，“乐居”的日常生存空间。都城空间，在根本层面上必须是适宜居住的生存空间。由于都城在国家政治、经济、文化等方面的特殊地位，使得都城空间基本生存环境得到大幅提升，由“宜居”发展为“乐居”，成为理想生存空间的代表，展现出强大的吸引力。北魏洛阳也不例外，就自然环境来看：城市环境美化得到重视，除园林外，道路两旁专门种植树木，如永宁寺“四门外树以青槐，亘以绿水”，四夷馆与四夷里“青槐荫陌，绿柳垂庭”。杨衒之记载的洛阳植物种类颇多，有槐、松、柏、柳、椿、桑、柽、安石榴（酒树）、桄榔木（面木）、枣、梨、桃、石榴、葡萄、竹子等，奇珍树木花草种类十分丰富，且不乏经济果木。陆路方面，洛阳城整齐的里坊规划和轴线运用，道路条件较好；水路方面，洛水、伊水都建有浮桥，谷水被引入城内，漕运畅通。至于洛阳城对外交通，本就继承了传统的交通网络体系，加上北魏的重新修整，更加快捷。

就日常生活环境来看，居住方面，里坊制的城市管理模式，限制了商业和夜生活，却为治安管理提供了便捷，这让北魏洛阳的日常生活更加规范有序。里坊制依据“以类相从”的分配模式，使行业分类变得较为集中，如城西大市周围：“市东有通商、达货二里。里内之人，尽皆工巧、屠贩为生，资财巨万”，“市南有调音、乐律二里。里内之人，丝竹讴歌，天下妙伎出焉”，

“市西有延酤、治觞二里。里内之人，多酝酒为业”，“市北慈孝、奉终二里。里内之人，以卖棺椁为业，赁辆车为事”[①]。另外，在城东小市北面的殖货里，汇聚着屠宰业，在城东北的上商里（也即闻义里）聚集着造瓦业。这种围绕市场聚集分类行业的方式，促进了北魏洛阳商业的发展。如洛阳大市周回八里的规模，聚集了大量的商户，以至于在其旁有阜财、金肆二里。杨衒之总述大市周边的十个里坊说：“凡此十里，多诸工商货殖之民。千金比屋，层楼对出，重门启扇，阁道交通，迭相临望。金银锦绣，奴婢缇衣；五味八珍，仆隶毕口。神龟年中，以工商上僭，议不听衣金银锦绣。虽立此制，竟不施行。”[②]另一个大的市场，是城南的四通市，在洛水之南，也被称为永桥市，因为靠近四夷馆、四夷里，所以水产品及外来商品丰富。由于北魏时期连接西域的丝绸之路畅通，所以有大量的胡商前来洛阳。商业发达、中外商品丰富，充分佐证了洛阳经济繁荣、生活水平较高。而大量外来商人、僧人和归附者，不仅带来了异域商品，而且带来了他们的生活习俗、语言、服饰、艺术、信仰等，推动并丰富了洛阳空间内的民族与文化融合。此外，佛寺建筑的半公共性，使佛寺园林成为娱乐怡情的最佳去处，调节了人们的世俗生活。加上佛教以行像为代表的佛事活动，演变成为全城性的节日狂欢，进一步丰富了洛阳的文化娱乐生活。由此，北魏洛阳凭借着良好的治安、便捷的交通、发达的工商业和丰富的文化娱乐等，成为一个“乐居”之都。

第二，“崇高”的政治伦理空间。洛阳作为孝文帝极力塑造正统形象的都城，即便佛寺广布城内城外，政治伦理空间属性依然占据主导地位。在都城整体建筑布局上，宫城进一步集中在内城中北部略微偏西的位置，并以其为中心，通过南北与东西两条中轴线安排其他官署建筑。依据杨衒之所载

---

① （北魏）杨衒之著，杨勇校笺：《洛阳伽蓝记校笺》，中华书局，2018 年，第 189—190 页。

② （北魏）杨衒之著，杨勇校笺：《洛阳伽蓝记校笺》，中华书局，2018 年，第 190 页。

述的内容，从宫城正门阊阖门至宣阳门的南北轴线铜驼大街两侧、东阳门—宫城阊阖门前—西阳门的东西轴线两侧、城东建春门内大街两侧、城西阊阖门内大街两侧，为官署集中分布地区；金墉城、华林园及大夏门等则构成了宫城北侧的军事防御空间。借此，通过建筑布局和空间功能区域划分，营造出威严肃穆的建筑空间气氛，以此烘托出宫城所代表的至高无上的皇权权威。同时，从永宁寺寺门、佛殿和院墙等，可以推想出洛阳宫城建筑的宏壮奢丽。而这些宏大、高耸、壮丽的宫城建筑，则进一步彰显出礼制威严，凸显出皇权的神圣。以宫城正门阊阖门为例，据考古发掘显示："阊阖门的城门楼位于宫城南墙缺口北侧的一座大型夯土台基上，整个门址的位置在宫墙后侧；在门前宫墙缺口的两端分别设置左、右两阙，两阙不仅分别与东、西两端的宫城南墙相接，还通过城门两侧院落的院墙和城门连接。由此，构成了一组形制新颖的完整城门建筑"，其中"东阙阙台东西宽 29 米、南北长 29.4 米，由一母阙和向北、向东的两个子阙组成"，"西阙阙台东西宽 29 米、南北长 29.1 米，由一母阙和向北、向西的两个子阙组成"，两阙之间的广场"东西宽 41.5 米、南北长约 37 米"，"根据阙台基础夯土的规模和其曲尺形子母阙的形制，并结合文献记载和古代壁画资料，我们推断阙上应有楼观之类的阙楼建筑以符合其观望的实际功能和礼仪要求。"[①]仅从宫城阊阖门前东西两阙的宏大规制，便可想见北魏为塑造洛阳正统对建筑壮丽重威之美的追求，进而通过礼制建筑空间气氛营造出一种政治审美的崇高感。

与礼制建筑空间氛围相适应，相关仪式活动的盛大、庄严与奢华，同样凸显了政治伦理空间的崇高感。杨衒之在《洛阳伽蓝记》中曾多次述及：王公大臣出行的仪仗，如高阳王元雍："正光中，雍为丞相，给羽葆鼓吹、

---

① 中国社会科学院考古研究所洛阳汉魏故城队：《河南洛阳汉魏故城北魏宫城阊阖门遗址》，《考古》2003 年第 7 期。

虎贲班剑百人。”[①] 重大盛典活动中王公大臣的盛装形象，如元彧：“至三元肇庆，万国齐珍，金蝉曜首，宝玉鸣腰，负荷执笏，逶迤复道，观者忘疲，莫不叹服。”[②] 王公大臣盛大隆重的丧礼，如元怿：“孝昌元年，太后还总万机，追赠怿太子太师、大将军、都督中外诸军事、假黄钺、给九旒鸾辂、黄屋左纛、辒辌车、前后部羽葆鼓吹、虎贲班剑百人、挽歌二部，葬礼依晋安平王孚故事，谥曰文献。”[③] 此外，杨衒之虽未直接记载，但肯定还有众多朝贡使节进入宫城进行朝觐活动的仪式。如大秦、波斯、天竺、拜占庭、高丽、百济、高昌、吐谷浑、龟兹等的使节们，肤色长相、着装服饰、语言等殊异的使节大臣，依据礼制规定从四夷馆出发沿铜驼大街进宣阳门，再经宫城阊阖门进入宫城朝拜皇帝，不仅使洛阳居民获得一种大国的自豪感，而且可以从中感受到政治审美的崇高。当然，洛阳最盛大庄重的仪式是佛教行像活动，一千多尊佛像组成的行像队伍沿着铜驼大街，缓缓行进至宫城阊阖门前，接受皇帝散花礼佛仪式。当庄重的仪式活动与威严的建筑气氛有机融合在一起时，北魏洛阳政治伦理空间的崇高美便淋漓尽致地彰显出来了。

第三，“神圣”的宗教信仰空间。佛寺代表的佛教信仰空间，不仅直接对礼制空间形成挑战，而且对洛阳空间的生存产生了全方位的影响：从都城绿化、景观多样性，到日常游园、文化娱乐，再到城市里坊管理、寺院经济，最后到重大政治事件，都与佛教有密切关系。但佛寺与佛塔的营造都具有佛教哲学基础，象征着佛教宇宙观，因此才会有“佛国”“极佛境界”等赞誉。换言之，佛教建筑，是佛教信仰营造的佛国净土世界存在的象征。杨衒之除通过愿会寺佛像与菩萨合声喝贼、平等寺佛像垂泪等展现佛寺空间的神秘性、神圣性外，还通过佛教信仰坐禅、诵经与讲经的方式差异，

① 〔北魏〕杨衒之著，杨勇校笺：《洛阳伽蓝记校笺》，中华书局，2018 年，第 166 页。
② 〔北魏〕杨衒之著，杨勇校笺：《洛阳伽蓝记校笺》，中华书局，2018 年，第 189 页。
③ 〔北魏〕杨衒之著，杨勇校笺：《洛阳伽蓝记校笺》，中华书局，2018 年，第 175 页。

来讲述最终是进入佛国净土还是进入三道轮回地狱的差别：

> 崇真寺比丘惠凝，死一七日还活，经阎罗王检阅，以错名放免。惠凝具说过去之时，有五比丘同阅。一比丘云是宝明寺智圣，坐禅苦行，得升天堂。有一比丘是般若寺道品，以诵四十卷《涅槃》，亦升天堂。有一比丘云是融觉寺昙谟最，讲《涅槃》《华严》，领众千人。阎罗王云："讲经者心怀彼我，以骄凌物，比丘中第一粗行。今唯试坐禅、诵经，不问讲经。"其昙谟最曰："贫道立身已来，唯好讲经，实不谙诵。"阎罗王敕付司。即有青衣十人送昙谟最向西北门。屋舍皆黑，似非好处。……自此以后，京邑比丘，悉皆禅诵，不复以讲经为意。[①]

"天堂"，便是佛国净土世界的象征，充满光明。从智圣坐禅、苦行和道品诵经得升天堂，可知坐禅、苦行、诵经应是洛阳盛行的佛教信仰方式。而昙谟最因讲经被送入的"皆黑"屋舍，实则是地狱的象征。这种用颜色指代光明、黑暗的方式，是具有佛教思想基础的。如在东晋时期已经流行的《摩诃僧祇律》中，便有对"黑""白"颜色象征意义的使用。季羡林曾引述其第十三卷中的一段话："羯磨已，此比丘应作二种色筹：一者黑，二者白。不应唱言：非法者捉黑筹，如法者捉白筹。应如是唱：如是语者取黑筹，如是语者取白筹。"[②]他进一步通过对"黑""白""黑业"与"白业"的梵文、巴利文书写分析指出："同在其他语言里一样，白的颜色总是同'光明'联系在一起，引申为'善'。黑的颜色总是同'黑暗'联系在一起，引申为'恶'。……在中国，黑白有时也有类似的含义；但决不像佛典中这样

---

① 〔北魏〕杨衒之著，杨勇校笺：《洛阳伽蓝记校笺》，中华书局，2018年，第82—83页。

② 季羡林：《佛典中的"黑"与"白"》，见季羡林：《禅与文化》，中国言实出版社，2006年。

具体，这样复杂；用途决没有这样广泛。”[①] 杨衒之通过讲述惠凝的奇特经历，既展现了洛阳佛教信仰的状况，又暗示了佛教净土天国的存在。同时，惠凝之类的奇异故事，还在无形中增加了佛寺空间的神圣性。

另外，杨衒之还关注到了本土道教思想在洛阳的影响，从华林园建筑中所承续的神仙思想，到南郊的崇虚寺，再到崔涵复活、韦英质问妻子梁氏改嫁、孙岩狐妻等奇异事件，都展现了道教信仰的存在。而最能代表道教神鬼灵异空间的，乃是洛水之神的居所：

> 时虎贲骆子渊者，自云洛阳人。昔孝昌年，戍在彭城，其同营人樊元宝得假还京，子渊附书一封，令达其家，云："宅在灵台南，近洛河，卿但至彼，家人自出相看。"元宝如其言，至灵台南，了无人家可问。徙倚欲去，忽见一老翁来，问："从何而来，傍徨于此？"元宝具向道之。老翁云："是吾儿也。"取书，引元宝入。遂见馆阁崇宽，屋宇佳丽。……及还彭城，子渊已失矣。元宝与子渊同戍三年，不知是洛水之神也。[②]

同佛教信仰空间的营造相仿，杨衒之运用文学的方式，或者说以志人志怪的叙述方式，具体描述了洛水之神的存在。通过樊元宝探访洛水之神的居所，以位置处于灵台之南、洛水之侧为实际可查证之处，增加其真实性；以需要神仙帮助方可进入洛水之神居所，增加其神秘性；以“馆阁崇宽，屋宇佳丽”，展现洛水之神居所的美好，增加其向往性等，整体综合呈现了道教信仰空间的神圣性。而无论是道教信仰，还是佛教信仰，所营造的神圣空间，实际展现的是一种对现实凡俗生活的超越之美。

---

① 季羡林：《佛典中的“黑”与“白”》，见季羡林：《禅与文化》，中国言实出版社，2006 年。

② 〔北魏〕杨衒之著，杨勇校笺：《洛阳伽蓝记校笺》，中华书局，2018 年，第 140—141 页。

四、杨衒之所见繁华洛阳的镜像还原

若就洛阳空间的整体性呈现来看，如同从生活空间、政治伦理空间和宗教信仰空间等维度进行建构一样，《洛阳伽蓝记》通过佛寺地理定位对洛阳空间原貌进行还原，在一定程度上也造成了对洛阳空间与现实杂糅一体的割裂。因为以佛寺为线索展开叙述，实则是以所选具体佛寺的空间为基点，围绕该具体空间进行还原，进而佛寺空间及其关联空间相互叠加组成城内、城东等不同区域的空间，这些区域空间再整合为洛阳空间。当然，尽管以佛寺区隔空间的审美回忆与审美还原方式是以散点透视洛阳不同的区域空间，但洛阳空间的原真形态的确蕴藏其中。基于此，我们可以尝试变换视角，以北魏洛阳都城规划的轴线作为红线，将具体佛寺在空间上串联起来，形成仿真性的游览线路来体验北魏洛阳的盛世繁华。鉴于篇幅所限，仅选择以南北轴线铜驼大街为叙述线索，重新组合杨衒之所述城内与城南的部分空间内容，以期呈现繁华洛阳之一斑。

假设一位僧人从嵩山闲居寺出发，准备参加洛阳四月初八日的佛教行像活动。他沿着大谷道向北，往京师洛阳方向前行。行至委粟山，于山顶看到了孝文帝初迁洛阳时，把祭天设施从西郊正式改到南郊，亲自选定并营建的圆丘。圆丘基址是曹魏西晋之圆丘，以此承续魏晋正统。只是在宣武帝时，将圆丘北移，迁至伊水之阳。站在圆丘之上，向北眺望京师：伊洛二水，缓缓东流，行船不断，漕运繁忙；内城南面四门，城门楼巍峨高耸；圆丘、内城正门宣阳门、宫城正门阊阖门，由笔直的南北御道铜驼大街连接；宫城阊阖门前，从东阳门至西阳门的东西御道，将内城分为南北两部分；外郭城、内城与宫城，“三重城”格局清晰可见；宫城位于城内北部略偏西处，布局紧凑；里坊规整，状如棋盘；城内城外，佛寺若星罗棋布，佛塔高低不同、错落有致、鳞次栉比；铜驼大街两侧浮图越来越高，至城内高耸入云者，当为永宁寺浮图；春风拂过，宝铎清脆鸣响，宛若梵音。

僧人从委粟山下来，沿着路面宽阔的官道继续往北。通过伊水浮桥，便见到一座高大的圆形高台建筑，即宣武帝兴建的新圆丘。绕过圆丘，便是铜驼大街御道在城南的延长线。御道两侧植有青槐，青槐掩映中是黄土筑成的坊墙。这些里坊布局规整，大小均以三百步见方，四侧各开一坊门，专人值守。御道东侧是四夷馆：金陵馆、燕然馆、扶桑馆、崦嵫馆；西侧是四夷里：归正里、归德里、慕化里、慕义里。四夷馆与四夷里内主要是投国者、归附者、朝贡使节等。由南入北者先住金陵馆，三年以后赐宅归正里；北夷归附者，先住燕然馆，三年以后赐宅归德里；东夷归附者，先住扶桑馆，三年以后赐宅慕化里；西夷归附者，先住崦嵫馆，三年以后赐宅慕义里。

由南入北者中，有在景明初年归降的伪齐建安王萧宝夤，被封为会稽公，在归正里为他建有宅院。后来，他进爵被封为齐王，娶南阳长公主为妻。因为萧宝夤以与夷人住在一起为耻，便让公主启奏宣武帝，请求进入城内居住。宣武帝允许并赐宅永安里。孝明帝正光四年（523），萧衍的儿子西丰侯萧正德来归降，也先住金陵馆，并在归正里为他建宅。后来萧正德舍宅建立了归正寺。北夷来归附的也很多，正光元年（520）蠕蠕（即柔然）主郁久闾阿那肱来朝，具体管事者不知道如何安排。中书舍人常景建议说："咸宁（西晋晋武帝司马炎年号，具体为275—280）中，单于来朝，当时安排他在王公特进之下，现在可以把郁久闾阿那肱安排在藩王和仪同之间。"孝明帝采纳了常景的建议，让他先住在燕然馆，为他在归德里建立住宅。但北夷归附者并不常住洛阳，入朝的北夷酋长之子，为躲避中原地区夏季的炎热，经常秋天来春天走。人们就把他们称为"雁臣"，像大雁一样来回迁徙。

前来归附最多的是西夷。从葱岭以西到大秦，中间的百国千城，没有不诚心归附的，每天都有很多胡商涌入中国境内。这就是所说的以天地之大作为区域的国家。其中，因喜欢并接受中国风俗选择长久居住的人，数不胜数。

因此，归化的外国人达一万多户。在崦嵫馆和慕义里，门巷整齐，室门紧挨，青槐蔽路，绿柳垂庭。胡商们源源不断地将天下珍奇的货物贩运聚集到京师。所以，在洛水之南，紧邻四夷馆、四夷里，另外设立了一个市场，称为四通市。因为洛水浮桥称为永桥，民间也称四通市为永桥市。伊水和洛水的鱼主要在这里售卖。士庶百姓要吃鲜鱼，都要来此购买。鱼味鲜美，京师有谚语说：“洛鲤伊鲂，贵于牛羊。”

永桥南，御道东边还有两个坊，名为白象坊、狮子坊。宣武帝永平二年（509），西域乾陀罗国国王进献一头白象。象背上设有五彩屏风和七宝坐床，能容纳数人，确为奇异之物。白象曾经饲养在乘黄曹，但象经常毁墙坏房，夺路而出，遇树就拔，逢墙撞倒，百姓惊恐不已，慌乱逃窜，胡太后便命令将白象转到这个坊来饲养。狮子是波斯国的胡王所进献。途中被逆贼万俟丑奴截获，留在贼寇之处。永安末年，万俟丑奴被击败，狮子才被送到京师。孝庄帝对侍中李彧说：“我听闻老虎看见狮子必定伏下，可以找来老虎验试。”因此，下诏命令靠山郡县捕捉老虎送达京师。巩县和山阳县共送两虎一豹。庄帝在华林园观看。虎、豹见到狮子，全都闭眼，不敢仰视。园中本有一头盲熊，脾性驯服。庄帝下令牵来一试。当虞人牵盲熊来到，刚闻见狮子气味，便惊恐跳踉，曳着锁链逃走。庄帝大笑。普泰元年（531），广陵王即位，下诏说：“囚禁禽兽，有违天性，宜放归山林。”狮子，被命令送还波斯国。送狮子的胡人，认为波斯路途遥远，难以送达，于是在路上便将狮子杀死而回。司法部门追究此事，按照违抗圣旨论罪。广陵王说：“怎么能够因狮子而惩罚人呢？”于是，就赦免了运送狮子的人。

走过四通市，便可清楚地看到洛水南北两岸树有高耸的华表。华表高二十丈，上塑有凤凰，作腾空冲天之势。洛水之上，是孝文帝时建造的一座浮桥，也即永桥。常景在神龟年间（518—520）创作了《洛汭颂》，内容所刻石碑立在岸边（《洛汭颂》前面已引，不再赘述）。

过了永桥，沿着御道继续往北大约二里，东侧有两座豪奢的佛寺，即秦太上公西寺与东寺。西寺是胡太后所立，东寺是胡太后妹妹所建。两寺都是为父亲胡国珍追祈冥福而建，所以用他的封号来命名。两寺寺门并立，紧邻洛水。寺内树木扶疏，枝叶布满，树荫垂下。东西两寺各有一座五层佛塔，高五十丈。素彩画工，堪比景明寺。至于六斋（每月之八、十四、十五、二十三、二十六、三十日，都做斋戒沐浴），经常有中黄门一人监护，僧房内布施的供应品，很多佛寺难以相比。秦太上公寺东边有一座灵台，基址已经颓败，仍有五丈多高，是东汉光武帝所立。灵台基址上的砖塔，是汝南王所建。灵台东边是辟雍，魏武帝所立。辟雍西南，是我朝明堂，正光年间（520—525）兴建，上圆下方，八窗四门。

从秦太上公寺再往北一里，御道西侧是利民里的大统寺。寺南面是三公令史高显略的府邸。高显略的堂前，晚上有红光出现，并且不止一次。在发出红光处掘地丈余，得到黄金百斤。黄金上有铭文："苏秦家黄金，得黄金者，替我造功德。"高显略于是兴建了招福寺。有人说此地是苏秦旧宅。当时正值元乂掌权，听闻高显略掘得黄金，就向他索要。高显略给了他二十斤。当然，苏秦时尚无佛法，造功德不一定是造佛寺，应该是碑铭之类，以宣扬苏秦的名声功绩。

大统寺对面、御道东侧，是宣武皇帝所立的景明寺。立于景明年间（500—503），因而命名"景明寺"。该寺东西南北五百步见方，前瞻嵩山、少室山，背负帝国京师。林木青翠，树影婆娑；流水碧绿，涟漪荡漾；环境优美，势高清爽，风景独好。堂观倚山借势，绵延一千余间。佛殿重重，僧房交错，绮窗相接；台阁奢丽，回廊悬空，相互连接。外有四季轮转，而内无寒暑之分。房檐之外，都是山林池沼。竹松兰芷，笼罩阶台，含风聚露，清香浮动。到正光年间（520—525），胡太后在景明寺营造七层佛塔一座，离地百仞之高。因此，邢子才在撰写的碑文中用"俯闻激电，旁属奔星"来形容。佛塔装饰华丽，媲美永宁浮图。承露金盘，悬挂宝铎，光耀灿烂，云霞之外。寺内有三处水池，萑蒲菱藕，水生植物茂盛。水波掩映中，时而有黄壳鳖、紫色鱼，潜戏水草间；时而有青色野鸭、白色大雁，沉浮碧水中。磨面舂米，全赖水力。佛寺之妙，景明第一。僧人行至此处，投宿景明。

四月初七日，京师佛像齐聚景明。为准备行像敬佛祈福，京师众多佛像汇聚景明。其中包括长秋寺，用金玉制成、做工奇妙、难以形容的六只象牙白象驼负释迦空中飞行的雕像。佛像出巡至景明寺时，前由辟邪、狮子开路引导。相伴随的还有各种表演：吞刀吐火，飞腾跳跃，热闹非凡；爬杆走绳，内容诡异，惊险之至。奇特的杂技，异常的服饰，远超都城其他集会。佛像巡游所停之处，观者如潮，相互踩踏，常至殒命。昭仪尼寺的一佛二菩萨塑像，精彩奇妙，京师绝无仅有。在巡游到景明寺时，景明三尊佛像都要出迎，盛大的法事奏乐，可同太监刘腾长秋寺里的礼佛仪式媲美。宗圣寺佛像，高三丈八尺，庄严端正，相好皆具，士庶礼佛，目不转睛。佛像即出，万人空巷，前来瞻仰。佛像光彩夺目，冠绝当世。随演伎乐，堪比长秋寺。城东士女，聚集此寺，一睹盛况。景兴尼寺佛像，使用黄金车辇，高有三丈，覆有宝盖。金辇四侧，皆垂金铃、七种宝珠，饰以飞天伎乐塑像，远望如在云端。做工十分精巧，难以言表。佛像出寺，百名羽林军士，奉诏抬举。丝竹乐器，歌舞杂技，均是奉旨供给。此外，还有大觉寺的七佛，法云寺西域进献佛像等。尚书祠部曹一一登记在册，共有佛像千余尊。

四月初八日，行像盛典。佛像按照佛寺级别，依序排列，浩浩荡荡。春日高照，金花闪耀；宝盖片片，如若浮云；幡幢如林，香烟似雾。佛像甫一出寺，梵乐法音，震天动地。百戏伎乐，杂技魔术，竞相表演。中外高僧大德，手持锡杖，结队而来；信徒僧侣，捧花成群。车水马龙，堵塞道路，互相倾轧。西域僧人，夹杂人群之中，赞叹如到佛国。

行像队伍，向北一里，行至宣阳门。门分三道，可容九辆车并行。城墙之上，建有两重门楼，离地百尺，雄伟壮观。依次入宣阳门，御道东侧，往北依次为衣冠里、护军府、太庙、宗正寺、国子学堂、司徒府、左卫府；

御道西侧，往北依次为凌阴里（晋时藏冰之处）、司州、太社、九级府、将作曹、太尉府、右卫府。

从宣阳门往北行进一里，太社西侧有胡统寺。这座佛寺，为胡太后从姑所建。她笃信佛教，入空门出家为尼，便长居此寺。寺内建有一座五层宝塔，金色塔刹，高高耸立，幽深的房殿环布四周，门窗交互相对，朱漆楹柱，白色墙壁，景致甚是美好。寺内诸尼，在京师素有名德，善于开示劝导，长于谈论佛经义理，经常进入宫内为胡太后讲经说法。因此，胡统寺僧尼的资助供养，非其他佛寺能比。

再往北行进一里，铜驼大街东侧，司徒府东侧紧邻有景乐寺。景乐寺是太傅清河文献王元怿所建（还建有冲觉寺、融觉寺）。元怿，是孝文帝第五子、宣武帝之弟。佛寺西有司徒府，东邻大将军高肇宅邸，北连义井里。义井里北门外，有数棵桑树，枝条繁茂，下有一口水井，水质甘甜。井旁置有石槽铁罐，方便往来行人驻足休息，饮水乘凉，常有多人在此。景乐寺内有一座佛殿，佛像车辇在此。其雕刻巧妙，冠绝一时。堂廊四周环绕，房屋曲折相连，树木枝条摇曳，轻抚门窗，花朵含苞待放，遍布庭院。到六斋之日，常设女乐表演，歌声绕梁，舞袖翩翩，管弦嘹亮，美妙入神。因是尼寺，男性禁入。允许入寺观看者，以为到了天国。直到文献王死后，寺规稍微放宽，百姓进出不再限制。后来，文献王元怿之弟汝南王元悦，重修景乐寺。元悦召集多种伎乐，竞相演奏。珍禽奇兽，应节而舞，齐集殿堂之前；空中飞舞幻术，世所罕见；惊险奇异魔术，汇聚于此。幻术中有肢解驴马，画地为井，种枣种瓜，顷刻可食。男女老少，眼花缭乱，神魂颠倒。

与景乐寺位置相对，铜驼大街西侧，便是国寺永宁寺。永宁寺东边靠着太尉府，西边面对永康里，南边交界昭玄曹，北边紧邻御史台。永宁寺，孝文帝迁都之初已经规划，预留寺址。孝明帝熙平元年（516），由灵太后胡氏建立。佛寺中央，是一座九层宝塔，木材架构而成，高达九十丈。宝塔塔刹，高有十丈。两者合起来，离地一千尺。距离京师百里，便可遥遥望见。起初，挖掘地基至地下泉水，获得三十尊金佛像，胡太后认为这是笃信佛法的征兆与瑞象，因此建造规制超过法度。塔刹上有金宝瓶，容量多达二十五石。宝瓶下有三十层承露金盘，四周皆垂有金铎。又有四根铁锁，连接塔刹和宝塔四角，铁锁上也有金铎，金铎大小像一个石甕子。宝塔高九层，角角都悬挂金铎，上下合有一百二十个。宝塔有四面，每面有三户六窗，都是朱漆之门。每扇门上有五行金铃，宝塔共有十二门二十四扇，合起来共有五千四百枚金铃。又有金环铺首。竭尽建筑能力，穷尽设计巧思。佛教设施精妙，不可思议；木柱锦绣一般，黄金铺首，惊撼观者心目。每到强风长夜，宝铎和鸣，铿锵之音，传出十余里。

宝塔北面是一座佛殿，形制如同宫城正殿太极殿。殿中有丈八金像一尊，中等长度金像十尊，绣珠像三尊，金线织成像五尊，玉像两尊。制作精奇巧妙，当世最高水平。僧房楼观，一千多间，雕梁画栋，白灰粉壁，青纹饰门，镂空之窗，难以言表。栝柏松椿，枝叶茂密，覆盖屋檐；丛竹香草，郁郁葱葱，布满台阶。所以，常景在碑文中说："须弥宝殿，兜率净宫，莫尚于斯也。"

外国进献经卷和佛像，收藏在永宁寺。寺院院墙施加短木椽，再覆瓦其上，如同宫城宫墙。四面各开一门，南面正门，门楼三层，三个门道，高达二十丈，形似太极殿宫院正门端门。门楼上绘有云气，绘有彩色神仙灵兽，饰有列钱，刻有青纹，熠熠生辉，光彩华丽。大门拱卫，有四力士、四狮子，皆用金银装饰，镶嵌珠玉，庄严灿烂，神态威严，世人闻所未闻。东西两门，形如南门，不同之处，门楼两层。北门一道，上无阁楼，形似乌头门。四门以外种有青槐，碧水环绕，京师行人多在树下乘凉。路无尘土，不靠湿云泽润；清风送爽，无须扇动团扇。皇帝下诏，命中书舍人常景撰写永宁寺碑文。

永宁寺营建装饰完工，孝明帝与胡太后一同登临宝塔。俯瞰宫城，如在掌中；眺望京师，若在庭院。因能目睹宫内，禁止他人登临。时有西域波斯国僧人菩提达摩，出身于荒原地区民族，云游来到中国。到达京师，在永宁寺，目见塔刹金盘闪耀，光芒照射云端，宝铎迎风而鸣，乐音响彻天外。他唱经赞美，以为神功。他自己说，年高一百五十岁，遍游诸国，无处不到，但永宁寺的精丽，天竺无有。佛国境界，也难以相比。他口唱南无，合掌连日。孝昌二年（526），狂风掀开屋顶，大树连根拔起，塔刹宝瓶被风吹落，入地一丈多深。于是，命令能工巧匠，重铸新瓶。

行像队伍经过太尉府、司徒府，再向前行进一里，便到达宫城正门阊阖门前。阊阖门东西两座魏阙，雄伟壮丽，中间宽阔整洁。队伍穿过东阳门西阳门御道，来至阊阖宫门前，皇帝在门楼散花礼佛。整个行像活动发展至高潮。

杨衒之正是生活在这样一座盛世繁华的洛阳，才使他对这一特定生存空间产生了浓郁而强烈的情感，并在时间迁移中沉淀为恋地情结。因此，当杨衒之重返洛阳时，丘墟审美氛围激发出他的恋地情结，进而促使他通过审美书写，在超越自我情感的同时，营构出北魏洛阳的盛世繁华意象。

第二节 《洛阳伽蓝记》与洛阳审美意象营构

547 年，杨衒之因行役而得以重回北魏故都洛阳，但呈现在他眼前的却是早已残毁破败的洛阳丘墟景象。他饱含着对故国故都的深情，从城外到城内遍览洛阳丘墟。正是在对洛阳丘墟审美展开过程中，杨衒之浓郁的洛阳恋地情结被激发了出来。于是，他通过书写的方式来抒发对北魏洛阳这一特定地方、特定时空的情感，从而成就了由地志出发而融诗情、赋笔和史识为一体的《洛阳伽蓝记》。质言之，《洛阳伽蓝记》是杨衒之对丘墟洛阳审美的结晶。而所谓丘墟审美，乃是中国古典美学中一个比较特殊的审美类型。之所以说它特殊，是因为在中国古典文学艺术中有丰富的丘墟审美作品，但在中国美学史书写中却长期没有得到发掘重视。在文学创作中，丘墟审美诉诸文学书写时，不仅可以独立成为一种文学主题，而且是很多怀古主题、黍离主题作品得以问世流传的审美基础。这在中国文学史上可以梳理出一条清晰的线索：从《麦秀》《黍离》开始，到屈原的《哀郢》、曹植的《送应氏》、鲍照的《芜城赋》，再到杜甫的《哀江头》、姜夔的《扬州慢·淮左名都》等。当然，丘墟审美作为一个审美类型并不局限于文学审美，如在绘画艺术方面有李成的《读碑窠石图》、石涛的《秦淮忆旧》《金陵八景之雨花台》等[①]；自然，还有很多没有诉诸艺术表达的现实丘墟审美活动，如北魏孝文帝对曹魏西晋之洛阳丘墟

① 参见巫鸿在《废墟的内化：传统中国文化中对“往昔”的视觉感受和审美》一文中，关于绘画艺术对丘墟审美表达的分析。具体可见［美］巫鸿著，梅玫等译：《时空中的美术：巫鸿中国美术史文编二集》，生活·读书·新知三联书店，2009 年；［美］巫鸿著，肖铁译：《废墟的故事：中国美术和视角文化中的“在场”与“缺席”》，上海人民出版社，2012 年。

的审美，百济使者对南朝梁之建康丘墟的审美等。而《洛阳伽蓝记》在关于丘墟审美的文学书写作品中，可谓是凸显丘墟文学主题和审美类型的典型。

究其原因，在于《洛阳伽蓝记》是杨衒之对洛阳恋地情结的审美书写、对北魏洛阳地理和历史的真实记述，并且创新性地采用了合本子注的书写体例。如果不局限于《洛阳伽蓝记》在文体上究竟是散文、小说、笔记文学还是报告文学，而是整体上将它视为一部具有独特性的“记”体文学作品，那么，在文学主题维度，它就是一部关于都城丘墟审美主题书写的文学书品。由于作者杨衒之对北魏洛阳具有浓郁的恋地情结，北魏洛阳丘墟对于杨衒之而言又是作为现场类丘墟，加之以“合本子注”的体例和“记”体文学囊括容量的巨大，最终促使《洛阳伽蓝记》成为丘墟审美作品的经典。同时，就美学理论维度来看，在《洛阳伽蓝记》的恋地书写中，杨衒之以“记”体文学的方式展现了丘墟审美有关的基本理论问题，而这是诗、赋、绘画等所无法达成的。所谓丘墟审美的基本理论问题，简言之：第一，以都城丘墟为代表的丘墟类非美的存在，甚至说是丑的存在，具有什么样的审美价值；第二，丘墟审美活动的激发，对丘墟审美环境气氛与审美者的内在性要求；第三，丘墟审美活动展开过程中，审美者与丘墟之间的关系如何；第四，丘墟审美活动所生成的审美事象与丘墟审美意象、丘墟原生体审美意象之间的关系如何。当然，《洛阳伽蓝记》并不是一部理论著作，并没有对这些问题进行理论阐发，而是涵盖在对北魏洛阳丘墟的审美书写之中。

一、北魏洛阳丘墟的生成

魏晋南北朝时期的洛阳，实则经历了一个从曹魏西晋繁华都城沦为丘墟，到北魏迁都洛阳重现辉煌，再到北魏灭亡而沦为丘墟的过程。据《晋书·孝怀帝纪》载，永嘉五年（311）："六月癸未，刘曜、王弥、石勒同寇洛川，王师频为贼所败，死者甚众。庚寅，司空荀藩、光禄大夫荀组奔轘辕，太子左率温畿夜开广莫门奔小平津。丁酉，刘曜、王弥入京师。帝开华林园门，出河阴藕池，欲幸长安，为曜等所追及。曜等遂焚烧宫庙……百官士庶死者三万余人。"[①] 自此之后，作为魏晋都城的洛阳，又数度遭遇战争摧残，而彻底沦为丘墟。如王文秀曾通过梳理史料指出："宋文帝元嘉七年（430）三月间到彦之北伐，七月间收复洛阳，旋即于十一月间被为北魏夺回。自此以后洛阳虽曾夹于南北两军的小规模战争之间，成为争夺对象，但大抵而言，自西元430年之后，一直到隋文帝统一南北，洛阳皆为北朝所有。"[②] 同时，总结指出："自西元311年至西元430年之间，洛阳长期的陷于战火之中，曾经将近十度易主，其遭受的破坏自然极为严重。"[③] 但是，由于北魏当时以平城为都城，所以，拓跋焘在太延五年（439）九月灭北凉正式统一北方之后，并没有对洛阳进行重建。

直至太和十七年（493）九月，北魏孝文帝假借南征之名以谋都城南迁，巡视魏晋洛阳旧址："庚午，幸洛阳，周巡故宫基趾。帝顾谓侍臣曰：'晋德不修，早倾宗祀，荒毁至此，用伤朕怀。'遂咏《黍离》之诗，为之流涕。"[④] 由此可见，洛阳在自晋永嘉五年至北魏太和十七年的长达182年的时间里，因兵燹摧残早已荡去往昔的繁华，而呈现出一片破败残毁的丘墟景象。同时，这则史料也证实了魏晋洛阳城在被毁之后，长时间内没有得

① （唐）房玄龄等：《晋书》，中华书局，2015年，第123页。

② 王美秀：《历史·空间·身分：洛阳伽蓝记的文化论述》，里仁书局，2007年，第142页。

③ 王美秀：《历史·空间·身分：洛阳伽蓝记的文化论述》，里仁书局，2007年，第143页。据李诗琪统计，东晋十六国时期不同政权占据洛阳时间为汉国（前赵）占据洛阳时期（312—320）；后赵占据时期（320—351）、东晋占据洛阳时期（351—364）、前燕占据洛阳时期（364—369）、前秦占据洛阳时期（369—384）、东晋第二次占据洛阳时期（384—399）、后秦占据洛阳时期（399—416）、东晋（刘宋）占据时期（416—423）（李诗琪：《北魏洛阳城空间研究》，武汉大学硕士学位论文，2019年）。

④ （北齐）魏收：《魏书》，中华书局，2011年，第173页。

到重建。纵然孝文帝迁都洛阳，是基于政治、军事和经济等重大因素的抉择，但从魏晋洛阳丘墟对他所激发的审美活动来看，文化因素、审美因素或者说重现洛阳辉煌的审美理想，应当影响了北魏迁都和洛阳规建。当年十月，在孝文帝的推动下，北魏便开始在魏晋洛阳城的基址之上营建自己的洛阳，并一直持续到了北魏正光年间（520—525）。

事实上，北魏洛阳不仅直接继承了魏晋洛阳的基址，而且从城门与宫殿名称到部分建筑、再到城市布局等都有所承接。当然，作为北魏重新规建的都城，并不是对魏晋洛阳的复建，而是进行了从多宫制到单宫制、从两重城到三重城、从“面朝后市”到“前市后朝”、里坊制和中轴线布局等的承续、发展与创新，最终成就了中国都城史上的“北魏洛阳模式”。同时，如同杨衒之所记述的，佛寺从西晋永嘉年间的四十二所，到北魏时期最多时高达一千三百六十七所，佛寺所代表的宗教空间在都城空间中的激增，也是北魏洛阳的重要特征。遗憾的是，关于北魏洛阳鼎盛繁华时期的整体状况究竟如何，我们只能凭借杨衒之在《洛阳伽蓝记》中的记述加以想象：

> 逮皇魏受图，光宅嵩洛，笃信弥繁，法教愈盛。王侯贵臣，弃象马如脱屣；庶士豪家，舍资财若遗迹。于是招提栉比，宝塔骈罗；争写天上之姿，竞摹山中之影。金刹与灵台比高，广殿共阿房等壮。岂直木衣绨绣，土被朱紫而已哉！①

尽管这里只是记述洛阳空间内寺庙的繁荣盛况，但从中亦可推想出北魏洛阳整体呈现出的壮制丽饰景象。可以说，建筑艺术直接体现了北魏时期多元艺术的融合，展现了北魏时期城市艺术创造的水平，也即直接表明了北魏洛阳是当时艺术的集大成者和代表性作品，具有极高的艺术价值。同时，

① 〔北魏〕杨衒之著，杨勇校笺：《洛阳伽蓝记校笺》，中华书局，2018 年，第 1 页。

北魏洛阳占据魏晋洛阳旧址、承接天下之中的地理空间优势，致力重塑“文化正统”形象，成为元魏与南朝汉民族政权争夺正朔地位的重大举措，具有极高的政治价值；作为以拓跋鲜卑为代表的北方胡族集中南迁中原之地，将北方草原游牧文明植入中原农耕文明之中，加之推崇佛教，使得以佛教思想为代表的外来文明也融入进来，共同促使北魏洛阳成为多民族与多元文化的高度融合之地，具有极高的文化价值；作为生存空间，无论是从物质生活的富足还是从精神生活的丰富来看，北魏洛阳已经从宜居之地转化为现实生存向往的乐居之所，具有极高的生存理想价值。可以说，北魏洛阳通过持续建设和发展，在当时已经成为胡汉融合的民族共同体，草原文化、佛教文化、南朝文化与中原文化碰撞交流融合的文化共同体，多元审美观念融合的审美共同体。

但北魏洛阳并没有因此而得以长存。北魏永熙三年（534）十月，在高欢的推动下，十一岁的元善见被立为孝静帝。据《魏书·孝静帝纪》记载，十月壬申祭祀太庙，下诏迁都，“丙子，车驾北迁于邺”[①]。至于迁都时的状况，《北齐书·神武纪下》中记述：“神武以孝武既西，恐逼崤、陕，洛阳复在河外，接近梁境，如向晋阳，形势不能相接，乃议迁邺，护军祖莹赞焉。诏下三日，车驾便发，户四十万狼狈就道。”[②] 至此，北魏洛阳，自太和十七年（493）十月开始营建，到永熙三年十月迁都邺城，这座规模宏大的都城仅存世四十年便惨遭毁弃。这对曾经在洛阳为官和生活，深爱洛阳的杨衒之而言，必然是一种沉痛打击。

在535年，也即东魏把都城迁往邺城之后第二年，因为需要大量建筑材料以重建邺北城和扩建邺南城，直接从洛阳城拆取，便成了最为有效的措施。据《北史·高隆之传》记载：“又领营构大将，以十万夫彻洛阳宫

① 〔北齐〕魏收：《魏书》，中华书局，2011年，第298页。

② 〔唐〕李百药：《北齐书》，中华书局，2013年，第18页。

殿，运于邺，构营之制，皆委隆之。”① 另据《北齐书·李玙传》载：“及迁都于邺，留于后，监掌府藏，及撤运宫庙材木，以明干见称。”② 可见，迁都过程中对洛阳进行了大规模的拆毁工作，直接破坏了洛阳城内的宫殿、塔庙、宅院等建筑。而此后，洛阳城又多次遭到战火的毁坏，据《魏书·孝静帝纪》载：

> （天平四年冬十月）（537）己酉，宝炬行台宫景寿、都督杨白驹寇洛州，大都督韩延大破之。宝炬又遣其子大行台元季海、大都督独孤如愿逼洛州，刺史广阳王湛弃城退还，季海、如愿遂据金墉。③
>
> （元象元年秋七月）（538）行台侯景、司徒公高敖曹围宝炬将独孤如愿于金墉，宝炬、宇文黑獭并来赴救。大都督库狄干率诸将前驱，齐献武王总众继进。八月辛卯，战于河阴，大破之。斩其大都督、仪同三司寇洛生等二十余人，俘获数万。司徒公高敖曹、大都督李猛、宋显并战没。宝炬留其将长孙子彦守金墉。壬辰，齐献武王济河，子彦弃城走。④
>
> （武定元年）（543）二月壬申，北豫州刺史高仲密据虎牢西叛。三月，宝炬遣其子突与宇文黑獭率众来援仲密。庚子，围河桥南城。丙午，帝亲纳讼。戊申，齐献武王讨黑獭，战于邙山，大破之，擒宝炬兄子临洮王森，蜀郡王荣宗，江夏王升，钜鹿王阐，谯郡王亮，骠骑大将军、仪同三司、太子詹事赵善，督将参僚等四百余人，俘

① 〔唐〕李延寿：《北史》，中华书局，2013 年，第 1945 页。
② 〔唐〕李百药：《北齐书》，中华书局，2013 年，第 396 页。
③ 〔北齐〕魏收：《魏书》，中华书局，2011 年，第 301 页。
④ 〔北齐〕魏收：《魏书》，中华书局，2011 年，第 302—303 页。

斩六万余，甲仗牛马不可胜数。豫洛二州平。[①]

所以，武定五年（547），杨衒之重回洛阳之时，曾经无比辉煌的北魏洛阳，已经变成了一座颓井残垣的荒芜之城。洛阳城被毁，不仅仅意味着北魏政权的覆亡，从艺术维度来看，洛阳城及其宫殿社稷、塔庙、园林等被毁，直接导致了都城及城内建筑艺术作品的消亡；从政治维度来看，北魏洛阳所代表的北朝政权正统形象遭到直接破坏；从民族与文化融合的维度来看，既展现了胡汉民族融合的复杂性，又体现了多元文化融合过程中的冲突；从生存美学维度来看，北魏洛阳生存空间的破坏，不仅直接让居住者流离失所，而且粉碎了洛阳所代表的审美生存理想。简言之，北魏都城洛阳被毁的过程，也即它所承载的政治价值、文化价值、艺术价值等多元价值被毁的过程。针对个体维度而言，对杨衒之则是意味着他与洛阳之间情感纽带的断裂。他对洛阳这个特定“地方”的情感，随着洛阳沦为丘墟而发生了彻底转向。

二、北魏洛阳丘墟的构成与气氛

杨衒之再次回到洛阳的时间，距离东魏和西魏在洛阳的战争结束不久。所以，他看到的乃是被迁都故意拆毁和数度战争摧毁之后的洛阳。杨衒之在《洛阳伽蓝记·序》中，先是描述北魏洛阳繁荣甚至是奢华的景象，紧接着笔锋一转，切入到它从盛入衰、沦为丘墟的惨状。如果说“永熙多难，皇舆迁邺”一句，用极简的文字道出了北魏末期政局的动荡最终导致政权覆亡、东魏迁邺，造成对洛阳的破坏，是在讲述历史事件，那么，再次回到故都的记述，便是重返历史现场，从而得以记述北魏洛阳沦为丘墟之后

① ［北齐］魏收：《魏书》，中华书局，2011 年，第 306 页。

的破败荒芜之象：

> 至武定五年（547），岁在丁卯，余因行役，重览洛阳。城郭崩毁，宫室倾覆。寺观灰烬，庙塔丘墟。墙被蒿艾，巷罗荆棘。野兽穴于荒阶，山鸟巢于庭树。游儿牧竖，踯躅于九逵；农夫耕老，艺黍于双阙。《麦秀》之感，非独殷墟；《黍离》之悲，信哉周室！京城表里，凡有一千余寺，今日寮廓，钟声罕闻。[①]

由“重览洛阳”可知，杨衒之在洛阳为官生活时曾经观览过洛阳，这次路过故都、面对洛阳丘墟，是再一次观览。只是他本人已经由北魏官员、洛阳空间的居住者，转变为东魏官员、洛阳空间的路过者；他的情感已经由身居“天下之中”“地理之中”“政治之中”“文化之中”的都城洛阳的自豪之情，转变为目睹故都建筑被毁、景象迥异的慨叹之情；洛阳空间早已不再是佛塔鳞次栉比、佛寺棋布星罗、宫殿巍峨壮丽和人群熙熙攘攘的盛世繁华洛阳物体系，而是转变成为丘墟洛阳物体系。对此，杨衒之进行了总括概览：崩毁坍塌的城郭，断壁残垣的宫殿，焚为灰烬的寺观，毁为废墟的塔庙等具有辉煌原生体的建筑组合；残墙破壁上长满的蒿艾野草，里巷街道上到处丛生的荆棘，穴居毁弃石阶的野兽，筑巢废弃庭院树木的山鸟等来自异质空间的动植物组合；在城内交通主干大道徘徊往复的游童牧人，在宫城门前双阙间空地种植庄稼的农夫耕老则是与都城空间相抵牾的场景组合。从洛阳都城丘墟的主要构成描写可知，杨衒之是按照他行役路过洛阳的经历来叙述的，即由外到内的空间顺序：先是眺望崩毁的城郭，接着慢慢走近直至进入城郭之内，观察到已经被毁坏殆尽的宅院、寺庙、宫殿，再到长满野草蒿艾的残墙和荆

① 〔北魏〕杨衒之著，杨勇校笺：《洛阳伽蓝记校笺》，中华书局，2018年，第1页。

棘丛生的道路，最后到荒阶旁穴居的野兽和院落丘墟树木上筑巢的山鸟。他的描写如同摄影镜头从远到近，聚焦成为特写，在空间切换转移中呈现洛阳丘墟的荒凉状况。而“游儿牧竖，踯躅于九逵。农夫耕老，艺黍于双阙”的场景描写，更是凸显出洛阳空间神圣性的荡然无存，进而烘托出洛阳丘墟空间悲哀荒凉的氛围。可以说，通过洛阳丘墟构成物体系的建构与描绘，杨衒之不仅书写出了内心对洛阳丘墟场景的震惊与悲凉之感，而且传达出了洛阳四十年繁华被彻底毁坏之后所自然生成的以悲为情感主基调的丘墟气氛。正是通过满眼繁华到满目疮痍的视觉冲击力，杨衒之的恋地情结慢慢地被激发、凝聚直至升华促生出丘墟审美活动。

在洛阳丘墟氛围的影响下，杨衒之在审美活动展开过程中深切体味到了故国衰亡的悲慨之情。所以，他满怀悲情地写道：“《麦秀》之感，非独殷墟；《黍离》之悲，信哉周室！”面对故都洛阳丘墟，面对被毁坏的宫殿、宗庙等，杨衒之深切体会到箕子朝周经过殷墟面对宫室丘墟时，咏《麦秀》所抒发的哀叹之情；西周旧臣路过旧都镐京面对宗庙宫室丘墟时，作《黍离》所抒发的慨叹之情。或者说，杨衒之在面对洛阳丘墟时，与箕子之于殷墟、周大夫之于宗周城获得了跨越时空的情感共鸣。

在精心书写对洛阳丘墟视觉感知及其所带来的情感变化的基础上，杨衒之通过书写佛寺钟声这一标志性声音的今昔对比，从听觉感知、从声音感受的维度进一步凸显了洛阳丘墟的悲凉气氛，所谓：“京城表里，凡有一千余寺，今日寥廓，钟声罕闻。”鼎盛时期一千多座佛寺骈比罗列、鳞次栉比，隐含的是梵音法乐此起彼伏，而当下却是寺毁殿坏、罕有钟声、冷清凄惨。关于北魏洛阳的佛寺数量，杨衒之提供有一组数字，即西晋时期四十二所，北魏洛阳时期激增至一千三百六十七所，迁都时则骤减至四百二十一所：

“寺有一千三百六十七所。天平元年，迁都邺城，洛城余寺四百二十一所。”[①]鉴于杨衒之是在547年重回故都，十几年间在兵燹破坏之下，洛阳佛寺必定再次大幅减少。唯此，才会出现在空虚宽阔的洛阳很难听到佛寺钟声的现象。这与被西域沙门赞为“佛国”的洛阳相比，乃是天壤之别。可以说，“钟声罕闻”以无形的方式凸显了洛阳都城丘墟的现场感、悲慨情。

如若不局限于丘墟构成物体系的具体物象，转而从丘墟类型来看，北魏洛阳丘墟实际上是由宫殿丘墟、宗庙丘墟、塔庙丘墟、宅院丘墟和井巷丘墟等组成的，是一个丘墟综合体，充分彰显了都城丘墟所具有的典型性、代表性与综合性。但无论何种类型的丘墟，其外在形式都无法带给审美者感知愉悦。因为，就美学维度来看，杨衒之所述及的丘墟构成物象：崩坍毁坏的城郭，倾倒覆毁的宫室，化为灰烬的寺观，废弃空无的佛塔，长满蒿艾的坊墙，布满荆棘的里巷等，都充分表明了丘墟是一种非美的甚至说是丑的审美对象。丘墟构成物在形态上的崩坏、坍塌、断裂、焚毁、颓败、荒芜等，颜色上的晦暗、反差、冲突等，声音上的孤寂、悲凉等，内在决定了丘墟环境气氛是以“悲”为主的基调。尤其是对于杨衒之而言，拥有在洛阳丘墟的原生空间——盛世繁华洛阳的生存经验，当他置身洛阳丘墟环境之中时，往盛今衰的强烈对比，悲哀、冷清、凄凉的丘墟环境气氛，

---

① 〔北魏〕杨衒之著，杨勇校笺：《洛阳伽蓝记校笺》，中华书局，2018年，第259页。关于此句的注解，需要说明的是：杨勇在《洛阳伽蓝记校笺》中说：“一千三百六十七，与《序》云数目大同。按自高祖太和十七年初都洛邑，城郭寺舍，数约五百，见《任城王澄传》。至天平元年迁邺，洛阳余寺唯四百二十一所。其间相隔不过十六年，寺舍减损如此，兵燹之害，亦可见矣。”（第260页）但这里并未具体指出“其间相隔不过十六年”何意，也没有说清楚洛阳佛寺在什么时间减损如此之多。范祥雍在《洛阳伽蓝记校注》中解释说：“本书《序》言‘京城表里凡有一千余寺’，可以互证。按神龟元年（518）任城王澄奏称：‘都城之中及郭邑之内，检括寺舍，数乘五百。’推算至天平元年（534）仅十六年，僧寺增加，超过一倍，可见当时信奉佛教之盛。”（〔北魏〕杨衒之著，范祥雍校注：《洛阳伽蓝记校注》，上海古籍出版社，2009年，第351页）结合任城王元澄上表旨在限制佛寺建设，但并没有实现的史实，可知，洛阳佛寺在518年至534年之间最多时为一千三百六十七所，然后可能受兵祸影响大幅减损。如据《北齐书·李玙传》所载，迁都邺城时，他负责“撤运宫庙材木”，洛阳佛寺应当在迁都过程中损毁较为严重。所以，杨衒之说534年迁邺之后，洛阳余寺四百二十一所，应是旨在强调迁都、战乱对佛寺的破坏之甚。

极易激发他内心深处的恋地情结，进而转入丘墟审美状态。

三、杨衒之洛阳现场丘墟审美的展开

虽然北魏洛阳丘墟及其生成的以悲为主的气氛，为洛阳丘墟审美的激发提供了现实基础，但并非所有的洛阳丘墟亲历者、目睹者都能够开启审美活动。审美者的文化素养、人生阅历以及与丘墟原生体、原生空间的情感关联等，也会影响丘墟审美的激发与展开。针对杨衒之来看，他在洛阳居住为官生活，得以对都城进行细致入微的观察、了解。由此，他积累并掌握了洛阳的地理、历史、建筑、民俗、逸闻等多方面的知识，对洛阳形成深度认知与理解，从而使他与洛阳之间建构起深厚的情感关联。随着他离开都城，这种情感关联在时间推移中进一步沉淀，并在对洛阳的魂牵梦绕中升华为恋地情结。而武定五年（547），杨衒之受命重返洛阳的这一年，也恰恰是东魏邺南城主体营建工程基本完工的一年。虽然无从考证杨衒之是从何地出发途经洛阳，但他应当知道营建邺南城的很多原料是以拆毁洛阳为代价的。因为杨衒之明确记述了东魏将《石经》从洛阳搬运至邺城："武定四年（546），大将军迁《石经》于邺。"[①] 这与《魏书·孝静帝纪》的记载是一致的："（武定四年）八月，移洛阳汉魏《石经》于邺。"[②] 同时，邺南城在城市规制上深受北魏洛阳影响，甚至是进行了部分复制。这在无形中会让本就对洛阳怀有深情的杨衒之更加怀恋故都。当杨衒之在牵挂中得以重返洛阳，并置身早已沦为断壁残垣、凄惨荒凉的洛阳丘墟空间之中时：一方面，东魏新都邺城与北魏洛阳丘墟之间一盛一衰的现实对比，容易让他内心产生巨大的情感波澜；另一方面，到处都是颓败萧瑟的洛阳

① 〔北魏〕杨衒之著，杨勇校笺：《洛阳伽蓝记校笺》，中华书局，2018年，第144页。

② 〔北齐〕魏收：《魏书》，中华书局，2011年，第308页。

丘墟景象，往盛今衰的强烈对比，使他很容易感受到洛阳丘墟的悲凉气氛，被其浸染并融入其中。于是，杨衒之在多种情感的作用下，与洛阳丘墟融为一体，在超越个人情感的过程中，在凭吊故都盛世辉煌的过程中，在感慨历史变迁的过程中，开启了丘墟审美。

在杨衒之丘墟审美活动展开过程中，洛阳丘墟对于他而言，并不是一个对象性的存在，而是一个具有特殊情感关联的审美场域。杨衒之自然也并非置身于洛阳丘墟空间之外，而是一种身体性的在场，与洛阳丘墟是一种共在关系。这便注定了杨衒之对洛阳丘墟空间的感知方式，不是审美静观式的视觉为主、听觉为主或者视听为主，而是全身心投入其中的以"体"去验、去感知。由他在《洛阳伽蓝记·序》中的描写可知，在感知洛阳丘墟空间过程中，有对崩毁的城郭、倾覆的宫室等的视觉感知，有对"钟声罕闻"的听觉感知，有对与"《麦秀》之感""《黍离》之悲"相通的洛阳丘墟气氛的身体整体性感知。同时，由于洛阳丘墟空间的空旷性，杨衒之的感知方式主要是一种历时性的散点的审美流观，间或有驻足细览的审美静观。这种在洛阳丘墟空间内游走、观察视角俯仰变化的流动性观赏，通过杨衒之的记述可以清晰想见：他沿着北魏洛阳之官道，望着崩毁的城郭、城郭内外化为灰烬的寺观和废弃的庙塔；进入内城，沿着作为"九逵"的主干道，经过荒凉的街巷，到达宫城双阙、宫殿，途中看到的有牧竖之游儿、艺黍之农夫耕老等。而荒阶旁的野兽巢穴与庭树上的鸟巢，既展现了杨衒之仰观俯察式的视角变化，又体现了他"重览"观察的细致。事实上，他在洛阳丘墟空间从外到内深入的位移过程，是洛阳丘墟气氛从弱到强的过程，是他诉诸"身体"感知、移动体验丘墟空间生成审美事象的过程，也是他激发恋地情结、在审美感知中实现审美还原与超越并重构洛阳审美意象的过程。

因此，杨衒之对洛阳丘墟空间的审美感知，就现实基础层面而言，受到了洛阳丘墟现场特征的内在制约，相应地也被赋予并彰显出现场丘墟审美感知的特征。首先，洛阳丘墟的今昔盛衰对比，增强了杨衒之对丘墟悲慨气氛的审美感知。洛阳丘墟，在杨衒之亲临时并未化为虚空，是一个现场性的存在。而杨衒之本人曾目睹盛世辉煌之洛阳，今又遍观颓毁残败之洛阳，这种双重亲历的经验使他于悲痛中在美好记忆与残酷现实之间不断切换。在回忆里，鳞次栉比的佛寺，壮丽巍峨的佛殿，竞相摹写佛陀形象、佛国之景；森然罗列的佛塔，塔刹高耸入云，奢丽之状，难以言表。在现实中，则比比皆是焚毁化为灰烬的寺观，拆毁崩塌的佛殿，沦为丘墟的佛塔。记忆与现实、往昔与当下的强烈反差对比，必然会加剧杨衒之内心的悲痛之情。在洛阳丘墟的构成物中，作为有原生体的城郭、宫室、寺观、庙塔、里巷、宅院等，惨遭毁坏，所展示、所诉说的是故都的颓败；而原本与都城空间相异质的游童牧竖、农夫耕老、蒿艾、荆棘、庄稼、野兽、山鸟、被放牧的家畜等，则是反衬、烘托出故都的荒芜。对于杨衒之而言，前者越是趋近于尘土、虚空，越是加剧他内心的悲慨；后者越发展现出强劲的生命力，越反衬出具有神圣性、崇高性的洛阳沦为丘墟之后的颓败，这两者的交织杂糅则促使他个体化的情感升华凝结为独特的家国情怀。所以，杨衒之作为亲历洛阳繁华而又目睹洛阳颓败的在场者、亲临者，在洛阳丘墟氛围的浸染下，更容易开启审美感知并彰显现场丘墟审美的悲慨特征。

其次，洛阳丘墟的价值关联，深化了杨衒之对空间整体的审美理解。关于丘墟的感知，巫鸿曾指出："'墟'则是更多地被想象为一种空旷的空间，在那里前朝的故都曾经耸立。作为一个'空'场，这种墟不是通过可以触摸的建筑残骸来引发观者心灵或情感的激荡：这里凝结着历史记忆的不是荒废的建筑，而是一个特殊的可以感知的'现场'（site）。因此，'墟'不由外部特征去识别，而被赋予了一种主观的实在（subjective reality）：激发情思的是观者对这个空间的领悟。"[1]显然，该论断是基于古迹类丘墟

① ［美］巫鸿著，梅玫等译：《时空中的美术：巫鸿中国美术史文编二集》，生活·读书·新知三联书店，2009年，第37页。

而言的，并不完全适用于杨衒之目睹的北魏洛阳所代表的现场类丘墟。从洛阳丘墟来看，它不仅不是一个“空旷”空间，反而是一个到处都是毁坏废弃建筑残骸的空间；就杨衒之而言，作为亲历者、见证者，洛阳建筑残骸对他具有非凡的意义，承载着他对洛阳的情感与记忆。由杨衒之关于洛阳丘墟的描述可知，他一方面关注到了洛阳空间内的宫殿丘墟、宗庙丘墟、塔庙丘墟和宅院丘墟等具体建筑残骸，另一方面又对洛阳丘墟空间整体进行了观照。这种观照就体现在他对个体情感、对命运反思和抒发的过程中，逐步向对人生、对历史反思的提升。“恐后世无传，故撰斯记”，便是洛阳丘墟现场整体触发他对历史沧桑感怀的明证。借此，杨衒之既交代了撰写《洛阳伽蓝记》的缘由，又表明了审视洛阳丘墟空间的历史维度。所以，在《洛阳伽蓝记》的正文叙述中，杨衒之以诗赋之笔，对北魏洛阳丘墟进行了审美还原，从整体上展现了北魏洛阳的政治价值、历史价值、文化价值和艺术价值等。

最后，洛阳丘墟的现实空间，激发了杨衒之对洛阳繁华的审美回忆。作为一个多次遭到蹂躏摧毁的都城空间，洛阳丘墟并非仅仅是一个破败的物质空间。无论是有着实物载体的被毁弃的城郭、宫殿和庙塔，还是已经被焚毁为灰烬的寺观，都承载着丰富的洛阳都城精神。这些丘墟构成物虽然无法以原生体的壮制丽饰直接呈现洛阳都城精神，却可以诉诸被毁弃后的非美甚至是丑的形态，以无言的方式进行自我言说。杨衒之观览洛阳丘墟过程中，在丘墟气氛的浸染作用下，曾经的人与事、景与物自然会涌入脑海之中。进而，他便可借助审美想象、审美回忆、审美还原来重现洛阳的辉煌。换言之，在亲历者杨衒之的审美观照下，洛阳丘墟跃变成为融历史真实、审美回忆、审美想象为一体的美学空间。该美学空间的具象形态，便是《洛阳伽蓝记》所书写的内容。质言之，《洛阳伽蓝记》是杨衒之在洛阳丘墟审美的激发下，为抒发对洛阳的恋地情结，重现洛阳价值，依托审美回忆所进行的审美书写。

如同《洛阳伽蓝记》自身所展现的那样，杨衒之在直面荒芜悲凉的洛阳丘墟时，并没有局限于自身恋地情结的抒发，而是在洛阳丘墟及其生成的悲慨气氛的作用下，通过对洛阳丘墟现场空间的细微观察和整体把握，基于并超越个人情感，最终形成了对洛阳丘墟空间的反思、对洛阳辉煌的文学再现。对此，王文进曾进行了一段精彩评论："在那烽火四起的时代，庾信也写《哀江南赋》，颜之推也写《哀我生赋》，共同表达了对南方故城的怀念。但是庾、颜二人身陷北国而遥望千里南城，纵然哀肠百转，也仅能止于残碎的回忆，拼凑不出具象的图案。杨衒之的《洛阳伽蓝记》则不然。杨衒之是踏在自己的泥土上，凝视着即将消逝的国都，'恐后世无传，故撰斯记'转而扑身去抢救的，所以无论就空间的具体性、时间的临迫性或是作家感情的充沛性，都是在最丰盈的位置上，完美地交集在一起，也正基于这些因素而造就这部作品千古以来令人着迷的复杂性格：地学家可用她来还原洛阳城的建构尺寸，史学家可用她来探测北魏迁都以后的宫廷政争及风俗民情，文学家则神驰于其华美曲折的文采。"[①]

四、从丘墟洛阳审美事象到繁华洛阳审美意象

在《洛阳伽蓝记》的研究中，杨衒之撰写的序并没有得到充分重视。但就美学维度而论，正是这篇序，揭示了杨衒之创作《洛阳伽蓝记》的审美动因。也即《洛阳伽蓝记》是他洛阳丘墟审美活动的结晶：游走于洛阳丘墟空间的过程，是在丘墟悲慨气氛作用下个体生命存在与洛阳丘墟承载的历史相交汇的过程，是对洛阳恋地情结被激发、在洛阳丘墟审美展开中体悟到人生感和历史感的过程，更是依托洛阳丘墟之物象逐步生成审美事象的过程。正是得益于此，杨衒之基于"恐后世无传，故撰斯记"的历史关怀，在诗

① 王文进编撰：《净土上的烽烟——洛阳伽蓝记》，海南出版社，1998 年，第 5—6 页。

情、赋笔与史识的交织杂糅中，从北魏洛阳城市地理出发，诉诸“合本子注”的书写体例，从而最大限度达成了对北魏洛阳辉煌的文学再现，建构出灿烂的北魏洛阳审美意象。一言以蔽之，杨衒之基于洛阳丘墟物象，在审美活动展开过程中生成洛阳丘墟审美事象，进而诉诸文学创作在《洛阳伽蓝记》中建构出洛阳审美意象。

先看洛阳丘墟审美事象的生成。北魏洛阳是一个规模宏大的都城。杨衒之在《洛阳伽蓝记》中记述：“京师东西二十里，南北十五里。户十万九千余。庙社宫室府曹以外，方三百步为一里。里开四门，门置里正二人，吏四人，门士八人。合有三百二十里。”[①] 虽然里坊数目存在一定的争议（前文已经述及），但洛阳规模之大在汉魏洛阳故城考古发掘中得到了证实：“依据上述考古勘探资料推算，北魏洛阳城外郭城东西约 20 里；若以当时洛河为界，外郭城南北约 15 里。这与历史文献记载的北魏洛阳城‘东西二十里，南北十五里’是一致的。范围极广。在整个外郭城以内，划分为 320 个方形的坊，每坊均四周筑墙，每边长 300 步，即当时的一里。”[②] 俞伟超更是明确指出：“就北魏洛阳的规模而言，其外郭城的长、宽竟均达 10 公里，是近代以前全球所见范围最大的城市。即使当时在外郭城之内还有不少空白地带，但在 1500 年以前出现这样规模的城市规划，毕竟是一个奇迹。”[③] 可见，偌大的洛阳丘墟空间，无论杨衒之当时以何种交通方式进行流动观览，都需要相当长的时间和过程。

相应地，杨衒之对洛阳这个特定地方空间的特殊情感，并不是在远眺洛阳丘墟整体空间时，瞬间迸发出来的。从他在《洛阳伽蓝记·序》中对“重览洛阳”过程的记述可以清晰见出，“《麦秀》之感”“《黍离》之悲”

① 〔北魏〕杨衒之著，杨勇校笺：《洛阳伽蓝记校笺》，中华书局，2018 年，第 259 页。
② 刘庆柱主编：《中国古代都城考古发现与研究》，社会科学文献出版社，2016 年，第 336 页。
③ 俞伟超：《汉魏洛阳故城研究·序》，具体见洛阳市文物局、洛阳白马寺汉魏故城文物保管所编：《汉魏洛阳故城研究》，科学出版社，2000 年。

的情感体验，是在对洛阳丘墟进行审美流观之后才生发出来的。进而言之，杨衒之的亡国之痛、故国之思、人生之慨和历史之叹等复杂情感的激发，是他在目睹故都之城郭、宫室、寺观、庙塔、里巷和宅院等崩塌毁坏的丘墟惨状，目睹野兽穴居、山鸟栖庭、游儿牧竖、农夫艺黍的异质场景之后产生的。显然，杨衒之并非随意选择并描述丘墟建筑残骸的物象。这些丘墟建筑残骸的原生体，是北魏洛阳地标性的建筑，本身承载着丰富的政治价值、宗教价值、艺术价值、文化价值和审美价值等。如外郭城是北魏洛阳将“两重城”发展为“三重城”的标志，宫室是北魏政权的象征，寺观庙塔是北魏崇信佛教的标志等。同时，它们还内蕴着杨衒之本人对北魏洛阳的情感，是他与故都紧密关联的情感纽带。段义孚曾言：“故乡有它的地标，这些地标可能是具有高可见性和公共意义的吸引物，例如纪念碑、神殿、一处神圣化的战场或者墓地。这些可见的标志物可以使一个民族更有意义，它们可以提高地方意识和对于地方的忠诚度。”[①] 显然，杨衒之所选择的城郭、宫室、寺观等，既足以凸显北魏洛阳作为都城的意义，又内在蕴含着他的复杂情感。于此，这些丘墟物象，随着杨衒之观览时间的延续、丘墟气氛浸染力度的增强、恋地情结的激发，最终融会生成了洛阳丘墟审美事象。

从整篇序言来看，杨衒之在洛阳丘墟空间的游走观览，诱发出了深挚复杂的都城恋地情结。同时，透过由盛而衰、今昔对比，又融入了他的生命感受、政治情结与历史意识。由此，具有鲜明叙事性特征的洛阳丘墟审美事象，激发了杨衒之进行审美创造的冲动，促使他运用文学书写方式去再现与铭记北魏洛阳的历史与辉煌。在书写过程中，杨衒之个体性的情感得以抚慰，历史性的观念得以确立，哲学性的反思得以深入，使他不但揭示了丘墟作为一种非美对象的审美价值，而且在洛阳丘墟审美效应的延宕过程中，促成了北魏洛阳审美事象向审美意象的转化。

---

① ［美］段义孚著，王志标译：《空间与地方：经验的视角》，中国人民大学出版社，2017 年，第 130 页。

杨衒之在《洛阳伽蓝记》中，对北魏洛阳的地理空间、标志建筑、政治事件、逸闻趣事、民俗风情甚至是奇珍花木等，如数家珍般地娓娓道来，足以见出他对洛阳观察之细、感情之深。对他而言，北魏洛阳决非一种对象性的存在，而是一种具有情感关联的共在；不是外在于他的物质性空间，而是内化于他的精神家园。依据罗伯特·塔利关于文学绘图的解释："一些作家或文本比其他人更明确地表现出地理特征（例如旅行叙事），但在我看来，所有文本都是各种形式的文学绘图，其中，绘制的空间不仅包括地形或建筑，还包括我们自己和我们的共同体。因此，精确的街道、山峰或河流并不是文学绘图最重要的方面，更重要的是文本塑造的整个世界或使整个世界变得更有意义的方式。"[①] 从《洛阳伽蓝记》的内容可以直接见出，杨衒之关于北魏洛阳的文学绘图，远远超出了描绘北魏洛阳地理空间本身，实际建构的是一个审美化的北魏洛阳生存世界。这个融民族共同体、文化共同体和审美共同体为一体的生存世界，是以伽蓝为坐标、基于北魏洛阳城市地理展开的。但杨衒之并没有采取一般地志类限于地理记述本身的方式，而是在选择寺院、里巷、宅院等时，无形中有机融入了个人情感与审美选择的元素，同时基于地理向政治、历史、宗教、文化和艺术等维度敞开。在洛阳丘墟审美的激发下，杨衒之通过对洛阳城市地理的审美选择与定位，以赋笔兼容诗情与史识，最终在多元敞开的审美地理书写中营构了北魏洛阳审美意象。

北魏洛阳丰富的象征性意涵，推动了洛阳审美意象的生成。第一，北魏政权将都城从平城南迁至洛阳，一个重要动因就在于洛阳自然地理空间及文化内涵所具有的象征价值：是"天下之中"，是"岳域之中"，也是"华夏之中"。所以，"光宅嵩洛"，以洛阳为都城，本身就是政权作为天下正统的象征。第二，北魏洛阳直接建在周之成周城、东汉曹魏西晋之洛阳

---

① 朱立元、陆扬、罗伯特·塔利：《关于空间理论和地理批评三人谈》，《学术研究》2020 年第 1 期。

的旧址上，象征着对华夏正统的空间承续。这还意味着北魏洛阳在城市建设上，有效承接了先前的“洛阳意象”，具备了成为理想都城的可能。第三，北魏洛阳在规划建设中，诉诸建筑布局进一步区隔出了象征神圣的空间。如沿用“太极殿”名称与规制，以其作为皇权权威的象征，并象征对曹魏西晋正统的延续；沿用并强化曹魏以来的“单宫制”，通过宫城布局、轴线原则进一步强化皇权的神圣空间；由“前朝后市”改为“前市后朝”，推行并规范里坊制，进一步规范生活秩序。正如段义孚所言：“更为重要的是，城市本身就是一个象征物。首先，传统的城市象征着卓越的人造秩序，与其对照的是地球上的自然界的混沌力量。其次，它代表了一种理想的人类社会。……古代城市所获得的不朽性就体现在它们被视为有卓越的秩序上。雄伟的城墙和城门划分出了神圣空间。”① 作为都城的北魏洛阳，更是赋予各式建筑以鲜明的象征意义，并依据“壮丽重威”的审美原则诉诸建筑形制彰显其象征内涵。而杨衒之对洛阳的恋地情结，本就包蕴着对洛阳文化正统、政权合法性、都城地理空间象征意义等的认同。这些内容在《洛阳伽蓝记》中，也以地理空间布局记述、历史事件、逸闻趣事等多种形式表现出来。由此，北魏洛阳价值得以从实用维度向象征维度的提升，从而为北魏洛阳审美意象的生成奠定了基础、提供了路径。

北魏洛阳审美意象的生成，具有丰富的艺术支撑。北魏洛阳，作为中国都城发展史上的坐标，不仅自身就属于伟大的“艺术作品”，而且容纳见证了北魏时期文学艺术创造所能达到的最高成就。由礼制建筑与佛教建筑代表的建筑艺术，前者强调以壮制丽饰凸显皇权权威，后者注重以宏壮奢华彰显佛国境界，但都展现出奢丽、威严与崇高的审美追求。由皇家园林、私家园林和佛寺园林构成的园林艺术，具有“富贵园”的审美特质，并引入“有若自然”的原则追求自然本真之美，在洛阳发挥着美化居住环境的

---

① ［美］段义孚著，王志标译：《空间与地方：经验的视角》，中国人民大学出版社，2017年，第143页。

作用。它们又与各类建筑共同塑造了洛阳壮丽的感性形象，同时凭借着对洛阳生存空间的区隔为审美化生存奠定现实基础。特别是佛寺建筑，一方面为音乐、百戏、魔术等表演提供了空间，另一方面为普通百姓、一般文士等游园聚会提供了场所，使得佛寺园林的游园赋诗成为元氏皇室成员组织的宴饮赋诗活动之外的重要文学活动形式。由此，文学、音乐、舞蹈、百戏等艺术形式，可以说是丰富了洛阳的日常生活，诗化了洛阳的生存空间。当以国家元旦庆典、佛教行像为代表的节庆民俗活动展开时，不仅使得雕塑、绘画、音乐、舞蹈、百戏、手工技艺等艺术形式都得到充分展示，而且能够调动从皇帝公卿大臣到名僧信徒再到普通百姓的洛阳居民，将整个洛阳空间转化为一个审美空间。据此，各种艺术之所以能够催生北魏洛阳审美意象，根本在于它们所诱发的审美活动，使都城价值实现了从实用到象征再到审美的跃升，推动了多元审美观念在洛阳空间内的碰撞与融合，进而提升了关于洛阳空间的审美生存理想。

概言之，杨衒之笔下的北魏洛阳审美意象具有多维度的内涵：在政治维度呈现为华夏正统，在伦理维度展现为德政文教，在宗教维度被赞誉为佛国境界，在审美维度彰显为理想家园。它在生成过程中，呈现出开放、包容、昂扬的审美特质。所谓开放，指北魏洛阳无论在现实层面还是在精神层面，都处于敞开状态。以孝文帝为代表的自愿主动华夏化的胡族权贵，并没有因为坚守北方草原审美文化或者刻意复古继承中原传统审美文化，而对外来审美文化、江南审美文化持封闭、抵制态度。这种开放的精神，促使多元审美观念在北魏洛阳空间由冲突、交流走向融合，最终抟合成为新的审美观念。所谓包容，指北魏洛阳在现实与精神层面，都吸纳、融会了源自不同文化的内容，同时又并非杂糅，而是以中原文化审美观念为主体，抟合其他审美观念。所谓昂扬，则是指北魏洛阳在都城规建上展现出生机勃勃的城市面貌，北魏洛阳士人在现实中展现出昂扬奋进的精神风貌，北魏政权在正统塑造中展现出志向远大的天下观。因此，从文学审美的维度整体审视《洛阳伽蓝记》，它的审美价值并不局限在“秾丽秀逸”的审美风格，更重要的在于建构生成了北魏洛阳审美意象。

五、杨衒之的家国情怀

杨衒之在《洛阳伽蓝记·序》中用《麦秀》《黍离》作比表达观览洛阳丘墟的感受，其实已经直接言明他的情感并非局限于个体，而是关乎家国兴亡，展现出了深挚的家国情怀。而他家国情怀最直接、最具体的表现，便是通过书写来避免北魏洛阳的辉煌被湮没在历史长河之中，谋求后人借助《洛阳伽蓝记》的记述重返历史现场，重识北魏洛阳的壮丽奢华。因此，杨衒之虽是以记述“伽蓝”为主题，实则将自己的家国情怀倾注到了所记述的建筑、政治事件、人物、奇闻异事和地理风俗等之中，抒发出对北魏洛阳融自豪感、历史感与崇高感为一体的复杂情感。

（一）书写北魏洛阳成就的自豪感

杨衒之家国情怀的审美表达，始于洛阳丘墟审美，却并不局限于抒发家国衰亡之情，家国兴盛之情亦是抒发的重要内容。因为杨衒之对洛阳恋地情结的生成得益于洛阳的兴盛繁华，而他撰写《洛阳伽蓝记》所要铭记的也正是兴盛繁华之洛阳。这从杨衒之整个丘墟审美表达的演进过程也可见出：在《洛阳伽蓝记·序》中，直抒胸臆，以简洁精练的文字抒发积郁胸中的悲慨之情、家国之痛；在《洛阳伽蓝记》正文部分，则淋漓尽致地抒发了北魏洛阳兴盛繁华带给他的自豪感。

第一，关于北魏洛阳作为华夏正统的自豪感。杨衒之在具体叙述展开过程中，关于洛阳的整体形象，在通过对都城规模、里坊数量、城门位置与数量等客观记述勾勒洛阳壮美形象的同时，借助萧梁陈庆之出使北魏返回建康之后称赞洛阳“帝京翼翼，四方之则”[①]，从宏观维度直接赞美了洛阳布局规整、规模宏大。必须特别指出的是，陈庆之的赞美暗含着洛阳对建康的超越，展现出杨衒之对洛阳城市规建的自豪。同时，杨衒之还借助陈庆之与杨元慎的论争表达了对洛阳作为正统的自豪感，如一方面是杨元慎对洛阳正统的自信与维护：“我魏膺箓受图，定鼎嵩洛，五山为镇，四海为家。移风易俗之典，与五帝而并迹；礼乐宪章之盛，凌百王而独高”[②]；另一方面则是陈庆之对洛阳礼乐教化成就的认同：“昨至洛阳，始知衣冠士族，并在中原”[③]，以及他对洛阳审美风尚的效仿，“庆之因此羽仪服式，悉如魏法。江表士庶，竞相模楷，褒衣博带，被及秣陵”[④]。可见，字里行间都洋溢着杨衒之对北魏洛阳礼乐教化成就的自豪感。另外，杨衒之以“皇魏”称北魏、以“伪齐”称萧齐，虽然只是称谓上表明他对元氏政权的认同，实际上隐含着对洛阳建设成就的认同与自豪。基于此，杨衒之在叙述中多次述及从南入北者的归附、西域商人在洛阳的归化、北夷“春去秋来”的侍子等，流露出他对洛阳正统地位的自豪感。

第二，关于北魏洛阳作为佛国世界的自豪感。《洛阳伽蓝记》虽被认为是杨衒之假借伽蓝之名，来记载北魏洛阳历史、书写北魏洛阳，但实际上他从佛寺数量、佛寺建筑、僧人、佛经翻译和佛事活动等诸多方面记述了洛阳佛教发展盛况，并流露出对北魏洛阳被赞誉为佛国的自豪感。在杨衒之笔下，佛寺棋布星罗，壮丽无比，堪与宫城建筑媲美；佛塔骈比罗列，且高耸入云；佛寺园林或精巧自然，或富贵奢丽。佛寺建筑不仅佐证了北魏在佛殿、佛塔、塑像、园林等营造方面技术与艺术水平之高，而且凸显了佛教信仰在洛阳空间内的地位。如永宁寺浮图被菩提达摩认为达到了“极

① 〔北魏〕杨衒之著，杨勇校笺：《洛阳伽蓝记校笺》，中华书局，2018年，第121页。
② 〔北魏〕杨衒之著，杨勇校笺：《洛阳伽蓝记校笺》，中华书局，2018年，第120页。
③ 〔北魏〕杨衒之著，杨勇校笺：《洛阳伽蓝记校笺》，中华书局，2018年，第121页。
④ 〔北魏〕杨衒之著，杨勇校笺：《洛阳伽蓝记校笺》，中华书局，2018年，第121页。

佛境界”；盛大威严的行像活动，使洛阳被西域僧人赞誉为“佛国”。可以说，佛寺建筑的奢丽威严，充分凸显了洛阳在佛教信仰中的崇高地位。杨衒之还借助从未到过洛阳的西域乌场国国王进一步佐证洛阳佛教发展成就：乌场国国王“闻太后崇奉佛法，即面东合掌，遥心顶礼”，在听完宋云介绍北魏情况后说：“若如卿言，即是佛国；我当命终，愿生彼国。”[①] 而佛寺建筑直接呈现的是佛教信仰在洛阳的发展，与其相适应或相伴随的是高僧云集，如有菩提达摩、菩提流支、昙摩罗、僧超、慧光、道荣等中外大德。他们不仅直接代表着洛阳作为佛教传播中心在思想方面的地位与成就，而且的确推动了佛教信仰和佛经翻译在洛阳的迅速发展。如杨衒之在述及昙谟最时曾言：“比丘昙谟最善于禅学，讲《涅槃》《华严》，僧徒千人。天竺国胡沙门菩提流支见而礼之，号为菩萨。……流支读昙谟最《大乘义章》，每弹指赞叹，唱言微妙，即为胡书写之，传之于西域。西域沙门常东向遥礼之，号昙谟最为‘东方圣人’。”[②] 可见，昙谟最在佛教思想传播方面取得了巨大成就，尤其是《大乘义章》被翻译为胡语西传和昙谟最被奉为“东方圣人”，暗含着杨衒之对洛阳佛教地位的自豪感。

第三，关于北魏洛阳作为乐居空间的自豪感。在杨衒之心目中，鼎盛时期的北魏洛阳是生存的理想空间。具体言之：(1) 从日常生活环境来看，规划整齐的里坊制、前市后朝的市场布局、以类相从的行业集中制和里坊人口分类制等，使得洛阳拥有了一个社会治安良好、市场交易集中、行业交流方便和人口管理便捷的社会生活环境；佛寺园林与私家园林的大量营建，道路两侧与里坊内外的植被绿化，洛水、伊水，特别是谷水对都城水系景观的营造，使得洛阳拥有了一个优美的自然生活环境。(2) 从都城交通来看，杨衒之明确记述了洛阳城门沿用三道九轨的规制，宫城阊阖门

---

① 〔北魏〕杨衒之著，杨勇校笺：《洛阳伽蓝记校笺》，中华书局，2018 年，第 226 页。

② 〔北魏〕杨衒之著，杨勇校笺：《洛阳伽蓝记校笺》，中华书局，2018 年，第 210 页。

至宣阳门、东阳门至西阳门两条作为轴线的御道，以及里坊四面开门等，都展现出都城内交通顺畅有序，加之以原有的洛阳对外交通网络，在陆路方面可谓四通八达；同时，还载述了洛水的交通功能，说明北魏对水路交通网络的重视。（3）从商业经济来看，宣武帝、孝明帝时期，北魏经济相当繁荣。以元琛私家府库为例："复引诸王按行府库，锦罽珠玑，冰罗雾縠，充积其内。绣缬、䌷绫、丝彩、葛越、钱绢等，不可数计。"[①]元氏皇室成员之所以在华夏化过程中走向了生活腐化，失去了质朴、昂扬、刚健之作风，重要原因之一就在于北魏整体国力的提升与经济的发展，使他们具有了腐化的可能："于时国家殷富，库藏盈溢，钱绢露积于廊者，不可较数。"[②]因此，洛阳佛寺建筑与公卿府邸普遍呈现出奢丽的审美风格。除发达的建筑业外，杨衒之还关注到了粮食加工业、屠宰业、酿酒业等多个行业，并记载了北魏洛阳与西域各国通过丝绸之路商贸往来的盛况。（4）从精神生活来看，在信仰方面既有儒家礼乐教化所推动的祖先神与自然神崇拜，又有佛教信仰、道教信仰、北魏草原文化信仰等，可谓多元杂糅；在日常文化娱乐方面，调音里与乐律里在整体上见证了音乐舞蹈艺术的蓬勃发展，而佛寺空间内的宗教音乐、百戏、魔术和杂技表演等，则具体展现了艺术审美对日常生活的提升。简言之，在杨衒之心目中，北魏洛阳是一个环境优美、交通便利、经济繁荣、信仰丰富与审美多元的理想生存空间。

（二）反思北魏洛阳兴废的历史感

北魏时期的洛阳，经历了一个从丘墟到繁华都市再复归于丘墟的过程。杨衒之所重点书写的，是洛阳作为北魏都城四十年间的兴盛历史。可以说，

---

① 〔北魏〕杨衒之著，杨勇校笺：《洛阳伽蓝记校笺》，中华书局，2018年，第191页。

② 〔北魏〕杨衒之著，杨勇校笺：《洛阳伽蓝记校笺》，中华书局，2018年，第192页。

他撰写《洛阳伽蓝记》的过程，是他重现洛阳辉煌、建构洛阳意象的过程，也是他对洛阳被毁进行现实批判与历史反思的过程。由此，从历史维度来看，《洛阳伽蓝记》的内容便是由再现与重构历史、反思与批判历史构成的。因为杨衒之是在洛阳丘墟完全湮没于历史长河之前必须进行载录铭记的清醒历史观念下，通过撰写《洛阳伽蓝记》来承担历史责任的。在具体落实过程中，他在秉持自己历史价值观念的基础上选择史料、确定内容。这使得《洛阳伽蓝记》可作为“拓跋别史”，“补正史之不足”，呈现出丰富多元的历史价值。但杨衒之并没有直接表明自己的历史观，而是借助赵逸对历史的评价表达出来：

> 自永嘉已来二百余年，建国称王者十有六君，皆游其都邑，目见其事。国灭之后，观其史书，皆非实录；莫不推过于人，引善自向。苻生虽好勇嗜酒，亦仁而不煞。观其治典，未为凶暴；及详其史，天下之恶皆归焉。苻坚自是贤主，贼君取位，妄书生恶。凡诸史官，皆是类也。人皆贵远贱近，以为信然。当今之人，亦生愚死智，惑已甚矣。[①]

在此，杨衒之表达了对史书历史书写的质疑，通过“目见其事”的赵逸批评了史官写史“皆非实录”的现象，批评了历史反思中存在的“推过于人，引善自向”的现象。这实则暗示并表明了他对北魏洛阳时期历史的书写，是基于自己“见证人”的身份，坚持秉笔直书的原则载录史实的；同时，作为北魏旧臣的他，会以史家应有之客观态度，梳理北魏政权覆亡、洛阳沦为丘墟的历史成因。正是杨衒之坚定的历史信念和敏锐的历史意识，使得《洛阳伽蓝记》超出了一般地志的书写内容而向历史及多元内容敞开，

---

① 〔北魏〕杨衒之著，杨勇校笺：《洛阳伽蓝记校笺》，中华书局，2018 年，第 89 页。

进而通过所载述的内容，展现出他对家国兴亡的深度反思。

第一，关于佛教兴盛的反思。杨衒之从洛阳具体佛寺建筑空间出发书写历史，使地方空间与历史时间有机结合在一起，赋予了《洛阳伽蓝记》以“信史”的特征和坚实的历史感。以永宁寺为例，在自熙平元年（516）创立至永熙三年（534）损毁及荒芜废弃的短暂历史时段内，它见证了一系列影响北魏兴亡的重大历史事件：尔朱荣率兵进入洛阳并驻扎于此；元颢聚兵于此；尔朱兆囚禁庄帝于此等。如果说永宁寺的兴建是北魏国力昌盛的标志，那么，永宁寺浮图被雷击焚毁便是北魏政权风雨飘摇及至灭亡的象征。所以，杨衒之关于永宁寺的记述，一方面通过壮制丽饰的永宁寺佛塔毁于火灾，从物的维度展现出兴衰的历史感；另一方面，则是通过与永宁寺紧密关联的重要历史事件的记述，从事件的维度呈现北魏政权从兴盛走向衰亡的历程。在整部《洛阳伽蓝记》中，杨衒之重在记述佛教建筑艺术的灿烂辉煌，极少具体记述寺院建筑被毁状况。对此，诚如曹道衡所言：“《洛阳伽蓝记》中写到当年佛寺的壮丽，不无赞叹之辞，而写到后来的荒废，又有凄凉伤悼之感”，“杨衒之作《洛阳伽蓝记》，其目的主要不在反对佛寺壮丽，而是反对王公们‘不恤众庶’”[①]。也即，在佛教建筑兴盛的背后潜藏着深刻历史现实，有普通百姓的劳役赋税之苦，有勤于礼佛而荒于理政所导致的军事力量羸弱，有大肆营建佛寺所导致的礼乐教化迟滞等。而杨衒之先在序中交代洛阳“凡有一千余寺，今日寥廓，钟声罕闻”，后又在全书结束时强调“寺有一千三百六十七所。天平元年，迁都邺城，洛城余寺四百二十一所”，两次以佛寺数量对比的方式揭示洛阳的兴废存亡，可谓在感叹佛寺盛衰多寡的同时，也在慨叹历史本身。

第二，关于历史人物的反思。如前所述，杨衒之在《洛阳伽蓝记》中记

① 曹道衡：《关于杨衒之和〈洛阳伽蓝记〉的几个问题》，《文学遗产》2001 年第 3 期。

载并塑造了二百多个人物形象，其中不乏与洛阳兴废、政权兴亡密切关联的重要人物。他不仅记述了与他们相关的重要历史事件，甚至为他们撰写小传，并将自己的历史评价隐含其中，如常景、温子升、邢子才等。若以《魏书》作为参照，通过记载内容选择、评价用语等的比较，可清晰见出《洛阳伽蓝记》所隐含的杨衒之的史家精神。诚如王文进所分析的：通过对温子升记述评价的差异，展现在“一笔两写”中，杨衒之对温子升真实形象的还原和对高氏霸府的批判，彰显出他的史家批判精神；通过对广陵王元恭两件小事记述的差异，展现杨衒之对春秋笔法的运用。[①] 以杨衒之关于元恭释放华林园禽兽的记述为例：“普泰元年，广陵王即位，诏曰：‘禽兽囚之则违其性，宜放还山林。’狮子亦令送归本国。送狮子胡以波斯道远，不可送达，遂在路杀狮子而返。有司纠劾，罪以违旨论。广陵王曰：‘岂以狮子而罪人也？’遂赦之。”[②]《魏书》对此并未记载，但从中可知：元恭尊重动物生活于山林之中的自然本性，尤为难得，而不以杀害狮子追究人之罪，更显示出其仁爱之心。但他并不能够扭转北魏长期积累下来的政治与军事困境，难逃被废而死的命运。杨衒之凭借对所掌握史料的巧妙剪裁，在记述北魏洛阳时期重要政治人物的过程中，表达了自己在国破家亡之后的深度省思。

第三，关于礼乐教化的反思。杨衒之对洛阳的认同源自北魏政权在“人的自觉”与“文的自觉”两个方面所展现出来的努力与成效，也即拓跋鲜卑作为胡族对个体华夏化的追求和北魏作为胡族政权对礼乐制度建设、对文教的追求。他在《洛阳伽蓝记》中虽未正面直接记述北魏洛阳礼乐制度建设、礼乐教化实施状况，却通过都城布局、礼制建筑营建、元氏皇室成员等的记述进行了展现。以孝文帝元宏为例，杨衒之重在记述他对洛阳营建、

---

① 王文进编撰：《净土上的烽烟——洛阳伽蓝记》，海南出版社，1998 年，第 72—78 页。

② 〔北魏〕杨衒之著，杨勇校笺：《洛阳伽蓝记校笺》，中华书局，2018 年，第 155—156 页。

文化建设和礼乐正统塑造等方面的功绩，而并未述及他征伐萧齐对洛阳礼制建设完善的影响。特别是通过对孝文帝与宣武帝、胡太后、孝明帝等记载的比较中可知，杨衒之在孝文帝有关记述中明显流露出一种家国自豪感。当然，这背后也潜藏着杨衒之对故国灭亡、故都荒废的伤感和对东魏北齐胡风盛行的不满。对此，王文进曾言："杨衒之的确将高祖视为文化的象征，所述之事皆与典章文物有关，丝毫未涉及有关政事之笔。由此可以看出杨衒之心目中的洛阳太和时期，尽是一片文物雍容景象。东魏北齐之际，高氏父子在文化上有反汉归胡的倾向，杨衒之屡次点染孝文帝的文雅风范，应该有他对文化的感伤在内。"① 而在杨衒之关于胡太后的记载中，大多与佛教有关，如立永宁寺、登永宁寺浮图，营建秦太上君寺与秦太上公西寺，起景明寺浮图和冲觉寺浮图等，佛寺与佛塔越发奢丽，越是意味着大量人力、物力、财力被用于佛教建筑而不是礼乐教化，暗指她对礼乐教化的不重视。

第四，关于国家兴亡的反思。杨衒之关于北魏政权覆亡的痛心，可从他在《洛阳伽蓝记》中多次记述迁都邺城的细节见出：

> 暨永熙多难，皇舆迁邺，诸寺僧尼，亦与时徙。②
>
> 至（永熙三年）（534）七月中，平阳王为侍中斛斯椿所使，奔于长安。十月，而京师迁邺。③
>
> 明年（永熙三年）（534）七月中，帝为侍中斛斯椿所使，奔于长安。至十月终，而京师迁邺焉。④
>
> 永熙三年（534）秋，忽然自去，莫知所之。其年冬，而京

---

① 王文进编撰：《净土上的烽烟——洛阳伽蓝记》，海南出版社，1998 年，第 89 页。
② 〔北魏〕杨衒之著，杨勇校笺：《洛阳伽蓝记校笺》，中华书局，2018 年，第 1 页。
③ 〔北魏〕杨衒之著，杨勇校笺：《洛阳伽蓝记校笺》，中华书局，2018 年，第 17 页。
④ 〔北魏〕杨衒之著，杨勇校笺：《洛阳伽蓝记校笺》，中华书局，2018 年，第 110 页。

师迁邺。[①]

天平元年（534），迁都邺城，洛阳余寺四百二十一所。[②]

“迁邺”，便意味着洛阳遭弃被毁，意味着国破家亡。而反复述及“迁邺”，不仅流露出杨衒之的无奈、悲痛，更可见出他对洛阳的情之切、爱之深。但作为东魏官员的他，又不能酣畅淋漓地表达自己的悲愤之情，只能以曲笔反复记述并表达自己的悲痛与深思。如在记述与胡太后相关的政治事件时，主要是批评她对北魏政治造成的混乱，导致政权遭受沉重打击，直至覆亡。而在导致北魏覆亡的主要政治事件“河阴之变”的记述中，杨衒之直接指出了尔朱荣发动“河阴之变”、诛杀朝臣给北魏政权和洛阳带来的影响，杨衒之记述说：“于时新经大兵，人物歼尽，流迸之徒，惊骇未出。……二十日，洛中草草，犹自不安，死生相怨，人怀异虑。贵室豪家，弃宅竞窜；贫夫贱士，襁负争逃。”[③]不难看出，字里行间充满了他对尔朱荣强取豪夺、滥杀无辜的批判，对北魏政权由盛而衰的担忧。当然，杨衒之在记述中也有较为直接的态度流露，如关于孝武帝元脩，直接说“永熙元年，平阳王入纂大业”[④]。“入纂”二字，已经充分表明了他对元脩的不满。因为，元脩是高欢废广陵王元恭之后所立，而杨衒之对元恭的期待甚高；同时，元脩出逃关中，导致了高欢立孝静帝元善见和迁都邺城，自此北魏政权覆亡，都城洛阳也因迁都和战争惨遭破坏而成为丘墟。正是依托对历史人物与事件的书写，杨衒之在表达对都城洛阳之家国骄傲情感的同时，得以抒发他在国破家亡后对历史的沉思，抒发他浓郁强烈的政治情怀。

---

① 〔北魏〕杨衒之著，杨勇校笺：《洛阳伽蓝记校笺》，中华书局，2018 年，第 214 页。
② 〔北魏〕杨衒之著，杨勇校笺：《洛阳伽蓝记校笺》，中华书局，2018 年，第 259 页。
③ 〔北魏〕杨衒之著，杨勇校笺：《洛阳伽蓝记校笺》，中华书局，2018 年，第 14 页。
④ 〔北魏〕杨衒之著，杨勇校笺：《洛阳伽蓝记校笺》，中华书局，2018 年，第 109 页。

（三）彰显北魏洛阳空间的崇高感

作为一个特定时间内的“地方”，北魏洛阳，本身就是多重价值融为一体的地理空间。杨衒之重返洛阳，所目睹的洛阳丘墟，只是北魏洛阳可能呈现形态之一种。在洛阳丘墟内，无论是断壁残垣的塔庙、宫殿与宅院，还是恢宏建筑的残余部件：没入地下的柱础、石基，散落破碎的块砖片瓦，甚至是仅剩下一个具有历史名称的寥廓空间，对于杨衒之而言，都是他在恋地情结激发、丘墟气氛浸染下走入洛阳历史的凭借。因为，丘墟构成物是过去与现在的联结点，是北魏洛阳辉煌历史的现实档案，承载着对北魏洛阳特定时期历史的积淀，留存有人物、事件及故事、文化、艺术、自然等的痕迹。所以，洛阳丘墟能激发杨衒之的恋地情结，促使他在审美中进入历史记忆。而杨衒之现实慨叹与历史记忆的交融，穿透历史时空的洞察，所呈现的不仅有历史沧桑感，更有他对洛阳空间价值的发现与建构。由此，在杨衒之的笔下，北魏洛阳不仅有日常生存空间展现出的实用价值，而且有凭借政治空间与信仰空间彰显出的崇高价值。

先看政治空间。北魏洛阳政治空间彰显的崇高感，主要体现在三个方面：第一，整体承接“正统”空间而被赋予的崇高感。北魏洛阳空间的建构，是基于东汉、曹魏、西晋之洛阳空间延续性之上的，从而在现实中造成了不同时期空间的交叉与叠加。正是得益于此，北魏洛阳在空间上从政治与文化维度承接了西晋的正统性，同时这也赋予北魏洛阳空间作为“天下之中”的神圣性。第二，政治权力空间彰显出的崇高感。北魏洛阳为进一步凸显皇权权威，通过现实建筑空间气氛营造出政治权力的崇高感。在道路行走路线上，为凸显身份差异，都城城门、宫城城门、御道等均有明确行走规定。居住里坊高低贵贱有别，城西的寿丘里，居住者主要是北魏皇帝亲属宗族，以至于民间称为“王子坊”；由南入北的齐建安王萧宝夤开始只能居住归正里（“吴人坊”），后因娶北魏南阳长公主为妻才得以允许迁到城内永安里；同萧宝夤一起投奔北魏的张景仁，开始也是居住于归正里，耻于“鱼鳖市”的称呼而最终迁到了孝义里。国家管理机构沿中轴线铜驼大街集中布局，凸显权力空间。都城布局，通过单宫制将宫城置于城内北部偏西，在现实中形成一个独立空间，可谓强化并凸显了宫城作为皇权中心、政治中心、天下中心的象征意义。第三，礼乐祭祀空间借助仪式活动彰显出的崇高感。太庙、太社、明堂与圆丘等礼乐祭祀空间，因属于国家祭祀、典礼等重大政治活动的举办场所，各种活动被赋予了政治、信仰、文化等内涵，且本身具有仪式性、庄严性、政治性与神圣性等，从而自然而然地彰显出崇高感。

再看信仰空间。北魏洛阳虽然信仰多元，但毫无疑问，佛教信仰空间是《洛阳伽蓝记》理所当然的书写重点所在。星罗棋布的佛寺，在洛阳城内可以说达到了与礼制空间分庭抗礼的地步，使得北魏洛阳空间与传统都城空间迥然有别。尽管佛寺通过建筑形制、装饰、布局等，一方面在现实中营造出佛国空间的象征，展现出与世俗生存空间的区隔；另一方面则是借助惠凝复活、神像说话等，缔造出神圣彼岸世界真实存在的依据。实际上，这两者都旨在凸显佛教信仰的庄严性与神圣性，让普通民众在佛寺建筑空间中切实体验到信仰的崇高感。除佛教信仰外，杨衒之以礼制建筑暗写了儒家思想体系中关于祖宗神与自然神的信仰，如太庙祭祀祖先和太社祭祀土神、谷神；但却直接书写了道教信仰空间的存在，既有崇虚寺代表的建筑空间，又有各种神奇事件发生的奇异空间，如樊元宝与洛神骆子渊共戍彭城并造访洛水之神居所，苏秦以“车马羽仪”之式出入坟冢等。这些被今人认为是荒诞不经的故事，彼时却被认为是一种真实性存在，从而在洛阳空间内营造出神灵空间存在的真实性。可见，杨衒之笔下的北魏洛阳空间，实际上存在着一个超越性的维度：如果说儒家思想影响下形成的政治伦理空间是天、地、神、人的共在空间，那么，道教是在世俗生活空间之外建构出了一个神鬼灵异空间，佛教则是建构出了一个净土天国与三道轮回地狱的彼岸世界。这些空间维度相互交织、杂糅一体，彰显出北魏洛阳空间的庄严性、超越性与神圣性。

简言之，杨衒之在凭吊洛阳、怀恋洛阳、慨叹洛阳的过程中，超越了个体情感的局限而走向了深挚的家国情怀。而他抒发家国情怀的独特之处在于，有机融合了家国衰亡与家国兴盛两个维度。也即，因目睹洛阳丘墟而触发家国衰亡维度的情怀，以此为基础，通过追忆书写洛阳的盛世繁华而抒发家国兴盛的维度情怀，进而以历史演进的高度和理性反思的深度将两个维度的家国情怀融为一体，化入北魏洛阳的双重审美意象之中。

六、《洛阳伽蓝记》城市丘墟审美书写的价值

由于丘墟主题书写在文学史研究和丘墟审美类型在美学史研究中，都没有受到应有之关注，致使《洛阳伽蓝记》在文学史上的价值与地位没有得到充分认识，在美学史上则更是处于被遮蔽状态，没有进入美学史的研究视域之内。倘若基于丘墟艺术表达与审美的视角来看，《洛阳伽蓝记》的文学史价值便可得到拓展与深度发掘，美学史价值则可得到去蔽与照亮。

从《洛阳伽蓝记》书写的丘墟类型来看，属于现场类都城丘墟的审美书写。而都城丘墟之于城市丘墟，当属典型代表。因为古代都城，作为集国家政治、军事、经济、文化、艺术等中心于一体的城市，处于时代审美链条的顶端，代表时代审美成就、引领时代审美潮流。相较于一般性的州城、县城等，都城不仅在规模上较大、规制上较高，而且更为集中地体现了城市功能性、审美性与象征性的统一。它通过都城的选址、规划布局和建筑等，蕴含并展现出特定的政治、宗教、哲学、文化、艺术等观念，可谓具有丰富的美学内涵和显著的审美精神。进而，都城丘墟相较于一般性的城市丘墟，既独具对国家政权的象征意义，又更能呈现城市价值被摧毁

的悲剧。而城市丘墟之于丘墟，亦属于典型代表。丘墟涵盖的类型众多，除城市丘墟外，有宗庙、宫殿楼台、井巷宅院、冢墓、寺庙等诸多样态。但城市丘墟特别是都城丘墟，乃是一种综合性丘墟，宗庙丘墟、社稷丘墟、宫殿丘墟等多与都城丘墟相融合。所以，都城丘墟便成为丘墟文学主题书写的主要对象，从《麦秀》之于殷墟、《黍离》之于宗周，到屈原笔下之郢都，再到后来之洛阳、长安、建康（金陵）、汴京等都城，构成了丘墟主题文学书写的主要对象。因此，作为对都城现场类丘墟书写的经典，《洛阳伽蓝记》在丘墟主题文学作品中具有重要地位与价值。《洛阳伽蓝记》之所以能够在众多都城现场类丘墟主题作品中脱颖而出，根本原因在于它自身的文体与体例优势。

纵观丘墟主题文学的书写，在文体方面包括多种形式：《麦秀》《黍离》代表的诗、《哀郢》代表的楚辞、《芜城赋》《哀江南赋》代表的赋、《扬州慢·淮左名都》《西河·长安道》代表的词、《山坡羊·骊山怀古》代表的曲，而《洛阳伽蓝记》所代表的则是城市记体文学。显然，记体文学的内容体量更大，且更注重叙事。杨衒之正是凭借“记”的文体形式，具有了载录北魏洛阳辉煌的可能。加上他采用“合本子注”的特殊书写体例，使他不仅能够实现载述北魏洛阳的辉煌，而且能够从地理、历史、政治、经济、文学、艺术、民俗等多角度、全景式地再现北魏洛阳。基于此，《洛阳伽蓝记》虽名为记述北魏洛阳之“伽蓝”，实则是将寺塔记与都城记融为一体，即显在的“伽蓝记”与隐在的“洛阳记”的统一。通过显隐结合的记述方式，杨衒之成功地全景再现了北魏洛阳景象，进而创构出北魏洛阳的审美意象。很明显，其他文体的丘墟主题书写，受文体自身限制是无法达成对都城丘墟之原生体全景再现的。可以说，《洛阳伽蓝记》有力凸显了都城丘墟乃至丘墟主题在文学史上的地位。也正是对北魏洛阳丘墟审美的书写，成就了《洛阳伽蓝记》的经典价值。据此，从文学作品维度重识《洛阳伽蓝记》的价值，主要如下：

就文学史维度来看，《洛阳伽蓝记》因书写都城现场类丘墟而凸显的价值，具有一体两面的特征：一方面是凸显了古代文学的丘墟主题，另一方面则是凸显了古代文学的城市视角。先看丘墟主题。《洛阳伽蓝记》关于北魏洛阳丘墟的书写之所以没有受到关注，一个重要因素在于研究中没有抓住其序与正文的内在审美关联。若将杨衒之撰写的序言与正文结合起来看，便可清晰见出《洛阳伽蓝记》凭借文体优势与独特体例完整再现了丘墟审美活动的展开过程。也即，杨衒之基于洛阳丘墟的现实构成物体系，在流动性观赏过程中生成审美事象；进而，在洛阳丘墟审美气氛的浸染下，他的恋地情结被激发，强烈的情感与清醒的历史意识促使他借助审美回忆以文学方式再现洛阳辉煌，创构出北魏洛阳审美意象。简言之，《洛阳伽蓝记》能够成为丘墟主题文学作品的典型，在于三个“特殊”：作者与丘墟关系的特殊，杨衒之是繁华洛阳与丘墟洛阳的亲历者，而其他很多丘墟作品都不是丘墟原生体的亲历者；文体形式的特殊，“记”体文学与“合本子注”体例的结合，提供了巨大的内容书写空间，而诗、赋、词、曲等都无法相比；书写对象的特殊，洛阳丘墟对杨衒之而言，属于共时性的现场类丘墟，而其他很多丘墟作品书写的是古迹类丘墟，丘墟原生体残留物较少甚至完全处于虚空状态。受益于此，《洛阳伽蓝记》凸显了丘墟作为一个文学书写主题、书写类型的价值所在。

再看对城市书写的凸显。长期以来，关于城市的文学书写在中国文学史研究中并没有得到足够重视。即便有所述及，也主要集中在那些描述繁华都市的作品，如班固的《西都赋》《东都赋》与张衡的《西京赋》《东京赋》。至于有关城市丘墟的文学作品，即使被文学史述及，也难以从城市文学视角加以阐发，如《麦秀》《黍离》《薤露行》《哀江南赋》《春望》《哀江头》等。可以说，丘墟是介入城市题材文学创作的一个重要维度，但却是一个没有得到深度阐释的维度。因此，从杨衒之书写《洛阳伽蓝记》

的审美动因考察切入，发掘《洛阳伽蓝记》在城市丘墟书写维度的成就，不仅可呈现古代文学关于城市书写的丰富性，而且更能凸显城市主题在古代文学史上的地位。

从美学史维度来看，《洛阳伽蓝记》作为审美对象，它的价值主要有三：首先，凸显了文学关于丑的审美书写。就形式而言，丘墟的外在形态是无序甚至是反形式的，它不仅不能给审美者带来感官愉悦，而且会造成巨大的心理冲击；就内容而言，丘墟意味着富有价值的原生体的摧毁，展现的是与审美相背离的负价值。杨衒之在洛阳丘墟中所观览的物象，崩塌的外郭城墙、倾覆的宫殿、焚毁的寺观等，都是原生体价值被毁后呈现的丑的形态。这些丑的对象激发了他的家国情怀，促使他主动诉诸文字去载录故国故都。质言之，所谓丘墟审美，实乃对丑的对象的审美观照，是以丑的对象激发审美还原、审美建构与审美超越。在此意义上，《洛阳伽蓝记》也就成为书写丑的空间形态的代表性文学作品。其次，凸显了丘墟作为审美类型的价值。杨衒之是在北魏洛阳沦为丘墟之后，即将完全湮没于历史长河之际，重返故都，被激发而展开审美的。《洛阳伽蓝记》虽然是杨衒之凭借审美回忆创作而来，但丘墟中所残存的北魏洛阳审美精神得到了有效保存，或者说北魏洛阳辉煌中所潜藏的审美精神得到了有效呈现。进而言之，丘墟审美不仅可以抒发审美者的情感，而且可以借助审美者抒发情感的艺术表达来再现丘墟原生体，进而由此发掘潜藏在丘墟背后的历史本相。最后，凸显了城市审美在中国美学史上地位。中国美学，作为基于农耕文明发展而来的美学形态，长期以来对城市审美缺乏足够的关注。事实上，城市在中国美学史上具有重要地位，诚如刘成纪所言："一般认为，中国美学是传统农耕文明的产物，其审美主要指向乡村、田园和自然山水。这种认识导致了对中国传统文化或文明属性的误判，影响了对中国美学和艺术多元性、丰富性的认知。实际上，对乡村、田园、自然山水的歌吟固然是中国美学和艺术的价值选择，但这并不足以减损城市对人的审美创造和审美取向的主导性。在传统中国，城市不仅是国家的政治、经济、文化中心，同时也是美的制造和传播中心。”[①]《洛阳伽蓝记》虽然是由都城现场丘墟审美促生的审美书写，它不仅充分证实了城市即便是丘墟状态的城市，依然属于审美范围，而且通过关于北魏洛阳的全景呈现与重新建构，有力证实了城市是艺术作品，是审美制造和传播的中心，是中国古典审美的有机构成。

① 刘成纪：《中国美学：在城市与乡村之间》，《光明日报》2015 年 7 月 1 日第 14 版。

余论

北朝美学，长期以来在魏晋南北朝美学史研究中处于边缘甚至是阙如的状态，更难以在中国美学通史性研究中得到应有之关注。这既与美学史研究范式和美学史观综合形成的理论紧箍咒有关，又与北朝美学自身的呈现样态有关。受此影响，《洛阳伽蓝记》作为北朝美学研究的核心文献之一，在美学史研究中自然处于边缘甚至被漠视的地位。这直接体现了美学范畴史、理论史和思想史研究的局限，体现了美和艺术代表的现代美学概念与中国传统美学之间存在的错位，也体现了中国美学史研究在城市与乡村关系上对自然山水田园的重视和对城市的轻视。事实上，中国美学本身虽然没有形成系统性的城市审美理论与思想，但古代典籍中并不缺乏城市审美的相关史料及书写。同时，乡村、田园、山水等相关审美的背后，实际上潜隐着城市审美的背景。《洛阳伽蓝记》这部融地理、历史与文学等为一体，从地理书写出发、向多元内容敞开的文献，既保存了洛阳城市审美的相关史料，又书写了洛阳城市审美的盛况。只是作为非理论性文本，它难以进入美学理论史研究书写范式，但这并不足以用来否定《洛阳伽蓝记》的美学史价值。从魏晋南北朝美学史维度来看，《洛阳伽蓝记》凸显了城市审美问题在这一时期的自觉；从审美类型维度来看，它所关涉的丘墟审美，凸显了中国美学史上审丑问题的城市向度；从美学史料维度来看，它的内容涵盖了北魏洛阳建筑、宗教、社会、文学艺术和文化等诸多方面，展现了城市史地类著述内容的丰富性和潜在的美学史价值。据此，《洛阳伽蓝记》虽为具体文本研究、个案研究，却因文本文体与文本关涉问题的代表性，使得本研究的价值具有了溢出的可能。

一、城市审美与魏晋南北朝美学问题史

在《洛阳伽蓝记》所涉及的审美关键词中，最根本的是“都城”。它所关乎与凸显的城市审美，是魏晋南北朝时期的时代性美学问题，更是中国美学史上一个应该重点关注而尚未充分关注的美学问题。关于魏晋南北朝美学，宗白华在《中国美学史中重要问题的初步探索》一文里特别指出：“学习中国美学史，在方法上要掌握魏晋六朝这一中国美学思想大转折的关键。”[①] 若就美学的时代问题来理解“大转折”，笼统地说，可以用“文的觉醒”“人的觉醒”和“美的觉醒”等来概括。具体转换成为时代美学问题，则可借助代表性作品来展现：《典论·论文》《乐论》《声无哀乐论》《诗品》《古画品录》《画山水序》《书品》和《文心雕龙》等，关乎文学、音乐、绘画和书法等文学艺术门类的美学理论建构；《世说新语》，关乎人的审美；《水经注》，关乎自然人文地理审美；《洛阳伽蓝记》，关乎城市审美；《昭明文选》，关乎文学审美；《颜氏家训》，关乎家庭审美教育等。

当然，有些作品并非局限于单一美学问题，而是在内容中呈现出时代美学问题的敞开性与交叉性。如北朝的《刘子》虽然理论系统性与深刻性难以与《文心雕龙》代表的南朝理论著述相提并论，却涉及自然审美、音乐审美和文学审美等。再如郦道元的《水经注》，虽是为《水经》作注，看似主要限定在自然地理方面，实际上是他在展现当世自然审美观念的同时，通过水流区域人文状况的载述，达成了向人文地理的延展。他在谷水注中对北魏洛阳地理状况的记述，便恰与杨衒之的《洛阳伽蓝记》形成互补互证。针对城市审美问题而言，《昭明文选》在选录编排时显然特别关注了城市审美：班固的《两都赋》、张衡的《两京赋》和《南都赋》、左

① 宗白华：《美学散步》，上海人民出版社，1981 年，第 32 页。

思的《三都赋》等“京都赋”，是从兴盛繁华维度书写都城之美，被置于选文之首；“游览赋”中鲍照的《芜城赋》，是书写广陵（今扬州）丘墟；“宫殿赋”中王延寿的《鲁灵光殿赋》、何晏的《景福殿赋》，是书写城市具体宫殿建筑；诗歌中，曹植的《送应氏诗》是书写东汉洛阳丘墟，颜延之的《北使洛》书写西晋洛阳丘墟；等等。相较而言，《洛阳伽蓝记》从丘墟与繁华两个维度书写北魏洛阳都城审美，且全景式营构北魏洛阳盛世繁华意象，从而成为凸显魏晋南北朝时期城市审美问题的代表性作品。

那么，城市审美问题何以在魏晋南北朝时期得到凸显呢？首先，古代艺术观念本就具有城市向度。尽管刘易斯·芒福德关于城市是文明容器的观点，常被用来阐发城市文化、城市审美问题，并展现出理论有效性，但实际上，中国传统艺术观念本就涵盖有城市内容。张法指出：“中国古代的艺术面貌，从理论语汇来讲呈现为以艺为中心：一方面关联到主要是面对宇宙之虚的术、数、方、计；另一方面关联到主要是面对宇宙之实的工、匠、伎、技。”[①] 与城市营建相关联的是“匠”，《周礼·考工记》“匠人”条中的“匠人建国”和“匠人营国”就是论述营建“都城”，同时还具体涉及了匠人对明堂、室、堂、宫、庙和宫城的营造规制，如：“王宫门阿之制五雉，宫隅之制七雉，城隅之制九雉。经涂九轨，环涂七轨，野涂五轨。门阿之制，以为都城之制。宫隅之制，以为诸侯之城制。环涂以为诸侯经涂，野涂以为都经涂。”[②] 依据张法关于古代艺术分类体系的梳理，匠人对都城或者说城市的营建可归入“术之艺”[③]。整体而言，中国传统艺术观念较为宽泛，都城和建筑本就在传统艺术领域范围之内。它们作为“匠”的艺术创造，要遵循礼制规定，同时也强调技术与技巧，从而以“实”的

① 张法：《中国古代艺术史的写作都是“错的”》，《文艺争鸣》2021 年第 6 期。
② 杨天宇：《周礼译注》，上海古籍出版社，2017 年，第 670 页。
③ 张法：《中国古代艺术的体系构成》，《中国社会科学》2021 年第 4 期。

样态呈现出了“虚”的宇宙观念，展现出“实”与“虚”的有机结合。因此，都城和建筑在中国传统文化体系内具有作为“艺术”的哲学基础及合法性。具体到南北朝时期，魏收在《魏书》中将与都城及其建筑营建有关的蒋少游、郭安兴等大匠列入“术艺传”，可谓佐证了城市被视为艺术的传统观念。据此，在“美的觉醒”的时代大背景下，都城及其建筑审美被关注并深度书写，也就在情理之中。

其次，城市丘墟重建引发了审美关注。西晋末年，司马氏短暂统一的国家政权在战乱中迅速土崩瓦解，这直接导致洛阳再次被毁于战火之中。晋室南迁之后，建康作为都城的地位虽未曾改变，但也曾因遭到动乱破坏而不得不进行重新营建。如苏峻之乱导致建康城内宫室城阙大量被毁，以致出现迁都争议，最后在王导的坚持下留守建康，并依据建康地形参照西晋洛阳进行重新规建。至于北方，五胡十六国政权间的混战，以及南北政权之间的攻伐，使得城市或长期陷入丘墟状态，如洛阳；或由繁华沦为丘墟，如姑臧；或从繁华到丘墟再到重建，如邺城。城市样态因战争而在丘墟与兴盛之间的摆动，促使人们关注到城市审美。以洛阳为例，南迁士人因对故国、故都的怀恋而生发出对洛阳、对中原的审美眺望，从而形成了对洛阳繁华与丘墟的审美书写。如《世说新语》所载的“新亭对泣”：“过江诸人，每至美日，辄相邀新亭，藉卉饮宴。周侯中坐而叹曰：‘风景不殊，正自有山河之异！’皆相视流泪。唯王丞相愀然变色曰：‘当共勠力王室，克复神州，何至作楚囚相对！’”[①] 故园故都故国情结的觉醒，使南迁士人在无形中放大了都城洛阳丘墟，认为整个中原都陷入荒芜之中，只能想象故都之繁华样貌。而洛阳丘墟观念更是一直持续到北魏南迁之后，杨衒之在《洛阳伽蓝记》中述及萧梁陈庆之在出使北魏洛阳后曾言及：“自

---

① 〔南朝宋〕刘义庆撰，徐震堮著：《世说新语校笺》，中华书局，2001 年，第 50 页。

晋宋以来，号洛阳为荒土，此中谓长江以北，尽是夷狄。”[1]所以，南朝帝王、士人在文学创作中，依托审美想象书写故都繁华便成为一个重要主题。如梁简文帝的《洛阳道》：“洛阳佳丽所，大道满春光。游童时挟弹，蚕妾始提筐。金鞍照龙马，罗袂拂春桑。玉车争晓入，潘果溢高箱。”[2]实际上，北魏统一北方后，社会政治相对稳定，邺城得到修复，洛阳则是因迁都而得到重建。但北魏洛阳，从残毁破败之丘墟重新演变成为兴盛繁华之都城，再到复归于丘墟，前后仅四十年；东魏北齐之邺城，重建邺北城与新建邺南城始于535年，至577年北齐灭亡便沦为丘墟，存续仅四十二年，与北魏洛阳时间大体相当。南北朝时期的都城，在较短时期内无论是从丘墟到繁华还是从繁华到丘墟的样态转换，自然而然地引发了城市样态转化亲历者或者后来者的审美关注，进而引发审美书写，使得城市审美在南北朝美学问题中凸显出来。

最后，山水田园审美兴盛推动了对城市的审美反观。城市与乡村、田园、山水之间的审美张力，在魏晋南北朝时期由于政治斗争、社会动荡、玄学清谈和佛教思想的影响得到进一步凸显。自然山水之美被发现，寄情山水成为士人的人生志趣，田园归隐也成为士人可选择的人生追求。显然，这是与城市审美相悖的一种审美潮流、审美取向和审美价值。换言之，在山水田园审美兴盛之下虽意味着对城市审美的抽离，但城市审美并未缺席，只是作为一种隐在的审美参照。忘情山水、隐逸田园，并非是对城市审美的彻底拒绝，更主要的在于展示一种生存姿态，展现一种生存态度。于是，士人们在城市之中通过私家园林表达对山水、田园、乡村的向往、回望，而置身山水、田园、乡村之中，又往往展现出对城市的牵挂、渴望。这种在城市与山水田园之间摇摆的审美现象，南朝较为明显，北朝则更凸显出

---

① 〔北魏〕杨衒之著，杨勇校笺：《洛阳伽蓝记校笺》，中华书局，2018年，第121页。

② 〔宋〕郭茂倩编：《乐府诗集》，中华书局，2015年，第339页。

城市审美的感召力。很多北朝士人原本为了家族利益和生存自保，主要居住在乡野坞堡而非城市之中。在孝文帝迁都洛阳之后，因正统塑造而赢得北方士人的心理认同，逐渐吸引大批士人走出坞堡，从乡村主动流向都城，既展现出洛阳的审美吸引力，又引发了关于洛阳审美的书写。相应地，史书中所载北朝的隐逸者仅眭夸、冯亮、李谧和郑脩等数人，即便是嵩山已经被纳入洛阳审美圈层，归隐嵩山的士人仍然不多。

故此，在魏晋南北朝时期形成了对城市审美的丰富书写：有描写城市风貌的，如曹植的《白马篇》和《名都篇》，萧纲的《京洛篇》，左思的《咏史诗》，温子升的《从驾幸金墉城诗》；有书写城市丘墟的，如曹植的《送应氏诗》和《洛阳赋》，鲍照的《芜城赋》，颜延之的《北使洛》和《还至梁城作》等；还有因描写都城宫廷生活形成的“宫体诗”，萧纲、庾信、徐陵、陈后主等都有相关诗作。其中，尤为能够凸显城市审美关注度的，莫过于十六国时期赫连勃勃“大夏”国所营建的都城统万城。据《晋书·赫连勃勃载记》：“乃赦其境内，改元为凤翔。以叱干阿利领将作大匠，发岭北夷夏十万人，于朔方水北、黑水之南营起都城。勃勃自言：‘朕方统一天下，君临万邦，可以统万为名。’阿利性尤工巧，然残忍刻暴，乃蒸土筑城，锥入一寸，即杀作者而并筑之。……复铸铜为大鼓，飞廉、翁仲、铜驼、龙兽之属，皆以黄金饰之，列于宫殿之前。凡杀工匠数千，以是器物莫不精丽。”[①] 可见，统万城是一座坚固、奢丽的都城。胡义周所作的《统万城铭》便对该城之壮美极丽进行了称颂，摘引如下：

> 背名山而面洪流，左河津而右重塞。高隅隐日，崇墉际云，石郭天池，周绵千里。其为独守之形，险绝之状，固以远迈于咸阳，超美于周洛。若乃广五郊之义，尊七庙之制，崇左社之规，建右稷

---

① 〔唐〕房玄龄等：《晋书》，中华书局，2015 年，第 3205—3206 页。

之礼，御太一以缮明堂，模帝坐而营路寝，阊阖披霄而山亭，象魏排虚而岳峙，华林灵沼，崇台秘室，通房连阁，驰道苑园，可以荫映万邦，光覆四海，莫不郁然并建，森然毕备，若紫微之带皇穹，阆风之跨后土。……营离宫于露寝之南，起别殿于永安之北。高构千寻，崇基万仞。玄栋镂棍，若腾虹之扬眉；飞檐舒咢，似翔鹏之矫翼。[①]

由该史料可知，统万城从选址到布局、再到礼制建筑等都充分学习并模仿了中原都城的规制，展现了游牧民族的汉化、草原文化与中原文化的融合。同时，它也展现出胡族从游牧转为定居之后对城市审美的推动和对豪奢审美风格的追求。胡义周关于统万城之美的书写，显然是得益于统万城自身城市样态的塑造。鉴于统万城为胡族政权所新建之都城，胡义周从兴盛繁华的审美维度来书写都城审美，直接丰富了城市审美书写的形式，同时也载述了统万城的审美风貌，具有重要的美学史意义。李延寿评价《统万城铭》说："至于朔方之地，蕞尔夷俗，胡义周之颂国都，足称宏丽。"[②]

那么，基于魏晋南北朝时期时代美学问题的视角，重新审视这一时期的城市文献，便可见出《洛阳伽蓝记》之所以能够成为凸显城市审美的代表性作品，或者说从众多城市审美书写作品中脱颖而出，关键在于它的文体优势与书写对象。文体优势方面，相较于诗、赋、史传散文等文体形式，"记"所囊括的内容更为宽广。加之以"合本子注"的独特体例，使杨衒之能够对北魏洛阳进行深度审美书写，既可展现其地理环境、城市布局、建筑、园林，又能呈现其历史、社会、生活和艺术等，从而全方位、全景

---

① 〔唐〕房玄龄等：《晋书》，中华书局，2015 年，第 3211—3212 页。

② 〔唐〕李延寿：《北史》，中华书局，2013 年，第 2778 页。

式再现洛阳辉煌。书写对象方面，相较于汉魏洛阳、曹魏邺城、北魏平城等，北魏洛阳营造艺术水平更高；相较于东晋和宋齐梁之建康，北魏洛阳成就的都城模式对后世影响更大，北齐邺南城、隋唐长安城等都城直接对它效仿甚至复制。同时，六朝建康在陈灭亡之后被荡平复耕，且没有留下相关系统记载文献。因此，《洛阳伽蓝记》凭借对北魏洛阳都城审美史料的载述，得以超出魏晋南北朝时期的其他城市文献而凸显出城市审美问题，彰显出重要的美学史价值。

二、城市丘墟与中国美学史上的“审丑”

《洛阳伽蓝记》，是杨衒之关于北魏洛阳丘墟审美的结晶。也正是基于此，它关涉并凸显了中国美学史上的“审丑”问题。关于“丑”的审美观念，早在殷商时期便已出现，并且在甲骨文中出现了“丑”字。高华平通过字源学的考察指出：“‘丑’这个字的初文应是一个象形或指事字，它像人手的‘骈拇’‘枝指’之形，表示‘醜’和‘羞恶’的意思。”[①] 据此可知，传统文化观念中的“丑”本义所指乃是“畸形”，即对正常形态的偏离。那么，丘墟作为美好事物被毁、消逝之后的状态，作为事物历时演进过程中的一种形态，自然也可视为是与美好事物形态、与期望形态、与美的形态相背离的“丑”的形态。就城市丘墟而言，便是与城市繁华形态、城市理想形态相背离的“丑”的形态。

尽管“丑”作为审美范畴，在中国美学史上并没有受到重点关注，但“丑”作为审美内容却相当普遍，甚至贯穿审美领域的诸多维度。在身体感性方面，庄子不仅借毛嫱、丽姬指出美丑的相对性，而且塑造了一批身体畸形、残疾或丑陋却因富有德行、顺应天道而被视为美的形象，如支离疏、王骀、

① 高华平：《“丑”义探源》，《中国文化研究》2009 年第 1 卷。

瓮盎大瘿、哀骀它等；在自然感性方面，以瘦、透、漏、皱著称的“太湖石”，不仅是文人雅士把玩的对象，而且是园林营造的重要选择；在文人画中，最为著名的莫过于苏东坡的“枯木怪石”；在宗教壁画、石窟造像、墓葬美术等中则有面目狰狞的神魔鬼怪形象。相较于这些“丑”的形态，丘墟在审美上展现出鲜明的差异性：在呈现样态上，是空间组合的形式，囊括有不同的丑的实体事物；在生成原因上，丘墟并非源于自然生成或艺术创造，而主要源于战争人为的破坏；在丑的审美转化上，丘墟审美主要指向的是各种“美学悲态”，而不是喜、滑稽、善等审美类型。都城丘墟，作为丘墟审美的主导形式，充分彰显了丘墟审美从样态之“丑”向精神情感之“悲”的转化，从而以丑的空间形态凸显出中国美学史上的“丑”以及“审丑”所催生的文学艺术审美现象。究其根本原因，关键在于都城丘墟自身所具有的审美特质：

第一，具有承载着生存理想且价值多元丰富的现实原生体。都城丘墟，顾名思义，乃是都城因战争、朝代更迭等被毁之后的城市样态：毁坏殆尽的宫殿、宗庙、府邸和城郭等，或残留有部分建筑、建筑基址，甚或彻底消失而成为虚空空间。那么，该空间内原本繁华的都城，或者说宫殿、宗庙、社稷、楼台、府邸和塔庙等，便是都城丘墟的原生空间、原生体。都城从繁华胜地沦为破败荒芜之所，本身不仅意味着国家政权的动荡或覆亡，而且意味着都城作为生存空间、政治空间、文化空间和艺术空间等所承载的多元价值的毁灭。因为，都城作为人与生存空间关系建构的物化形态，本就承载着时代的审美生存理想。都城的自然地理环境具有宜居性，乃是其能够成为都城的首要基本条件。在此基础之上，都城还承载着与天宫相应、得到上天护佑的理想，承载着德政文教中心的理想，承载着人文荟萃、经济发展、军事安全的理想等。所以，都城是一个价值综合体，作为生存空间的实用价值，作为政治空间、宗教信仰空间的象征价值，作为文化空间、艺术空间、审美空间的文化价值、艺术价值和审美价值等。而一旦都城被战争摧毁而沦为丘墟，便标志着它原本的承载价值的消亡或转化。显然，都城作为国家政权象征的政治价值，定然因自身被毁而不复存在。但原有宫殿、宗庙、楼台、府邸、塔庙等具体建筑和都城整体所展现的艺术价值、文化价值、审美价值，在被毁的同时却又转化生成新的文化价值、审美价值。这便是都城丘墟丑的样态所承载的历史见证价值、文化价值与审美价值。针对审美维度而言，都城丘墟不仅可以触发审美者的人生之慨，而且能够激发家国之思、亡国之痛和历史之叹，可谓富有对生命、时间（历史）、空间超越的多元审美维度。

第二，具有以“情”化“丑”的审美转化路径。在如何由“丑”到“美”的转化上，都城丘墟与一般丘墟是一致的。丘墟，既然是以“丑”的形态进入审美领域，便须面对如何“化丑为美”的问题。身体之畸形丑陋，依托庄子“德有所长而形有所忘”的理论，便足以化解外在形态丑陋的问题。当然，在道家哲学美学中，无论是“道”可在蝼蚁、稊稗、瓦甓，甚至是屎溺，还是“通天下一气”、以道观物而无美丑贵贱等，对“审丑”问题所提供的理论阐释力已经远远溢出了身体感性，枯木怪石和颓壁残垣，甚至是虚空状态的各类丘墟等，都可在“道”的维度获得一种美学解读。同样，在佛教哲学美学中，无论是“空观”，“色即是空，空即是色”，还是众生平等，皆有佛性，也为超越外在形态之美丑而直抵事物之本真提供了超越之路径，如金刚力士恶鬼所激发的敬畏、崇高。但这只是提供了一种哲学路向，“丑”一旦进入审美活动，能否实现向美、崇高、滑稽或者喜等的转化，首先受限于自身的审美内涵与特质。庄子笔下的丑陋者、畸形者，凭借的是内在精神与德行而成为美；吴道子笔下的地狱变相，凭借的是形象逼真而成为美；苏轼笔下的枯木怪石，则凭借的是得自然之真而成为美。而丘墟所凭借的乃是审美者与丘墟原生空间之间的情感，以实现从丑的空间形态转入对人生、对家国、对历史、对宇宙的哲思。鉴于丘墟原生空间及丘墟的历时性演进，其与审美者的情感关联会因时间推移而有所不同。一般而言，丘墟的审美者可以分为两类，一类审美者拥有在丘墟原生空间的生存经验，与其有深厚的情感基础，甚至形成对该地方的恋地情结；另一类审美者则是没有在丘墟原生空间的生存经验，但是丘墟原生空间的历史人物、历史事件和历史故事等，与其自身的经历具有相似之处，以至于产生某种情感共鸣。因此，无论是对具有生存经验的亲历型审美者与现场类丘墟，还是对没有生存经验的后来型审美者与古迹类丘墟，审美活动的展开都是在情感的作用下，审美者很快融入残毁、破败、荒芜、杂乱的丘墟环境，并在丘墟气氛的浸淫作用下、在对往昔的凭吊中超越个体化的情感，将由丘墟形式之丑激发出来的哀感、悲感升华为对生命、对家国、对历史、对宇宙的哲思，产生一种莫名的崇高之美。杨衒之正是在对北魏洛阳特定空间恋地情结的作用下，将对丘墟洛阳空间样态的“审丑”演进为对故国故都的“悲慨”，进而转化为对繁华洛阳的“审美”。

第三，具有鲜明的政治美学内涵。都城丘墟的审美书写，在丘墟主题的文学作品中具有悠久的历史，可以说是源远流长、文体丰富，且多名篇佳作：箕子《麦秀》之于殷墟，周大夫《黍离》之于宗周，屈原《哀郢》之于郢都，曹操《薤露行》、曹植《送应氏》之于东汉洛阳，杨衒之《洛阳伽蓝记》之于北魏洛阳，李白《金陵三首》之于六朝建康，杜甫《春望》《哀江头》之于唐长安，等等。在诸多丘墟形态中，洛阳、长安、建康等都城丘墟之所以备受关注，关键在于都城凭借国家政治中心的地位，将生存空间由“宜居”提升为“乐居”，使得都城空间更具吸引力、凝聚力，使得各类人才都汇聚在都城。正是这种“士人中央化”的现象，促使都城成为一个时代的文化中心、艺术中心和审美中心等。都城作为价值综合体，在政治价值的主导下，使得自身的生存价值、文化价值、艺术价值和审美价值等得到大幅提升。如前所言，都城丘墟，则意味着先前所拥有的多元价值的毁灭。这是塔庙丘墟、冢墓丘墟、村落丘墟等所无法相提并论的，更是“丑”的其他类型所不具备的。同时，都城丘墟属于宏大的丘墟空间，内部还有宗庙丘墟、社稷丘墟、宫殿丘墟、楼台丘墟等。这些丘墟都是国家政权覆灭的象征。因此，都城丘墟“丑”的样态之下潜藏着多元价值的毁灭，从而注定它产生“悲”的审美感受，归属于“悲慨”的审美类型。这种“悲”的内涵是多维度的，不仅有个体的人生之悲，而且具有超越个体的家国之悲、历史之悲。也即都城丘墟原生体所承载的政治价值，使都城丘墟审美有个体人生之感慨，但更多的是亡国之痛、故国之思。审美者在面对即将被历史湮没甚至是已经化为虚空的城市丘墟时，会进一步产生对生命、对历史、对宇宙、对存在的追问与思考。如鲍照在《芜城赋》中发出的感叹：“天道如何？吞恨者多！抽琴命操，为《芜城》之歌。”[①] 再如杨衒之在《洛阳伽蓝记·序》中表达的紧迫感：“恐后世无传，故撰斯记。”[②] 至于城市丘墟审美能否最终生发出深刻的哲思，不仅受制于丘墟审美气氛的浸染作用，而且受制于审美者自身的情感与情怀。即便如此，因为丘墟自身包孕有深刻的政治审美内涵，审美者无论达到什么样的哲学高度都难以完全抹去政治美学印迹。如陈子昂所登燕昭王所筑之“招贤台”（也称“黄金台”），面对已转化为古迹类丘墟的高台，虽触发了他关于时空追问的哲思，但其审美创作激发动因却是怀才不遇。可见丘墟之“丑”向“悲”转化中鲜明的政治因素维度，也是其他形式“审丑”所不具备的。

简言之，城市丘墟审美的展开过程，实则是丘墟形态之“丑”激发“悲”并向“悲”演进的过程。这不仅反向凸显了中国古代审丑形式与内容的多样化，而且拓展了审丑关涉意涵的纵深。具体到《洛阳伽蓝记》而言，它能够凸显出空间样态审丑问题，关键就在于洛阳丘墟生成的过程就是洛阳辉煌价值被摧毁的过程，也即城市丘墟之丑的样态源自于丘墟原生体价值

---

① 〔梁〕萧统编，〔唐〕李善注：《文选》，上海古籍出版社，1986 年，第 506 页。

② 〔北魏〕杨衒之著，杨勇校笺：《洛阳伽蓝记校笺》，中华书局，2018 年，第 1 页。

的毁灭，展现了城市丘墟审美与悲慨之间的内在性关联。而杨衒之作为兴盛繁华都城洛阳的亲历者和残破衰败丘墟洛阳的观览者，在丘墟样态之丑的审美感知中，更是深切地体验到了国破家亡、都城沦为丘墟的悲感。同时，他也在书写《洛阳伽蓝记》过程中超越了个体凭吊怀古的悲情，走向了对人生命运、家国兴亡、历史演进感叹的悲慨。基于此，《洛阳伽蓝记》在中国美学史上凸显了丘墟审美问题，也凸显了审丑问题。

三、城市地理类著述与中国美学史料范围的拓展

《洛阳伽蓝记》，虽在传统文体分类中被归入地理类，事实上，并没有否定它在内容上的敞开性与多元性。《隋书·经籍志》在概述地理类著述时指出："昔者先王之化民也，以五方土地，风气所生，刚柔轻重，饮食衣服，各有其性，不可迁变。是故疆理天下，物其土宜，知其利害，达其志而通其欲，齐其政而修其教。故曰广谷大川异制，人居其间异俗。"[①]也即地理类著述要记述地理状况，但并不局限于自然地理状况，地理空间内的风土人情、社会风貌、历史文化等都在书写范围之列。从《隋书·经籍志》所举挚虞《畿服经》的例子，也可证实这一点："晋世，挚虞依《禹贡》《周官》，作《畿服经》，其州郡及县分野封略事业，国邑山陵水泉，乡亭城道里土田，民物风俗，先贤旧好，靡不具悉，凡一百七十卷，今亡。"[②]可见，《畿服经》一方面载录了山、水、道路、农田等地理风貌，另一方面也记述了风俗、人物等社会风貌。虽然《隋书·经籍志》所列的很多书目已经亡佚，但《洛阳伽蓝记》足以证实魏晋南北朝时期的地理类著述，内容上是从地理书写出发面向多元敞开的。《洛阳伽蓝记》对北魏洛阳都

① 〔唐〕魏徵、令狐德棻：《隋书》，中华书局，2014年，第987页。
② 〔唐〕魏徵、令狐德棻：《隋书》，中华书局，2014年，第988页。

城规划布局，佛塔、佛寺、园林、文学、音乐、舞蹈、百戏及日常生活审美等方面史料的保存，使其在北魏洛阳都城美学、佛教建筑美学和文学艺术美学等方面展现出不可替代的美学史价值。当然，并非所有的地理类著述内容的开放性都能媲美《洛阳伽蓝记》，即便如此，在内容上也都超出了自然地理的范围，展现出敞开性与多元性。如《三辅黄图》虽主要集中在西汉长安城的布局、宫殿、馆阁和园林等建筑的载述，同时也记述了风土人情、历史文化等方面的内容。仅举“霸桥”一例：“霸桥，在长安东，跨水作桥。汉人送客至此桥，折柳赠别。”[①]若仅记霸桥在长安东，为跨水造桥，便是止于地理内容；再记送客、折柳赠别，则是离别风俗。进而言之，城市地理类著述内容的多元开放属性，使其具有了进入美学研究视域的坚实基础。而中国古代城市美学史研究，之所以滞后于其他理论维度的美学史梳理，既有城市美学理论自身建构与完善程度的限制，更与美学史料体系建构中城市地理类著述没有受到重视有关。

如若简略梳理古代都城相关地理著述，我们便可见出一条清晰的中国都城美学史线索：《三辅黄图》《三辅故事》《西京记》《西征记》等之于汉长安城，《洛阳记》《洛阳宫殿簿》《洛阳伽蓝记》之于汉、魏、晋和北魏洛阳，《景定建康志》《六朝事迹编类》之于六朝建康，《两京新记》《大业杂记》《类编长安志》《唐两京城坊考》等之于隋唐长安与洛阳，《东京梦华录》《汴京遗迹志》《宋东京考》等之于北宋东京，《都城纪胜》《梦粱录》《武林旧事》之于南宋临安，等等。以《东京梦华录》为例，它是孟元老对北宋都城东京这一特定空间繁华状况的审美回忆式记述。孟元老依托自身的现实生存经验展现了东京的政治生存空间、宗教生存空间和世俗生存空间；通过对东京宫阙、官府、寺观、桥巷、勾肆等的记述，展现了以宫阙、太庙、明堂等为代表的礼制建筑景观，以相国寺、上清宫、

---

① 何清谷：《三辅黄图校释》，中华书局，2005 年，第 356 页。

五岳观为代表的宗教建筑景观，以酒楼、瓦子、河桥、街巷等为代表的市井生活建筑景观，以王太尉园、李驸马园、琼林苑和金明池等为代表的园林建筑景观；并在其中穿插记述了当世的节庆风俗之美，如以立春、清明、立秋和冬至为代表的节气审美，以元宵节、端午节、中秋节和春节等为代表的传统节日审美，以佛诞日、灌口二郎神生日为代表的信俗审美，以嫁娶、生子为代表的人生仪礼审美，以元旦朝会、郊坛行礼等为代表的典礼性艺术审美。

需要特别强调的是，城市地理类著述进入美学史史料领域，不仅本身就意味着美学史文献范围的直接拓展，而且还会促使美学史料进一步向考古领域延伸。宗白华先生在论及中国美学史的学习与研究方法时曾强调："特别是近年来考古发掘方面有极伟大的新成就（参看夏鼐：《新中国的考古收获》）。大量的出土文物器具给我们提供了许多新鲜的古代艺术形象，可以同原有的古代文献资料互相印证，启发或加深我们对原有文献资料的认识。因此在学习中国美学史时，要特别注意考古学和古文字学的成果。从美学的角度对这些成果加以分析和研究，将提供许多新的资料和新的启发，使美学史的研究可以从六朝再往上推，以弥补美学史研究中这一段重要的空白。"[①] 尽管这里着重强调的是考古成果对先秦美学史研究的重要性，但考古成果与文献资料相互印证的研究方法、考古成果作为美学史研究史料的判定是适用于整个中国美学史的。城市地理类著述，由于是从地理书写出发，有关地理空间状况、城市布局、建筑描述等内容，可以通过相关考古成果加以验证与补充。由此，考古成果便自然而然地在与城市地理著述的互动中进入美学史研究领域。同时，还可进一步与相关历史文献、文学作品、绘画作品及哲学著述等形成相互佐证。也即城市地理类著述的使用，有助于强化美学史史料之间的关联性，充分调动更宽广的美学史史料资源。

① 宗白华：《美学散步》，上海人民出版社，1981 年，第 32—33 页。

美学史史料资源之间的相互印证、启发，将使不同史料本身所潜藏的审美观念都具有浮现出来的可能。

当然，从理论维度来看，城市地理类著述进入美学史料范围，并在具体研究中得到充分使用，均有待于美学史研究范式的调整。由于美学理论史研究范式，旨在梳理、总结和呈现中国美学的理论成就，非理论性著述本就不属于它的阐释范围。而非理论性著述美学内容与价值的开显，则须诉诸新的美学史提问方式。从美学基本理论的维度来看，是将研究核心从“美的艺术”向“非美艺术”、文化、生活拓展；从美学史观的维度来看，是将单一的启蒙美学史观转向符合中国历史发展实际的本土史观；从美学史的研究目的来看，则是从审美理论建构转向审美观念呈现。也即借助审美观念史的研究范式，尽可能地拓展美学史史料范围，调动美学史史料，在文本文献、传世文物和考古成果、哲学观念的相互印证与激发过程中，从美学维度还原历史，为美学理论史所未能呈现的审美观念内容去蔽。目前，城市地理类著述已经在美学史文献资料体的建构中受到关注，但就所选录的内容来看，重点关注的仍然是建筑、园林等可纳入艺术审美领域的部分。与此相应，美学史研究具体展开过程中，城市地理类著述并没有得到应有之关注，但这并不能减损它们所具有的美学史价值，只是证实其尚在发掘的路上。

整体而论，《洛阳伽蓝记》的美学阐释，可以视为中国美学史研究范式转换的一个文本尝试，或者说是运用审美观念史范式重新向中国历史进行美学提问的一个文本阐释案例。如果我们站在一个宏阔的美学史高度来审视它，可以逐步向北魏洛阳都城美学、北朝美学、魏晋南北朝美学乃至整个中国美学史逐步放大，其中有传统美学史研究中阙如内容的弥补问题、有美学史史料的拓展问题、有美学史研究范式的调整问题，还有中国美学史本相的还原问题。终归于一点，便是中国美学史研究回归中国历史本身的问题。面向中国历史的美学提问，可以是理论、范畴与思想的审美理论方式、审美文化史方式、审美意识史方式，自然也可以是审美观念史方式，等等。

每一种提问方式，都将得到相应维度的美学史面貌。而无论哪种提问方式，要在相应维度接近历史的本然面貌，都应首先实现基本概念体系和历史观念本身的本土化。具体到中国美学史研究，如何在借鉴西方美学的同时达成本土化，已经成为从美学维度回归中国历史本身所不得不面对和突破的问题。而审美观念史研究范式，便是一个值得期待的探索路径。

参考文献

一、著作类

［1］中国美学史编写组．中国美学史［M］．北京：高等教育出版社，2015．

［2］阿莱达·阿斯曼．回忆空间：文化记忆的形式和变迁［M］．潘璐，译．北京：北京大学出版社，2020．

［3］北京大学哲学系美学教研室．中国美学史资料选编［M］．北京：中华书局，1980．

［4］彼得·卒姆托．建筑氛围［M］．张宇，译．北京：中国建筑工业出版社，2010．

［5］蔡丹君．从乡里到都城：历史与空间变迁视野中的十六国北朝文学［M］．北京：生活·读书·新知三联书店，2019．

［6］曹道衡，刘跃进．南北朝文学编年史［M］．北京：人民文学出版社，2000．

［7］曹道衡，沈玉成．南北朝文学史［M］．北京：中国社会科学出版社，2007．

［8］曹道衡．南朝文学与北朝文学研究［M］．南京：江苏古籍出版社，1998．

［9］杨衒之．洛阳伽蓝记［M］．曹虹，释译．北京：东方出版社，2020．

［10］常青．中国古塔的艺术历程［M］．西安：陕西人民美术出版社，

1998.

［11］晁公武．郡斋读书志校证［M］．孙猛，校证．上海：上海古籍出版社，2011.

［12］陈明达．中国古代木结构建筑技术（战国——北宋）［M］．北京：文物出版社，1990.

［13］陈寿．三国志［M］．裴松之，注．2 版．北京：中华书局，1982.

［14］陈寅恪．金明馆丛稿初编［M］．北京：生活·读书·新知三联书店，2015.

［15］陈寅恪．隋唐制度渊源略论稿　唐代政治史述论稿［M］．北京：商务印书馆，2014.

［16］川本芳昭．中华的崩溃与扩大：魏晋南北朝［M］．余晓潮，译．桂林：广西师范大学出版社，2014.

［17］崔鸿．十六国春秋辑补［M］．汤球，辑补．聂溦萌，罗新，华喆，点校．北京：中华书局，2020.

［18］崔瑞德．剑桥中国隋唐史［M］．中国社会科学历史研究所，西方汉学研究课题组，译．北京：中国社会科学出版社，1990.

［19］戴孝军．中国古塔及其审美文化特征［M］．武汉：武汉大学出版社，2018.

［20］道宣．广弘明集［M］．上海：上海古籍出版社，1991.

［21］道宣．续高僧传［M］．郭绍林，点校．北京：中华书局，2014.

［22］段义孚．经验透视中的空间和地方［M］．潘桂成，译．台北："国立"编译馆，1998.

［23］段义孚．空间与地方：经验的视角［M］．王志标，译．北京：中国人民大学出版社，2017.

［24］段义孚．浪漫主义地理学［M］．赵世玲，译．新北：立绪文化

事业有限公司，2018.

［25］段义孚．恋地情结［M］．志丞，刘苏，译．北京：商务印书馆，2018.

［26］杨衒之．洛阳伽蓝记校注［M］．范祥雍，校注．上海：上海古籍出版社，2009.

［27］范晔．后汉书［M］．李贤，等注．北京：中华书局，2021.

［28］房玄龄，等．晋书［M］．北京：中华书局，2015.

［29］冯友兰．中国哲学简史［M］．北京：北京大学出版社，1996.

［30］傅熹年．中国古代建筑史：第 2 卷［M］.2 版．北京：中国建筑工业出版社，2009.

［31］葛晓音．八代诗史：修订本［M］．北京：中华书局，2012.

［32］沟口雄三，小岛毅．中国的思维世界［M］．孙歌，等译．南京：江苏人民出版社，2006.

［33］顾广圻．思适斋书跋［M］．黄明，标点．上海：上海古籍出版社，2007.

［34］郭茂倩．乐府诗集［M］．北京：中华书局，2015.

［35］韩理洲，等．全北魏东魏西魏文补遗［M］．西安：三秦出版社，2010.

［36］何清谷．三辅黄图校释［M］．北京：中华书局，2005.

［37］黑格尔．美学［M］．朱光潜，译．北京：商务印书馆，1997.

［38］胡经之．中国古典美学丛编［M］．南京：凤凰出版社，2009.

［39］季羡林．禅与文化［M］．北京：中国言实出版社，2006.

［40］姜波．汉唐都城礼制建筑研究［M］．北京：文物出版社，2003.

［41］金大珍．北魏洛阳城市风貌研究：以《洛阳伽蓝记》为中心［M］．北京：中国社会科学出版社，2016.

［42］康乐．从西郊到南郊［M］．北京：北京联合出版公司，2020.

［43］李百药．北齐书［M］．北京：中华书局，2013．

［44］李慈铭．越缦堂读书记［M］．北京：中华书局，2006．

［45］李凭．北魏平城时代［M］.3 版．上海：上海古籍出版社，2014．

［46］李学勤．十三经注疏　尔雅注疏［M］．北京：北京大学出版社，1999．

［47］李延寿．北史［M］．北京：中华书局，2013．

［48］李约瑟．中国科学技术史［M］．汪受琪，等译．北京：科学出版社，2008．

［49］李泽厚，刘纲纪．中国美学史：魏晋南北朝编［M］．合肥：安徽文艺出版社，1999．

［50］郦道元．水经注校证［M］．陈桥驿，校证．北京：中华书局，2013．

［51］梁思成．中国建筑史［M］．天津：百花文艺出版社，1998．

［52］刘成纪．先秦两汉艺术观念史［M］．北京：人民出版社，2017．

［53］刘敦桢．刘敦桢文集：四［M］．北京：中国建筑工业出版社，1992．

［54］刘庆柱．中国古代都城考古发现与研究［M］．北京：社会科学文献出版社，2016．

［55］刘瑞．汉长安城的朝向、轴线与南郊礼制建筑［M］．北京：中国社会科学出版社，2011．

［56］刘淑芬．六朝的城市与社会：增订本［M］．南京：南京大学出版社，2021．

［57］刘义庆．世说新语校笺［M］．徐震堮，校笺．北京：中华书局，2001．

[58] 刘知几. 史通笺注[M]. 张振，笺注. 贵阳：贵州人民出版社，1985.

[59] 陆威仪. 分裂的帝国：南北朝[M]. 李磊，译. 北京：中信出版社，2016.

[60] 逯钦立. 先秦汉魏晋南北朝诗[M]. 北京：中华书局，2008.

[61] 逯耀东. 从平城到洛阳：拓跋魏文化转变的历程[M]. 北京：中华书局，2006.

[62] 罗新，叶炜. 新出魏晋南北朝墓志疏证[M]. 北京：中华书局，2005.

[63] 洛阳市文物局，洛阳白马寺汉魏故城文物保管所. 汉魏洛阳故城研究[M]. 北京：科学出版社，2000.

[64] 毛晋. 汲古阁书跋[M]. 上海：上海古籍出版社，2005.

[65] 梅维恒. 哥伦比亚中国文学史[M]. 马小悟，张治，刘文楠，译. 北京：新星出版社，2016.

[66] 妹尾达彦. 隋唐长安与东亚比较都城史[M]. 高兵兵，郭雪妮，黄海静，译. 西安：西北大学出版社，2019.

[67] 门罗·C. 比厄斯利. 西方美学简史[M]. 高建平，译. 北京：北京大学出版社，2007.

[68] 缪钺，缪元朗. 读史存稿：增订本[M]. 北京：北京大学出版社，2017.

[69] 倪润安. 光宅中原：拓跋至北魏的墓葬文化与社会演进[M]. 上海：上海古籍出版社，2020.

[70] 牛润珍. 古都邺城研究：中世纪东亚都城制度探源[M]. 北京：中华书局，2015.

[71] 任晓红，喻天舒. 禅与园林艺术[M]. 北京：中国言实出版社，2006.

[72] 杨衒之. 洛阳伽蓝记[M]. 尚荣，译注. 北京：中华书局，2012.

[73] 沈约. 宋书[M]. 北京：中华书局，2015.

[74] 盛源，袁济喜. 六朝清音[M]. 郑州：河南人民出版社，2000.

[75] 释道世. 法苑珠林校注[M]. 周叔迦，苏晋仁，校注. 北京：中华书局，2003.

[76] 宿白. 中国石窟寺研究[M]. 北京：生活·读书·新知三联书店，2019.

[77] 孙大章. 中国佛教建筑[M]. 北京：中国建筑工业出版社，2017.

[78] 孙康宜，宇文所安. 剑桥中国文学史[M]. 刘倩，等译. 北京：生活·读书·新知三联书店，2013.

[79] 汤用彤. 汉魏两晋南北朝佛教史[M]. 上海：上海人民出版社，2015.

[80] 汤用彤. 校点高僧传[M]. 台北：台北佛光文化事业有限公司，2001.

[81] 田余庆. 庆祝邓广铭教授九十华诞论文集[M]. 石家庄：河北教育出版社，1997.

[82] 王贵祥. 中国汉传佛教建筑史[M]. 北京：清华大学出版社，2016.

[83] 王国维. 观堂集林[M]. 北京：中华书局，2019.

[84] 王静. 北魏洛阳城南的居民与居住环境[M]. 北京：社会科学文献出版社，2019.

[85] 王静. 中国古代中央客馆制度研究[M]. 哈尔滨：黑龙江教育出版社，2002.

[86] 王鲁民. 中国古典建筑文化探源[M]. 上海：同济大学出版社，

1997.

［87］王美秀．历史·空间·身分：洛阳伽蓝记的文化论述［M］．台北：里仁书局，2007.

［88］王世仁．当代中国建筑史家十书：王世仁中国建筑史论选集［M］．沈阳：辽宁美术出版社，2012.

［89］王文进．净土上的烽烟——洛阳伽蓝记［M］．海口：海南出版社，1998.

［90］王象之．舆地纪胜校点［M］．李勇先，校点．成都：四川大学出版社，2005.

［91］王毅．园林与中国文化［M］．上海：上海人民出版社，1990.

［92］王振复．中国美学重要文本提要［M］．成都：四川人民出版社，2003.

［93］韦述．两京新记辑校［M］．辛德勇，辑校．北京：中华书局，2020.

［94］魏收．魏书［M］．北京：中华书局，2011.

［95］魏徵，令狐德棻．隋书［M］．北京：中华书局，2014.

［96］巫鸿．废墟的故事：中国美术和视角文化中的“在场”与“缺席”［M］．肖铁，译．上海：上海人民出版社，2012.

［97］巫鸿．时空中的美术：巫鸿中国美术史文编二集［M］．梅玫，等译．北京：生活·读书·新知三联书店，2009.

［98］巫鸿．汉唐之间的宗教艺术与考古［M］．北京：文物出版社，2000.

［99］吴功正．六朝美学史［M］．南京：江苏美术出版社，1994.

［100］吴功正．六朝园林［M］．南京：南京出版社，1992.

［101］吴庆洲．建筑哲理、意匠与文化［M］．北京：中国建筑工业出版社，2005.

［102］吴先宁．北朝文化特质与文学进程［M］．北京：东方出版社，1997.

［103］武廷海．六朝建康规画［M］．北京：清华大学出版社，2011.

［104］喜仁龙．5—14 世纪中国雕塑［M］．栾晓敏，邱丽媛，译．广州：广东人民出版社，2019.

［105］夏志峰，张斌远．中国古塔［M］．杭州：浙江人民出版社，1996.

［106］萧默．敦煌建筑研究［M］．北京：机械工业出版社，2003.

［107］萧统．文选［M］．李善，注．上海：上海古籍出版社，2013.

［108］萧子显．南齐书［M］．北京：中华书局，2012.

［109］新文丰出版公司编辑部．石刻史料新编［M］．台北：台湾新文丰出版公司，1982.

［110］徐松．河南志［M］．高敏，点校．北京：中华书局，1994.

［111］许慎．说文解字［M］．徐铉，校定．北京：中华书局，2003.

［112］许嵩．建康实录［M］．张忱石，点校．北京：中华书局，1986.

［113］严耕望．魏晋南北朝佛教地理稿［M］．上海：上海古籍出版社，2007.

［114］严可均．全后魏文［M］．北京：商务印书馆，2006.

［115］严可均．全晋文［M］．北京：商务印书馆，2006.

［116］杨泓，李力．魏晋南北朝文化史［M］．北京：新世界出版社，2018.

［117］杨宽．中国古代都城制度史［M］．上海：上海人民出版社，2006.

［118］杨天宇．周礼译注［M］．上海：上海古籍出版社，2004.

［119］杨衒之．洛阳伽蓝记校笺［M］．杨勇，校笺．北京：中华书局，2018.

［120］杨衒之．重刊洛阳伽蓝记［M］．徐高阮，重别文注并校勘．北京：中华书局，2013.

［121］张宗祥，唐晏．洛阳伽蓝记合校　洛阳伽蓝记钩沉［M］．扬州：江苏广陵古籍刻印社，1997.

［122］杨衒之．洛阳伽蓝记校释［M］．周祖谟，校释．北京：中华书局，2013.

［123］杨衒之．洛阳伽蓝记［M］．北京：中国书店，2018.

［124］姚思廉．陈书［M］．北京：中华书局，2016.

［125］姚思廉．梁书［M］．北京：中华书局，2016.

［126］叶朗．中国美学史大纲［M］．上海：上海人民出版社，1985.

［127］叶朗．中国美学通史［M］．南京：江苏人民出版社，2014.

［128］叶朗．中国历代美学文库［M］．北京：高等教育出版社，2003.

［129］仪平策．中国审美文化史：秦汉魏晋南北朝卷［M］．济南：山东画报出版社，2000.

［130］永瑢，纪昀，等．（文渊阁）四库全书［M］．台北：台湾商务印书馆，1986.

［131］游国恩，等．中国文学史：第1册［M］．北京：人民文学出版社，1998.

［132］余开亮．六朝园林美学［M］．重庆：重庆出版社，2007.

［133］宇文所安．追忆：中国古典文学中的往事再现［M］．郑学勤，译．北京：生活·读书·新知三联书店，2004.

［134］庾信．庾子山集注［M］．倪璠，注．许逸民，校点．北京：中华书局，2011.

［135］袁济喜．六朝美学［M］.2版．北京：北京大学出版社，1999.

［136］袁行霈．中国文学史：第2卷［M］．北京：高等教育出版社，1999.

[137] 张法．北京的深邃：京城模式与象征体系［M］．合肥：安徽教育出版社，2015.

[138] 张法．询问佛境［M］．北京：宗教文化出版社，2000.

[139] 张法．中国美学史：修订本［M］．成都：四川人民出版社，2020.

[140] 张法．中国美学经典［M］．北京：北京师范大学出版社，2017.

[141] 张弓．汉唐佛寺文化史［M］．北京：中国社会科学出版社，1997.

[142] 张煦侯．通鉴学［M］．北京：北京联合出版公司，2019.

[143] 张学锋．"都城圈"与"都城圈社会"研究文集［M］．南京：南京大学出版社，2021.

[144] 赵超．汉魏南北朝墓志汇编［M］．天津：天津古籍出版社，2008.

[145] 赵建军．魏晋南北朝美学范畴史［M］．济南：齐鲁书社，2011.

[146] 赵逵夫．历代赋评注［M］．成都：巴蜀书社，2010.

[147] 赵文成．北魏元怀·元苌墓志［M］．济南：山东美术出版社，2011.

[148] 中国社会科学院考古研究所．北魏洛阳永宁寺［M］．北京：中国大百科全书出版社，1996.

[149] 中国社会科学院考古研究所．汉魏洛阳故城南郊礼制建筑遗址［M］．北京：文物出版社，2010.

[150] 中国社会科学院考古研究所，等．汉长安城考古与汉文化［M］．北京：科学出版社，2008.

[151] 周建江．北朝文学史［M］．北京：中国社会科学出版社，1997.

[152] 周维权．中国古典园林史[M].3 版．北京：清华大学出版社，2008．

[153] 周晓琳，刘玉平．中国古代城市文学史[M]．北京：人民出版社，2014．

[154] 周应合．景定建康志[M]．南京：南京出版社，2009．

[155] 朱熹．四书章句集注[M]．北京：中华书局，2013．

[156] 宗白华．美学散步[M]．上海：上海人民出版社，1981．

[157] 宗白华．宗白华全集[M]．合肥：安徽教育出版社，2012．

[158] 宗白华，等．中国园林艺术概观[M]．南京：江苏人民出版社，1987．

[159] 刘敦桢．刘敦桢文集：一[M]．北京：中国建筑工业出版社，1982．

二、论文类

[1] 柏俊才．孝文帝与北魏后期多民族文学的繁荣[J]．民族文学研究，2016（5）．

[2] 蔡宗宪．南北朝的客馆及其地理位置[J]．中国历史地理论丛，2009（1）．

[3] 曹道衡．关于杨衒之和《洛阳伽蓝记》的几个问题[J]．文学遗产，2001（3）．

[4] 曹虹．《洛阳伽蓝记》与汉晋辞赋传统[J]．古典文献研究，2008（11）．

[5] 陈建军，苏静，周华．汉魏洛阳城里坊搜佚[J]．三门峡职业技术学院学报，2017（3）．

[6] 陈自力．南北朝佛寺题咏诗初探[J]．南开学报，2003（2）．

[7] 范子烨.《洛阳伽蓝记》的文体特征与中古佛学[J].文学遗产，1998(6).

[8] 傅晶.魏晋南北朝园林史研究[D].天津大学博士学位论文，2003.

[9] 高华平."丑"义探源[J].中国文化研究，2009(1).

[10] 何德章.北魏迁洛后鲜卑贵族的文士化[J].魏晋南北朝隋唐史料，2003.

[11] 贺云翱.六朝都城佛寺和佛塔的初步研究[J].东南文化，2010(3).

[12] 李诗琪.北魏洛阳城空间研究[D].武汉大学硕士学位论文，2019.

[13] 李志红，宋颖惠.唐长安城的寺塔与城市空间景观[J].文博，2006(4).

[14] 刘成纪.中国古典美学中的时间、历史和记忆[J].北京大学学报，2020(4).

[15] 刘成纪.中国美学与农耕文明[J].郑州大学学报，2010(5).

[16] 刘海霞.中国古代城市笔记研究[D].上海师范大学博士学位论文，2014.

[17] 刘苏.段义孚《恋地情结》理念论思想探析[J].人文地理，2017(3).

[18] 罗婉宁.唐朝慈恩寺诗研究[D].中国石油大学硕士学位论文，2019.

[19] 孟锴."空间转向"语境下重温《恋地情结》[J].社会科学论坛，2019(4).

[20] 钱国祥.北魏洛阳宫城的空间格局复原研究[J].华夏考古，2020(5).

[21] 钱国祥．北魏洛阳内城的空间格局复原研究［J］．华夏考古，2019（4）．

[22] 钱国祥．北魏洛阳外郭城的空间格局复原研究［J］．华夏考古，2019（6）．

[23] 钱国祥．汉魏洛阳故城居中宫城制度考［N］．中国社会科学报，2018-07-03（7）．

[24] 唐晓峰．上古城市景观的衍变［N］．光明日报，2018-11-25（6）．

[25] 田胜利．汉赋中长安、洛阳建筑名物命名的文化义涵选释［J］．人文杂志，2020（12）．

[26] 王贵祥．东晋及南朝时期南方佛寺建筑概说［J］．中国建筑史论汇刊，2012（2）．

[27] 王贵祥．关于北魏洛阳永宁寺塔复原的再研究［J］．建筑史，2013（2）．

[28] 王柳芳．城市与文学：以两汉魏晋南北朝为考察对象［D］．苏州大学博士学位论文，2011.

[29] 王柳芳．论《洛阳伽蓝记》对京都赋的接受［J］．殷都学刊，2010（1）．

[30] 王宣宣．唐代长安城内佛塔研究［D］．西北大学硕士学位论文，2014.

[31] 吴晶．《洛阳伽蓝记》体例质疑［J］．文学遗产，2009（5）．

[32] 杨鸿勋．关于北魏洛阳永宁寺塔复原草图的说明［J］．文物，1992（9）．

[33] 袁洪流．《洛阳伽蓝记》研究［D］．华中师范大学博士学位论文，2015.

[34] 袁守愚．中国园林概念史研究：先秦至魏晋南北朝［D］．天津

大学博士学位论文，2014.

［35］张法．如何理解中国传统文化中的“诗”［J］．学术月刊，2013（12）．

［36］张法．三大观念与魏晋南北朝美学的重写［J］．郑州大学学报，2017（6）．

［37］张法．中国古代艺术的体系构成［J］．中国社会科学，2021（4）．

［38］张法．中国古代艺术史的写作都是“错的”［J］．文艺争鸣，2021（6）．

［39］张利满．从历代目录看《洛阳伽蓝记》的文体归属［J］．吉林省教育学院学报，2006（8）．

［40］中国科学院考古研究所洛阳工作队．汉魏洛阳城初步勘查［J］．考古，1973（4）．

［41］中国社会科学院考古研究所洛阳汉魏故城队．河南洛阳汉魏故城北魏宫城阊阖门遗址［J］．考古，2003（7）．

［42］中国社会科学院考古研究所洛阳汉魏故城队．河南洛阳市汉魏故城太极殿遗址的发掘［J］．考古，2016（7）．

［43］周生杰．合本子注的由来［J］．古典文学知识，2006（6）．

［44］朱立元，陆扬，罗伯特·塔利．关于空间理论和地理批评三人谈［J］．学术研究，2020（1）．

［45］刘成纪．中国美学：在城市与乡村之间［N］．光明日报，2015-07-01（14）．

［46］钟晓青．北魏洛阳永宁寺塔复原探讨［J］．文物，1998（5）．

后 记

我是在 2013 年 10 月进行博士论文选题时关注到《洛阳伽蓝记》的，至今已有八年多的时间。但在撰写博士论文时，《洛阳伽蓝记》只是介入北朝审美观念考察的重要文献之一，并没有对其真正展开文本细读与阐释的研究工作。博士毕业之后，重读《洛阳伽蓝记》，反思北魏洛阳都城研究与《洛阳伽蓝记》文本研究之间的关系时，才逐步产生了从美学维度考察《洛阳伽蓝记》的想法。幸运的是，在运用审美观念史研究范式研读该文本的过程中，我碰触到了"恋地书写""丘墟审美"和都城意象等理论内容，从而打开了北魏洛阳的审美世界。

2016 年 11 月我有幸进入浙江师范大学人文学院博士后流动站，师从张法教授继续进行中国美学史研究。起初，设想以北魏洛阳的都城美学研究作为出站报告，以《洛阳伽蓝记》的美学研究申请博士后基金。这两个计划密切关联，所拟定的研究方案也得到了张老师的肯定与指导。2017 年 5 月，我以《〈洛阳伽蓝记〉美学研究》为题，中标中国博士后科学基金第 61 批面上资助项目（项目号为：2017M612037）。但事与愿违，因几件突发事情的影响，工作推进速度极其缓慢，甚至一度搁浅。因为书桌上长时间堆放着数个版本的《洛阳伽蓝记》，以致让读小学的女儿认为这可能是世界最难读的书，将来我其他的书都可以给她，但《洛阳伽蓝记》除外。

最后能坚持将这一项目完成，首先要得益于张老师的指导和鼓励。每次请教问题，张老师都给予我高屋建瓴的指导，即使寥寥数语，也让我有醍醐灌顶、茅塞顿开之感。同时，张老师对待学生十分亲和，请学生吃饭，和学生一起散步聊天，邀学生参观书房，欣赏绘画、书法作品，都让我切身体会了“望之俨然，即之也温，听其言也厉”的君子之风。可以说，张老师为人、为师、为学之精神，让我高山仰止，也让我终生受益。虽迟迟没有出站，张老师总是宽以待我，令我感动。

同时，要感谢我的博士导师刘成纪教授一直以来的不弃。自从1997年进入郑州大学中文系学习至今，我所取得的微薄成绩都与刘老师的指导密不可分。无奈，我本就天资愚钝，学力多有不逮，辜负了刘老师的期待。在《洛阳伽蓝记》研究过程中，刘老师对书稿如何修改、如何深化、如何提升提出了宝贵意见，使我豁然开朗；要感谢刘彦顺教授、李昌舒教授、李圣华教授和高玉教授等，提出了重要修改意见，使相关内容得以深化和完善；要感谢乔学杰编审和屠青副编审的支持，使相关研究成果得以发表；要感谢胡永杰副研究员的智慧支持，使丘墟审美部分的研究得以深入；要感谢我的同学宋正国对多次到洛阳实地调研提供的帮助，使我能够实地感受北魏洛阳之宏壮；要感谢河南社科院长期以来给予我支持的领导和同事。最后，要感谢大象出版社领导的支持、各位编辑和校对为本书顺利出版所付出的辛劳。但成果出版并不能遮掩其中存在的问题与不足，所涉及的很多问题或有进一步讨论的空间，或者论述不充分，甚至存在错误之处，都有待深入思考和认真修订。

入不惑之年后，我深刻体味到了什么是生之多艰：在健康面前其他一切都很苍白，在金钱面前贪欲可以彻底让人失去所有底线，在患难面前真正的友谊是多么珍贵，在亲情面前任何困难又都是可以战胜的。因此，我要感谢家人、老师和朋友，在学术和生活上给予我的支持和帮助。希望将来能有些许收获，不负亲人师友，也不负自己的坚守。

席格

2021年12月26日